国家社会科学基金项目
"天潢贵胄的心智结构：明代宗室群体心态、文化素养及
价值观研究"（09BZS012 ）最终成果

天潢贵胄的心智结构

——明代宗室群体心态、知识状况及信仰研究

张明富 张颖超 著

人民出版社

目 录

中 篇 明代宗室群体的知识状况

下 篇 明代宗室群体的信仰

绪 论

一、"心智"的界定

心智，为人类所特有，凡人皆具有一定的心智能力，这是人与动物的根本区别之一。然而，人的心智深藏于身体内部，是一个复杂的系统，准确认识颇为不易。也正是因为如此，才不断地激发着人们一直饶有兴味地进行着探索心智的尝试。

在中国古代典籍中，有不少关于心智的记载。《诗·小雅·巧言》曰："他人有心，予忖度之。"曹丕《与吴质书》："东望于邑，裁书叙心。"古人认为，"心为思之官"，即心是思维的器官。同时，也将心之所思、所感，如思想、情感、情绪、需要等，称之为"心"。"智"，即指聪明、智慧、智谋。《韩非子·初见秦》曰："臣闻不知而言，不智。"《淮南子·主术训》："众智之所为，则无不成也。"《史记·项羽本纪》："汉王笑谢曰：'吾宁斗智，不能斗力。'"以上是心、智分开使用的情况。心、智连在一起使用其意多为头脑聪明、才智、智慧、脑力、神志。《韩非子·亡征》曰："辞辩而不法，心智而无术，主多能而不以法度从事者，可亡也。"《吕氏春秋·任数》："以此言耳目心智之不足恃也。"《宋书·颜延之传》："虽心智薄劣，而高自比拟。"清吴伟业《赠家侍御雪航》诗："劲节行胸怀，高谈豁心智。"宋苏轼《石菖蒲赞》："久服，轻身，不忘，延年，益心智，高志不老。"等等。无论是将心、智二字分开使用，还是将心、智连在一起作为一个独立的词汇，透过这些记载并予以综合分析，我们可以了解到古人赋予心智的内涵。在古人的眼中，心智既包括人们对客观事物的理性认知能力和认知结果，也包括非理性的情感、情绪、需要等因素。

西方对心智及其活动进行理解的尝试可追溯到古希腊时期哲学家对人类知识的本质的讨论。柏拉图认为，最重要的知识来源于天赋的能力，而不依赖感性的经验；亚里士多德与之相反，从经验中习得的规则来探讨知识。这两种不同的立场，发展到近代的欧洲，形成了唯理论和经验论的分野。康德试图予以调和，主张人类的知识既依赖于感觉经验，也离不开心智的天赋能力。但对"心智究竟是什么"这一问题，没有明确的答案。

研究人类心智的认知科学问世于 20 世纪 50 年代中期。在其后几十年认知科学的发展中，形成了不同的研究进路，出现了不尽相同的观点。但大多数认知科学家都认为，头脑中的知识是由心理表征构成的，"心智应当被理解为心理表征与程序"[①]。尽管认知科学家提出的心理表征方式各种各样，如规则、概念、表象、类比和联结，等等。加拿大认知科学家保罗·萨伽德认为，这些研究对理解心智做出了应有的贡献，但也存在着诸多挑战及需要扩展的地方，如应重视早期认知科学所忽视的对于人类的基本情绪的研究及意识的研究、心智与社会环境关系的研究等[②]。保罗·萨伽德是国际认知科学界的代表性学者，对其观点的介绍也许显得有些过于简略，但就其所指明的当代心智研究的一些重要的发展趋势而言，已经非常明了：情绪、意识等也是心智活动过程中一个内在的、不可消除的部分。

历史学对历史时期心智的关注较早。在 20 世纪初，西方即已诞生心智史学（intellectual history）。但就什么是心智史学、心智史学的研究对象为何，争论不休，莫衷一是，没有形成一致的意见。田晓文先生是最早向国内介绍和研究西方心智史学的学者，根据其述评，具有代表性的观点主要有如下几种：第

---

① [加] 保罗·萨伽德著，朱菁、陈梦雅译：《心智：认知科学导论》第 4 页、5 页，上海辞书出版社 2012 年版（版本下同，不注）。

② [加] 保罗·萨伽德著，朱菁、陈梦雅译：《心智：认知科学导论》第 10 章至第 13 章。

一，心智史是思想家的学术思想史、思想体系史或知识分子的论说史。这种观点产生于 20 世纪初，认为心智精英明确表述的正规思想和知识分子的论说是心智史学研究的基本主题。第二，心智史是观念史。这种观点产生于 20 世纪 30—40 年代，认为无论多么复杂的思想体系、学说，都是由"观念单位"构成的，心智史学只研究心智精英明确表述出来的思想体系中的观念。第三，心智史是意义史。这种观点产生于第二次世界大战以后，认为人类过去的一切行为及其产物都含有某种意义，所有这些行为和意义都是心智史学的研究对象。第四，心智史是一种多层次的精神史，是所有精神活动类型和思想形式的历史。这种观点产生于 20 世纪 80 年代，是在当今西方史坛居于支配地位的一种观点，主张包括正规思想体系、观念以及精神状态在内的所有精神活动类型和思想形式都属于心智史学的研究范围①。田晓文先生不仅介绍了西方心智史学具有代表性的观点，而且也有自己的看法，认为心智史学"不仅考察高层次的智力活动，还要研究低层次的心理活动以及未明确表述出来的精神状态（心态）"②。

上述对心智的理解和探索，其出发点和目的都不尽相同。中国古人主要是在评说人物、事件及讨论政治的实际运作的层面使用心、智、心智的概念；西方哲学家讨论心智主要是探讨知识的本质；认知科学对心智的研究主要在于揭示人类的思维能力和思维过程；心智史学家之所以对何谓心智展开争论主要是确定心智史学的研究对象。因此，他们强调的重点，或要突出的重要方面是不相同的。尽管如此，在对心智内涵的理解方面也有不少相一致的地方：第一，将高层次的智力活动及智能作为心智的重要方面。如，中国古人所言的心、智、心智，是指"心"的功能，即思想、聪明、才智、智能、谋略、脑力等；大多数认知科学家认为，心智应该理解为心理表征与程序，即应用规则、概念、表象、类比和联结表达知识的形式和过程；心智史学家将学术思想、正规

---

① 田晓文：《谈谈心智史学的定义问题》，《史学理论》1989 年第 3 期。
② 田晓文：《唯物史观与历史研究：西方心智史学》，天津社会科学院出版社 1992 年版。

思想体系、知识分子的论说及其所包含的观念作为心智史学研究的重要对象。第二，将心态作为心智不可缺少的部分。中国古代典籍中的"心"，除包括思想外，还包括人的精神状态，如情感、情绪、需要等；早期认知科学虽专注于人类思维能力的研究，但已有不少当代认知科学家认识到了对人类的基本情绪如快乐、悲伤、恐惧、生气等进行研究的重要性，上面提到的保罗·萨伽德即是其中非常引人注目的一个；20 世纪 80 年代以后的西方心智史学家及国内的研究者如田晓文先生，皆强调在注重思想体系等高层次智力活动研究的同时，也要注重对心理活动及精神状态（心态）的研究。这些对心智的理解无疑都是正确的，对我们把握心智以无穷的启迪。要研究心智，揭开人类心智之谜，无法回避对高层智力活动、智能和心态的探讨。但也存在不甚完善之处，有些认识需要加以拓展：其一，对高层智力活动、智能的理解不能囿于学术思想、正规思想体系、知识分子的论说，因为人类智力活动的领域是广泛的，除了学术的研究、思想体系的建构外，还有文学、艺术的创造。同时，智力活动不是精英群体的专利，普通群体亦具有智能，开展智力活动，但不一定能形成思想体系，而这是研究人类心智所不能忽视的庞大群体。因此，应以知识状况的考察来说明高层智力活动和智能水平更符合实际。其二，信仰也应是人类心智的重要构成。信仰是对人类价值取向的反映。人类智力活动的指向是受到价值取向的强烈影响的。可以说，信仰不同，智力活动领域的选择就会不同，智力活动的方式与结果也会出现差异。中西历史上知识形态的迥异就是明证。信仰与心态的变化也有密切的联系。在面对同一环境时，信仰不同的群体或个人会产生相异的心态反应。反之亦然。在不同的环境中，信仰一致的群体或个人具有相似的心态。历史上和现实中的诸多事实都可以说明这一点。因此，忽视了对信仰的考察，对心智的把握就会是不完整的。

故我们认为，"心智"是一个由心态、知识状况、信仰构成的有机的系统。既包括人类的理性认知能力和水平，也包括非理性的精神因素。组成各要素的相互联系和相互作用形成心智发展的动力源泉。心智具有一定的结构，不是其构成要素的任意堆积或平行排列。心态为心智的感性层面，是对客观刺激的直接反应，处于心智结构的最表层；知识状况是心智的理性层面，反映的是对自然、社会及人自身的认识和把握的程度，集中体现为智能，处于心智的中间层；信仰浸透于行为、态度、思想观念之中，其所反映的价值取向处于心智的最里层，是心智的核心部分。人的心智不是抽象的、孤立的，也不是静止的。心智是人与环境相互作用的产物，在社会的交互活动中形成，并随着社会的发展而发展；心智还会因不同族群所承继的文化传统及所面临的自然环境、社会环境的差异而具有不同的特点；同一时代、同一社会中不同阶层的心智也会因其所处社会地位、存在方式的不同而出现差异。也就是说，心智除具有自己的结构外，还蕴含着自身固有的特性，即时代性、民族性、阶层性。

二、明代宗室群体心智的内涵

心智为人类所共有。明代宗室群体作为人类共同体的一个组成部分，自然不会例外。人类心智与明代宗室群体心智的关系是一般与特殊的关系。而一般性是寓于特殊性之中的。明代宗室群体心智理所当然会具有人类心智的普遍特征，它们在构成要素上、要素组合的方式上以及所具有的特性方面都应该是一致的。明代宗室群体心智不可能游离于人类心智的一般性之外。

至此，明代宗室群体心智的内涵就不难理解了。即，明代宗室群体心智也由心态、知识状况、信仰三要素组成，它是由明代宗室群体的心态、知识状况和信仰所构成的一个有机的系统。明代宗室群体心态是指作为社会活动主体的明代宗室群体在面对所处环境及其变化时，所做出的心理反应或形成的心理状态。随着环境的改变，心态也随之发生变化。但由于明代宗室成员之间存在禀性和社会认知的差异，同一环境及其变化常常导致多样的心态类型；明代宗室群体的知识状况是指明代宗室群体对已有知识的掌握和创新的程度，集中反映了明代宗室群体对自然、社会及人自身的认知水平和能力；明代宗室群体的信仰是指明代宗室群体对儒家思想学说、佛道二教以及山川神灵等超自然力量的信服、敬畏和尊崇。这三个要素共生互动缔造了明代宗室群体心智的完整形态。明代宗室群体心智产生于明代社会，带有明代社会的深深印记。同时，也对明代社会产生了不小的影响。

三、国内外研究状况的学术史梳理

宗室是明代重要的社会群体之一。学术界对其最高人口数额有 20 万和近 100 万两种推测。这一群体的人口数和明代人口总数相较，只占很小的比例。但由于其身份特殊，对明代的政治、经济、文化皆产生了广泛而深远的影响，是明史研究中的重要课题之一。

运用现代学术理念对明代宗室进行研究，开始于 20 世纪 20 年代末，迄今已走过了 90 年的沧桑岁月。90 年的时间沉淀，积累起了不菲的学术成果。据初步统计，公开发表相关论文（含部分介绍性文章）211 篇以上，出版相关著作 9 部以上。内容涉及宗藩制度、庄田、人口、宗禄、婚姻、教育、思想观念、文化活动、人物、宗室叛乱、抗清斗争等诸多方面。纵观整个明代宗室研究的历程，大致可以划分为三个阶段。谨分述于后。

（一）开拓期（20 世纪 20 年代末至 40 年代）

1929 年是对明代宗室进行现代学术研究的开启之年。这一年的 5 月 6 日，日本学者清水泰次在天津《益世报·学术周刊》发表了《明初开垦与庄田发生》一文。此文虽非专门探讨明代宗室问题，但在相关论述中涉及了明代王府庄田。因此，将其视为明代宗室研究的开端。其后，有关宗室研究的论著相继问世。截至新中国成立前，共发表论文 12 篇，出版著作 2 部。研究内容涉及 4 个方面：郭豫才《明代河南诸王府之建置及其袭封世系表》（《禹贡》1935 年 7 月，3 卷 9 期）对河南王府建置及袭封世系进行了梳理；吴云端《明代之庄田》（《"中央"日报》1947 年 7 月 23 日）、陶希贤《明代王府庄田之一例》（《食货》1935 年 9 月，2 卷 7 期）对明代王府庄田进行了论述；黄华《明末诸王兴替纪略》（上、下）（《越风》半月刊 1936 年 7 月，17、18 期）、朱希祖《南明广州殉国诸王考》(《文史杂志》1942 年 8 月, 2 卷 7、8 期)、王璞《福王朱常洵》(《人物杂志》1947 年 9 月, 2 卷 9 期)、徐安之《南明诸王的复国运动》(广州时代动向社, 1942 年)、包遵彭《明监国鲁王圹志之研究》(《历史文物丛刊》第二辑之五, 商务印书馆 1940 年)对福王朱常洵、明末诸王兴替、南明广州殉国诸王、南明诸王复国活动及监国鲁王圹志做了探讨;那廉君《周宪王之杂剧》(《剧学月刊》1934 年 11 月, 3 卷 11 期)、赵景深《读〈诚斋乐府〉随笔》(《青年界》1934 年, 6 卷 4 期)、傅乐毅《周宪王〈元宫词〉百章笺注》(《经世日报·禹贡周刊》1946 年 8 月 23 日, 9 月 6 日、20 日、27 日, 10 月 18 日、25 日, 11月 1 日、22 日, 12 月 6 日、13 日、27 日, 第 2、4、6、7、10、11、12、15、17、18、20 期)、刘复《十二等律的发明者朱载堉》(《蔡元培先生六十五岁论文集》上, 1933 年 1 月)、郑秉珊《八大山人与石涛》(上、下)(《古今》半月刊 1943 年 10 月, 32、33 期)对周宪王的杂剧、《元宫词》及朱载堉的音乐贡献、朱耷与石涛的关系进行了研究。但关注的热点是明末诸王兴替、南明诸王的殉国、复国及明宗室的文学艺术创造。

(二)缓慢发展期(20 世纪 50 年代至 70 年代)

20 世纪 50 年代至 70 年代, 历时 30 年, 发表论文 57 篇, 数量较前一阶段有较大幅度的增长。但和第三阶段相比, 仍属较为缓慢, 特别是在大陆学者的研究方面表现得更为明显。从研究内容看, 前一阶段的论题得以延续, 如诸王谱系、王府庄田继续受到关注并有所深化, 李叶霜的《明代诸王的谱系问题》(《东方杂志(复刊)》1970 年 8 月, 4 卷 2 期)、王毓铨的《明代的王府庄田》(《历史论丛》, 1964 年第 1 辑), 全面探讨了明代的诸王谱系及王府庄田, 较前系统;南明诸王研究虽有所降温, 但热度犹存, 且发表的论文多聚焦鲁王, 陈汉光、廖汉臣《鲁王史迹考察记》(《台湾文献》1960 年 3 月, 11 卷 1 期)、庄全德《明监国鲁王以海纪事年表》(《台湾文献》1960 年 3 月, 11 卷 1 期)、李振华《鲁王其人和他潦倒的晚年》(《畅流》1960 年 4 月, 21 卷 4 期)、陈汉光《鲁王死因之疑点》(《台湾风物》1960 年 7 月, 10 卷 6 期)、《〈鲁王史迹考察记〉续记》(《台湾文献》1964 年 12 月，15 卷 4 期)，何南史《明末诸王抗清始讫》(《畅流》1962 年 8 月，26 卷 1 期)，只有一篇论及诸王抗清始末；对明代宗室文学艺术家生平及作品的研究虽以明末清初的朱耷为中心，但保持并发展了前一阶段的势头，热度不减，发表的论文有：朱君毅等《略谈朱有炖杂剧的思想性》(《光明日报》1957 年 12 月 1 日)，钟华《宁献王及其杂剧》(《建设》1963 年 9 月，12 卷 4 期)，李霖灿《朱容重〈竹海棠图〉——故宫读画札记之二十四》(《故宫季刊》1971 年秋季，6 卷 1 期)，白焦《朱耷的政治讽刺画》(《文汇报》1956 年 11 月 25 日)，朱省斋《八大山人的画》(《文艺世纪》1959 年 3 期)，王昆仑《"墨点无多泪点多"——八大山人的写意画》(《光明日报》1961 年 4 月 4 日)，唐云《八大山人的〈瓶菊画〉》(《文汇报》1962 年 11 月 11 日)，鲁茛《明末天才画家八大山人——朱耷》(《古今谈》1967 年 10 月，32 期)，何勇仁《八大山人的诗书画》(《国家论坛》1975 年 5 月，8 卷 5 期)，王方宇《八大山人对齐白石的影响》(《艺坛》1975 年 9 月，90 期)、《八大山人对吴昌硕的影响》(《艺术家》1976 年 12 月，19 期)、《八大山人的书法（上、下)》(《艺坛》1975 年 10 月，91 期；1975 年 11 月，92 期)、《八大山人的书法》(《香港中文大学中国文化研究所学报》1976 年 12 月，8 卷 12 期)、《八大山人和朱道朗》(《大陆杂志》1976 年 12 月，53 卷 6 期)、《八大山人和石涛的共同友人》(《艺坛》1978 年 7 月，124 期)、饶宗颐《八大山人〈世说诗〉解》(《新亚书院学术年刊》1975 年 9 月，17 期)、《至乐楼藏八大山人山水画及相关问题》(《香港中文大学中国文化研究所学报》1976 年 12 月，8 期)，田慕梵《八大山人的艺术成就》(《今日中国》1975 年 10 月，54 期)，李叶霜《"八大山人的妙笔"——由复印件鉴定书画的一例》(《艺术家》1976 年 1 月，8 期)，庄伯和《八大山人〈蜘蛛图〉》(《艺术家》1976 年 4 月，11 期)，华田《谈八大山人书法》(《"中央"日报》1968 年 5 月 8 日)，陆敏《朱载堉和他的十二平均律——介绍一位明代音乐理论家》(《安徽日报》1957 年 12 月 19 日)、《明代音乐家朱载堉》(《安徽史学》1960 年，2 期)，秦佩珩《朱载堉与〈乐律全书〉》(《人民音乐》1963 年，4 期)，侯少君《八大山人》(《美术》1959 年第 3 期)，屏山《江西省发现八大山人的世系》(《光明日报》1959年12月13日),郭味蕖《明遗民画家八大山人》(《文物》1961年,6期),李旦《八大山人丛考及牛石慧考》(《文物》1960年,7期)、《江西历史人物志(清画家朱耷)》(《江西日报》1961年4月2日),谢稚柳《八大山人二三事》(《艺林丛录》1964年12月,5编),叶叶《论朱容重、牛石慧与八大山人的关系》(《大陆杂志》1976年7月,53卷1期)、《从"八山小像"论八大山人的身世问题》(《大陆杂志》1977年6月,54卷6期),康禄新《画家八大山人》(《中国国学》1977年第4、5期),邓秀莲《八大山人》(《畅流》1977年7月,55卷10期),邓若愚《八大山人世系考》(《〈大公报〉在港复刊三十周年纪念文集》1978年9月,上海),共33篇,占此时期发表论文总数57篇的58%,是当之无愧的研究热点。

这一时期的明代宗室研究,在方向的拓展上也呈现了不少新的亮点:一是随着宗室墓葬的考古发掘,发表了一些发掘报告及少量的对出土文物的研究论文,如江西文管会《江西南城明代朱厚烨墓发掘简报》(《文物》1959年第1期)、陈文华《江西新建明朱权墓发掘》(《考古》1962年第4期)、江西省博物馆《江西南城明益王朱祐槟墓发掘报告》(《文物》1973年第3期)、陕西文管会《长安四府井村明安僖王墓清理》(《考古通讯》1956年第5期)、郭勇等《明晋王裕王墓的清理工作》(《文物参考资料》1956年第6期)、山东省博物馆《发掘明朱檀墓纪实》(《文物》1973年第5期)、刘九庵《朱檀墓出土画卷的几个问题》(《文物》1972年第8期);二是宗藩分封制度、人口、刻书、叛乱这些问题进入了研究者的视域,发表的论文有:黄彰健《论〈皇明祖训〉颁行年代并论明初封建诸王制度》(《历史语言研究所集刊》1961年7月,32本),吴缉华《论明代封藩与军事职权之转移(上下)》(《大陆杂志》1967年4月,34卷7期、8期)、《论明代宗藩人口》(《"中央研究院"历史语言研究所集刊》1969年9月,41本3分册),昌彼得《明藩刻书考(一、二)》(《学术季刊》1955年3月,3卷3期、1955年6月,3卷4期),王止峻《建文逊国与燕王夺位》(《醒狮》1975年7月,13卷7期),傅衣凌《〈王阳明集〉中的"九姓渔户"——附论江西九姓渔户与宸濠之乱的关系》(《厦门大学学报》1963年第1期)。论文的数量虽然不多，但开启了新的研究方向。

（三）兴盛期（20 世纪 80 年代至今）

进入 20 世纪 80 年代，研究内容不断拓展，呈现出更加多元化的趋势，成果数量也急剧增长，至今出版著作 7 部，发表论文 140 篇左右，发展速度明显加快，可以说已臻兴盛繁荣之势。

1. 宗藩分封制度、宗室政策演变研究。明代对宗室的管理经历了一个变化的过程：明初实行分封制度，"靖难之役"后"藩禁"渐成。关注这一问题的学者不少。顾诚《明代的宗室》（《明清史国际学术讨论会论文集》天津人民出版社 1982 年版），李国华《明代的宗藩》（《江西师范大学学报》1985 年第 1 期），张显清《明代亲藩由盛到衰的历史演变》（《社会科学战线》1987 年第 2 期），张德信《明代诸王分封制度述论》（《历史研究》1985 年第 5 期），蒋兆成《明代宗藩制度述评》（《中国社会经济史研究》1988 年第 3 期），孙大江《明代的宗藩制度》（《玉溪师范学院学报》1988 年第 5 期），勾利军、汪润元《明初分封藩王的原因与历史作用》（《河南师范大学学报》1989 年第 3 期），赵毅《明代宗室政策初探》（《东北师范大学学报》1988 年第 1 期），马瑞《明代的藩封制度》（《史学月刊》2003 年第 11 期），梁尔铭《明代宗室分封制论述》（《韶关学院学报》2004 年第 2 期），暴鸿昌《明代宗藩特权的演变》（《北方论丛》1984 年第 5 期）、《明代藩禁简论》（《江汉论坛》1989 年第 4 期）、王春瑜《"弃物论"：谈明代藩王》（《学术月刊》1988 年第 4 期）等，从不同的角度和层面分析了明代宗藩分封制度和藩禁政策实行的原因及产生的影响；明末清初宗室的命运也为学者们所关注，白新良、赵秉忠《清兵入关与明代宗室》（《辽宁大学学报》1990 年第 1 期），郑克晟《试论多尔衮对明皇室态度之演变》（《社会科学战线》1991 年第 2 期），王兴亚《李自成起义军对明宗室的政策》（《洛阳工学院学报》1999 年第 3 期），论述了李自成、多尔衮的明宗室政策及结果。

2. 王府庄田、宗室人口及商业活动研究。明代宗室疯狂侵夺土地，广建王庄，对明代社会经济秩序的稳定影响甚大。黄冕堂《论明代贵族庄田的主佃关系和封建剥削》《论明代贵族庄田的土地问题》(《明史管见》齐鲁书社 1985 年版),李槐《明代王府庄田的来源》(《复印报刊资料(明清史)1987 年第 11 期),李三谋《明初庄田经济的性质》(《晋阳学刊》1988 年第 4 期),余同元《明代衡王府庄田》(《烟台大学学报》1997 年第 4 期),王京宝、闫海青《明代山东王府庄田初探》(《山东教育学院学报》2007 年第 2 期),探讨了明代王府庄田的来源、性质;张德信《明代宗室人口俸禄及其对社会经济的影响》(《东岳论丛》1988 年第 1 期),王守稼在其论文《试论明代宗室人口问题》(《中国史研究》1990 年第 1 期),安介生《明代山西藩府的人口增长与数量统计》(《史学月刊》2004 年第 5 期),邓沛《明代宗藩人数小考》(《文史杂志》2012 年第 6 期),对明代宗室人口数进行了推定,并分析了明代宗室人口快速增长的原因和影响;赵毅《明代宗室的商业活动及其社会影响》(《中国史研究》1989 年第 1 期),覃延欢《明代藩王经商刍议》(《中国社会经济史研究》1993 年第 2 期)探讨了明代宗室从事商业活动的背景、经营方式及危害。

3.宗室婚姻研究。宗室地位特殊,婚姻也有别于其他阶层。杨成《明代皇室与勋臣通婚状况抉微》(《中国史研究》1984 年第 1 期),范植清《明朝皇室的嫁俗与楚王朱华奎嫁女》(《史学月刊》1989 年第 2 期),魏连科《明代宗室婚姻制度述略》(《文史》1990 年第 32 辑),雷炳炎《关于明代宗室的违制婚娶问题》(《湘潭大学学报》2009 年第 5 期)对明代宗室与勋臣的通婚状况、宗室嫁女习俗、宗室婚姻制度、宗室违制婚娶等问题进行了研究。

4.削藩及宗室叛乱研究。赵中男《明宣宗的削藩活动及其社会意义》(《社会科学辑刊》1998 年第 2 期),马长泉、张春梅《明成祖削藩策略简论》(《新乡师专学报》1999 年第 1 期)论述了明成祖、明宣宗的削藩策略、削藩活动及其社会意义;单锦珩《论"靖难之役"》(《浙江师范大学学报》1985 年第 4 期),郭厚安的《论"靖难之役"的性质》(《西北师范大学学报》1997 年第 2 期),赵中书《略论"高煦之叛"——明代第二次争夺皇位的斗争》(《安徽史学》1988 年第 1 期),暴鸿昌《"高煦之叛"辨》(《历史研究》1988 年第 2 期),江凤兰《浅析宁王宸濠叛乱之原因及准备》(《江西教育学院学报》1997 年第 2

期），川越泰博《靖难の役蜀と王府（一）——四川成都三护卫の动向を手挂かりに》（《中央大学文学部纪要·史学科》2005年）对靖难之役、高煦之叛、宸濠之乱做了较为深入的研究。

5.宗室犯罪研究。明代宗室犯罪研究，肇始于20世纪八九十年代。怀效峰《明代宗藩的犯罪与处罚》（《中国政法大学学报》1988年第3期），周致元《初探"高墙"》（《故宫博物院院刊》1997年第2期）、《明代的宗室犯罪》（《安徽大学学报》，1997年第5期），可谓开拓性的研究。进入21世纪，雷炳炎刊发论文10余篇：《明代中期罪宗庶人管理问题初探》（《船山学刊》2003年第1期）、《谈谈明代中期罪宗庶人的安置问题》（《湖湘论坛》2003年第1期）、《明代中期罪宗庶人归类分析》（《湖南社会科学》2003年第2期）、《关于明代中期宗室犯罪问题的思考》（《求索》2004年第10期）、《明代宗藩私离封地与越奏问题述论》（《湖南工业大学学报》2009年第2期）、《明代宗禄问题与宗室犯罪》（《云南社会科学》2009年第3期）、《明代宗藩经济犯罪述论》（《暨南史学》2009年第6期）、《试论明代官吏对宗室犯罪的影响》（《南华大学学报》2010年第3期）、《明代贬废罪宗及其家眷的给养问题》（《云南社会科学》2010年第4期）、《王府官与明代宗室犯罪关系探论》（《湘潭大学学报》2010年第5期）、《明代罪宗的请复及其子女的袭封爵问题》（《西南大学学报》2010年第5期）、《试论明代中后期亲郡王对中下层宗室犯罪的影响》（《云梦学刊》2010年第6期）、《王府家人、宗室姻亲与明代宗藩犯罪》（《湖南社会科学》2011年第1期）、《论明代宗室犯罪的察勘取证与议论罪方式》（《云南社会科学》2011年第5期）等，并在此基础上出版专著1部：《明代宗藩犯罪问题研究》（中华书局2014年2月），对明代宗室犯罪进行了系统的研究。

6.藩府、宗室人物个案研究。藩府、宗室人物，是此阶段学者们用力较多的领域，研究明代宗室的专著多集中于此：陈万鼐《朱载堉研究》[（台北）"故宫博物院"1992年1月]，姚品文《朱权研究》（江西高校出版社1993年12月）、《宁王朱权》（艺术与人文科学出版社2002年版），邢兆良《朱载堉评传》（南京大学出版社1998年12月），白述礼《大明庆靖王朱栴》（宁夏人民出版社

2008 年版)，朱方枫《明靖江王二百八十年》(广西师范大学出版社 2010 年版)；论文也不少：黄明兰《明朝伊藩王世系补正》(《河南师范大学学报》1980 年第 3 期)，王晟《明代开封周王府》(《河南大学学报》1986 年第 1 期)，薛向阳《明初靖江王奉藩的特殊性》(《广西师范大学学报》1988 年第 4 期)，秦慰俭《在广西衣食租税近三百年的明代靖江王家族》(《广西民族学院学报》1994 年第 2 期)、佐藤文俊《明代の楚王府》(《历史人类》1997 年第 25 期)、《明代の楚王府——の财源の侧面》(《历史人类》1998 年第 26 期)，张子模、邹长清《明代靖江王社会地位考》(1999 年第 2 期)，漆招进《明靖江王的爵级》(《社会科学家》2000 年第 2 期)，薛登、方全明《明蜀王和明蜀王陵》(《四川文物》2000 年第 5 期)，陈勇《明代兖州鲁王和王府》(《中州古今》2003 年第 1 期)，李炎《明代南阳城与唐王府初探》(《中华建筑》2010 年第 5 期)，梁志胜、王浩远《明末秦藩世系考》(《陕西师范大学学报》2010 年第 5 期)，陈世松《明代蜀藩宗室考》(《西华大学学报》2011 年第 2 期)；王兴亚《朱载堉生平事略若干问题的探讨——兼论〈郑靖清世子赐葬神道碑〉的史料价值》(《郑州大学学报》1987 年第 6 期)，范沛潍《试论郑端清世子朱载堉的"让国"》(《史学月刊》1993 年第 5 期)，邓宏礼等《朱载堉在沁阳的史迹》(《焦作大学学报》2004 年第 2 期)，[日] 川越泰博《蓝玉党案と蜀王朱椿》(《中国史学》2004 年 14 期)，吴忠礼《明代宁夏藩国——世庆王朱栴》(《共产党人》2006 年第 5 期)，研究论及了伊、周、靖江、楚、蜀、唐、秦等王府和朱载堉、朱权、朱椿、朱橞等宗室人物。

7. 墓葬发掘及出土文物研究。随着明代宗室考古的进一步深入，明代宗室墓葬在 20 世纪 80 年代以后被大量陆续发现和发掘。因此，这一阶段发表的宗室墓葬发掘报告和相关研究成果明显多于第二阶段。其中，江西最多，有发掘报告和论文 5 篇、专著 1 部：刘林、余家栋、许智范《江西南城明益宣王朱翊钧夫妇合葬墓》(《文物》1982 年第 8 期)，许智范等《江西南城明益定王朱由木墓发掘简报》(《文物》1983 年第 2 期)，霍巍《论江西明代后期藩王墓葬的形制演变》(《东南文化》1991 年第 1 期)，许智范《江西明代藩王墓考古收获》

（《中国历史文物》2003年第4期），韩佺《明代江西宗藩墓葬玄宫制度浅论》（《南方文物》2010年第4期），江西省博物馆等编《明代江西藩王墓》（文物出版社2010年版）；陕西有发掘报告和论文4篇：张鸣铎《新出土的几方明秦藩王宗族墓志》（《文博》1989年第4期），肖健一《明秦藩家族谱系及墓葬分布初探》（《考古与文物》2007年第2期）、《明代秦藩辅国将军朱秉橘家族墓》（《文物》2007年第2期），郭永利《明肃藩王妃金累丝嵌宝石白玉观音簪》（《敦煌研究》2008年第2期），段毅等《西安南郊明上洛县主墓发掘简报》（《考古与文物》2009年第4期）；湖北有发掘报告和论文4篇：李锦新《明藩楚昭王——朱桢墓发掘记》（《武汉文史资料》1994年第58辑），院文清、周代玮、龙永芳《湖北省钟祥市明代郢靖王墓发掘收获重大》（《江汉考古》2007年第3期），刘治云、祁金刚、江卫华《武汉江夏二妃山明景陵王朱孟照夫妇墓发掘简报》（《江汉考古》2010年第2期），李森《明汉阳王朱厚煐、元妃傅氏夫妇圹志考释》（《潍坊教育学院学报》2010年第5期）；河南有发掘报告和论文3篇：任义玲《明代南阳藩王唐王朱桱圹志及相关问题》（《文博》2007年第5期），王峰《浅谈潞王次妃赵氏墓建筑结构与形式》（《中原文物》2010年第3期），孙凯《明代周藩王陵调查与相关研究》（《中原文物》2011年第3期）；四川最少，只有发掘报告和论文2篇：任新建《明蜀僖王陵藏式石刻考释》（《四川文物》1995年第3期），成都市文物考古研究所《成都明代蜀僖王陵发掘简报》（《文物》2002年第4期）。另有研究出土明代宗室文物历史价值的论文1篇：苏德荣《明代宗室出土文物的历史价值》（《南方文物》1993年第1期）。这些研究涉及益、秦、楚、蜀、郢、肃、潞、周等王府宗室。

8.宗室与地方社会研究。对宗室与地方社会的研究以河南为最多：苏晋予《河南藩府甲天下——明代河南藩王述论之一》（《史学月刊》1991年第5期），赵全鹏《明代宗藩在河南》（《中州今古》1994年第2期），苏宁《明代开封的王府》（《史学月刊》1995年第1期），张民服、徐晶《明代河南宗藩浅述》（《商丘师范学院学报》2002年第1期）；湖南、湖北、甘肃、广西等地亦有涉及，如张建民《明代两湖地区的宗藩与地方社会》（《江汉论坛》2001年第10期），张大海《明代湖广宗藩浅述》(《学术论坛》2008 年第 3 期),覃树冠《略谈靖江藩王与桂林文化》(《广西师范大学学报》1988 年第 4 期),宋法仁《明肃王对甘肃的贡献》(《甘肃社会科学》1993 年第 4 期)即是。李园《明代宗藩与地方财政》[《文史博览(理论)》2012 年第 10 期]一文,论述了宗藩对地方财政的影响。

9. 宗室文化活动、成就及思想观念研究。苏德荣《明代宗室文化及其社会影响》(《河南师范大学学报》1996 年第 4 期),都樾《明代宗室的文化成就及其影响》(《学术论坛》1997 年第 3 期),对明代宗室文化成就及影响进行了总体研究;章旋、邱昌文《浅论湖广宗藩的文化成就》(《许昌学院学报》2010 年第 6 期),论述湖广宗藩的文化成就;郭孟良《试论明代宗藩的图书事业》(《郑州大学学报》2002 年第 4 期),曹之《明代藩王室名考》(《图书情报论坛》2002 年第 1 期)、《明代皇帝赐书藩王考》(《山东图书馆学刊》2010 年第 4 期),张弘《略论明代山东藩王的藏书文化》(《中共济南市委党校学报》2011 年第 2 期),张凤霞、张鑫《明代宗室藏书文化述论》(《东岳论丛》2010 年第 7 期),余述淳《明代藩王的著书与刻书》(《池州师专学报》2003 年第 1 期,《图书情报论坛》2003 年第 1 期),郭孟良《明代中原藩府刻书考论》(《学习论坛》2008 年第 6 期),于蕾《明代湖南藩府刻书》(《图书馆》2010 年第 6 期),陈清慧《〈明史·艺文志〉宗室集部著述考补》(《中国典籍与文化》2008 年第 4 期)、《明代藩府著述辑考》(《古籍整理研究学刊》2009 年第 2 期),对藩府的藏书、刻书、著述做了细致的考证;张鸣珂《朱载堉及〈郑王醒世词〉发现之意义》(《平原大学学报》1994 年第 4 期),傅山泉《两世潞王的生活环境及思想差异》(《河南师范大学学报》1997 年第 2 期),曾召南《试论明宁献王朱权的道教思想》(《宗教学研究》1998 年第 4 期),魏佐国《朱权崇道刍议》(《南方文物》2005 年第 4 期),万伟成《朱权的戏剧学体系及其评价》(《戏剧》2008 年第 4 期),叶明花、蒋力生《朱权〈救命索〉内丹思想初探》(《中国道教》2010 年第 4 期),叶明花、蒋力生《朱权〈庚辛玉册〉考辨》(《中国道教》2011 年第 2 期),陈捷《朱有炖生平及其作品考述》(《艺术百家》2001 年第 4 期),雷蕾《诸恶莫作 众善奉行——论朱有炖杂剧中的儒释合流现象》(《甘肃社会科学》2006 年第 3 期)，叶舟《朱诚泳的藩王身份与其杂文风格的关系》(《文学界（理论版）》2010 年第 7 期)，对朱载堉、朱权、朱有炖、朱诚泳等的生平、作品及儒、释、道思想进行了研究。

10. 宗学及宗室开科研究。张明富《试论明代宗学设置的原因》(《史学月刊》2008 年第 5 期)、《明代宗学设置时间考辨》(《西南大学学报》2008 年第 6 期)、《论明代宗学的教育教学制度》(《社会科学战线》2010 年第 1 期)、《论明代宗室开科》(《社会科学战线》2013 年第 1 期)，对明代宗学的设置时间、设置原因、宗学教育教学制度、宗室开科进行了考辨与论述。

其他问题也有学者涉及。毛佩琦《建文新政和永乐"继统"》(《中国史研究》1982 年第 2 期)，刘海文《藩王继位——明朝帝王传承中的突出特点》(《新乡师范高等专科学校学报》2006 年第 3 期)，袁斌《明代藩王继承中的特恩现象》(《温州大学学报》2010 年第 3 期)，对永乐继统、藩王继位、藩王承袭的特恩现象做了深入探讨；吴宏岐、党安荣《关于明代西安秦王府城的若干问题》(《中国历史地理论丛》1999 年第 3 期)，史红帅、吴宏岐《明代西安城内皇室宗族府宅相关问题》(《中国历史地理论丛》2001 年第 1 期)，雷炳炎《明代宗室的倾轧与争斗述论》(《衡阳师范学院学报》2009 年第 4 期)，程皓《试论明代宗室请名制度》(《理论界》2012 年第 9 期)，张明富《试论明代宗室群体性事件》(《学习与探索》2013 年第 5 期)，对西安明代藩王府宅、宗室内部倾轧、宗室请名、宗室群体性事件进行了论述。

通过以上对明代宗室研究的学术史梳理可以获知，经几代学人历时 90 年的辛勤耕耘，取得的成果是较为丰硕的，也极大地推进明代宗室的学术研究。但宗室心智——明代宗室群体心态、知识状况与信仰尚未纳入研究的视域，仅在宗室文化、宗室藩王个案研究中稍有涉及，如对宗室刻书、著述的考论，宗室藩王思想的研讨，宗室学术文化成就的述评等。这些成果开明代宗室群体心智研究之先河。但也存在明显缺陷：一是除对朱载堉、朱权、朱诚泳、朱奋等个别宗室藩王的思想、学术贡献研究较充分外，对其他宗室少有深度研究，甚至有尚未涉及者，研究内容有待向纵深拓展；二是明代宗室群体心态、信仰等，尚付阙如，是一有待拓荒的处女地。这些不足使我们无法对明代宗室群体心智形成一个动态的、整体的认识，同时也为我们继续研究留下了较大的空间。对明代宗室群体的心智结构：心态、知识状况及信仰展开全面、系统的研究，有利于明代宗室研究的深入和填补学术的缺失。同时，在古为今用的原则指导下，研究明代宗室的心智结构，也可为当今制定相关社会政策、措施提供相应的理论和实证依据，有利于社会的和谐发展和长治久安。

四、研究内容

明代宗室群体研究以往大多集中于宗藩制度、藩禁、宗室藩王叛乱、王府庄田、宗室商业活动、宗室人口、宗室婚姻、宗室犯罪、宗室著述、宗藩刻书、个别宗室人物思想及宗室文化成就综论等方面；研究方法多是历史学的，间或亦有利用考古学方法者。本书选取宗室群体心智的视角，在充分尊重和吸收已有研究成果的基础上，除运用历史学、考古学方法外，主要运用心理学、社会学、社会心理学的方法，对宗室群体心智的构成要素：心态、知识状况、信仰及心智结构进行立体的、动态的、多学科的研究，构建明代宗室群体心智研究体系，分析塑造明代群体心智的社会历史环境，揭示明代宗室群体心智结构的特点，从心智的视域辩证宗室"弃物论"的传统观点，还明代宗室群体以历史的本来面目。

具体分为四个部分：

第一部分，明代宗室群体心态：钩稽史实，从分析明代宗室群体的生存环境、生存状态入手，阐释明代各个不同时期的宗室群体心态及其变化，并分析宗室群体各种心态类型的形成原因和影响。

第二部分，明代宗室群体的知识状况：考察明代各个不同时期宗室群体对已有知识的掌握程度及对未知探索的状况，探讨明代宗室群体知识状况的特点、成因，并揭示明代宗室群体的知识状况与明代科学文化发展的互动关系。

第三部分，明代宗室群体的信仰：走进明代宗室群体的信仰世界，论述明代宗室群体对儒家思想学说、释道二教及山川神灵等超自然神秘力量的态度，探讨明代宗室群体信仰的背景、动机、影响。

第四部分，明代宗室群体心智结构的特点：以明代宗室群体心态、知识状况、信仰的研究为基础，总结明代宗室群体心智结构的特点，并分析其得失，阐述明代宗室群体的社会价值。

上　篇　明代宗室群体心态

何谓心态？关于此，学界有不太完全相同的论说。但，通常认为，心态即是指人的心理状态，包括情感、需要、情绪、欲望、动机等组成要素。从类型上划分，可分为个体心态和群体心态。个体心态，是组成社会的最小元素——个体的心态；群体心态，即是社会中某一群体的心态。个体心态和群体心态有着密不可分的联系，个体心态是群体心态的基础、前提，没有个体心态，就没有群体心态，一如没有个体就不存在群体一样。但两者之间也有较大的区别，最显著的不同在于，群体心态不是个体心态的叠加或总和，而是组成群体的个体较为普遍的具有的心态；更由于群体构成的复杂性，同一群体的心态也可能有不同的类型。且不论是个体心态，还是群体心态，都是一个动态的范畴，它是行为主体对来自外界环境刺激的心理反应，环境的改变必然带来心态的变化。同时，心态的变化也会对环境产生一定的影响。

宗室是明代社会一个特殊而重要的群体，对其心态进行探讨，应是明代宗室群体研究的重要内容。然心态具有非直观性和隐秘性，要复原一个已逝去近400年的社会群体的心态，颇为不易。也许，正是因为这个缘故，明代宗室群体心态研究迄今尚未引起学术界足够的重视，没有专门的论述。我们拟在广泛收集材料的基础上，运用唯物史观的社会心理分析理论，并借鉴心理学、社会心理学的相关理论和方法，从历时性和共时性两个维度对明代宗室群体心态做一尝试性、系统性的研究。

第一章　明代宗室群体心态类型及其嬗变

明代宗室群体与明王朝相始终，伴随着朱明王朝的建立而形成，随着明朝的发展而壮大，复随着明朝的终结而湮没于历史的尘烟之中。明朝的历史起伏跌宕，明代宗室群体心态也非一成不变，而是经历了一个复杂的嬗变过程，不同的历史时期呈现出相异的心态类型。明代宗室群体心态的嬗变过程，大致可分为洪武、建文，永乐至天启初年，天启初至崇祯末三个时期。

第一节　洪武时期："志在经国"，意气风发

洪武时期，即明太祖朱元璋在位的时期（1368—1398），长达 31 年。这是明朝确立开国规模、奠定各项制度基本走向的重要时期，也是明代宗室群体开始形成的时期。这个时期，宗室群体人数尚少，朱元璋曾三次分封，共封 24 子、1 从孙为王。除 1 王早殇外，"就藩"者仅 18 王，但大多意气风发，"志在经国"，尽展文武韬略。

秦王樉，朱元璋第二子，1356 年生，幼年聪慧。洪武三年（1370），14 岁时受封。洪武十一年（1378），22 岁，"之国"西安。为人"严毅英武"，颇具军事才能。朱元璋"委以关西兵事"，将陕西潼关以西的整个西北的防务交由

其负责，予以刑赏、用人之权，寄以军事重任。岁秋，巡视边塞，"自大将军以降，皆属节制"。"有军功者，先拟拜封，然后以闻。"真正的是位高权重！秦王朱樉也不负所望，治军有方，儒法兼济，统率之军，纪律严明，"所过秋毫无敢犯，然未尝妄戮一人"。"故戎狄威畏，军兵倚以为重。"为明朝打造了一支铁军，名震西北，俨然古之名将！洪武二十七年（1394），"西番负固弗庭"，西宁、河州、洮州、岷州等地番族恃险不贡，奉命征讨，与将士同甘共苦，多露宿山野，栉风沐雨，"因遘瘴疠"，不慎患上恶性疟疾，复带病指挥作战，"力疾破贼"，多所擒获，"番首穷迫，率其众诣帐下降，遂受约束朝贡"。捷闻，朱元璋赐玺书嘉奖，"赏赉万计"。洪武二十八年（1395）卒，谥曰愍，享年39岁①。秦愍王逝，子隐王尚炳嗣位。时沔县人高福兴等为乱，尚炳"巡边境上捕盗"②，带兵消除地方的不安定因素，颇有乃父治世安邦之志。

晋恭王棡，太祖第三子。洪武三年（1370）封，十一年（1378）"就藩"太原。自小即受到良好的教育，"学文于宋濂，学书于杜环"，具有扎实的文学功底。且"修目美髯"，仪表堂堂，"顾盼有威"，饶于智数，不乏文武之才。历史也给他提供了施展才能的机会。"是时，帝念边防甚，且欲诸子习兵事，诸王封并塞居者皆预军务。而晋、燕二王，尤被重寄，数命将兵出塞及筑城屯田。大将如宋国公冯胜、颍国公傅友德皆受节制。又诏二王，军中事大者方以闻。三十一年三月薨"③。晋、燕二王手握重兵，节制开国大将，策马扬鞭，驰骋北部边塞，何其快意！楚昭王桢，太祖第六子。出生之时，恰逢平定武昌的捷报传至，太祖不胜欣喜，曰："子长，以楚封之。"洪武三年（1370），封楚王；十四年（1381），"就藩"武昌。"天资英睿，有谋略"，尝抄录《御注洪范》及《大宝箴》置诸座右。《洪范》，旧传为箕子向周武王陈述的9种统治大法；《大宝箴》，为贞观时张蕴古呈奏给唐太宗的一篇劝诫书，讲的是怎样才能做一名圣明君

---

① 郑晓：《秦王樉传》、朱谋㙔：《藩献志》，俱见焦竑：《国朝献征录》卷一，《宗室一》，广陵书社2013年版（版本下同，不注）。

② 张廷玉：《明史》卷一一六，《诸王一》，中华书局1972年版（版本下同，不注）。

③ 张廷玉：《明史》卷一一六，《诸王一》。

主。楚王桢将其置诸座右，反复研习，可见其对传统的安邦治国之术是相当熟悉，甚至可以说是了然于胸、颇有心得的，也反映了楚王桢积极进取、胸怀天下的雄心壮志！楚王桢的封国位于武昌，战略地位重要，负有镇抚中南、西南少数民族之责，多次奉命统兵，征讨贵州民族地区的叛乱，不辞辛劳，跋涉于南方的崇山峻岭之间。洪武十八年（1385）四月，"铜鼓、思州诸蛮乱，命桢与信国公汤和、江夏侯周德兴帅师往讨。和等分屯诸洞，立栅与蛮人杂耕作。久之，擒其渠魁，余党悉溃。"三十年（1397），"古州蛮叛，帝命桢帅师，湘王柏为副，往征。"永乐二十二年（1424）薨①。为明代西南的贵州少数民族地区的稳定贡献了自己的力量。

齐王榑，太祖第七子。洪武三年（1370）封，十五年"就藩"青州。"数历塞上，以武略自喜"：洪武二十三年，奉命率本王府护卫及山东徐、邳诸跟随燕王朱棣北征；二十四年，复率护卫、骑士北出开平②。多次奉命统兵出塞，打击蒙古军事贵族集团。

潭王梓，太祖第八子。洪武三年封，十八年"就藩"长沙。"英敏好学，善属文"，以文学见长。尝召集府中儒臣，"设醴赋诗"，摆酒组织诗会，对儒臣即席吟咏的诗作，"亲品其高下"，予优胜者赐以金币③。朱梓虽未披坚执锐，驰马疆场，但在与文士的诗酒唱和中保持着昂扬向上的精神风貌。

蜀王椿，太祖第十一子，洪武十一年（1378）封。十八年，命驻凤阳；二十三年，"就藩"成都。为人慈祥孝友，"博综典籍"，仪容举止闲雅，深得明太祖喜爱，尝呼之为"蜀秀才"。在凤阳时，设西堂，延请李叔荆、苏伯衡等饱学之士商榷文史，进学不辍；"就藩"成都后，大兴文教事业，爱惜文士：聘大儒方孝孺为世子师傅，"表其居曰'正学'，以风蜀人"，树为士子榜样，培育向学的良好风气；亲诣郡学讲学，"知诸博士贫，分禄饩之，月一石"，资助贫穷士子，后成为定制；对王府长史陈南宾礼敬有加，特别建造舒适的小车

---

① 张廷玉：《明史》卷一一六，《诸王一》，焦竑：《国朝献征录》卷一，《宗室一》。

② 张廷玉：《明史》卷一一六，《诸王一》。

③ 张廷玉：《明史》卷一一六，《诸王一》。

赐之,以供其乘坐;闻义乌王绅贤能,礼聘至蜀,"待以客礼"。王绅之父王祎客死云南,前往寻找遗骸,蜀王椿给予资助。这些举措对蜀中淳厚民风士风的形成及蜀中的有效治理皆有不小的作用,并在诸王中独树一帜。故史家对其赞誉有加:"时诸王皆备边练士卒,椿独以礼教守西陲。"四川毗邻藏族居住区,藏区与内地的和谐关涉国家的稳定。蜀王椿在这方面也颇有作为。一方面以军事力量震慑兴兵叩关者:"西番蛮人作乱",火烧黑崖关,寇掠不止,川边动荡不安。朱椿经请示朝廷,遣都指挥瞿能跟随凉国公蓝玉西出大渡河截击。"番人"战败,自是慑服。另一方面,为避免再起争端,总结前代两金川之乱的根源,从根本上奠定藏汉民族和平交往的基石。认为前代两金川之乱大致由两个方面的原因导致,一是内地歹徒与"番人"串通勾结,二是不肖地方官员勒索"番人"财物。因此,朱椿订立制度,"请缯锦香扇之属,从王邸定为常贡,此外悉免宣索"。规定除常贡外,地方官员不得向藏区官民索要任何财物。产生矛盾的根源消除了,藏汉和睦相处,"蜀人由此安业,日益殷富。川中二百年不被兵革,椿力也"[①]。有力地维护了边疆的安宁,也为蜀中经济社会的发展提供了良好的环境。

湘献王柏,太祖第十二子。洪武十一年(1378)封,十八年"就藩"荆州。"性嗜学",刻苦自励,青灯黄卷相伴,读书每至深夜。同时,开景元阁,招纳贤士,"日事校雠",不屑为规规小儒,以探求治国大道为骛,"志在经国"。湘王柏不仅理想远大,且文武兼资,体格强健,武艺精熟:"喜谈兵,膂力过人,善弓矢刀槊,驰马若飞。"洪武三十年五月,同楚王桢一起征讨"古州蛮","每出入,缥囊载书以随,遇山水胜境,辄徘徊终日"[②]。虽行军打仗,亦不忘读书,用淡青色的丝绸做成书囊盛书,随身携带,早晚讽诵;遇山水佳处,更乐而不知返,一派儒将风度。

代简王桂,太祖第十三子。洪武十一年封豫王,二十五年改封代,"就藩"

---

① 张廷玉:《明史》卷一一七,《诸王二》
② 张廷玉:《明史》卷一一七,《诸王二》。

大同。大同地处边塞，道路险远，粮饷运送艰难，"令立卫屯田以省转运"，就地解决粮饷问题。出塞卫边更是朝廷赋予的重任，洪武二十六年，太祖下诏，命其"帅护卫兵出塞，受晋王节制"①。

肃王楧，太祖第十四子。洪武十一年，封汉王。二十四年，命与卫、谷、庆、宁、岷五王一同练兵临清，培养其军事才能。洪武二十五年，改封肃王。二十六年，下诏"之国"，前往西北封地。其时，陕西各卫兵马尚未完成集结，命暂驻平凉。二十八年，始"就藩"甘州。随即得到敕命，由肃王楧管理陕西行都司下辖甘州五卫军务。三十年，又令其"督军屯粮"，赋予更大的责任，凡遇征伐，长兴侯耿炳文听从其调遣、指挥②。成为了明初西北边防的一根柱石。

辽王植，太祖第十五子。洪武十一年封卫王，二十五年改封辽王。二十六年，"就藩"广宁。其时，宫室未成，暂驻大凌河北，树栅为营。"植在边，习军旅，屡树军功。"③

庆王栴，太祖第十六子。洪武二十四年封。二十六年"就藩"宁夏。"以饷未敷"，令驻庆阳北古韦州城，就食延安、绥德、宁夏租赋。二十八年，下诏命庆王管理庆阳、宁夏、延安、绥德诸卫军务。三十年，始建王邸。"王好学有文，忠孝出天性。"④

宁王权，太祖第十七子。洪武二十四年封，二十六年"就藩"大宁。大宁的地理位置在喜峰口外，即古会州地，东连辽左，西接宣府，战略地位非常重要，为北边巨镇。朱权统领的军队数量多，战斗力强，号称"带甲八万，革车六千"，尤其是所属朵颜三卫蒙古骑兵，皆骁勇善战。朱权作为军事统帅也是非常出色的，"以善谋称"，"数会诸王出塞"⑤，是明初东北边防的一支劲旅。

① 张廷玉：《明史》卷一一七，《诸王二》。
② 张廷玉：《明史》卷一一七，《诸王二》。
③ 张廷玉：《明史》卷一一七，《诸王二》。
④ 张廷玉：《明史》卷一一七，《诸王二》。
⑤ 张廷玉：《明史》卷一一七，《诸王二》。

上面列举出的这些历史记载，生动地描绘出了一幅洪武时期的宗室诸王群像，他们或横刀立马，手提重兵御敌；或礼教守边，文定祸乱，大展怀抱，释放出了蕴藏心底的活力和勃勃生机，对初建的明政权的巩固和边疆治理有着不可替代的贡献！透过这些外显的功业，洪武时期宗室群体的心态也展现无遗：诸王的人生价值在明初的政治军事舞台上得到了充分的实现，他们亦以此"自喜"，心情舒展，情绪高昂，大有"天下舍我其谁"的宏大气概。

第二节　建文、永乐至天启初：宗室群体心态的多元类型

明太祖朱元璋在 1398 年离世，标志着洪武时代的结束。随着洪武时代的落幕，明代宗室群体心态便急遽地发生改变。在建文初至天启初的 200 余年的漫长时间里，明代宗室群体心态与洪武时期大相径庭，呈现出多种心态类型并存的特点。

一、谋动干戈，冀窃大宝，"希望大位"的政治心态

在明代宗室群体中，不安于本分，内心存有觊觎"大位"的强烈欲望和冲动的宗室为数不少。据初步统计，其数量之多，为历朝所仅见。建文即位，诸王多为其叔父辈，藐视幼主，"以意行国中自如，礼乐刑政，几不自上裁"[①]；周王橚有异谋[②]，燕王朱棣更以"靖难"之名起兵，经四年鏖战，摧毁了建文政权。此后仍有不少人为此前赴后继，铤而走险。

永乐时，诸王多有"异谋"。据文献记载可以证实的即达 5 起之多。从发

---

① 王世贞：《弇山堂别集》卷三二，《同姓诸王表》，中华书局 1985 年版（版本下同，不注）。
② 《明史》卷五，《成祖本纪一》。

生时间看，代王桂，永乐元年（1403）；齐王榑，永乐三年；谷王穗，永乐十四年；安定王尚炌，永乐十七年；周王橚，永乐十八年。这里面，位居亲王者4人，郡王1人。

代王桂，太祖第十三子。洪武十一年封豫王，二十五年（1392）改封代王。是年"就藩"大同。桂王性情暴戾，建文时，以罪废为庶人。成祖即位，恢复爵位。永乐元年正月，正式"还其旧封"，重新享有亲王的各种优厚待遇。然时过不久，即"复有告其不轨者"，成祖"遣人察之，其有实迹"，遂赐敕列其三十二条罪状，"以让之，且俾悔过迁善云。"并命入朝面圣，代王桂拒不奉诏。再召其入朝，不得已而就道，至中途，成祖将其"遣还"，"革其三护卫及官属"①。釜底抽薪，解除其直接掌握的军事力量。

齐王榑，太祖第七子，洪武三年封。十五年，"就藩"青州。建文初年，有人告其图谋不轨。"召至京，废为庶人。"成祖即位，"令王齐如故"，然不久即复谋异图，"阴畜刺客，招异人术士为咒诅"，豢养刺客筹划刺杀行动，邀约江湖术士诅咒成祖；同时，还明目张胆地用王府护卫兵来替代明朝地方守军守卫青州城池，更"城筑苑墙断往来，守吏不得登城夜巡。"不加掩饰地企图把青州变成自己的独立领地，不臣之心已昭然若揭。李拱、曾名深等王府官员深感情况严重，立即上疏告变，齐王榑则将其拘捕藏匿，企图灭口。永乐三年，成祖下诏，"谕榑改过"，令交出李拱，示以自新之路，并未深究以激变。永乐五年，齐王榑入朝，廷臣弹劾，列其罪状。朱榑气焰嚣张，厉声曰："奸臣喋喋，又欲效建文时耶！会尽斩此辈。"毫无悔罪表现，谓忠实于成祖朱棣的大臣为奸臣，骄矜之态毕露。成祖"闻之不怿"，对其更加厌恶，下决心予以惩治，拘留京师，削除齐王府的官属、护卫，诛杀其心腹指挥柴直等人，尽皆释放朱榑关押的"囚犯"，其所造不法器械也一并搜出。"榑既被留，益有怨言。"内心对成祖朱棣充满怨恨。成祖朱棣感到，齐王榑已不会再有悔改的可能，必

---

① 张廷玉：《明史》卷一一七，《诸王二》；《明太宗实录》卷二〇下，永乐元年五月乙未，"中央研究院"历史语言研究所校印本1962年版（明历朝实录版本下同，不注）。

须彻底加以解决。遂于永乐五年八月，召梅子至京师，一并废为庶人①。

谷王橞，太祖第十九子。洪武二十四年（1391）封，二十八年三月"就藩"宣府。燕王兵起，橞南走，回到京师。朱棣的军队打过长江之时，朱橞正奉命守卫南京金川门，见大势已去，登上城墙远远望见燕王朱棣的旌旗伞盖，即下令打开城门迎降。朱棣即位，对之非常感激，赏赐甚厚，并改封长沙，岁增禄米二千石。然朱橞"居国"骄横，图谋不轨。《明史》记载其"谋叛"过程甚详：朱橞在封国享受着优裕的物质生活的同时，不守藩职，"招匿亡命，习兵法战阵，造战舰弓弩器械"，积极进行起兵的军事准备；"大创佛寺，度僧千人"，诅咒朱棣及永乐政权毁灭倾覆；并整天价与都指挥张成、宦者吴智、刘信厮混一处，密谋起事，呼张成为"师尚父"，尊称吴智、刘信为"国老令公"，依之为心腹。他们计划了两套方案，一个是遴选"壮士教之音乐"，乘元宵佳节进宫献灯之机，"同入禁中，伺隙为变"，搞宫廷刺杀，夺取政权；另一个是"致书蜀王为隐语，欲结蜀为援"，联络同母兄弟蜀王朱椿共同造反，推翻永乐政权。这一计也因蜀王椿的反对而流产。蜀王椿看在同母兄弟的情分没有检举，只是"贻书切责"，望其悬崖勒马。然谷王橞利令智昏，根本就听不进去。时过不久，蜀王椿之子崇宁王悦燇犯罪，为躲避蜀王椿的惩戒，从成都逃到长沙，藏身于谷王府。谷王橞脑筋一动，觉得这是一个可以利用的事件。他对外谎称："往年我开金川门出建文君，今在邸中。我将为申大义，事发有日矣。"蜀王椿闻之大惊，急忙向朝廷报告。成祖当机立断，命中官持敕书前往长沙，令橞"归悦燇于蜀"，送悦燇回蜀府，大白真相于天下，打破其欲借建文旗号起事的计划，并召橞入朝。橞至京，成祖示以蜀王告发他的奏章，橞"伏地请死"。一场政治危机悄然化解。诸大臣纷纷弹劾朱橞，要成祖效仿周公戮管、蔡以安天下，大义灭亲。成祖未予采纳，曰："橞，朕弟，朕且令诸兄弟议。"实是将谷王橞谋叛的事实昭示天下，赢得道义的支持和进一步处理的主动权。永乐十五年正月，周王橚、楚王桢、蜀王椿等各上所议："橞违祖训，谋不轨，

① 张廷玉：《明史》卷一一六，《诸王一》。

踪迹甚著，大逆不道，诛无赦。"一致主张杀掉谷王橞。成祖在获得了广泛的支持后，却出人意料地宽容大度，曰："诸王群臣奉大义，国法固尔，吾宁生橞。"在处死其官属后，废谷王橞及其二子为庶人①。

安定王尚炌，秦王樉之子，是永乐时期唯一一位"谋叛"的郡王。永乐十七年（1419），朝廷接到西安中护卫百户张诚、小旗孙成的举报安定王尚炌"谋反"的密告："谤毁朝廷，咒诅魇镇，令妖巫问国休咎，推算己命，意希望大位，纵容军卒杀掠良民，占官民田土，强夺人妻女；招纳逃亡，私造印信，编立字号，付火者阮奉等招募人马，许成功之日封公侯，拟张景为军师，张谅为大将军，阮奉、阮徐为正、副总兵，千户尚彬为保驾指挥；合毒药谋杀秦王及兴平、永寿二王，以次擒杀陕西三司官，夺潼关，杀成侯；往宁夏，掩袭庆王及宁阳侯，掠取人马等事。"张诚、孙成指证安定王尚炌谋反的证据有三：一是安定王尚炌诽谤朝廷，用魇镇的巫术诅咒谋害朱棣，"希望大位"，具有谋反的主观的动机；二是安定王尚炌私造印信，招降纳叛，派人往各地招兵买马，拟定了军事指挥官人员名单，紧锣密鼓地进行军事准备，已有了谋反的行动；三是制订了具体的谋反的行动计划，先毒杀秦王、兴平王、永寿王，擒杀陕西三司官员，夺取潼关，占据关中。然后，兵锋西向，消灭庆王，拥兵西北。成祖接报，令尚炌进京，"面诘之"，历安数其罪状。尚炌"皆引伏"，低头认罪，承认错误。"廷臣交章劾奏，请诛之。"成祖以尚炌为兄长秦愍王之子的缘故，"不忍加刑"，免为庶人，令往泗州守祖陵。对告发者予以奖赏，升告者张诚为登州卫指挥同知，孙成为义州卫指挥佥事，皆赐冠带衣服②。

周王橚，太祖第五子。洪武十四年，"就藩"开封。建文初，以橚为燕王同胞共母的兄弟，"颇疑惮之"，多有猜忌。橚亦不甚安分，"时有异谋"。王府长史王翰"数谏不纳"，为求避祸，佯狂而去。橚次子汝南王有爋"告变"，建文帝朱允炆派李景隆以"备边"为名，率军取道开封，出其不意，"猝围王宫"，

①　张廷玉：《明史》卷一一八，《诸王三》。
②　《明太宗实录》卷二〇八，永乐十七年正月癸丑。

将橚抓捕，放逐蒙化，"诸子并别徙"。不久，召还京师关押。朱棣"靖难"成功，恢复其爵位，并加禄五千石，予以安抚。但，周定王橚需要的并不只是优厚的物质待遇，而是安全感和政治军事权势。因此，不臣之心潜藏心底，蠢蠢欲动。永乐十八年（1420）十月，"有告橚反者。帝察之有验。"十九年二月，召橚至京，"示以所告词"，出示别人告发其不轨的奏疏。橚顿首谢罪，战栗以求不死。"帝怜之，不复问。橚归国，献还三护卫。"[1] 以刚柔相济之法，逼迫周王橚交出了王府军队。周王橚在建文、永乐朝两度"图谋不轨"，但建文、永乐的处理方式有很大的不同。建文帝将其抓捕，禁锢京师；朱棣则隐忍怀柔，宽宥其过，妥善应对，既不放之任之，又不使事态扩大、矛盾激化，恩威并济，王霸张弛，显示了较高的政治智慧。这是与永乐时期的政治形势相适应的治理之策。

上述明成祖朱棣时发生的 5 起亲王、郡王图谋不轨事件说明，明成祖朱棣夺得建文宝座，骤登大位，在宗室社会中并未获得一致认同，其统治面临着潜在的危机。但明成祖朱棣在面对诸王的异谋时，没有惊慌失措，重拾"削藩"的传统"武器"，而是保持了强大的心理优势，胸有成竹，从容应对，宽严得宜，寓禁于封，构建政治统治的合法性基础，平稳地度过了危局，没有一起图谋不轨事件酿成武装叛乱。

永乐以后，藩王宗室"异谋"，乃至酿成武装叛乱者，仍时有发生：宣德朝 1 起，景泰朝 1 起，弘治朝 1 起，正德朝 2 起，嘉靖朝 1 起。

宣德朝的"谋叛"者，即汉王朱高煦。高煦，成祖朱棣第二子，"性凶悍"。燕王朱棣起兵，跟随燕王出入战阵，舍生忘死，屡立战功，"成祖屡濒于危而转败为功者，高煦力为多"。多次在危急的关头挽救战局及朱棣的生命。高煦因此恃功骄恣，辄以唐太宗自比，意欲夺嫡。成祖朱棣看穿了他的心思。为政局稳定计，永乐二年（1404），封高煦为汉王，封国云南，以地方偏僻，路途辽远，不肯动身前往；永乐十三年五月，改封青州，复托故迁延，常居京邸。

---

① 张廷玉：《明史》卷一一六，《诸王一》。

十五年三月，徙封乐安州，催促即日起行。成祖朱棣态度坚决、严厉。高煦无奈，到达乐安后，更加心怀怨望，"异谋益急"。太子高炽多次书函开导、劝诫，然皆怙恶不悛。成祖"北征晏驾"，加快了行动的步伐。高煦儿子瞻圻在北京窥探朝廷消息，一昼夜六七次飞马驰报乐安。高煦亦派人每天暗中观察京师动静，希望发生有利于自己的事变。但阴谋未能得逞，高炽顺利即位，是为仁宗。但高煦仍未死心。仁宗享国日短，驾崩后，瞻基自南京奔丧，高煦谋划设伏兵邀击于路，因时间仓促而未果，阴谋再次流产。瞻基即位，是为宣宗，不计前仇，"赐高煦及赵王视他府特厚"，对他的两位亲叔叔礼敬有加。宣宗的隐忍、宽厚，并未使其回心转意，而是在谋叛的道路上越走越远。宣德元年（1426）八月，高煦联络山东都指挥靳荣等人一同起事，分发弓刀、旗帜于卫所，尽夺周边郡县畜养马匹，建立五军：指挥王斌统领前军，韦达统领左军，千户盛坚统领右军，知州朱恒统领后军，高煦自将中军。几个儿子也各有分工，世子瞻坦居守乐安，其余四子各为前、左、右、后军监军。并任命王斌、朱恒等为太师、都督、尚书等官。部署已定，派遣亲信枚青等潜至京师，约旧时"靖难"功臣为内应。英国公张辅不为所动，将枚青等捉拿，绑送朝廷，并报告高煦反状。宣宗统率六军，立即御驾亲征，以迅雷不及掩耳之势兵临乐安城下，高煦迫于无奈，出城投降，被削除王爵，废为庶人①。

汉王朱高煦"谋叛"的原因在《明实录》中有较详细的记载："中官侯泰自乐安州还。初，高煦闻泰至，严兵而后入之，观上所赐书毕，谓泰曰：朝廷知我举兵耶！泰曰：虽多人言之，皇上以殿下至亲，固不信。高煦曰：尔旧人，宜知我举兵之故。泰曰：不知也。高煦曰：太宗皇帝听信谗间，削我护卫，徙置乐安州；仁宗皇帝不复我护卫，不与大城池，徒以金帛饵我！今上举口谈祖宗旧制，吾岂能郁郁久居此乎！因命泰遍观其军马兵器，且曰：虽以此横行天下可也，吾已遣书入奏，尔今速归报皇帝，即执送奸臣来，然后议吾之所欲得。时旁有告高煦曰：闻朝廷遣人送驼马及袍服来者，中道皆惊怖走矣！高煦

---

①　张廷玉：《明史》卷一一八，《诸王三》。

大笑曰：吾固知其怯，今朝中必胆落矣！泰归，上问高煦何言？泰对曰：一无所言。又问其治兵如何？对曰：无所见。上顾谓左右曰：此小人怀二心矣。已而锦衣卫官从泰往者，具言其所见。上闻之曰：事定必治泰，不可恕！"①在这段记载中，高煦自言其举兵之故：一是对明成祖削夺其护卫、徙封地于乐安州心存不满；二是仁宗徒以金帛笼络，不恢复其护卫，不赐封大城池，对其心有防范，无法施展其政治军事才能；三是宣宗动辄即以祖宗旧制这条无形的绳索来限制他，心情压抑，郁郁寡欢。由此可见，高煦心中的愤懑蓄积已久，**欲乘宣宗皇帝新即位之机，以叔父辈之尊效太宗皇帝夺侄儿建文皇位之举，兴兵横行天下，打破宗藩禁律对他的束缚，以抒内心不平之气。**已故明清史专家暴鸿昌先生曾著文辨析这一段史实，说汉王朱高煦并未发动叛乱②。此说确有一定依据，但汉王高煦存有谋叛之心是史有明载的。

景泰朝的宗室谋乱，即是发生于景泰二年（1451）十月的"岷府广通王、阳宗王之叛"。岷府的第一代亲王为庄王楩，太祖第十八子。洪武二十四年，封岷州。二十八年，以云南新附，刚刚纳入明朝版图，局势不稳，宜亲王镇抚，改封云南。建文元年，西平侯沐晟奏其有过，废为庶人，令其徙居漳州。永乐初，复王爵，与沐晟不睦，乃至交恶。成祖赐书晓谕、劝诫，动之以情，晓之以理，明之以法，调和岷庄王楩与西平侯沐晟的矛盾。洪熙元年（1425），徙岷府于武冈。武冈位于湘西，近苗地，民族矛盾较为尖锐。景泰元年三月，庄王楩久病不愈，溘然离世，镇南王徽煣嗣位，是为岷恭王。恭王徽煣有一弟，名徽煠，封广通王，"有勇力"，性格勇猛，力气很大。湖广武国州民段友洪等十余人心怀不轨，投靠广通王府为家童，诱导广通王徽煠不法。致仕后府都事于利宾擅长相术，友洪"引以见王"。于利宾言："王有异相，当主天下。"相貌不凡，当为天下主。并且还说，起兵的最佳时间当为景泰元年六月，至迟不得超过景泰二年五、六月份。起兵后，当顺江而下，直趋南京登极。广通

---

① 《明宣宗实录》卷二〇，宣德元年八月辛未。

② 暴鸿昌：《"高煦之叛"辨》，《暴鸿昌文集——明清史研究存稿》，黑龙江教育出版社1998年版。

王为其诱惑，"悦其言"，顿时飘飘然起来，"遂有反谋"，并立即采取行动：改元"玄武"，铸"轰王"金印；造"灵武侯""钦武侯"银质印信二方，撰写敕书，分遣段友洪、蒙能、陈添仔等携带印信及贵重礼物，前往苗地，封都廒寨苗首杨文伯为灵武侯、天住寨苗首苗金龙为钦武侯，赐给横岭峒苗首吴英头等银牌，企图以爵位、财物诱使其起兵三五十万，于八月初旬前来会合，"并攻武冈诸处"。但计划落空了，杨文伯等苗族首领，不敢接受封爵和礼物，拒绝起兵配合。段友洪无计可施，悻悻而归。因其行踪诡秘，引人怀疑，为恭王徽煣所执，事情败露。此时，蒙能、陈添仔等还在苗地，"招诱诸苗未归"。巡抚湖广右都御史李实奏闻，朝廷对这一案件非常重视，做出了明确的部署和安排：遣监察御史刘孜、锦衣卫指挥卢忠与恭王徽煣及湖广三司正式逮捕、审讯段友洪等；又遣驸马都尉焦敬、内官李琮传讯广通王，遣锦衣卫官抄段友洪等罪犯之家，没收其财产，并械系不良术士于利宾进京候审；都廒寨苗首杨文伯未受蛊惑，湖广三司官员务要善加抚恤，毋因而激变。至此，这一案件的处理似应画上一个句号了，但湖广总兵官、保定伯梁珤又奏，阳宗王徽焲与这一案件也有染，段友洪等招诱苗兵，阳宗王派其家人李祥跟随用命，"实与广通王共谋。"命快马传递湖广，交付李实、刘孜、卢忠、焦敬、李琮，从公审查核实，然后奏闻，提出处置办法①。此即明代历史上的"广通王、阳宗王谋反案"。因发现及时，未酿成大的动乱。但主犯蒙能，直至景泰六年尚未捕获，这期间一直"窜伏苗蛮"地区，称蒙王，"诈为妖书，纠集生苗三万余，攻隆里等处"城池，对中南、西南民族地区的社会稳定构成严重威胁。朝廷命湖广、贵州、广西总督"相机抚捕"②。景泰初发生的广通王、阳宗王之叛，固然与段友洪等人的挑唆、诱导有关，但广通王、阳宗王欲乘"土木之变"后出现的明朝统治集团的危机而窃据大位，更是直接的动因。

弘治时，成化朝的混乱局面一度有所好转，旧史家以"弘治中兴"誉之。

---

① 《明英宗实录》卷二〇九，景泰二年冬十月丁卯；张廷玉：《明史》卷一一八，《诸王三》。
② 《明英宗实录》卷二五八，景泰六年十一月壬申。

但宗室谋叛仍有发生。这一谋叛事件浮出水面有些偶然。楚府荆王见潚犯罪，降为庶人，"居之西内之高墙"，被关押起来了，但仍兄弟攻讦不已。荆王见潚上奏其弟樊山王见澋诸不法事，见澋以告发其兄荆王见潚图谋不轨之事相报复。孝宗命太监韦宁、大理寺右寺丞王嵩、锦衣卫都指挥佥事陈云前往武昌核实。韦宁等在调查后呈文上奏，"见潚多置弓弩，筑土山，操演船马，广积生铁，收器械，其子祐柄相济为恶。见澋亦有淫虐诸事"。荆王见潚"潜蓄异谋"罪坐实，孝宗令见潚自尽；见澋虽有小过，但告发见潚异谋，"潜削荆楚大害，功亦可嘉"，姑宥之；祐柄助父为恶，"义不得复为世子"，其子女"俱从降革，安置于武昌城内，有司照例养赡，敕楚王严加约束"。见潚自尽以后，由荆王次嫡孙都梁王祐橺进封荆王，"以奉国祀"①。

正德皇帝是一位荒唐的君主，在位 16 年中，各种矛盾皆极尖锐，仅宗室叛乱即发生两起。正德五年（1510）四月，庆府安化王寘鐇及指挥何锦、周昂、丁广反，杀镇守宁夏太监李增、少监邓广、总兵官姜汉、巡抚都御史安惟学、少卿周东，逮捕分守参议侯启忠而囚禁狱中。《明实录》载安化王寘鐇反叛原因及经过甚详：安化王朱寘鐇生得相貌英俊，身材高大，在庆府郡王中颇具颜值。有一看相的人吹捧他说，王之相貌不凡，当为大贵之人。又有妖巫训练鹦鹉说出与相者一样的话。寘鐇被蛊惑了，真以为自己是真命天子。当时，何锦、周昂及儒生孙景文"尝出入府中"，往来密切，推心置腹。寘鐇对他们说："今朝出于刘瑾，援用奸凶，树党中外，此欲何为者？藉令瑾遂移祚，置吾属何地？若推我为主，以诛瑾为名，必成大事。"当今皇上昏庸，刘瑾专权，任用非人，结党营私，不复为朱家天下了！如刘瑾篡权，当了皇帝，我等哪里还有容身之地！假若各位拥戴我做皇帝，以诛刘瑾为名起兵，大事可成。自此，安化王寘鐇坚定了谋逆的决心。这次藩王叛乱的导火索是地方官员不恤民情所致。巡抚都御史安惟学为政素来苛刻，多次杖辱将士之妻，指挥丁广及诸将士对之怨恨已极。恰在此时，周东受命丈量屯地，"希瑾意"，为讨好刘瑾，"督

---

① 《明孝宗实录》卷八〇，弘治六年九月甲辰。

责严急，率以五十亩为一顷"，以少报多；又按亩敛银，作为赂瑾之资；分守参议侯启忠也以催征税粮而至。军民怨声载道，"人情大扰"。何锦、周昂与丁广等人商量，时机已经成熟，令寘鐇大摆酒席，宴请各官，于席间斩杀之，夺其符节和印信，传檄起兵。寘鐇大喜，即日摆设鸿门宴。酒至半酣，何锦、周昂及丁广率其属下全副武装直入宴会大厅，就地执杀总兵官姜汉、镇守宁夏太监李增、少监邓广。安惟学、周东未赴宴，派兵杀之于公署。又焚毁"案籍"，释放重囚，将黄河渡船全部撤到横城西岸，封锁渡口，"以绝渡者"。安化王寘鐇之乱正式爆发。事变爆发时，侯启忠逃匿，不久即被抓获，投入狱中。副总兵杨英在事变发生前，因有边警，奉命带兵驻扎杨显堡，幸免于难，然所部军士听到寘鐇之乱的消息后即皆溃散而去，杨英只身逃往灵州。寘鐇起兵后，任命何锦为讨贼大将军、周昂为左副将军、丁广为右副将军，"诸从叛者皆为督护、总管"。又令孙景文草拟檄文，"传写数百纸，遣人分谕诸镇"，通告天下。檄文有曰："近年以来，主幼国危，奸宦用事，舞弄国法，残害忠良，蔽塞言路，无复忌惮，致丧天下之心，几亡神器之重！今阖城官军共诛守臣之虐民害政者，持首来献，余不得避，奖率三军以诛党恶、以顺人心。特兹晓谕官军人等贸易耕种业艺者皆仍故，其逋负杂徭尽免之，仍保守疆界，听候调用，各镇军马数目及地里图籍宜即赍至，敢抗者弗贷。"[1]政治目标明确，有自己的纲领，声势浩大，西北震动。寘鐇发动叛乱的原因有三：因状貌魁伟，自命不凡，惑于相者谓其"当大贵"之言，遂异想天开地滋生非分之想，此其一；其二，正德初，刘瑾用事，宦官当权，朝政昏暗，欲乘乱夺取最高统治权；其三，此次叛乱的直接导火索是治理宁夏的地方官员为政苛刻，奉刘瑾之命丈量屯地，又一意讨好刘瑾，以少为多，复借机搜刮银钱，终至民怨沸腾，为寘鐇所利用。但寘鐇之乱持续时间不长，"十有八日而败"，即自起兵之日算起，至被平定之时，仅仅只有18天。在平定的过程中，也没有发生激烈的战斗，就像一场闹剧一样，乍起乍灭，很快就收场了。这场叛乱之所以很快即被平定，

---

[1]　《明武宗实录》卷六二，正德五年夏四月庚寅。

有一个关键的人物发挥了重要作用。这个人物即是宁夏游击将军仇钺。寘鐇在叛乱前，有意拉拢仇钺，急召驻守边堡的仇钺引兵而归，企图为己所用。然仇钺见寘鐇无远略，不足以成事，遂称疾卧病不起。叛乱发生后，远在灵州的宁夏副总兵杨英秘密"致书于钺，约为内应"。这时，形势已经变得对寘鐇很不利了，妄图以黄河天堑阻挡明军的战略遭到了失败，官军以"浮渡"的办法，夺得了叛军所藏的黄河渡船，扎营河东，随时可能渡河；且明军焚毁了大、小二坝草料。寘鐇惊恐万状，乃遣何锦、丁广率三千人拒守黄河，留周昂守城垣。周昂对仇钺没有防备，前去向仇钺问战守之计，仇钺将其诱入卧室，拔剑斩首，并麾兵驰袭寘鐇，将其抓获，从逆党羽惊溃，纷纷作鸟兽散，"锦、广寻亦为其部下所执"，叛乱遂平 ①。

正德十四年六月，宁王宸濠反。宁王宸濠，惑于术士之言，"有天子气自东南来"，遂出资而建宜阳书院以挡之，做起了春秋大梦。自正德初以来，阴蓄异志，骄蹇不法，"招集四方亡命群盗匿于丁家山者墅，时令出掠居积"，广收强盗、亡命之徒为己所用，四出抢劫，以为叛乱聚集物质财富。复以资财遍行贿赂，结纳党羽，在朝中获得不少支持者，编织起了一张高效的情报网络："以财力劫持上下，交通肘掖，中外畏其威、茹其饵，皆为之耳目，伺察机密以报之。缘途驿舍皆置良马数匹，以备传报，侦事者不半月辄到府。由是，京朝动静，纤毫必闻。有发其事者，往往中以危法，得重遣以去，势益张，无敢言者，道路以目。"宸濠以财力买通了皇帝身边的人及一些朝臣，为其通风报信，打听消息。在北京至南昌的各驿站皆备有良马，飞马传递情报，不用半个月即可到达南昌。朝中凡有弹劾、揭发宸濠者，都无一例外地受到排挤、打击，落职而去。因此，对于宸濠之所作所为，大多保持沉默，敢怒而不敢言。宸濠真是势焰张天，朝廷动静尽在其掌握之中。正德朝中后期的政治局面，更使其加快了叛乱的步伐："时上久无继嗣，又不时巡幸，人情危惧。"武宗无子，又无休止地巡游，花天酒地，朝政混乱，人们不禁为明帝国的前途忧虑、恐

---

① 《明武宗实录》卷六二，正德五年夏四月庚戌。

惧！宸濠有见于此，夺位的心情更加急迫，"日夕觊觎大物"，与钱宁等人商量谋略。为形成有利于宸濠的舆论环境，钱宁假借皇命赏赐宸濠玉带。宸濠喜不自胜，大肆宣扬，"令府中官属衣红者四十余日"。然宸濠高兴得太早，此时朝中的权力核心正在悄然发生变化，钱宁失势，边帅江彬得宠。在钱宁派、江彬派的倾轧中，武宗对宁王宸濠产生了厌恶之感，下诏将在京的宁王府人全部驱除出京。宸濠"闻之疑惧"，走向权力巅峰的和平之路已经堵塞，决计武装反叛。正德十四年农历六月十三日，这天是朱宸濠生日，巡抚江西都御史孙燧与巡按御史王金、江西三司官及公差主事马思聪、金山，广西参政季敩入宁府恭贺，"如例张宴"，按惯例设宴招待。第二日，农历六月十四日，燧等入谢，"濠令闭门，甲士露刃环之"。云："太后有密旨召我"，众相惊愕，燧曰："果有旨，巡抚大臣当与闻，请出观之。"宸濠大怒，"叱甲士牵燧出"，按察司副使许逵"奋身起，骂不绝口"。于是，"并缚逵，斩之于惠民门外。"布政使梁辰、胡濂，按察使杨漳，参政程杲，副使唐锦、贺锐，参议杨学礼、许效廉，佥事师夔、潘鹏、赖凤，都指挥马骥、许清、白昂、王汜、郑文等，慑于宸濠淫威，"皆稽首称呼万岁"。宸濠下令"各羁置之"，全部关押起来。同时，命释放狱囚，"遣人分诣诸郡邑夺印起兵"。宗室如宜春王拱樤、瑞昌王栱枂、镇辅将军觐铤、宸泧、宸澜、觐瀛、宸洊、拱橚、宸汲、宸汤、宸溏、宸浐等郡王、镇国将军、辅国将军10余人"相率听命"。宸濠把李士实迎至宁王府，授为国师。又授安福县举人刘养正为军师，令草拟檄文。檄文"皆去正德年号，惟书大明己卯"，指斥朝廷，远近传播①。虽王守仁以围魏救赵之计，仅15日即击溃叛军，俘获宸濠，但朝野震动，暴露出了正德朝严重的政治危机。

嘉靖二十五（1546）年十月，代府和川王府奉国将军充灼等谋反。代府和川王府奉国将军充灼及昌化王府奉国将军俊桐、俊槛、俊寀、俊槑，潞城王府镇国中尉俊棖，襄垣王府奉国中尉充爌、充燉，"好聚凶徒，酗酒作奸"，喜欢和一些坏人聚在一起，酗酒闹事，为非作歹。大同人张文博、李钦及李舜臣、

---

① 《明武宗实录》卷一七五，正德十四年六月丙子。

张淮等数人巴结附和，助纣为虐。嘉靖二十四年，充灼等因劫夺大同刘知府财物，世宗下诏夺其禄以示薄惩。充灼以此"心怀怨望，遂造反谋"。充灼邀请前揭各宗室及文博等饮酒，席间牢骚满腹，提出了谋反的构想："我等夺禄，代王又为不理，奈何困死？若引虏围大同城，我等内应，开门纳之，杀代王及镇抚大吏举事，则不忧不富贵矣。必先毁各草场，使兵马不得屯牧为善。"众人听罢，皆表赞同。张淮积极落实这一行动计划，联络白莲教教首、应州人罗廷玺等为助。因张淮的引荐，罗廷玺得以入见充灼，阿谀奉承，称充灼"有大分"，当为天下主。充灼大喜，告以反谋。廷玺乃为其策划：约小王子入塞，三路进兵，毋野掠，直抵大同城。攻下大同后，交由小王子居守。然后，借小王子之兵四面征讨，由白莲教策应，攻雁门，取平阳，立充灼为主。事成，即计杀小王子。充灼以为然，进行了具体的安排：命罗廷玺迅速组织白莲教众；密谕充燨令其党门四等持俊弃、俊梅所造火箭，烧毁城外草场；卫奉通晓蒙古语，令其混出边境，诱引小王子。然实施并不顺利。大同草场在二日之内，六处失火，引起了总督翁万达警觉，下令缉捕放火者，抓获了门四等人。此事尚未查验处治完毕，卫奉等在边境也为总兵周尚文的部卒所获，并搜出了进献小王子的表文、旗帜。一经周尚文审讯，全部交代了充灼等谋反的事实。翁万达将这一事件密启代王，命逮捕充灼等。罗廷玺闻信"取叛籍烧之，仰药死"，余皆捕获。充灼等械系至京师，经司礼监、五府、九卿、科道、锦衣卫官会审，世宗批准，充灼、俊桐及充燃、充燨、俊榄、俊寀、俊樑、俊振俱令自尽，仍焚尸弃灰；俊弃、俊梅虽"不与闻逆谋"，然亲造火箭，降为庶人，送高墙禁锢；张文博等三十人俱依谋反律弃市，枭首示边；代府长史孙质等论死系狱①。

从上引《明实录》资料可得知，自燕王朱棣以"靖难"之名举兵，夺取建文帝天下以后，从永乐至嘉靖，宗室图谋不轨者"不绝如缕"，共达 11 起之多：永乐朝 5 起，宣德朝 1 起，景泰朝 1 起，弘治朝 1 起，正德朝 2 起，嘉靖朝 1

---

① 《明世宗实录》卷三一六，嘉靖二十五年十月癸亥。

起（见表 1）。虽仅正德朝的两起酿成大规模叛乱，大部分皆在密谋、酝酿阶段就被果断处置，未造成破坏性的影响，但这一现象充分反映出了在明代宗室群体中涌动着一股不安于现状、"希望大位"的政治心态。

综观明代宗室图谋不轨、发生叛乱的 11 起事件，亲王不轨、叛乱者 7 起，郡王不轨、叛乱者 3 起，将军不轨、叛乱者 1 起，虽绝对数量不是太多，但仔细分析，永乐时的诸王不轨与其后的宗室诸王叛乱亦稍有不同。在永乐以后的宗室诸王叛乱中，参与宗室的爵级分布广泛，除"主犯"多为亲王外，将军、中尉多有参与，如宸濠之乱时，数位将军"相率听命"。充灼等谋反时，更有多名中尉"随同听谋"。这与永乐时诸王不轨的情形迥然有别。永乐时，亲王、郡王不轨，没有宗室同盟。不仅如此，一旦闻知必予告发，如蜀王椿告发同母弟穗谋反。这可以说算是一个特点。另外，还有一个特点，即是：永乐朝的宗室不轨，未与其他社会势力相勾结。以后则稍有不同，广通王、阳宗王之乱时，广通王封苗首为侯，招诱苗民起兵；宁王宸濠招集亡命群盗为助；充灼等谋反，与蒙古小王子、白莲教联络。反映了明初宗室与皇权的矛盾发展到中叶，又掺杂进了其他社会矛盾，互相交织在一起，呈现出了异常的复杂性。这也是明中叶各种社会矛盾加剧的重要表现之一。

表 1　明代宗室谋反统计表

序号	谋反时间	谋反宗室
1	永乐元年	代王桂不轨
2	永乐三年	齐王榑谋异图
3	永乐十四年	谷王橞谋不轨
4	永乐十七年	秦府安定王尚炌希望大位
5	永乐十八年	周王橚谋不轨
6	宣德元年	汉王高煦谋反
7	景泰二年	岷府广通王、阳宗王反
8	弘治六年	楚府荆王见潚谋不轨
9	正德五年	庆府安化王寘鐇反
10	正德十四年	宁王宸濠反
11	嘉靖二十五年	代府和川王奉国将军充灼等反

二、逐利渔色的享乐心态

逐利渔色，是建文至天启初在明代宗室群体中普遍存在的第二种心态类型。许多宗室在皇权的极端挤压下，政治完全失意，但又不愿或不敢冒险以身试法，通过武力抗争以改变现实。无可奈何，遂调整人生的方向，沉溺于物质的感官享受之中以消遣。有的甚至利令智昏，为达到逐利渔色的目的，不惜损德败伦，伤天害理。

1.奏乞田土、商税、盐引、渔课，经商牟利、抢劫、诈骗等

逐利，指追逐物质利益。这一点非宗室阶层所特有，而是各个阶层都具有的共性。但，宗室阶层的特殊性决定了其逐利的深度和广度，非其他阶层所能比拟。

田土是传统农业社会中财富的重要表征。因此，也就自然成为了宗室追逐的首要目标。向朝廷奏乞土地，是他们的常用做法，也常常能够得到批准，如愿以偿。被否定的时候少之又少，非常罕见。而这恰恰又反过来对宗室奏乞土地起到了激励的作用，使奏乞者愈益增多，争先恐后。崇王朱见泽奏乞"归德、陈、睢、寿、颍等州，霍丘、商水、鹿邑等县黄河退滩水浣空地及汝宁府卫原有顺阳王所遗菜果牧马水陆园场田地"，户部提出处理意见：由河南三司及直隶凤阳府委官会同查勘，如所言属实，确为空地及顺阳王所遗土地，俱准为崇王府所管产业。宪宗"从之"①。灵丘王逊烚奏："闻绛州绝户民田四百四十七顷，乞与管种，依例纳粮。"户部反复查核，请宪宗"量为赐给"②。辽府镇国将军朱豪邦奏乞"当阳县孔家湾洲地一段"，孝宗"从其请"③。徽王朱见沛奏："河南鹿邑县有无粮地七千三百余顷，乞赐管业。"户部勘查，此地皆由军民开垦，已成私业。孝宗下旨：既为军民开垦之产业，"准照例起科，每岁有司收粮"，在税粮内拨付一千石粮食给徽王，由徽王派人自运回府④。衡王奏"前

① 《明宪宗实录》卷一二五，成化十年二月壬申。
② 《明宪宗实录》卷一二七，成化十年四月庚申。
③ 《明孝宗实录》卷六，成化二十三年十一月庚子。
④ 《明孝宗实录》卷三四，弘治三年正月庚申。

赐丰润县庄田有不堪耕种者"，孝宗命"于余田内再拨一百五十顷给之"。①
郢、梁二王香火田地四百四十九顷，先属襄府代管，因兴王所请，孝宗命
改由兴府代管②。孝宗赐岐王德安府观滩店田三百顷，"从其请也"③。荣王
请求赐予"丰润县田五百顷"，孝宗"从其请"④。崇王朱见泽在弘治末再次
奏乞河南归德州等处黄河退滩地二十余里。户部尚书周经等认为，崇王岁
有常禄万石，宪宗时已赐地二千五百余顷，且河南连年告灾，官民疲惫，
持反对意见，孝宗命巡抚等官"查勘以闻"⑤。衡王请赐"青州府山川等坛
旧址六亩有奇及齐府所遗花果园地二顷"，孝宗"从王请"⑥。清源县水屯
营、定襄县长安屯庄田二十八顷有奇，宁化王府镇国将军钟巨、钟𫓧请乞
为业，武宗下令赐之⑦。龙阳县地方沿河两岸新兴洲等处田地五百三十顷有
奇，因荣王请，武宗赐之⑧。泾王乞请沂州枣沟湖等处无税地七百七顷八十
亩，武宗"许之"⑨。晋府镇国将军钟𫓹请赐清源等处庄田十二顷，武宗"从
其请"⑩。潞王奏讨景王遗下庄田，户部提出意见：宜行文河南、湖广布政
司官员查核，将河南卫辉府所属的新乡、获嘉及宁山卫土地二百二十六顷
余，开封府所属的河阴、汜水、阳武、原武，怀庆府所属的武陟、温县土
地五百九十八余顷，湖广德安府所属的随州、应山、安陆、云梦等县之红庙
等庄房七处、孝感县东山、汉川县刘家隔等四处水租房地，凡九百余顷，"通
应拨给"，共一千七百二十四顷。而湖广湖地、柴州坑套尚不计算在内。神宗
似仍未满意，命抚按官"再察相应地土，不妨数外加给，副朕友爱同气至

① 《孝宗实录》卷八七，弘治七年四月丁亥。
② 《明孝宗实录》卷九二，弘治七年九月癸巳。
③ 《明孝宗实录》卷一一八，弘治九年十月月丙子。
④ 《明孝宗实录》卷一五一，弘治十二年六月己丑朔。
⑤ 《明孝宗实录》卷一五九，弘治十三年二月乙酉。
⑥ 《明孝宗实录》卷一九八，弘治十六年四月庚子。
⑦ 《明武宗实录》卷一六，正德元年八月己巳。
⑧ 《明武宗实录》卷三〇，正德十年九月戊申。
⑨ 《明武宗实录》卷三五，正德三年二月壬午。
⑩ 《明武宗实录》卷一三四，正德十一年二月戊午。

意"。①惠王常润奏请赡田，熹宗"命拨给如例"②。更有的掠夺百姓土地，如晋府沁源端宪王长子诠钟"强买民地"等③。以上所列并非《明实录》相关记载的全部资料，只是我们从中摘录出的一部分。成化朝2例、弘治朝8例、正德朝4例、万历朝1例、天启朝1例。但由此，我们已经感受到了明代宗室、特别中上层宗室亲、郡王对土地的疯狂追求！他们本是有朝廷给予的赐田的，但仍不以此为满足，反复请乞田土于朝，数额之大，动辄四五百顷，乃至上千、数万顷，有的虽名为空闲地，其实皆为民地，抢夺百姓的土地资源，置百姓生死于不顾，只知求田问舍，争利于民，真无异一田舍翁矣！真实地反映了明中叶后，部分宗室的经世意识已全面丧失。当然，也有不少皇帝出于亲亲之仁，在宗藩没有奏乞的情况下，也赐予了大量土地。在宪宗朝，成化十九年十二月，给赐崇王河南嵩县地四十顷④；成化二十三年二月，赐德王见潾新城、博兴、高苑三县水淀芦荡，并空闲地四百三顷三十四亩有奇⑤。在孝宗朝，弘治四年四月，"益赐岐王刘武营地九十顷有奇，以先所赐信安镇地多水，不堪耕种故也。"⑥ 弘治十一年二月，赐衡王平度州及昌邑、寿光二县地一千顷有奇⑦。弘治十一年六月，赐岐王德安府田三百顷⑧。弘治十三年正月，赐寿王四川保宁府田四百三顷有奇⑨。弘治十三年二月，赐兴王湖广京山县近湖淤地千三百五十余顷⑩；赐兴王祐杬近湖淤地一千三百五十二顷，户部尚书周经等执奏不可，但仍命依前旨执行⑪。弘治十三年七月，再赐岐王德

---

① 《明神宗实录》卷二〇二，万历十六年八月丙午。

② 《明熹宗实录》卷七五，天启六年七月癸巳。

③ 《明宪宗实录》卷一五七，成化十二年九月壬子。

④ 《明宪宗实录》卷二四七，成化十九年十二月癸亥。

⑤ 《明宪宗实录》卷二八七，成化二十三年二月辛巳。

⑥ 《明孝宗实录》卷五〇，弘治四年四月癸酉。

⑦ 《明孝宗实录》卷一三四，弘治十一年二月庚辰。

⑧ 《明孝宗实录》卷一三八，弘治十一年六月乙酉。

⑨ 《明孝宗实录》卷一五八，弘治十三年正月戊午。

⑩ 《明孝宗实录》卷一五九，弘治十三年二月癸巳。

⑪ 《明孝宗实录》卷一五九，弘治十三年二月辛丑。

安府田六百一十二顷有奇①。弘治十七年八月，以岐王所遗田，赐寿王三百顷、荣王六百顷②。在万历朝，万历四十五年十一月，"福王之出封河南也，所赐赡田自河南派及山东，又派及湖广，计湖广派数四千四百八十五顷有奇"。③ 这些例子以弘治朝为最多，达 8 个。而这一时期正是"藩禁"最后形成的时期。恰恰奏乞土地最多的事例也在弘治朝。我们能不能做此推断：宗室在严酷的"藩禁"下，通过请乞土地以增长物质的财富来麻醉自己敏感的政治神经，而皇帝亦正是通过赐予土地来对宗室政治上的失意进行物质的抚慰。

他们不仅对土地表现出了强烈的占有欲，而且垂涎商税、盐引、渔课等，不厌其烦地奏乞，以满足其难填之欲壑！甚至不顾明朝国家法律，以宗室贵族之尊贵，贩卖私盐，经商牟利。这方面的例子是大量的。宣德七年（1432）六月，广西布政司上奏："靖江王府及诸将军岁禄多不受米，而遣人下有司，计值索钱，往往三倍取值，得钱辄以市私盐，转鬻求利，民甚苦之。"宣宗敕谕靖江王佐敬："制禄以米，从古已然，盖因民之所有也。钱则民间所无，今不受所有，而索其所无，又三倍取之，加暴扰焉。民岁岁当输，而虐取不已，何以自存？贩鬻者，小人事，而贩私盐违法甚矣，岂所望于宗室哉！既往姑不问，王宜自惩，更谕诸将军各戢下，毋贰过，庶享禄于无穷。继今有犯，从广西布政司、按察司及巡按御史捕治，不可不慎！"④ 天顺元年（1457）十二月，西河王钟镳奏求平阳县二年的税课岁额课钞，户部提出变通处理方案：平阳税课为官军折俸及诸项军需支出所用，西河王奏求两年岁额课钞，数量太多，"乞如平遥王例"，酌量给钞二千九百六十余贯。英宗"从之"⑤。天顺二年二月，沁源王幼埼祖母新丧，赐钞二千九百贯，"从王奏请也"⑥。天顺二年

① 《明孝宗实录》卷一六四，弘治十三年七月辛巳。
② 《明孝宗实录》卷二一七，弘治十七年八月壬戌。
③ 《明神宗实录》卷五六三，万历四十五年十一月乙丑。
④ 《明宣宗实录》卷九一，宣德七年六月甲午。
⑤ 《明英宗实录》卷二八五，天顺元年十二月甲寅。
⑥ 《明英宗实录》卷二八七，天顺二年二月己酉。

闰二月，赐沁水王幼壔泽州税课局课钞二千九百贯，"从其请也"①。成化九年三月，赐伊王河南府税课司商税课钞，其缘由为：伊王奏，禄米数少，日用不给，"援例以请故也"②。成化九年七月，赵王见灂奏求彰德府税课司税课全额，计钞七万五千一百余贯。户部言，本府折色俸粮及诸公用皆取给于是。故减额赐之，钞每岁三万贯③。成化十年二月，崇王见泽奏，槎牙山抽分厂西南截军、天目等山的青衣岭子、花狮子等口及汝宁税课司并各色班匠，请如例给赐。户部议：河南三司及直隶凤阳府委官会勘，"果无妨碍，俱听本府管业，其各色班匠则移工部依例而行。"宪宗"从之"。④ 成化十年（1474）六月，肃王禄埤奏：本府供用全倚孳畜耕种，近因房寇剽掠，百需一空，且军校既被杀虏，又选征戍，乏人供给。宪宗令，赐给税课钞每岁一万五千贯，"不为例"⑤。成化十六年正月，晋工钟铉累奏太原府税课钞岁一万贯，"许之"⑥。成化十八年十二月，命赐吉王淮盐一千引，"从王奏请也"⑦。成化二十三年七月，靖江王规裕累奏用度不足，赐桂林府税钞岁一万五千贯⑧。成化二十年四月，"赐徽王见沛汝州税课局岁办课钞，从王请也。"⑨ 弘治六年正月，"赐岐王祐棆汉阳府刘家隔税课司课钞，从王请也。"⑩ 弘治六年二月，命以安陆州赤马野猪湖河泊所课钞赐兴王府，从王请也⑪。弘治九年四月，以湖广孝感县东山仑河泊所岁课赐岐王府，"从其请也"⑫。弘治九年十月，赐蜀王宾瀚四川提举司食盐岁三十引，

① 《明英宗实录》卷二八八，天顺二年闰二月癸亥。
② 《明宪宗实录》卷一四四，成化九年三月丁巳。
③ 《明宪宗实录》卷一一八，成化九年七月戊戌。
④ 《明宪宗实录》卷一二五，成化十年二月壬申。
⑤ 《明宪宗实录》卷一二九，成化十年六月庚午。
⑥ 《明宪宗实录》卷一九九，成化十六年正月戊子。
⑦ 《明宪宗实录》卷二三五，成化十八年十二月丙寅。
⑧ 《明宪宗实录》卷二九二，成化二十三年七月壬寅。
⑨ 《明宪宗实录》卷二五一，成化二十年四月丁丑。
⑩ 《明孝宗实录》卷七一，弘治六年正月丙子。
⑪ 《明孝宗实录》卷七二，弘治六年二月戊午。
⑫ 《明孝宗实录》卷一一二，弘治九年四月丁亥。

"从王请也"①。雍王祐楎多次奏乞衡州府税课司、衡阳县河泊所为己业。弘治十一年五月，孝宗以王乞奏不已，"重违其意"，命岁赐衡州府课钞一万贯、衡阳县课钞三千贯②。弘治十一年六月，命寿王祐楷岁支两淮食盐一千引，改于四川支给，仍赐重庆府及泸州二税课司岁课钞二万贯。从其请也③。弘治十六年六月，"赐汝王卫辉府所属税课三分之一，不为例，从王请也。"④正德元年（1506）四月，寿王奏请湖广刘家隔税课局、杨子港东山仑河泊所课税，以备祭祀封国内的山川神灵所需。户部言，本府祭祀有专门经费，由官府提供，而诸税是用来供给官军俸粮的，岂宜轻动！宜移文寿王府辅导官启禀寿王：如复违例陈乞，必究主谋之人，置诸法。"从之"⑤。这是罕见的被否决的一次。正德二年五月，"以济宁州税课局税钱全给泾王，从其请也"⑥。成化、弘治年间，伊王奏：岁禄只二千石，食用不足，乞赐税课，宪、孝皆允其请。后诸税尽取还官。于是，在正德二年七月，伊王复陈"内帑缺用"，武宗仍以河南府税课司钱钞给赐伊王⑦。正德二年七月，伊王奏：旧给食盐只二十引，乞照襄王例给三百引，于两淮运司关支。"从之"⑧。正德二年八月，靖江王约麒奏：请赐桂林府税课司三季钞料以助弗给。户部执奏，"系近年题准还官之数，难从所请。"武宗"特命与之"⑨。正德二年十月，赐衡王青州府税课局钞，"以王请也"⑩。正德二年十月，增唐王盐七十引，改折钞，"从王请也"⑪。正德三年七月，蜀府华阳王宾㳞奏乞湖广澧州安乡河泊所渔课。户科都给事中张弘至等弹

① 《明孝宗实录》卷一一八，弘治九年十月壬辰。
② 《明孝宗实录》卷一三七，弘治十一年五月戊午。
③ 《明孝宗实录》卷一三八，弘治十一年六月甲午。
④ 《明孝宗实录》卷二〇〇，弘治十六年六月甲子。
⑤ 《明武宗实录》卷一二，正德元年四月癸丑。
⑥ 《明武宗实录》卷二七，正德二年五月壬辰。
⑦ 《明武宗实录》卷二八，正德二年七月庚申。
⑧ 《明武宗实录》卷二八，正德二年七月辛未。
⑨ 《明武宗实录》卷二八，正德二年八月乙酉。
⑩ 《明武宗实录》卷三一，正德二年十月戊午。
⑪ 《明武宗实录》卷三一，正德二年十月丁酉。

劾其扰民生事，请令巡按御史惩治王府辅导官及"拨置营谋之人"，武宗"从之"①。这也是极少数不同意的案例之一。嘉靖六年五月，荣王祐枢奏，沅江湖课虽久蒙赐给，而"渔户多不归输，乞赐敕谕仍乞罢原设河泊所官"。户部议，河泊官不宜罢。世宗认为，"湖课业已与王，悉从其请"②。嘉靖十年十一月，泾王祐橒奏："臣于弘治十五年封国，蒙先帝给赐沂州等处枣沟、芦塘、板埠湖牧马草场、茶园、仓山庄田七区及济宁州税课局一所。今部臣建议，各王府自洪武、永乐以后，非钦赐，系请给税课、河泊、山场、湖陂之属，尽为裁革。念臣生于洪武、永乐之后，受封于孝宗皇帝之朝，似与诸府不同。况部臣所议，本无庄田字样，如仓山及济宁税课局，固当如议入官，而枣沟等庄田六区仍请给以为赡。"世宗"从之"③。嘉靖四十年四月，总理盐法都御史鄢懋卿奏："河南周府顺庆王朝埨贩卖私盐及山西各王府请盐抵禄，阻坏正课，俱应禁治。"得旨："夺朝埨禄米三月；山西禄盐令运司解价转给。"④万历十六年八月，潞王奏讨景王遗下盐店、盐税、河泊等所，柴州水租、坑税等项，"如例通给"⑤。在上面罗列的事例中，宣德朝1例，天顺朝3例，成化朝8例，弘治朝7例，正德朝6例，嘉靖朝3例，万历朝1例。虽不能说统计很完全，但能大致看出一个趋势，成、弘、正三朝事例最多，也正好处在"藩禁"最后形成期的时间区间之内。

如果说宗室以上述奏乞、经商等方式实现对财富的占有，尚算是"文明"的话，那么，宗室实现对财富占有的方式也有非常"野蛮"的一面，那就是诱骗、盗窃、抢劫、窝盗分赃等，嗜财不道，呈现出的完全是一副赤裸裸的地痞流氓的嘴脸，看不出哪怕是还有一点贵族的涵养和优雅。这方面的案例在许多亲王府、郡王府都有发现，但以代、周、晋、秦、韩五亲王府为最多。下面我

① 《明武宗实录》卷四〇，正德三年七月戊戌。
② 《明世宗实录》卷七六，嘉靖六年五月壬午。
③ 《明世宗实录》卷一三二，嘉靖十年十一月壬申。
④ 《明世宗实录》卷四九五，嘉靖四十年四月丁未。
⑤ 《明神宗实录》卷二〇二，万历十六年八月丙午。

们以亲王府为单元，做一粗略的梳理。

据《明实录》所载，代府有 11 例：怀仁王府辅国将军成铖凶狠残暴，作恶多端，常对小妾、侍女棍棒相加，有时甚至用刀将其刺死。对父亲也不孝，父亲去世，毫无哀戚之情，唱歌、饮酒自若，并在其父尸骨未寒之时即与嫡子成鎴争夺财产。父亲逝后，对嫡母无礼，屡与"母叔周茂，校尉王然、胡海等入嫡母靳氏府，抢夺金银器及田约"，靳氏"执杖逐之"，成铖等无所畏惧，反而将靳氏赶走，反客为主，欺人太甚。弘治五年二月，靳氏奏成铖凶恶，成铖亦诬奏靳氏多有不法之事。山西镇巡官"验治具实"，查出事情的真相。孝宗下旨：成铖"故违祖训"，情罪深重，降为庶人，仍令怀仁王对其严加约束；周茂、王然、胡海各杖一百，"并家属发贵州都匀卫充军"。①

怀仁王府辅国将军聪淬、聪濮、聪渢，镇国中尉俊榠、俊杯"以朋谋伪印，冒支禄粮"，夺禄米各三月②。怀仁王府镇国中尉廷卟，肆行不法，为逋盗薮。事觉，革为庶人③。潞城王府镇国将军聪泏、辅国将军聪㳽"尝率群下白昼夺人财物"。正德十年五月，镇巡官奏闻，革去禄米三分之一，并令代王、潞城王严加约束；拨拨唆使者俱贬谪戍守边卫④。镇国将军聪泏，辅国将军聪㳽、聪泊"尝出边城，夺人财物"。正德十一年三月，为代王所奏，革去禄米三之一⑤。潞城王府辅国将军成环"为群下拨置，出市夺人财物"。镇巡官奏闻，得旨：成环停禄一年；拨置者俱戴枷示众一个月，发配边地，戍守边卫⑥。山阴王府镇国将军总滞"窝盗分赃"，革为庶人，"发高墙禁住"⑦。和川王府奉国将军充灼、潞成王府镇国中尉俊桭、昌化王府奉国将军俊桐、俊㮮，襄垣王府奉国中尉充燉等"聚众行劫"，为代王充耀、巡抚右佥都御史詹荣所奏，夺禄各

---

① 《明孝宗实录》卷六〇，弘治五年二月丙寅。
② 《明世宗实录》卷二八四，嘉靖二十三年三月癸丑。
③ 《明神宗实录》卷一〇四，万历八年九月丁丑。
④ 《明武宗实录》卷一二五，正德十年五月丙申。
⑤ 《明武宗实录》卷一三五，正德十一年三月庚子。
⑥ 《明武宗实录》卷一二五，正德十年五月戊申。
⑦ 《明世宗实录》卷二五〇，嘉靖二十年六月戊午。

一年，仍敕代王严加约束之①。昌化王府庶人俊欆"以贫无赖，诈遣其妻杨氏质富人赵辐家，因诬辐以奸，夜率潞城王府中尉俊樾、饶阳王府庶人充鱼等袭劫其家。辐前知避匿，俊欆无所发怒，遂与俊樾共杀杨氏。"以妻为诱饵谋财，事不遂即怒杀己妻泄愤，败伦伤化，勒令俊欆、俊樾自尽，充鱼禁住高墙，并治教授贾镇等罪②。襄垣王府宗室俊諲"私出禁城，聚众剽劫"，为抚按官所奏，发高墙禁住③。襄垣王府辅国中尉充焱、充艵，昌化王府辅国中尉充炟"以私出禁城为盗"，俱降为庶人，闲宅禁住④。

周府有7例。周王同镳世子安潢"专权嗜利"，敛财无所不用其极：以自我为中心，不顾父亲感受，擅收王府庄田，占用王府校尉、军匠、庖丁；强行低价收买周府及各郡王府、郡主、县君领取禄米的"契券"，迫令布政司多给价值，仪宾杨泮等稍有争辩，辄遭拷打关押；其弟安定、聊城二郡王去世，官府划拨治葬之资悉据为己有；欺凌已故亲弟之妻，生母高氏愤怒成疾，且不许人送药送汤医治，以致其死。更可恨的是，治母丧，"令诸州给夫而税其钱，造酒分给民家，重取其息"；又夺人宅第开张酒肆，夺人茔地种植禾黍，还"执富民、妓女索其财物"，不一而足。周王同镳忍无可忍，奏其恶行，孝宗"降敕切责"，并谕"再犯不贷"⑤，望其改过自新。周府胙城王辅国将军同铋尝听从奸民王瓒、张秀、谭臣等人的拨置，"强以银物贷人，未及偿期，辄倍取其息"。孝宗遣司礼监监丞段循、大理寺少卿张鸾、锦衣卫指挥使赵良，前往河南会同巡抚都御史韩邦问对其审讯。弘治十八年（1505）八月，具其罪状上奏，武宗下诏：王瓒、张秀、谭臣"发边卫充军"，同铋"写敕切责"⑥。周府胙城王府无名封宗人小长哥"以纠众上盗"，押发高墙⑦。周府宗室朝桔与无名宗室桂

① 《明世宗实录》卷二九七，嘉靖二十四年三月丁丑。
② 《明世宗实录》卷三九二，嘉靖三十一年十二月壬戌。
③ 《明穆宗实录》卷一〇，隆庆元年七月庚午。
④ 《明穆宗实录》卷二三，隆庆二年八月庚子。
⑤ 《明孝宗实录》卷一二〇，弘治九年十二月丁丑。
⑥ 《明武宗实录》卷四，弘治十八年八月戊寅。
⑦ 《明神宗实录》卷一九一，万历十五年十月戊辰。

山、德川，"越禁城访所知，因宿店斗殴，诈索财物"。朝桔停支禄米三个月；桂山、德川由"该府戒饬"①。周府汝阳王辅国将军同镯"强取人财，狎近乐妇"，武宗赐书严词斥责，并革去禄米三分之一②。汝阳府无名无禄宗室凤台、河清府名粮宗室勤烛"俱以强盗被该省按臣参劾，送高墙禁住"③。周府仪封王恭栵"以窝盗分赃"，革去王爵，发送凤阳高墙关押④。

晋府有 20 例。庆成王府辅国将军表㭎"造低银"，制造成色不足的银子，令本府仪宾胡世福持以强买货物，形同抢劫，并"挟势殴人"。都察院劾其罪状，武宗下诏：世福"逮问"，表㭎"赐书切责"⑤。宁化王府奉国将军奇㵾尝因犯罪革去冠带，犹不收敛，与其子镇国中尉表桱、表格"多畜无赖，攫财于市，或伪券取偿，意满乃释"，"官司不能禁"。武宗命大理寺丞蔡中孚及锦衣卫官前往调查，并于事实清楚后下诏：奇㵾稔恶不悛，革其本人并二子禄米三之二，"仍降敕切责之"。追随其为恶者有 27 人，俱发边卫充军⑥。庆成王府奇㵾"性凶险，行多败伦，招集群小，勒取民财，邀截官粮，不可胜计。"镇国将军奇㵾、奇㵾"实倚助之"。庆成王奇㵾则"托修家庙，科敛族属财物"。经司礼监太监蒋贵、刑部侍郎张纶及锦衣卫官"验治"属实，奇㵾降为庶人，奇㵾、奇㵾革禄米三之一；庆成王也受到惩罚，王府校卒量留五十人，其余"还隶原卫"，"仍令晋王严加戒饬，有不悔罪循礼者，重治不贷"⑦。晋府奉国将军奇㵾伪造契券，捏造事实，诬陷仪宾负债于他。山西巡抚等官奏闻，下诏革奇㵾禄米三之一⑧。晋府奉国将军奇㵾招集无赖，"为伪印，谋盗粮价"；辅国将军钟衔及镇国将军表杭、表格"亦以吓取粮价"，并接受奇

---

① 《明神宗实录》卷二四三，万历十九年十二月壬寅。
② 《明武宗实录》卷五八，正德四年十二月甲辰。
③ 《明神宗实录》卷五三七，万历四十三年九月癸卯。
④ 《明熹宗实录》卷五一，天启五年七月庚申；《明熹宗实录》卷七五，天启六年八月壬子。
⑤ 《明武宗实录》卷二六，正德二年五月甲子。
⑥ 《明武宗实录》卷六二，正德五年四月乙巳。
⑦ 《明武宗实录》卷一三五，正德十一年三月癸卯。
⑧ 《明武宗实录》卷一六二，正德十三年五月癸亥。

滧所盗赃物。事情败露，奇滧停禄，钟衔等各革禄米四之一①。庆成王府镇国中尉知燇尝招集无赖，"掠货于途"。东窗事发，"降敕切责"。后复违例至京越诉，革其冠带以示惩戒②。庆成王府镇国将军表杜，本性贪婪，性情暴戾，"尝率恶逾垣夜入府藏，窃其父金"，偷窃父亲财宝；父亲逝世，又欲乘办丧事之机，劫夺父亲遗物据为己有，虽未能得逞，但不孝之心之行已足以令人呲之以鼻；兄弟之情也为物欲所遮蔽，"嫡兄丧，表栾遣人支禄，白昼攫之于市。又率庶兄弟表枫、表橭、表榠出郭而夺其屯粮"。其诸种罪恶俱为母妃侯氏所奏，世宗遣司礼监官张进前往，与抚按官"勘问"，勘得其实，表杜革爵，降为庶人；镇国将军表橭等夺禄米三之二③。晋府庆成王府宗室表栟"以窝强盗分赃"，降为庶人④。庆成王府镇国将军表橵"坐窝盗不法"，夺俸一年⑤。庆成王府奉国将军知楼"与群盗通，行劫杀人，为庆成王所觉，囚之府中"，而庶人新堧、镇国中尉知爨"相与谋脱之"，镇国中尉表木献、新堉"知其谋，匿不以闻"。抚按官"言状"，奉国将军知楼及庶人新堧发高墙禁住；镇国中尉知爨降为庶人，拘之闲宅；镇国中尉表橌、新堉夺禄米各半年⑥。庆成王府奉国将军表榕、辅国中尉新喻、庶人知爈，"坐共为谋盗"，下诏押发高墙禁住⑦。庆成王府奉国将军知恤"窝藏盗贼"，降为庶人，闲宅禁锢⑧。庆成王府镇国中尉知抵，将军慎鋜、中尉知鲲"结党敚人财"，知抵降为庶人，慎鋜、知鲲革禄米一半⑨。方山王府已革爵庶人知辖、河东王府镇国中尉新历，"以招纳亡命，同为劫盗"，"禁于闲宅"⑩。方山王府镇国中尉新垣"与群盗通，劫掠

① 《明武宗实录》卷一七六，正德十四年七月庚子。
② 《明武宗实录》卷一九七，正德十六年三月辛酉。
③ 《明世宗实录》卷一六九，嘉靖十三年十一月甲戌。
④ 《明世宗实录》卷一九五，嘉靖十五年十一月戊午。
⑤ 《明世宗实录》卷四四八，嘉靖三十六年六月壬午。
⑥ 《明世宗实录》卷五〇八，嘉靖四十一年四月戊寅。
⑦ 《明世宗实录》卷五五一，嘉靖四十四年十月甲子。
⑧ 《明穆宗实录》卷八，隆庆元年五月壬午。
⑨ 《明神宗实录》卷一六三，万历十三年七月丁亥。
⑩ 《明世宗实录》卷四四八，嘉靖三十六年六月乙酉。

商货”，发闲宅禁住[①]。方山王府镇国中尉新尘“为盗事觉”，降为庶人[②]。永和王府辅国将军新墹“以掺夺人财，强占人女为妾，夺禄米半年”[③]。阳曲王府辅国中尉新块，未请名封朱刘孙、朱赛儿、朱禄儿“纠众行劫，至于伤人”；中尉新壁“谋而未行，分赃有据”；中尉知熮、新垔“纵子劫杀”，家教不严。新块、新壁降为庶人；朱刘孙等俱闲宅安置；知熮、新垔各夺禄米三月[④]。晋府庶人知熸“杀人劫财，禁锢高墙”[⑤]。

秦府有3例。永兴王府奉国将军诚浔偕镇国中尉秉椵身着便服，头戴小帽，率无籍之徒闯入西安府仓库，殴打监仓西安府同知郁敬修等，“迫令预给禄米”。敬修启禀秦府，秦简王妃廖氏告于祖庙，命诚浔至门外，“传令责之”[⑥]。秦府宗室怀堷、怀埠、敬鉴“啸聚劫掠”，降为庶人，“发别省闲宅禁住”[⑦]。临潼王府奉国中尉谊薪、涧藴、谊滓“以同谋行劫杀人”，神宗皇帝下诏：革去封爵，发高墙禁锢[⑧]。

韩府有3例。襄陵王府镇国中尉旭榏“遣盗盗褒城王府将军偕濬，而私售之”，奉国将军偕溆、偕浨及仪宾贺儒置酒妓馆，“召偕溹、真与饮。事觉，韩王旭櫏以闻，下陕西巡按等官治，各伏罪”，革旭榏禄米之半，辅国将军偕溹、奉国将军偕溆、偕浨各三之一，夺仪宾陈真、贺儒职[⑨]。韩府襄陵王府中尉朗鈜等“窝盗行劫分赃，陕西抚按问明参奏，请照例将二宗革去封爵，送发高墙禁锢”[⑩]。褒城王府镇国中尉谟雕与庶宗岩青、岩锐“窝盗行劫，命锢之高墙”[⑪]。

① 《明穆宗实录》卷二三，隆庆二年十月庚辰。
② 《明穆宗实录》卷二六，隆庆二年十一月丙辰。
③ 《明穆宗实录》卷四二，隆庆四年二月壬戌。
④ 《明神宗实录》卷五三，万历四年八月乙酉。
⑤ 《明世宗实录》卷二四三，嘉靖十九年十一月丙午。
⑥ 《明孝宗实录》卷二一六，弘治十七年九月庚寅。
⑦ 《明神宗实录》卷四一三，万历三十三年九月癸巳。
⑧ 《明神宗实录》卷五二三，万历四十二年八月辛巳。
⑨ 《明世宗实录》卷八，正德十六年十一月癸丑。
⑩ 《明神宗实录》卷五〇二，万历四十年闰十一月庚辰。
⑪ 《明熹宗实录》卷三，泰昌元年十一月乙亥。

宁府2例。石城王府奉国将军多焊"以剽窃事败"，禁锢于高墙①。石城王府奉国中尉统铥"白昼强劫"，弋阳王府镇国中尉谋颛、谋埾，辅国中尉统檋等"同窝赌盗，命锢之高墙"②。

靖江王府2例。宗室任艻、任堤等八人"纠盗行劫"。案情上报，三名降为庶人，闲宅禁住；二名罚禄米一年；一名禁锢高墙；二名秋后处决③。奉国中尉任日安等"以强掠官物，立毙民命"。广西巡抚杨芳弹劾，"事下法司会议"④。

其他王府也有类似案例。庆王府辅国将军奇溋打听到"有司输禄米价于王府"，"令人出廓夺之"。事情奏闻朝廷，命"革禄米，仍治教授等官罪"⑤。荆府辅国将军厚煁与都昌王载墌有隙，"夜率家人吴俸等入载墌府，捽缚载墌，劫千余金以出。载墌发狂，乃纵火自焚其宫，投一子于井溺死。抚按以闻，诏下法司拟罪，俸等处斩，余党恶皆谪戍，厚煁夺禄一年。"⑥因仇抢劫，逼死人命。鲁府巨野王府镇国中尉观奖、观负"招集群盗朱及文等劫掠人财物"，革爵，发高墙禁锢⑦。沈府沁源王府辅国将军铨鎊及其子奉国将军勋渫"与恶少年赌博"，因主谋"劫财分用"。刑部将这一案件奏报，时辅国将军铨鎊已经身故，武宗下诏降勋渫为庶人⑧。辽府镇国将军恩鑰、恩鏵、恩枪，奉国将军恩稠，中尉恩镟、恩铼、恩钢等，听从仪宾袁镛嗾使，"招集恶少，夺人财产，棰死平人"。孝宗"恶其不道"，命镇守湖广左监丞刘雅秘密启奏辽王"拘恩鑰等幽之"，并立即派人逮捕恩鑰等"所集凶徒"及教唆之人袁镛严审问罪，"不许疏漏"⑨。楚藩岳阳王府辅国中尉英琰、永安王府辅国中尉英爌"聚众抢夺伤

---

① 《明穆宗实录》卷一七，隆庆二年二月丙戌。
② 《明熹宗实录》卷二四，天启二年七月壬戌。
③ 《明神宗实录》卷四二二,万历三十四年六月甲寅。
④ 《明神宗实录》卷四二二,万历三十四年六月甲寅
⑤ 《明武宗实录》卷一六二，正德十三年五月壬戌。
⑥ 《明世宗实录》卷三九〇，嘉靖三十一年八月乙亥。
⑦ 《明世宗实录》卷四五六，嘉靖三十七年二月癸巳。
⑧ 《明武宗实录》卷三一，正德二年十月丙申。
⑨ 《明孝宗实录》卷五六，弘治四年十月丙午。

人"，抚按官参劾，革为庶人，闲宅禁住①。岷府宗室将军干趣等"违训宣淫，纠党行盗"，有碍法纪。神宗皇帝命湖广抚按官"提问具奏"②。赵府平乡王府未封宗室厚爔，"索财殴死平民"，为巡按大臣纠劾。世宗命不许请封，"仍令王严戒饬之"③。徽府景宁王载墌"烝父婢及强夺民产，废为庶人"④，等等。

从上面资料可以看出，明代宗室群体对财富的追求有着无穷的贪欲，甚至有些丧心病狂。但如从社会分层的角度观察，在明代宗室群体中，分属于不同阶层的宗室成员，追逐财富的方式是不完全相同的。亲王、郡王因其地位较高，多采取"乞请"和营商的方式；而将军、中尉，则盗窃、抢夺、勒索等无所不用其极。对财富的追求方式体现出明显的阶层性。

2. 征歌逐乐，贪色纵欲

与对财富的无厌追求相伴的，即是宗室成员征歌逐乐、贪色纵欲。他们对色欲的贪婪和对财富的欲求一样的疯狂！衣食无忧，无所事事，内心空虚无聊已极，唯有以色为娱。有的连日宴饮，乐妓为伴，在声色中消耗时光；有的烝母乱妹，渎乱人伦；有的奸占乐妇，逼夫休弃；有的狎近歌会顽童，谋害正妃；有的狎戏酬歌，谋死职官；更有的强奸幼女，逼死其父。种种淫纵无耻、宣淫无度、凶狠残忍之事载在简册，有令人发指之叹。仅《明实录》就留下了大量的有关案例。

晋府永和王济烺与妓女奸，令千户李琪为其"治私宅，以居所奸妓者"。妓者生女甫三岁，李琪即求"以其幼子为仪宾"；庆成王美埥令总旗徐旺"诱妓者与奸，因奏升旺为典仗，有欲告者，王假他事杖死之。"又有二小旗尝为盗，"王隐之而召其妻与奸，逾年始出之"。以二王所犯"在赦前，宜勿论"，"仍以书谕二王，今后戒慎，庶小人无得借口"。⑤晋府永和王美坞"烝其庶母，

---

① 《明神宗实录》卷二八，万历二年八月丁卯。
② 《明神宗实录》卷四五九，万历三十七年四月辛亥。
③ 《明世宗实录》卷五一九，嘉靖四十二年三月癸巳。
④ 《明穆宗实录》卷三〇，隆庆三年三月辛未。
⑤ 《明英宗实录》卷八一，正统六年六月庚子。

乱其妹，致太原左等卫军舍八人入宫，同奸其宫人翠儿致死；又勒其妃丘氏与所爱者通，妃坚不从，乃止。所烝庶母白氏生一子，诡云宫人所育，请名曰钟铗。"黩坏人伦，伤败风化。为镇国将军美坞劾奏，英宗召美坞等至京，"覆之实"，遂诛军舍等八人。美坞削去王爵，降为庶人，留京居住。子钟录、钟铗，令为庶人，每月给米四石，俾看守先王坟园①。晋府永和王奇浒母妃张氏性伴侣杂乱，与太原卫士卒王锐通奸，同时和一僧"淫乱"。永和王宫女亦有与王府以外的人私通的。仪宾陈谏写诗以讽刺这种淫乱的怪象，且将启禀永和王奇浒驱逐王锐等人。王锐等闻讯即入告妃张氏，张氏竟遣人诱谏入宫殴杀之，并教一宫女诬陷陈谏"为淫戏，令王奏之"。陈谏儿子如实上奏事情经过。朝廷命内官和锦衣卫千户前往山西，会同巡抚、巡按暨都布按三司"问状"。妃张氏及宫女四人皆自经死，内官同巡抚等官"各以状闻"。宪宗下旨：王锐与僧人俱斩之；与宫女私通的四人皆绞；同谋杀人及知悉其事者共13人，"俱发充边军"②。宁化王秩烑第四子美坊"奸占乐妇在宫，令人代写出卖文书，逼抑其夫休弃"，"淫纵无耻"。巡按山西御史等人请以法治美坊之罪，景春泰帝以宁化王秩烑为其叔祖之故，姑从宽宥，命对美坊严加训诫，令其"遵守成宪，痛改前过"③。方山王美垣不遵礼法，"数留妓者与奸"。景泰帝"特下书戒饬之"④。临泉王钟镍多淫纵不法，为本府内官检举揭发。巡抚巡按审讯其左右，俱得犯罪本末，王府自教授以下，"皆坐罪有差"⑤。阳曲王钟鍑奸父妾生子，其妃侯氏更纵宫人淫乱。事发，钟鍑降庶人，侯氏革封号，奸生子随住，不得请名请封⑥。晋府宁化王钟鍋"狎昵太原卫军马健，遂与其妻妾通。凡军妇之有色者，健每引与钟鍋奸，因留不遣。其后，军人郝俊等不从，钟鍋提金骨朵锤杀之，以此死者八人"。又收父妾李素真为宫人。奸收

---

① 《明英宗实录》卷一七〇，正统十三年九月戊子。
② 《明宪宗实录》卷二〇四，成化十六年六月癸丑。
③ 《明英宗实录》卷二〇三，景泰二年四月乙未。
④ 《明英宗实录》卷二〇四，景泰二年五月壬子。
⑤ 《明宪宗实录》卷四〇，成化三年三月丙子。
⑥ 《明宪宗实录》卷二四九，成化二十年二月庚申。

父妾，强夺人妻，又残酷棰死人命数多，革去冠带禄米，令戴头巾闲住；弟镇国将军钟鎐奸通乐妇，革去禄米三之二；马健处死，教授张珊等二人下按察御史逮治之①。晋府宁化王钟铕，"既以罪革岁禄冠服，而凶残益甚，多阑妇女入府中，稍失意辄痛加棰楚，或斫足髡首，或囊土压面，前后死者六七人"。校尉吴刚、白宗善于逢迎拍马，每令入宫，与妃武氏及婢妾乱，一婢不从，辄杀之。嫡母赵氏惊恐成疾，不治而薨。生母刘氏"饮宴间谕以好言，钟铕怒举酒器掷之，刘氏走而免"。"求与庶母李氏奸，不从，亦杖而刺之。""群婢妾不胜其毒，夜聚而逃"。镇守太监刘政、巡抚都御史张敷、巡按御史白鸾各奏其事。钟铕不孝淫乱，违法多端，不宜君国，降为庶人，送凤阳高墙内禁锢终身；吴刚、白宗蛊惑宗藩，导之为恶，皆处斩②。宁化王府辅国将军钟铠，纵情恣欲，始娶高氏为妻，"时有娼入府中供应，即召淫之"。此后，"暮夜常轻身至娼家，或舁入府中，流连不绝数年"。巡抚等官"鞫之"，革岁禄三之二，仍赐敕切责③。晋府辅国将军奇灊强奸九岁女，"又以威逼死其父"，革爵为庶人④。庆成王府奉国将军表榉"挟妓民家"，致伤人命，革禄米之半⑤。方山府辅国将军表核，以淫恶乱伦，革爵为庶人⑥。宁化府奉国将军奇澧，以夺人幼女，强占乐妇，俱降为庶人⑦。阳曲王府辅国将军奇瀚，以淫纵不法，革为庶人⑧。庆成王府镇国中尉知爝，以吓取民财，强占妇女，革爵为庶人⑨。庆成王府奉国将军奇洄以淫纵不法，为巡按御史马录所劾，诏夺禄米半年⑩。方山王府辅国将军表楠、表樵淫纵不法，革表楠禄米三之一，停表樵

①《明孝宗实录》卷五七，弘治四年十一月丁丑。
②《明孝宗实录》卷一〇六，弘治八年十一月乙酉。
③《明孝宗实录》卷一〇九，弘治九年二月丙寅。
④《明孝宗实录》卷二一一，弘治十七年闰四月辛巳。
⑤《明武宗实录》卷四八，正德四年三月己酉。
⑥《明世宗实录》卷三七，嘉靖三年三月丁丑。
⑦《明世宗实录》卷四三，嘉靖三年九月甲子。
⑧《明世宗实录》卷五一，嘉靖四年五月戊寅。
⑨《明世宗实录》卷六七，嘉靖五年八月庚辰。
⑩《明世宗实录》卷六八，嘉靖五年九月乙巳。

禄米半年①。宁化王府辅国中尉知爃、镇国中尉表柳、表禁"奸淫逼死人命",革知爃为庶人,夺表柳、表禁禄各三月②。庆成王府庶宗表槿劫盗奸淫,占兄妾为妻,已经拘禁省城闲宅,尚不改图,越境出邠州,强娶民妇为妾,常持刃在途,肆意行凶,发送高墙③。方山王府罪宗新垣凶淫不轨,为抚按所纠,锢于高墙④。

代府襄垣王仕壤"居山西蒲州,多强取民间女子充宫人"。其长子镇国将军成银,"亦因选婚,强夺民人所聘妇",违法败伦。减仕壤岁支禄米三之二,薄示惩戒;令成银改过自新⑤。襄垣王仕壤欠弟镇国将军仕壏白银二百余两,不予归还,令弟与其婢景妙福通奸,仕壏因欲据婢为己有,而仕壤复"索以重赀",双方未达成一致,妙福遂自缢身死。于是,仕壏怀恨讦奏仕壤与成银、成鑽"渎乱聚淫,并纵舍人萧杰、校尉孙清、白谅等通淫妃及宫人等事"。宪宗命官核实不诬,降仕塿、仕壏、仕壤、成银、成金赞为庶人;妃及宫人责令自尽;萧杰、孙清坐斩;白谅等"杖之百,械送广西边卫永远充军,家属随住"⑥。代府武邑王聪沫为代王庶长子,"初以使酒殴死乐工革爵",代王薨,命摄府事。聪沫"益酗暴,居丧无礼,置酒作乐,召妓者歌舞,极诸淫纵。内使谏者,辄非法拷掠,或触其怒,以石鼓压胸,囊沙覆口,死者数人。"承奉正通保潜入京师,奏其事,下山西镇巡等官核实,如保通等言。孝宗曰:"聪沫稔恶弗悛,故违祖训,难居藩辅",降为庶人,与宫眷一道迁往太原城内居住⑦。灵丘王府镇国将军成铍奸占倡优,强取良家子女,革禄米三之二⑧。山阴王府辅国将军成镴以挟妓纵饮故,革禄米三之二,

---

① 《明世宗实录》卷二八五,嘉靖二十三年四月庚寅。
② 《明世宗实录》卷五一九,嘉靖四十二年三月辛卯。
③ 《明神宗实录》卷二七,万历二年七月甲申。
④ 《明神宗实录》卷四九,万历四年四月壬申。
⑤ 《明宪宗实录》卷一三四,成化十年十月戊申。
⑥ 《明宪宗实录》卷一四五,成化十一年九月丙寅。
⑦ 《明孝宗实录》卷四〇,弘治三年七月甲戌。
⑧ 《明武宗实录》卷四七,正德四年二月乙丑。

赐书切责①。宣宁王成钴、隰川王聪羡以出城游戏，包占乐妇故，分别革禄米三之二，禄米三之一②。代府潞城王府奉国将军聪濯尝匿妓府中，革禄米三之一③。代府博野王俊櫕奸淫乐妇，镇国将军俊桓居丧淫纵，各革禄米三之一，令代王严加约束，不许仍前恣肆④。襄垣王府辅国将军成鋿、庶人聪澡，以奸淫不法为抚按官所劾，成鋿革爵为庶人，聪澡押高墙禁住⑤。宣宁王府镇国中尉俊彭，以争娼妇击杀其兄俊稳，勒令自尽⑥。襄垣府辅国中尉充袄淫凶不法，降为庶人，高墙禁住⑦。

庆王秩煃"以修乐游园旧庙故，即城南园置酒与长史、纪善等官周弘等杂坐，连日宴饮，且令乐妓为戏，军民人等聚观者数百人"。为陕西按察司副使郭原劾奏，英宗曰："长史、纪善职辅导王，乃尔狂纵不检，在法宜罪，姑记之。"都察院"移文示弘等，令改过，再不检不宥"⑧。

周府辅国将军同镯与寡姊孟县县君淫乱，同镯及县君皆赐死⑨。莱阳王未封嫡第二子睦桄"交结群小出城淫戏"，革禄米三之一⑩。周府莱阳王未封男睦栌、睦桄、睦樵以淫纵为河南巡按御史所劾，命候受封之日，减禄米三之一⑪。周府永宁王府镇国将军朝埛淫秽败伦，降为庶人⑫。鲁阳王奉国将军朝赾淫纵悖逆，降为庶人，闲宅禁住⑬。

宁府弋阳王奠壏"闻教授顾宣女有姿色，设计欲取，宣不肯从，辄杖之

---

① 《明武宗实录》卷五二，正德四年七月甲寅。
② 《明武宗实录》卷五四，正德四年九月戊戌。
③ 《明武宗实录》卷七九，正德六年九月丁丑。
④ 《明武宗实录》卷一三一，正德十年十一月甲辰。
⑤ 《明世宗实录》卷四一，嘉靖三年七月己巳。
⑥ 《明世宗实录》卷四二六，嘉靖三十四年九月壬子。
⑦ 《明神宗实录》卷三一，万历二年十一月壬申。
⑧ 《明英宗实录》卷九八，正统七年十一月乙丑。
⑨ 《明武宗实录》卷六〇，正德五年二月乙巳。
⑩ 《明世宗实录》卷二七，嘉靖二年五月戊子。
⑪ 《明世宗实录》卷三三，嘉靖二年十一月癸巳。
⑫ 《明神宗实录》卷九八，万历八年四月甲申。
⑬ 《明神宗实录》卷二七六，万历二十二年八月丁未。

以百，强取入府"。贪色纵欲，凌辱酷打辅导之官，强娶其女，乖违礼法。英宗下旨切责："尔居王爵，正宜修身慎行"，今事姑置不究，"今后宜改过自新，以保名爵。如仍怙恶弗悛，法难再恕"①。宁府钟陵王觐锥滥收妾媵，新建民凌胜自宫以入王府，王令至淮安买妾李氏，"王独嬖之，宫中呼为李妃，妃陈氏遂失宠。"又有南昌卫军余谢祖，"为王行货于外，买一舞女为妾，因纳之王，女病复还之祖，祖妻不能容，则又纳于王。"事觉，镇巡等官具实以闻，姑从轻革禄米三之一，仍赐敕切责；谢祖，杖一百，并家属发边卫充军；凌胜，杖八十发原籍当差；宫人逃者给亲完聚②。宁府石城王宸浮"烝于伯妾"，又数夺取良家女为媵；辅国将军宸潤"尝召女尼入府而私之"。宸浮、宸潤革爵，降为庶人③。宁府钟陵王觐锥纵欲乱常，欺污子妾，致死人命；其子镇国将军宸㴻不谏父恶，私通宫人，俱革爵降为庶人，送凤阳看守祖陵④。

蜀府华阳王申鍷，先前因犯罪被革除王爵，不思悔改，复强娶妇女三人，按律法当遣还回家。申鍷狡辩，言所娶3人，有的已生子，有的已有娠，皆不当遣。然镇守湖广内官"按验皆妄"，申鍷惧，始遣出妇女。事情奏闻，宪宗"下敕切责之"⑤。

岷府世子膺鉦"混同群小，狎戏酣歌，谋死职官，奸淫无度"，革去冠带，不许请封，薄示惩戒。四年后，悔悟自新，略无过犯，方可复其冠带，令仍管理府事⑥。岷府南渭王长子膺鏐性情狠戾，烝其父之宫人，与诸弟相处如仇雠，"尝置毒于食欲杀之"。弟膺钞妻赵氏美而艳，膺鏐"每淫于其弟妇"，南渭王懦弱，不敢管教，"使膺钞迁居以避"。膺鏐"反倡言赵与他人通，逼使自缢以灭口"，并棰死膺钞生母。又率人围膺钞府第，膺钞逾墙得免，奔永州府诉之，复遣人奏其事。孝宗命巡按监察御史及湖广二司官会勘得实，膺鏐由南渭王

① 《明英宗实录》卷三二〇，天顺四年十月庚戌。
② 《明孝宗实录》卷一〇九，弘治九年二月丙寅。
③ 《明孝宗实录》卷一五四，弘治十二年八月丙子。
④ 《明孝宗实录》卷二二三，弘治十八年四月己未。
⑤ 《明宪宗实录》卷二一七，成化十七年七月乙未。
⑥ 《明宪宗实录》卷二八二，成化二十二年九月壬子。

管摄 ①。岷府黎山王府镇国将军军彦沧"宣淫纵虐",降为庶人 ②。黎山王府庶人誉楻、誉瑐、誉燥、誉櫙兄弟济恶,败化宣淫,为湖广抚按所劾奏,发高墙禁住 ③。

　楚府辅国将军均鍉强暴自恣,其从兄均镏及均铭皆早卒,嫂王氏、杨氏寡居,均鍉"逼而淫之";"又烝庶母余氏,或延过其第通宵不返,侍女銮英发之,楚王以闻"。赐楚府辅国将军均鍉死,余氏令自尽;王氏、杨氏忍耻不首,革其封号 ④。楚世子英耀狎比群小,淫纵不法。先以匿奸宫人方三儿事觉,楚王显榕锢三儿,英耀恨之。嘉靖二十三年(1544)端午,楚王显榕置酒召诸宗室观龙舟,呼乐妇宋么儿侑觞,英耀见而悦之,令刘金潜纳之别馆,王知之,复欲杖杀金,金闻,大恐,乃密与徐景荣、杨惠等乘间白英耀,曰:王怒甚,且欲废立,不如先发。英耀遂谋以次年上元,邀王赏灯,因举事。及期,乃集其党田尧、谢六儿、张贵等歃血而盟,分执铜爪、木梃,蒙以面具,伏缉熙堂后,约举炮为号,部署定,日甫申而王至,时武冈王以送王亦至,酒数行,乃款武冈王于西室,王左右从者以次设食,稍引去。于是,英耀举手令张贵放炮,金等即率众从王座后拥出,六儿首以铜爪碎王脑,尧等椎梃乱下,立死,众皆惊走。武冈王闻变往救,亦为乱梃所伤。王既弑英耀,怒未已,令六儿以鞭鞭王尸数下,徐昇入内寝。翼日乃殓,用长史孙立、承奉张庆、王宪等谋,以中风暴薨伪讣于镇守抚按三司各衙门,而禁武冈王于别室,令毋得出。王从者朱贵以间挟门出告变,事遂泄,镇抚等官具以状闻。诏司礼监太监温祥,同驸马都尉邬景和刑部左侍郎喻茂坚、锦衣卫都指挥使袁天章,会镇巡等官往按其事。英耀斩之于市,焚弃其尸,不许收葬;徐景荣等 26 人即于彼处会官凌迟处死 ⑤。

① 《明孝宗实录》卷五八,弘治四年十二月戊午。
② 《明世宗实录》卷一六七,嘉靖十三年九月辛卯。
③ 《明世宗实录》卷四四七,嘉靖三十六年四月壬戌。
④ 《明孝宗实录》卷一九二,弘治十五年十月己酉。
⑤ 《明世宗实录》卷三〇三,嘉靖二十四年九月丁丑。

韩府镇国将军征错、征鏻、征钰俱淫乱无度，且引拜方士入宫。征错等革去禄米三之二[1]。韩府襄城王府辅国将军偕㳽淫纵致死人，革职[2]。韩府高平王府镇国中尉旭梆帷箔不谨，尝挟妓出他邑游，高平王融烁因私通其妻谢氏，旭梆执谢氏掠杀之。韩王奏闻，降韩府高平王融烁为庶人，革镇国中尉旭梆禄米三之一[3]。

鲁王观㸅以冲岁袭爵，狎比群小，淫戏无度。鲁府故有东园离宫，观㸅"益崇饰之，迭山浚池，为复屋曲房，挟娼乐及群小昼夜謹饮其中，或男女裸体群浴于池，无复人礼，左右有阴议及色忤者，必立毙之，或加以炮烙"。法当革爵，念其幼稚，姑从轻，革禄米三分之二，令图省改；馆陶王当㳯，凶暴淫纵，革禄三分之一[4]。安丘王府奉国将军观㻋以奸淫事，手杀弟妇，纵火焚其家，将以灭口。事觉，勒自尽[5]。巨野王府镇国中尉观烟纵欲灭伦，宣淫败义，神宗命革观烟禄米[6]。

靖江王长子任昌，淫纵虐民，为巡按广西御史朱炳如劾奏，穆宗命降敕戒谕[7]。

赵王见潚酗酒狂悖，"强买良家子充宫人，时召乐妇留宫中不出"。南乐王祁鈏与临漳王祁鋆、汤阴王祁锵"俱强买妇女"。赵王见潚、南乐王"革去冠带"，减禄米三之二，并令"戴民巾读书习礼"；汤阴王减禄米一半，临漳王减禄米三之一，"并下敕切责"[8]。汤阴王府镇国中尉载坧淫纵杀人，并殴伤其母，赐死[9]。

郑府东垣王见㳻年幼，家奴吴安童"诱为淫戏"，因轻信邪言，欲谋害正妃。事情被察觉，命官勘实拟罪，奏上，宪宗谓：见㳻狎近歌妓，有乖大义，

---

① 《明孝宗实录》卷六七，弘治五年九月丙子。

② 《明武宗实录》卷六三，正德五年五月戊辰。

③ 《明世宗实录》卷一八五，嘉靖十五年三月乙亥。

④ 《明世宗实录》卷二○四，嘉靖十六年九月丙戌。

⑤ 《明穆宗实录》卷五八，隆庆五年六月丁未。

⑥ 《明神宗实录》卷一九一，万历十五年冬十月丙子。

⑦ 《明穆宗实录》卷二一，隆庆二年六月辛卯。

⑧ 《明宪宗实录》卷一五四，成化十二年六月戊戌。

⑨ 《明世宗实录》卷五五六，嘉靖四十五年三月戊戌。

"宜下敕切责，令戴民巾读书习礼"，安童依律斩之 ①。

荆王见潇锢其生母魏氏于宫中，"减去衣服饮食"，令其抑郁而死。复残杀同母弟见溥，谓以马惊践死。见溥死，其遗孀何氏入见太妃，见潇"使妾婢诱入别室逼淫之，遂拘留不遣"。"又欲通于从弟见潭之妃茆氏，见潭母马氏惧而防之，见潇怒执马氏，髡其首，棰之百余，拘见潭于宫中，挛缚之，囊土覆其面以死，械系茆氏入府，胁而淫之。又集恶少日与驰射，或私过江游逸，闻民家女子美者，辄夺取之"。见潇惧祸及己，密疏举奏。孝宗法司审讯得实，拘见潇至京，命何氏自尽，削茆氏封号冠服 ②。宗人载坿、载坄"淫恣不法"，荆王常𣲗奏闻，神宗命巡按御史提问 ③。

三、尚文心态

在明代宗室群体之中，除了如上述部分宗室整日征歌逐乐，好利渔色，沉溺于糜烂的物质享受消蚀其灵魂外，还盛吹着一股清新的尚文之风，不少宗室转向文化追求：请求皇帝颁赐书籍；修建书室、书楼，庋藏御赐图书，燕处其中，远离声色，讲求义理；建立书院，发展教育；与士大夫密切交往，诗酒唱和，研习学问，著书立说等，构筑起了明代文化园地中一道独特的风景。应宗室诸王请求，朝廷颁赐书籍，历朝皆有，弘治以前已有不少。但，总体而言，弘治后明显增多，万历后则大为减少。下面仅根据《明实录》所载列表以示（见表2）。

表 2　明宗室请赐书籍统计表

时间	请求赐书宗室、结果	资料出处
永乐元年二月乙卯	肃王楧奏求书籍、药材，赐书报曰：所求书籍，今有者悉送去。惟印十七史诸书，俟印装续送。昔洪武中，兄尝奏求乳香，皇考以分封供给有制，不与，贤弟其亮之	《明太宗实录》卷一七

---

① 《明宪宗实录》卷二四六，成化十九年十一月己酉。

② 《明孝宗实录》卷六七，弘治五年九月辛巳。

③ 《明神宗实录》卷二七三，万历二十二年五月癸巳。

时间	请求赐书宗室、结果	资料出处
正统十四年六月丙子	书复淮王祁铨曰："尔奏请颁《新编五伦书》，今特以一部奉去观览，以遂贤弟好古乐善之心。"	《明英宗实录》卷一七九
景泰二年十月己巳	赐鲁王肇煇《孝顺事实》等书十三部、褒城王范墲《五伦书》一部，从其请也	《明英宗实录》卷二〇九
天顺元年五月辛未	交城王美坉奏求《国朝礼制集要》《自警编》《文选》《史记》《两汉诏令》，上命给之	《明英宗实录》卷二七八
成化九年八月乙酉	赐岷府南渭王音壧《四书大全》《洪武正韵》等书，从其请也	《明宪宗实录》卷一一九
成化十九年七月乙巳	初，徽王见沛为子求书籍，又欲遣人往广西等处收买药材。上赐之《孝顺事实》《为善阴骘》《尚书》《四书》《资治通鉴》《贞观政要》等书，复书谕王，药材不必收买，凡合用者具奏给之	《明宪宗实录》卷二四二
成化二十一年六月癸巳	赐蜀王申凿《四书五经大全》《续资治通鉴纲目》，从所请也	《明宪宗实录》卷二六七
成化二十三年六月庚辰	赐辽府湘阴王豪壏《续资治通鉴纲目》《玉篇》《广韵》诸书，从其请也	《明宪宗实录》卷二九一
成化二十三年六月己丑	赐辽府枝江王恩钱《四书大全》，从其请也	《明宪宗实录》卷二九一
弘治元年二月丁巳	赐沈府稷山王诠鋚《诗传》、代府镇国将军仕《四书大全》《劝善书》《列女传》，从其请也	《明孝宗实录》卷十一
弘治元年三月丙戌	赐秦府永寿王诚淋《五经》《四书》各一部，从其请也	《明孝宗实录》卷一二
弘治元年九月癸酉	徽王见沛以二子俱出阁就外傅，请书籍于朝。上贻书答之："叔父生身富贵，能以是为教，诒谋远矣。今以《四书大全》《四书集注》《四书白文》《圣学心法》《贞观政要》《劝善书》《为善阴骘》《孝顺事实》《唐李白诗》《五音集韵》《洪武正韵》《饮膳正要》《玉篇》《广韵对类》各一部，《孝经》《千字文》《百家姓》《小学》，并复印件各二本附去，至可收用，惟叔父亮之。"	《明孝宗实录》卷一八
弘治元年九月己卯	赐晋府宁化王钟鉓《书》《诗》《礼记》三经及《洪武正韵》等书各一部，从其请也	《明孝宗实录》卷一八
弘治元年九月壬午	赐辽王恩鐯《诗》《传》《易》各一部，从其请也	《明孝宗实录》卷一八
弘治二年三月庚辰	赐辽府松滋王《四书集注》《大明官制》《为善阴骘》《孝顺事实》《劝善书》各一部，从其请也	《明孝宗实录》卷二四

时间	请求赐书宗室、结果	资料出处
弘治七年九月戊子	赐秦府永寿王诚淋《通鉴纲目》，从其请也	《明孝宗实录》卷九二
弘治八年三月甲辰	赐沈府唐山王勋澄《尚书》《诗传》《四书》各一部，从其请也	《明孝宗实录》卷九八
弘治八年七月乙酉	赐沈府灵川王诠鉢《孝顺事实》《为善阴骘》，从其请也	《明孝宗实录》卷一〇二
弘治八年十月辛酉	赐沈府宜山王诠鏑《孝顺事实》《为善阴骘》，从其请也	《明孝宗实录》卷一〇五
弘治八年十一月己亥	赐代府溧阳王聪浌《四书大全》《为善阴骘》二书，从其请也	《明孝宗实录》卷一〇六
弘治八年十二月己未	赐吉阳王聪注《为善阴骘》《洪武正韵》《四书大全》，从其请也	《明孝宗实录》卷一〇七
弘治九年三月辛巳	赐秦府永兴王诚澜《通鉴纲目》，从其请也	《明孝宗实录》卷一一〇
弘治九年十一月丙寅	赐辽府长垣王恩鉀《大明仁孝皇后内训》及《资治通鉴纲目》各一部，从其请也	《明孝宗实录》卷一一九
弘治十年九月戊辰	赐沈府吴江王诠铿《为善阴骘》等书，从其请也	《明孝宗实录》卷一二九
弘治十年十二月壬辰	赐沈府西阳王铨钲《五伦书》，从其请也	《明孝宗实录》卷一三二
弘治十二年六月辛卯	赐代府管理府事长子俊杕《五经四书大全》，从其请也	《明孝宗实录》卷一五一
弘治十年十二月辛卯	徽王见沛奏，宪庙尝赐道释二家诸藏，经今损坏错乱，更乞颁赐，不允	《明孝宗实录》卷一三二
弘治十三年十二月癸巳	赐韩府西德王偕㳘《四书大全》等书，从其请也	《明孝宗实录》卷一三八
弘治十四年五月辛亥	赐徽王见沛《四书集注》等书，从王请也	《明孝宗实录》卷一七四
弘治十四年十月庚戌	赐秦府汧阳王之子秉奏《为善阴骘》《孝顺事实》等书，从其请也	《明孝宗实录》卷一八〇
弘治十五年三月甲申	赐襄王祁镛《为善阴骘》《孝顺事实》《性理大全》等书，从其请也	《明孝宗实录》卷一八五
弘治十七年四月壬戌	赐沈府唐山王勋澄《为善阴骘》《四书集注》等书，从其请也	《明孝宗实录》卷二一一

续表

时间	请求赐书宗室、结果	资料出处
弘治十七年五月庚戌	赐沈府沁水王长子勋矢见《为善阴骘》《孝顺事实》等书，从其请也	《明孝宗实录》卷二一二
弘治十七年八月甲戌	赐沈府西阳王铨钲《孝顺事实》《四书集注》等书，从其请也	《明孝宗实录》卷二一五
弘治十七年十二月丁卯	赐沈府唐山王勋澄《易经》《四书集注》，从其请也	《明孝宗实录》卷二一九
弘治十七年二月甲子	赐晋王知烊五经、四书、性理大全等书，从王请也	《明孝宗实录》卷二〇八
弘治十七年八月癸亥	赐晋府庆成王奇浈五经大全等书，从其请也	《明孝宗实录》卷二一五
弘治十八年三月己酉	赐沈府宿迁王诠鏅、辽山王诠钺《孝顺事实》《四书集注》《为善阴骘》各一部，从其请也	《明孝宗实录》卷二二二
弘治十八年十一月甲辰	诏赐山阴王长子成鍪《孝顺事实》《为善阴骘》各一部，从其请也	《明武宗实录》卷七
正德元年五月丙戌	赐西河王《孝慈录》《孝顺事实》二书，从王请也	《明武宗实录》卷一三
正德元年六月甲申	西河王奇溯奏乞书籍，并请赐敕，诏以《为善阴骘》《四书集注》与之	《明武宗实录》卷一四
正德元年十月戊辰	怀仁王奏请书籍，诏赐《为善阴骘》《孝顺事实》《洪武正韵》《四书集注》各一部	《明武宗实录》卷一八
正德元年十一月壬辰	诏与宜山王诠满《四书集注》《洪武正韵》各一部，从其父沈王奏也	《明武宗实录》卷一九
正德二年五月乙卯	赐定陶王诠鑨《四书集注》，从沈王请也	《明武宗实录》卷二五
正德二年七月庚戌	赐郑府繁昌王《圣学心法》《易经集注》各一部	《明武宗实录》卷二八
正德二年八月辛卯	赐郑府东垣王《四书集注》《圣学心法》各一部	《明武宗实录》卷三〇
正德二年十月丙戌	赐郑府庐江王《大学衍义》，从其请也	《明武宗实录》卷三一
正德三年二月戊寅	赐辽府光泽王宠瀼《皇明祖训》《仁孝皇后内训》各一部，从其请也	《明武宗实录》卷三五
正德三年二月戊子	赐肃王次子淳化王真泓《孝顺事实》一部，从其请也	《明武宗实录》卷三五

续表

时间	请求赐书宗室、结果	资料出处
正德三年四月丙申	以《御制文集》《孝顺事实》《四书大全》《资治通鉴纲目》《历代名臣奏议》诸书赐宁王宸濠	《明武宗实录》卷三七
正德元年五月丁酉	以《皇明祖训》及《皇明典礼》二书赐沈王庶长子铨钲，从所请也	《明武宗实录》卷一三
正德三年八月庚寅	赐蜀府华阳王《仁孝皇后内训》《圣学心法》各一部，从其请也	《明武宗实录》卷四一
正德三年十一月庚子	赐襄垣王府镇国将军仕坏《祖训条章》《皇明典礼》《洪武礼制》各一部，从其请也	《明武宗实录》卷四四
正德四年四月癸卯	赐沈府世子诠钲《皇明内令》《御制对类》《四书集注》各一部，从沈王请也	《明武宗实录》卷四八
正德四年四月甲辰	赐鲁府辅国将军当汗、当渵《四书集注》《唐三体诗》各一部，从其请也	《明武宗实录》卷四八
正德六年五月壬子	赐辽府长垣王恩钾《皇明祖训》《皇明典礼》各一部，从其请也	《明武宗实录》卷七五
正德六年五月丙寅	赐肃王孙弻桓《四书大全》《孝顺事实》各一部，从其请也	《明武宗实录》卷七五
正德六年八月戊寅	赐南渭荣顺王管府事镇国将军膺鈫《皇明祖训》，从其请也	《明武宗实录》卷七八
正德十三年八月庚辰	赐肃王《皇明典礼》《大明官制》《诸司职掌》《洪武正韵》，从其请也	《明武宗实录》卷一六五
嘉靖元年四月乙未	赐灵丘王聪湆《性理大全》一部，从其请也	《明世宗实录》卷一三
嘉靖元年九月丙辰	赐隰川王府奉国将军聪濴、聪湨、聪湅《四书五经大全》《性理群书》《孝顺事实》各三部，从康肃王嫡长子俊柏请也	《明世宗实录》卷一八
嘉靖元年十月壬辰	靖安王表栿奏乞书籍，诏赐《贞观政要》《四书》《五经》各一部	《明世宗实录》卷一九
嘉靖二年正月丁巳	赐巨野王府辅国将军当潢《四书集注》《孝顺革实》《为善阴骘》各一部，从所请也	《明世宗实录》卷二二
嘉靖二年四月癸巳	隰川王俊桓奏请《高皇帝御制文集》《仁孝文皇后内训》及《四书五经大全》《纲目通鉴》诸书，上命赐诗传一部	《明世宗实录》卷二五
嘉靖二年闰四月辛亥	鲁王为镇国将军健檔奏求书籍，诏以四书大全给之	《明世宗实录》卷二六
嘉靖二年六月戊申	岷王彦汰奏求书籍，赐《皇明祖训》《五经四书》《通鉴纲目》各一部	《明世宗实录》卷二八

续表

时间	请求赐书宗室、结果	资料出处
嘉靖二年六月乙丑	赐郑府庐江王见㳂尚书一部	《明世宗实录》卷二八
嘉靖二年八月乙未	赐庆成王奇浈《御制文集》《历代臣鉴》各一部，从其请也	《明世宗实录》卷三〇
嘉靖三年二月丙辰	隰川王俊柏疏乞书籍，诏与《四书大全》《孝顺事实》各一部	《明世宗实录》卷三六
嘉靖三年四月甲寅	赐宣宁王府奉国将军听㳥、聪渣、聪凑《四书大全》各一部，从其请也	《明世宗实录》卷三八
嘉靖三年九月丙寅	赐淮王《祖训》一部	《明世宗实录》卷四三
嘉靖三年十二月乙巳	赐永年王府辅国将军勋泅子彻柣等辅国将军成镯子聪泛等《书经集传》《孝顺事实》《为善阴骘》各一部	《明世宗实录》卷四六
嘉靖四年十一月戊辰	赐鲁府东瓯王当㳐《性理大全》一部，从其请也	《明世宗实录》卷五七
嘉靖五年三月壬子	隰川王府镇国将军仕埵卒，子成钱奏乞辞禄庐墓，并求《孝顺事实》《为善阴骘》及《五经四书大全》《朱子纲目》各一部，礼部覆奏，宗室庐墓无旧例，有旨：与《孝顺事实》《为善阴骘》《四书大全》各一部，余不允	《明世宗实录》卷六二
嘉靖五年五月乙丑	赐晋王知烊《四书集注》《王篇》《广韵》各一部	《明世宗实录》卷六四
嘉靖六年三月丙戌	赐韩王旭櫃、赵王原煜曰：《四书大全》《为善阴骘》《孝顺事实》《对类》各一部，从其请也	《明世宗实录》卷七四
嘉靖七年二月庚戌	赐鲁府辅国将军当濡《四书性理大全》《通鉴节要纲目》各一部，从其请也	《明世宗实录》卷八五
嘉靖八年八月壬午	赐卫辉王弥鍋恩纪《含春堂诗》《敬一箴》《通鉴纲目》，并堂名"师古"，从其请也	《明世宗实录》卷一〇四
嘉靖九年二月丁卯	赐伊王吁淳《四书》《易经大全》《孝顺事实》《为善阴骘》各一部，从王请也	《明世宗实录》卷一一〇
嘉靖九年四月庚申	赐庆成王奇浈、山阴王成鎣各《明伦大典》一部，从其请也	《明世宗实录》卷一一二
嘉靖九年九月壬寅	赐靖江王邦薴《书经集注》《四书大全》各一部，从其请也	《明世宗实录》卷一一七
嘉靖三十一年六月戊辰	赐楚王英㷉敕，约束宗室，以《四书五经集注》各一部赐之，俱从所请也	《明世宗实录》卷三八六

时间	请求赐书宗室、结果	资料出处
嘉靖三十八年七月壬午	赐沈世子珵尧《敬一箴》《皇明祖训》《祖德诗》，恩纪《含春堂诗》《四书大全》《大学衍义》各一部，从沈王恬烄请也	《明世宗实录》卷四七四
万历五年四月戊辰	赐西河王《四书五经集注》，从王请也	《明神宗实录》卷六一
万历八年正月庚戌	赐山阴王俊栅四书、五经集注各一部	《明神宗实录》卷九五
万历十一年十二月壬申	赐乐安王多爈四书五经集注各一部，从乐安王所请也	《明神宗实录》卷一四四
万历十二年三月戊寅朔	赐益王翊鈏四书五经一部	《明神宗实录》卷一四七
万历四十七年四月辛未	赐荆王由樊四书五经性理通鉴纲目等书	《明神宗实录》卷五八一

在永乐元年（1403）至万历四十七（1619）年的216年中，明宗室请求赐予书籍共98人次，历朝皇帝对此皆采取积极支持的态度，一般皆予应允，可以说是有求必应。赐予书籍的数量也不小，且种类繁多，涵盖经史子集各个部类。但所赐各部类书籍极不平衡，赐书频次也差异甚大，《四书》《四书大全》《四书集注》《四书白文》等以"四书"为书名的书籍51次，《孝顺事实》25次，《为善阴骘》22次，《五经》《五经集注》《五经大全》等以"五经"为书名的书籍12次，《资治通鉴》《续资治通览》《通鉴纲目》等以"通鉴"为书名的书籍10次，《尚书》《书经集注》《书经集传》等"尚书"类书籍7次，《贞观政要》3次，《新编五伦书》《五伦书》等书名中有"五伦"的书籍3次，《国朝礼制集要》1次，《皇明典礼》4次，《明伦大典》1次，《自警编》1次，《文选》1次，《史记》1次，《两汉诏令》1次，《洪武正韵》6次，《玉篇》2次，《广韵》3次，《诗传》《诗》等"诗经"类书籍5次，《劝善书》3次，《烈女传》1次，《圣学心法》4次，《唐李白诗》1次，《五音集韵》1次，《饮膳正要》1次，《对类》2次，《御制对类》1次，《孝经》1次，《千字文》《百家姓》《小学》1次，《礼记》1次，《易》《易经》《易经注》《易经大全》等"易类"书籍4次，《大明官制》2次，《大明仁孝皇后内训》3次，《性理大全》《性理群书》等性理类书籍4次，《皇明祖训》7次，

《大学衍义》2次，《御制文集》2次，《历代名臣奏议》1次，《祖训条章》1次，《孝慈录》1次，释道二家诸藏1次，《洪武礼制》1次，《皇明内令》1次，《唐三体诗》1次，《诸司职掌》1次，《历代臣鉴》1次，《含春堂诗》2次，《祖德诗》1次，《敬一箴》2次，十七史1次。赐书频次最高的书籍为四书、五经等儒家典籍及倡导践履儒家伦理的著作《孝顺事实》《为善阴骘》；其次为记载王朝兴衰的通鉴类历史著作；再次为祖训、典礼、音韵类著作。其他赐书的频次皆在4次以下。从宗室奏乞、皇帝赐予书籍的名称和内容看，经史类著作占大部分，且没有一本涉及自然科学的著作，这既反映了明最高统治者要求宗室修养德性的价值导向，也在某种程度上反映了宗室儒家化的文化心理。

请求赐予书籍的王府，既有亲王府，也有郡王府。但以郡王府居多。据初步统计，请赐书籍的亲王府有19个，郡王府43个。各王府请求赐书的次数也不相同。（详见表3、表4）

表3 亲王府请赐书次数表

亲王府名称	请赐书次数	封建时间、封国地点
晋府	2	洪武三年封，封国太原
代府	1	洪武二十四年封，国山西大同
鲁王府	4	洪武三年封，国山东兖州
辽府	1	洪武二十五年封，后移国湖广荆州
肃府	2	洪武二十四年封，国兰州
宁王府	1	洪武二十四年封，后移国江西南昌
岷府	1	洪武二十四年封，后移国湖广武冈
韩王府	1	洪武二十四封，国陕西平凉
沈府	5	洪武二十四封，国潞州
伊王府	1	洪武二十四年封，国洛阳
楚府	1	洪武三年封，国武昌
蜀王府	1	洪武三年封，国成都
靖江王府	1	洪武三年封，国桂林
赵王府	1	永乐二年封，国河南彰德
襄王府	1	永乐二十二年封，国长沙

亲王府名称	请赐书次数	封建时间、封国地点
荆王府	1	永乐二十二年封，国湖广黄州府蕲州
淮王府	2	永乐二十二年封，国江西饶州
徽王府	4	成化二年封，国河南钧州
益王府	1	成化二十三年封，国江西建昌

在亲王府中，请求赐书次数最多的是沈府，达5次；鲁王府和徽王府皆为4次，位居第二。其他17个亲王府都在2次及其以下，大多数为1次。而且，很明显，在这19个请求赐予书籍的亲王府中，13个为明太祖朱元璋所封，其中，12个王府的第一代亲王为朱元璋之子；4个为永乐帝朱棣所封，其中，赵府的第一代王为朱棣之子，襄、荆、淮三府的第一王为仁宗朱高炽之子；在成化时封的2个王府中，徽府的第一代王为英宗朱祁镇之子，益府的第一代王为宪宗朱见深之子。明太祖朱元璋封建的王府占到了请赐书亲王府的绝大数，达68%。并且宪宗皇帝以后，孝、武、世、穆、神、熹、怀诸帝所封亲王几乎没有请求赐书的记载。

表4 郡王请赐书次数表

郡王府名称	请赐书次数	封国地点	所属亲王府
庆成王府	2	汾州	晋
交城王府	1	平阳	晋
西河王府	3	平阳	晋
靖安王府	1		晋
宁化王府	1		晋
汧阳王府	1		秦
永兴王府	1		秦
永寿王府	2		秦
襄垣	1		代
山阴王府	2	蒲州	代
灵丘	1	绛州	代
宣宁	1	泽州	代
怀仁	1	霍州	代

续表

郡王府名称	请赐书次数	封国地点	所属亲王府
隰川	4	泽州	代
吉阳	1		代
溧阳	1		代
永年	1		沈
宿迁	1		沈
辽山	1		沈
唐山	3		沈
西阳	2		沈
沁水	1		沈
吴江	1		沈
宜山	1		沈
灵川	1		沈
稷山	1		沈
襄城	1		韩
西德	1		韩
巨野	1		鲁
东瓯	1		鲁
华阳	1		蜀
长垣	2		辽
光泽	1		辽
松滋	1		辽
枝江	1		辽
湘阴	1		辽
乐安	1		宁
卫辉	1		唐
南渭	2	永州	岷
淳化	1		肃
繁昌	1		郑
庐江	2		郑
东垣	1		郑

在请求赐书的 43 个郡王府中，隰川、唐山、西河三王府为 3-4 次，其余 40 个王府皆在 1-2 次。而且，通过仔细梳理这些材料，我们惊奇地发现，这 43 个郡王府所归属的亲王府，除繁昌、庐江、东垣归属的郑府，是成祖所封，其第一代亲王为仁宗之子外，其余 40 个郡王府所归属的亲王府，皆为太祖朱元璋所封，其第一代王都是朱元璋的儿子！这一现象的出现，是否与洪武时期严格的皇子教育从而形成的家族传统有关，还有待通过对其他方面的进一步研究来得到证实。在请求赐书的宗室中，既有亲王、郡王这些宗室阶层中的上层，也有镇国将军、辅国将军、奉国将军，但没有中尉请求赐书的记载，而且请求赐书的将军也仅 10 人次，其他均为亲王、郡王，尤以郡王为最多。亲王、郡王、将军请求赐书这一较为普遍行为产生的动机是什么？是对知识渴求的内在需求所驱使，还是出于教育子孙的需要？抑或是其他原因？这是我们的研究所无法回避，也不应该回避的问题。但，这方面的记载的确匮乏，可资利用的资料不多，我们只能从零星材料透露出的可贵信息中窥测其大概的情形。

从表 2 列出的资料分析，我们可把明宗室请赐书籍的动机大致分为两种类型：

一是教育宗室子弟，希冀其进学修德，成为德高学博之人，此即民间所谓"望子成龙"的动机。在这一点上，有识宗室与有远见的百姓并无多大的区别。持有此类动机的请书宗室，当以徽王、沈王为子请书为典型。徽王见沛为子求赐书籍，前后有 2 次：第一次，在成化二十年四月，宪宗见深赐之《孝顺事实》《为善阴骘》《尚书》《四书》《资治通鉴》《贞观政要》等书；第二次，在弘治元年九月，"以二子俱出阁就外傅，请书籍于朝。"孝宗深加赞许，贻书答之曰："叔父生身富贵，能以是为教，诒谋远矣。"以《四书大全》《四书集注》《四书白文》《圣学心法》《贞观政要》《劝善书》《为善阴骘》《孝顺事实》《唐李白诗》《五音集韵》《洪武正韵》《饮膳正要》《玉篇》《广韵对类》各一部，《孝经》《千字文》《百家姓》《小学》等赐之。沈王为子请赐书籍则有 4 次之多。其中，沈王幼埻 3 次：第一次，正德元年十一月，是为宜山王诠满请书，武宗赐《四书集注》《洪武正韵》各一部；第二次，正德二年五月，是为定陶王诠鑪请书，武宗赐《四书集注》；第三次，正德四年四月，是为沈府世子诠钲请书，武宗赐《皇明内令》《御制对类》《四书集注》各一部。沈王恬烄请求赐予书籍1次：嘉靖三十八年七月，沈王恬烄为沈世子珵尧请书，世宗赐《敬一箴》《皇明祖训》《祖德诗》、恩纪《含春堂诗》《四书大全》《大学衍义》各一部。望子成龙的心态跃然纸上，真可谓舐犊之情，古今同理，人所宜然！

第二类请书宗室的动机即为修道养心，"好古乐善"。正统十四年六月，淮王祁铨奏请颁赐《新编五伦书》，英宗朱祁镇复书曰："尔奏请颁《新编五伦书》，今特以一部奉去观览，以遂贤弟好古乐善之心。"嘉靖五年三月，隰川王府镇国将军仕堭卒，其子成钱奏请辞去宗禄，庐墓守孝，并求赐《孝顺事实》《为善阴骘》《五经四书大全》《朱子纲目》各一部。显然，隰川王府镇国将军仕堭之子成钱求书，是为了在庐墓为父守孝时研读，使自身心灵在庐墓静修中得到升华。

明代宗室建立书室、书斋、书堂、书楼、书院，主要集中在弘治、正德、嘉靖、万历时期，天启初仅有一例。书室、书斋、书堂、书楼皆为藏书、研修之用，但也有微小的差别。一般而言，书楼、书堂规模较书斋、书舍、书室大，书室、书舍、书斋规模较小；在功能上，书斋、书舍与书楼、书堂、书室也有区别，书斋、书舍，也可称书房，主要为读书、著述的地方，藏书只是其附带的功能；书楼、书堂、书室则主要为藏书之地，但也可成为研修之所。明代宗室所建书楼、书堂、书室、书舍、书斋的时间、名称，在明实录中有较详细的记载。（见表5）

表5　明宗室建书斋、书舍、书室、书楼一览表

时间	所建书斋、书堂、书室、书楼名称	资料出处
弘治八年七月癸卯	代府镇国将军仕𡎟奏："臣于居第建书室一所，奉庋御赐经籍，燕处其中，讲求义理，乞赐名额以为箴儆。"上曰："自古贤人君子，未有不学而能成者，仕𡎟生长富贵，舍耳目娱玩，而留意经籍，志向可嘉，特赐名曰'务学'，以勖其成。"	《明孝宗实录》卷一〇〇

时间	所建书斋、书堂、书室、书楼名称	资料出处
弘治十五年七月己卯	襄王祐材建楼藏御史经籍，以楼额为请，命赐名曰"宝文"	《明孝宗实录》卷一八九
弘治十六年十月乙卯	辽府光泽王宠怀奏，自构藏书之堂，用藏颁赐《圣学心法》等书，请赐名扁，诏赐名"博文"	《明孝宗实录》卷二〇四
弘治十八年八月己卯	赐沈府西阳王诠钲书斋名"好古"，从沈王请也	《明武宗实录》卷四
弘治十八年九月戊申	赐韩府襄陵王所建书楼名"荣恩"，从王请也	《明武宗实录》卷五
正德七年三月辛亥	赐韩王书舍扁曰"崇文"，从王请也	《明武宗实录》卷八五
正德十年十月甲寅	赐衡阳王书堂名"遵教"，以辽王请也	《明武宗实录》卷一三〇
嘉靖三年四月甲寅	赐宣宁王府奉国将军听渫、聪渣、聪凑《四书大全》各一部，其书楼赐名额曰"勉学"，皆从其请也	《明世宗实录》卷三八
嘉靖三年十二月乙巳	永年王府辅国将军成镯书楼，赐名"博观"，仍敕其造作当于府中，不得侵占民地	《明世宗实录》卷四六
嘉靖四年十一月戊辰	赐鲁府东瓯王当沘书堂名"励志"，仍给《性理大全》一部，从其请也	《明世宗实录》卷五七
嘉靖六年三月辛巳	赐汝王祐樗楼名"崇本"，从王请也	《明世宗实录》卷七四
嘉靖六年五月乙巳	黮川王府奉国将军聪潢、聪湦、聪涏建楼堂以藏御书请名额，诏名其楼曰"处善"，堂曰"孝义"	《明世宗实录》卷七六
嘉靖七年八月癸亥	赐荣王祐枢所建书楼名"崇义"，从王请也	《明世宗实录》卷九一
嘉靖三十四年闰十一月甲申	赐淮王厚寿书楼名曰"赏赐"	《明世宗实录》卷四二九
嘉靖三十八年十月甲子	赐沈王恬焌书堂名额曰"修业"	《明世宗实录》卷四七七
隆庆四年二月乙丑	韩王朗锜以御赐书籍建楼藏之，疏请楼额名，赐名"宝籍"	《明穆宗实录》卷四二
隆庆五年八月甲寅	赐名郑王厚烷藏奉御书之楼曰"尊训"，从其请也	《明穆宗实录》卷六〇

续表

时间	所建书斋、书堂、书室、书楼名称	资料出处
隆 庆 五 年 十二月甲午	赐西河王表相楼□曰"崇训"，从其请也	《明穆宗实录》 卷六四
万 历 二 年 十二月丙辰	赐德平王载墂楼额"传文"，从其奏请，盖造楼一座，供奉诏敕 及盛积古今书典也	《明神宗实录》 卷三二
万历九年八 月甲午	赐商河王载塨书楼额名"勉学"从其请也	《明神宗实录》 卷一一五
天启七年二 月丁未	赐惠府坊额名曰"夹辅亲藩"，书楼名曰"博文"	《熹宗实录卷》 八一

由表5统计，明宗室共建书斋、书舍、书室、书楼22个。其中，亲王建造9个，郡王建造8个，将军建造5个；从建造时间上划分，弘治朝5个，正德朝2个，嘉靖朝9个，隆庆朝3个，万历朝2个，天启朝1个。但，这个数字不是明宗室所建书斋、书室、书舍、书堂、书楼的全部，明实录所载，只是经由皇帝赐名的，未赐名的应该还有。这段材料就记载了皇帝不同意赐名的情况：正德元年七月，西河王奇溯奏乞书楼额，并请赐敕，武宗"不许"①。明宗室所建书斋、书舍、书室、书堂、书楼的实际数字应该比皇帝已赐名的还要多，只是由于史料缺乏，无法得出未赐名书斋、书舍、书楼的实际数字了。关于明宗室建造书斋、书舍、书室、书堂、书楼的目的和动机，表5所列的一条资料做了很好的诠释："代府镇国将军仕坡奏：'臣于居第建书室一所，奉庋御赐经籍，燕处其中，讲求义理，乞赐名额以为箴儆。'"②非常明白地道出了建造书斋、书舍、书室、书堂、书楼的目的和动机，即：(1)庋藏御赐书籍；(2)燕处其中，远离声色之娱，讲求义理。

书院是古代的教育机构，主要功能是授徒讲学，发展教育事业。宋明时期，书院较多，是我国书院发展的重要时期。明宗室建立的书院数量也不小，仅就明实录所载皇帝赐名的书院做一统计。(见表6)

---

① 《明武宗实录》卷一五，正德元年七月甲申。

② 《明孝宗实录》卷一〇〇，弘治八年七月癸卯。

表6　明宗室建书院一览表

时间	所建书院名称	资料出处
弘治十七年二月甲子	赐晋王知烊书院额曰："养德"，仍赐以五经、四书、性理大全等书，从王请也	《明孝宗实录》卷二〇八
弘治十七年六月辛酉	赐沈府沁水王长子勋澰书院额曰"逊学"，从其请也	《明孝宗实录》卷二一三
弘治十七年八月癸亥	赐晋府庆成王奇浈书院额曰"尚贤"，并赐五经大全等书，从其请也	《明孝宗实录》卷二一五
弘治十八年九月癸巳	唐王即蔬圃立书院，以教其府中军校子弟，请赐额，从之，院名"养正"	《明武宗实录》卷五
正德元年五月丙戌	赐西河王书院额为"勉学"，颁《孝慈录》《孝顺事实》二书，从王请也	《明武宗实录》卷一三
正德元年五月丁酉	赐隰川王聪羡所建书院为"崇礼"	《明武宗实录》卷一三
正德二年闰正月壬申	赐怀仁王聪淑书院名为"遵道"	《明武宗实录》卷二二
正德二年二月乙未	赐山阴王成鍪书院名为"进德"	《明武宗实录》卷二三
嘉靖二年四月戊戌	赐永和王知燠书院名曰"乐善"，从王请也	《明世宗实录》卷二五
嘉靖三年十二月乙巳	永年王府辅国将军勋泗书院，赐名"养德"，仍敕其造作当于府中，不得侵占民地	《明世宗实录》卷四六
嘉靖七年二月庚戌	赐鲁府辅国将军当瀰书院额曰"养正"，仍给《四书性理大全》《通鉴节要纲目》各一部，从其请也	《明世宗实录》卷八五
嘉靖八年九月己亥	赐楚王荣减，书院名"额崇"，本从王请也	《明世宗实录》卷一〇五
嘉靖三十一年六月戊辰	赐楚王英焌敕，约束宗室，仍赐书院名曰"纯心"，以《四书五经集注》各一部赐之，俱从所请也	《明世宗实录》卷三八六
嘉靖三十七六月辛丑	赐交城王表佃书院额名"好礼"，从其请也	《明世宗实录》卷四六〇
嘉靖四十四年十一月己亥	赐赵府管理府事成皋王载埦书院额名"遵道"，从其请也	《明世宗实录》卷五五二
嘉靖四十五年五月己亥	赐吉王翊镇书院额曰"崇德"，从其请也	《明世宗实录》卷五五八

时间	所建书斋、书堂、书室、书楼名称	资料出处
隆庆三年八月癸亥	赐广济王定爄书院名"遵训"，从王请也	《明穆宗实录》卷三六
嘉靖四十三年七月壬寅	赐岷王定耀书院额名"乐善"，从其请也	《明世宗实录》卷五三六
万历元年七月丁酉	赐华阳王承爝书院名"乐善"	《明神宗实录》卷一五
万历九年正月乙亥	赐山阴王俊栅书院额名"乐善"，仍给予经书，从王请也	《明神宗实录》卷一○八
万历九年八月甲午	赐高堂王厚焕书院额名"思训"，从其请也	《明神宗实录》卷一一五
万历十一年十二月壬申	赐乐安王多爄四书五经集注各一部，书院名为"博文"，从乐安王所请也	《明神宗实录》卷一四四
万历十二年三月戊寅朔	赐益王翊鈏书院额曰"逊学"，仍给四书五经一部	《明神宗实录》卷一四七
万历十五年四月辛未	赐郑王厚烷书院名额曰"景贤"	《明神宗实录》卷一八五
万历二十三年六月癸亥	赐晋王敏淳四书五经各一部，赐书院额名"宝善"，上嘉其好学，故得请	《明神宗实录》卷二八六
万历三十年三月丁丑	赐繁昌王厚燦书院额名"味道"	《明神宗实录》卷三七○

表6所列，皇帝赐名的宗室书院共有26所，建造者亲王9人，郡王15人，辅国将军2人，且集中建造于弘治、正德、嘉靖、隆庆、万历时期。其中，弘治朝4所，正德朝4所，嘉靖朝9所，隆庆朝1所，万历朝8所。这也不是明宗室所建书院的全部，因为未赐名的宗室书院也是存在的，如江西瑞昌王府镇国中尉多炫、多烤所创书院，就未赐名①。因此，也就没有统计到表6之中。宗室建造书院出于对教育事业的热诚。从现有记载来看，主要用于教育王府军校子弟，为他们提供接受教育的场所。但也有向贫寒士子开放的，如江西瑞昌

---

① 《明世宗实录》卷四八九，嘉靖三十九年十月辛亥。

王府镇国中尉多炫、多煿"创书院一所，以待士之无居食者"①。明宗室除采取建书院这一途径支持教育发展外，有的还捐宗禄资助地方儒学。"江西瑞昌王府镇国中尉多炫、多煿各捐禄米银买田五百余亩，输之南昌学宫"②；"岷王定耀忠孝性成，恭俭夙着，捐己禄以赈乏，置学田以崇儒。"③

解决地方儒学办学经费不足的问题。更有宗室自建儒学，"鲁王寿鏳捐银一千五百余两，修建学宫"④。

也许，这只是杯水车薪，解决不了明代教育存在的根本性问题，但体现了宗室对儒学教育的热爱和关心。

明代宗室的尚文之风，除表现在请赐书籍，建书楼、书院，置学田、修学宫这三方面以外，还体现在嗜学好士、精研学问上。秦王诚泳，康王庶第四子。天顺二年生，成化四年封为镇安王；十年，进封秦王。弘治十一年薨，享年41岁。"讣闻，上辍朝三日，遣大臣致祭，有司营葬，行人掌丧礼。谥曰：'简王天性孝友，好礼谦恭，恒以敬天地，畏祖宗，尊朝廷为念，尝铭其冠服以自警，尤勤问学，雅好吟咏，时节每延致士大夫，命酒赋诗，脱略势分，撤鹰房以创侍从儒臣之馆，捐隙地以益正学书院之基，累蠲本府人役租税以二万计，一时宗室中称好贤乐善者归焉。'所著有《小鸣稿》《世德录》。王薨后，长史强晟集其生平善行数十余事，为《遗行录》藏于府中。"⑤孝宗祐樘对秦王诚泳英年早逝，悲痛异常，并对其人品学问给予了很高的评价，谓秦王诚泳，尊朝廷，重修养，为宗藩榜样，尤其是在勤问学，好吟咏，亲近儒士方面可歌可赞！每逢吉时佳节，延请士大夫诗酒唱和，撤鹰房创建侍从儒臣之馆，捐隙地扩大正学书院规模，著有《小鸣稿》《世德录》传世，是明代宗室中励志向学的代表之一。沈府沁源王诠钟，端宪王长子，景泰庚午生，成化乙

---

① 《明世宗实录》卷四八九，嘉靖三十九年十月辛亥。

② 《明世宗实录》卷四八九，嘉靖三十九年十月辛亥。

③ 《明神宗实录》卷一六四，万历十三年八月庚申。

④ 《明神宗实录》卷三四〇，万历二十七年十月壬辰。

⑤ 《明孝宗实录》卷一三八，弘治十一年六月庚辰。

西封长子，丁酉袭封，"读书好文"①；赵王厚煜，"读书好礼，有贤行，尝构楼独居，妃妾俱不得入"②。刻苦自励，禁绝欲望，宁静独居。安丘王府镇国中尉观炌，"嗜学能文"③；郑府世子载堉"不以崇高逸豫而能留心历学，博通今古"，"采众说为书，名曰《律历》"④。拒嗣王位，潜心治学，终成《律历》不朽著作。其他例证尚多，不拟枚举。

四、仇官心态

仇官心态，即对官员极度不满，并抱有较为普遍的不信任感乃至仇恨。这是官民关系极度紧张条件下的产物。但，这一心态与密谋反叛心态不同，它没有或不存在推翻现存统治秩序、取而代之的强烈动机。其利益与明朝国家的利益是相一致的，怎么会具有仇官心态呢？但细绎史料，在建文至天启初这一时段内，仇官心态在明宗室中确实是广泛地存在的。他们诬告、陷害、诋毁地方镇守大员；凌辱、殴打地方有司，围攻官署，更有甚者，乃至谋杀政府官员；共谋为盗，招纳亡命与官府对抗！宗室对官府、对朝廷存有一种深深的敌意，同朝廷离心离德，成为明朝的一股强大的离心力量。

关于宗室诬陷、诋毁地方官员的事件，所在多有，兹仅举3例。

正统元年（1436）九月，镇守陕西都督同知郑铭等言："比者秦王憾臣辄送其护卫军告王欲治兵器者于京师，又以参政年富奏免民之为王牧羊采降香者，疑臣使之，欲擿臣过陷臣，且欲于臣所求死。"较详细地叙述了秦王欲构陷郑铭的起因和简单经过：镇守陕西都督同知郑铭送秦王护卫军至京师，状告秦王欲治兵器，秦王怀恨在心。又陕西布政使司参政年富奏免老百姓为秦王牧羊、采降香的劳役，秦王怀疑年富所为是郑铭的支使。秦王愤怒异常，遂欲相

① 《明武宗实录》卷一一一，正德九年四月戊戌。
② 《明世宗实录》卷四八九，嘉靖三十九元年十月庚申。
③ 《明神宗实录》卷一二，万历元年四月辛亥。
④ 《明神宗实录》卷二九二，万历二十三年十二月甲寅。

报复，收集郑铭罪状予以倾陷，并且欲于郑铭住所寻死，大要无赖。英宗特谕铭等："卿俱镇守大臣，当体朝廷亲亲之心，若所行不戾于法，王虽欲陷之，亦无由也。"谆谆告诫郑铭等大员，要体谅朝廷的亲亲之心，尊重宗室诸王。同时，也要郑铭等地方官员依法行政，体现国家意志。如此，"王虽欲陷之，亦无由也"①。

天顺二年（1458）七月，宁王奠培"妄奏布政等官重情，及至差官体勘，事情皆虚"。英宗敕谕奠培："兹欲保全亲亲，不忍置王于法，今后王当痛自改悔，恪守礼法，若再懵然不省，仍蹈前非，则祖宗之法具在，朕不敢私。"予以严厉斥责。同时，复敕江西都布按三司官员："今后各宜谨守法度，敬礼亲王，若有似前非为者，不许阿顺其意，亦不许郡王擅出城外，须严示守门官军，敢有仍前听从者，一体治罪，毋得隐忍蒙蔽，惮于奏闻，日后祸及身家，虽悔何追。"② 要江西地方官员代表国家履行职责，规范宗藩行为，不得"阿顺其意"。

成化十六年二月，"佶焞恶潞州知州蒋容忤己，奏容欺侮违法等事，遣官勘问皆诬，并得其下有金荣者左使之，故命下敕戒谕王，以荣罪重杖之，发戍辽东；又以容与王既有仇嫌，调潼川州"③。对诬告潞州知州蒋容的沈王佶焞"下敕戒谕"，唆使者金荣予以重处，杖戍辽东，蒋容调任潼川州知州。

当然，宗室诬奏朝廷命官的事件远不止此三例。仔细搜寻，定会还有不少。因为宗室与地方官员的矛盾，实为宗藩与国家间矛盾的反映。宗室在面对强大的国家力量时，无能为力，只能凭借高贵的血统，将地方官员作为其满腹怨气的发泄对象，朝廷命官稍不遂其意，即行诬告。这也反映出在明代的官场生态中，地方官员因宗藩问题的存在又多面临着一重职业的风险！

宗室凌辱、殴打，乃至谋杀地方有司、围攻官署、劫狱等恶性事件和诬陷、诋毁地方官员的事件相比，简直有过之而无不及。既有较为广泛的宗室个体行为，也有宗室群体性事件的大量发生。宗室凌辱、殴打、谋杀地方有司的

---

① 《明英宗实录》卷二二，正统元年九月乙卯。
② 《明英宗实录》卷二九三，天顺二年秋七月丙申。
③ 《明宪宗实录》卷二〇〇，成化十六年二月甲寅。

个体性事件，见表7。

表7 宗室凌辱、殴打、谋杀地方有司个体性事件表

时间	事件过程	资料出处
天顺二年秋七月壬寅	书与洛阳王勉堂曰："得尔奏，洛阳县典史辛和，强挐校尉李成究治，已将和责笞三十。及和奏称，成系为事大户家属，因吓要银两，就挐责问，忽被校尉侯勉等将和挐赴尔处笞责，且典史职事虽微，系朝廷守土治民之官，尔辄听下人擒挐凌辱，是不知有朝廷也！况校尉本系本县土民，既有吓骗等情，自宜痛加惩治，尔却不责校尉而笞典史，徇私违法，莫此为甚！尔任情妄作如此，是亦教授不能辅导所致。今提教授来京究治，其校尉李成等，令御史就彼执问。自今，尔宜安分循理，保享禄位，毋蹈前非，庶副亲亲之意。"	《明英宗实录》卷二九三
正德元年十月庚午	赵府汤阴王见准弟五镇国将军见淵，初以使酒毁骂宪臣，革禄三之一	《明武宗实录》卷一八
正德三年十二月戊辰	山西怀仁王府辅国将军成铡以殴伤职官，革禄米三之一	《明武宗实录》卷四五
嘉靖元年十二月戊寅	代王俊杕奏辅国将军聪汋抗违明诏，持刃入大同府胁持吏官，棰击内臣等罪。上以聪汋稔恶不悛，命抚镇等官逮问，其左右拨置之人，究实以闻	《明世宗实录》卷二一
嘉靖四年六月庚戌	夺庆王台浤爵降为庶人。初，台浤多行无礼于国，为巡抚都御史张璿所论奏，王衔之。已行贿于镇守太监李昕、总兵官种勋求解，昕拂弗纳，王并衔之。会宁夏卫指挥杨钦、包锦、宋杰等以事获罪，怨璿，因藉资于王，共谋杀璿及昕、勋，而奉国将军台澍亦与其谋，未发而璿觉，捕钦等下都指挥金事常世臣、按察司金事刘淮讯治。钦等遂诬讦台浤将为不轨，璿具奏闻。上遣司礼监太监扶安、都察院右副都御史王时中、锦衣卫指挥金事刘宗武往讯，具狱。上言：台浤、台澍他罪有之，无谋不轨事，所奏与世臣、刘淮所按各失实，刑部尚书赵鉴会廷臣议覆，得旨：杨钦等各论死发戍如律，昕、璿、世臣、刘淮逮京究问，台澍革去禄米之半，台浤事再会议，言台浤昔尝屈事真铺，幸蒙宽宥，今怙终无忌，煽构群小谋戕守臣，罪在不宥，宜如弘治三年处代王聪沐例革爵，迁至省城，责令悔改，诏如所拟，台浤革爵降为庶人，姑令在本府随住，岁终养赡米三百石，仍写敕戒谕令改过自新，后宁夏房警，兵科给事中刘琦复请迁浤居省城以销内变，上不从	《明世宗实录》卷五二

上述 5 例中，以洛阳王勉塎笞责典史案和庆王台浤谋杀巡抚都御史张璇案记述最详。洛阳王勉塎横行无理，王府校尉李成依势吓骗财物，洛阳典史辛和挈之责问。洛阳王竟令校尉侯勉将典史辛和挈赴王府笞责凌辱。对此，连英宗皇帝都感到震惊：典史职事虽微，然为朝廷守土治民之官！其任情妄为，蔑视朝廷，无视国法一至于此。庆王台浤则更加猖狂：台浤于国中多行无礼，不遵法度，为巡抚都御史张璇论奏，对张璇恨入骨髓。已而，行贿于镇守太监李昕、总兵官种勋，求其斡旋，企图化解此事，逃避处罚，但遭到拒绝。碰巧，宁夏卫指挥杨钦、包锦、宋杰等以事获罪，怨恨张璇，"因藉资于王，共谋杀璇及昕、勋"，庆王台浤为主谋。所幸事情败露，未能得逞。钦等或论死，或发配戍边；台浤废为庶人，令改过自新。

宗室群体性事件的发生比个体性事件数量更多，影响也更大。现仅就《明实录》中保存的这方面的材料列表于后（见表8）。

表 8　明代宗室群体性事件一览表

发生时间	事件内容	资料出处
正德六年十月辛丑	代府镇国将军聪澜等十人，尝支禄米于大同府，同知冯璟忤其意。聪澜等怀恨在心，伺机报复。正德六年十月，冯璟罢官。聪澜等"遂率群仆夺其资，复走诉于朝。"经镇巡官勘实，"革聪澜等禄米四之一，群仆谪戍边卫。"	《明武宗实录》卷八〇
正德九年九月辛巳	正德九年九月，沈府辅国将军勋沤、勋注、勋澧、勋潢、勋洸等"以岁禄久逋，屡率众入仓挞官吏"，仪宾花松、花桂、栗珊等"亦效尤焉"。"官司不能平，奏之，并及勋潢、勋澧私出城游戏等事，下巡按御史勘问皆实，诏宥其罪"，"夺沈府辅国将军勋沤、勋注、勋澧、勋潢、勋洸禄米各三月，仪宾花松、花桂、栗珊俸各一年。""军校、拨置者，俱发戍边"	《明武宗实录》卷一一六
正德十一年九月辛巳	"代府镇国等将军聪温、聪濯、聪澜、聪浶、聪满、聪湛、聪泊、聪湦、聪溜等恣横为虐"，不遵法制，代王俊杖等不仅不予训饬，而且纵容有加。因之，宗室镇国等将军更加胆大妄为。"聪澜尝殴大同知府鲍继文几死，复怀刃欲杀之。""聪濯至出城盗马，私铸军器，遣谍潜刺边事。"无法无天至于其极，与大同地方军政首脑矛盾激化。镇守大同总兵官时源"以掠马故，执代府人"，"又纵其下殴伤聪温，聪温因与父兄成锅、成镗、	《明武宗实录》卷一四一

发生时间	事件内容	资料出处
正德十一年九月辛巳	成镍、聪沈、聪浦、聪溁、聪浔、聪㓎、聪淮、聪瀓、聪溜、聪泖率众至源第，毁其私所造旗牌及诸器服。时虏寇大入，源及部下屡败，保大同城，虏直抵城下，四散杀掠，死亡不可计。而源子隆亦淫侈不检。于是，俊杖及大同镇巡官各奏聪温及源等争斗事。敕太监张淮、都御史王璟、锦衣卫指挥使陆宣往按之。"正德十一年九月，"上其狱，刑部议覆，诏王府诸拨置舞文者十四人及源等党殴伤宗室者六人俱发戍边卫，情重者仍枷号，杖而遣之。源逮系至京，并治其子隆。承奉、都指挥等官七十九人候边事稍宁，巡抚官逮治。聪温等违法多端，聪濯罪尤甚"，"而代王及潞城、和川王亦不能训饬"，"刑部即会多官详议以闻。"	《明武宗实录》卷一四一
嘉靖二十一年正月甲辰	嘉靖二十一年正月，"河南诸宗人缺禄米三百万石"，周府镇国中尉安滋"纠诸宗数百人凌逼抚臣，欲于旧例外每石加银一钱，出袖中状，勒令批下有司。抚臣魏有本慰遣始退。"抚臣上报朝廷，世宗下旨："宗室拥众凌逼抚臣，不守朝廷法度，本当通行究治，但罪重首倡，安滋革爵为庶人，余令周王遵照敕旨严加约束，仍治其辅导官罪。"	《明世宗实录》卷二五七
嘉靖二十二年六月己丑	嘉靖二十二年六月，肃府金坛王真洵"所亲张瑞者犯死罪，洵衣小衣持刀，率其妾婢官校四十余人自州狱劫出之，御史尹敏生以闻"，诏切责，夺真洵禄一年，"令所司补瑞验治"	《明世宗实录》卷二七五
嘉靖四十一年十二月癸亥	嘉靖四十一年十二月，"韩府宗室以索借禄粮不遂，殴伤平凉知府邵大爵，抚按官以闻。诏降为首奉国将军旭柱、融炕为庶人，夺奉国将军旭枕，镇国中尉旭㮰、旭㮽、旭枫、旭㮤、旭橉、融垃、融熝、谟戕禄米各二月，发庶人融烨、融炕闲宅禁住，仍令巡按御史速问该府辅导官及拨置为奸者，大爵调用。"	《明世宗实录》卷五一六
嘉靖四十三年二月丁巳	"韩府分封平凉，税额岁派凡征禄粮六万两有奇。"至明中叶，"宗室繁衍，占名禄者千余人，岁禄银增至十二万五千余两，岁额不及其半，故节年积逋至六十余万有奇。""平凉故边，地鲜生业，土风犷悍，故宗室视各王府尤称无赖。往韩王融燧有憾于巡抚裴绅，纵诸宗凌铄之，诸宗因乘机殴辱知府邵大爵。朝廷以其人众宽之。"嘉靖四十三年二月，"诸宗益横，群聚入会城"，"韩府宗室一百四十余人，越关至陕西会城索逋禄。""环巡抚陈其学鼓噪诟署，其学为之不启门者数日，诸宗乃掉臂奋腕，横肆官府间里间，公行抢夺，百姓恇扰，竞言王子反，以至巷无行人，长安为之罢市。檄布政司借发各项银四万七千余两，及疏下，得旨，复括各项银三万一千两解送该府，而各宗顾益狂	《明世宗实录》卷五三〇

续表

发生时间	事件内容	资料出处
嘉靖四十三年二月丁巳	暴撞击，留会城不肯去。于是，其学与巡按御史鲍承荫疏言其状。上怒，切责融燧，令严加钤束，下各宗辅导官及拨置诸奸于御史问，令分别诸宗首从指实奏闻。已承荫奉旨核上首恶奉国将军融孺、同恶镇国中尉旭渠等十三人，诏发融孺为庶人，禁住闲宅；旭渠等各夺禄米二月，融燧降敕戒谕之。"	《明世宗实录》卷五三〇
嘉靖四十四年四月丁卯	嘉靖四十四年四月，"韩府奉国将军融孺以率众私出告粮，降为庶人，闲宅禁住。韩王奉诏遣官押送之，孺怒不服，遂与其弟融烘、庶兄融奖、融烁、融焯等各持刃逐送者大噪，诣平凉府，知府祁天叙闭门不纳，乃逾墙执天叙殴之，烘复潜走阙下，为孺代诉。于是，王及巡抚都御史陈其学各疏参论，诏降烘等俱为庶人，烘、孺送发高墙，奖等俱禁闲宅。"	《明世宗实录》卷五四五
嘉靖四十四年十月庚寅	代府广灵等府辅国将军充燧、充鰕、俊㭎、充炫、充燧、廷垬等"先以印信禄领私质于人"，嘉靖四十四年十月，"纠众诣大同府，徒手索粮，知府师桂不与，遂遭窘辱，抚按官以其事闻"，命"革禄米，仍送闲宅禁住"	《明世宗实录》卷五五一
隆庆元年正月甲申	嘉靖末，代王府与明朝地方政权矛盾趋于尖锐。"代王奏大同知县朱可进笞辱辅国将军俊柳，而抚按官张志孝、蒙诏又言诸宗室殴伤可进"，相互攻讦。嘉靖帝为弄清事实真相，"命刑科右给事中严从简往勘"。隆庆元年正月，严从简"勘报"："实俊柳以私恨诬可进笞辱，已而奉国将军俊䡾、俊橏及俊柳男增福等宗室数百，率校尉群殴可进，又辄加锁缚。请治俊柳等罪，而调可进他县。因言府诸宗倡立大会，有事则聚众鼓噪，凌暴官府，渐不可长，请谕代王钤束宗室，解散私会，毋令逞恶不悛。事下礼部、都察院，以俊䡾等犯在赦前，覆请宽宥，而劾治诸校尉，充边卫军，从之。"	《明穆宗实录》卷三
万历元年正月辛丑	万历元年正月，"陕西抚臣曹金参襄陵王府奉国将军融燧、镇国中尉融炘等越关赴省索完欠禄，殴打门官，凌辱方面，请分别处分，惩戒将来。章下都察院。"	《明神宗实录》卷九
万历十三年正月癸未	江西乐安等八府宗室万历十二年分常禄，例于十一年税内征给，本年奉诏减三征七，故布政使周之屏不能应，冬季逾期。万历十三年正月，石城王府奉国将军拱栟等"集钟陵、淄川等府宗室拱橺、多烊等偪辱南昌知府胥遇，遇逊词获免。明日，又诉于南昌道王希元，适抚臣马文炜出，噪呼前，投瓦石及舆"。"抚臣自劾，部科亦交章论列"，万历帝震怒，"石城王府奉国将军拱栟有罪，降为庶人，闲宅禁住；奉国将军多竖等革禄米三之一；辅国中尉谋起等停禄米半年。""而置文炜、之屏等不问。"	《明神宗实录》卷一五七

续表

发生时间	事件内容	资料出处
万历十八年十一月壬戌	万历十八年十一月，巡抚广西都御史蔡汝贤奏称："自靖江王薨逝，中尉经扣等结党横行，昼夜若狂，聚众殴按察使顾问几死。臣差官往解，乃突围救出。又逼勒程布政改换禄帖，言辞悖慢，抢夺财物，殴打平民，一城震惊，人心汹汹，乞分别情罪重轻，将首恶经扣并庶人经诩、同恶经谭、经谊等，奏请治罪。部覆上请，诏革经扣为庶人，并经诩都照例发高墙；经谭等俱革为庶人，发闲宅禁住；邦苴姑着府严加戒饬，墩锁一月。以后本府管理及抚按官务要同心钤束，不许疏纵。"	《明神宗实录》卷二二九
万历二十二年五月戊寅	万历二十二年五月，"楚藩庶宗盈哥犯罪，江夏知县何杰据法刑之，各宗拥入县庭，群毁公座。事闻，上从部议，盈哥拘禁，拥众为首者通行戒饬，何杰罚俸二月。"	《明神宗实录》卷二七三
万历三十三年七月己卯	万历三十三年七月，"秦藩临潼王府辅国中尉敬鐼等，因事群殴西安卫指挥高鸣凤致死。该抚按勘明具奏，下刑部、都察院会议，高墙禁锢，革爵禁住，降级革禄，墩锁戒饬各有差。长史高荐等，抚按官提问具奏。"	《明神宗实录》卷四一一
万历三十四年四月庚戌	万历三十四年四月，"陕西宗室敬鐼等私出禁城，殴杀卫官。事闻，诏发敬等高墙禁住，长史高荐、廖惟俊，教授董策、杨可教以辅导无状，百户张策以防范疏纵，各杖之。"	《明神宗实录》卷四二〇
天启五年五月庚午	天启五年五月，"周府永宁府镇国中尉在鎵殴伤良民，复聚众殴通判孟绍孔几毙，河南抚按程绍，上命革去封爵，送发闲宅，孟绍孔着照旧供职。"	《熹宗实录》卷五九

据表8，从16世纪10年代到17世纪20年代中期的100余年间发生的宗室群体性事件共有17起。其中，武宗朝3起，世宗朝7起，万历朝6起，天启朝1起。从时间分布上看，具有三大特征：第一，明代的宗室群体性事件集中发生于明中后期，最早一起发生在武宗朝，最后一起发生在天启朝。嘉靖、万历两朝是宗室群体性事件的高发期，共13起，约占整个明代宗室群体性事件总数17起的76%。第二，从正德六年到天启五年的114年间，宗室群体性事件发生的时间间隔除正德十一年到嘉靖二十一年长达26年，嘉靖二十二年到四十一年、万历三十四年到天启五年达19年，万历元年到十三年达12年，万历二十二年到三十三年达11年外，其他均在6年以内，有的间隔5年，有的间隔4年，有的间隔3年、2年，更有间隔1年乃至半年者。如嘉靖二十一

年到二十二年、嘉靖四十三年到四十五年、万历三十三年到三十四年，年年都有宗室群体性事件发生，嘉靖四十四年更发生两起，四月份一起，十月份一起。间隔1年、半年发生的宗室群体性事件共8起，约占明代宗室群体性事件总数17起的47%，接近一半。第三，从宗室群体性事件发生的月份分布看，在一年的12个月中，除三月、八月没有宗室群体性事件发生外，其他10个月皆有，呈全年分布的特征。

宗室群体性事件的空间分布也有自己的特点。明代除南、北直隶外，全国有13个布政使司。其中，山西、陕西、山东、河南、四川、湖广、江西、广西8个布政使司皆有藩王府分布。在这8个布政使司中，除四川、山东两个布政使司没有宗室群体性事件发生外，其他6个布政使司皆有发生。6个布政使司发生的宗室群体性事件的地域分布见表9。

表9　明代宗室群体性事件地域分布表

布政使司	宗室群体性事件发生起数	王府发生群体性事件起数
山西	5	代府4，沈府1
陕西	7	肃府1，韩府3，襄陵府1，临潼府2
河南	2	周府1，周府永宁府1
江西	1	石城王府1
湖广	1	楚府1
广西	1	靖江王府1

据表9，陕西布政使司发生的宗室群体性事件7起，为最多，约占总数的41%；山西布政使司位居其次，有5起，约占总数的29%；再次为河南布政使司，有2起，约占总数的11%；江西、湖广、广西三个布政使司发生的宗室群体性事件加起来总共只有3起，约占总数的17%。由此可看出，明代发生宗室群体性事件的布政使司正好是北方3个，南方3个，而发生宗室群体性事件最多的3个布政使司皆位于北方，明显地呈现出北多南少的空间特征。

据表8资料显示，明代宗室群体性事件的规模大小不等，有的十数人，有的达数百人；持续时间长短也不一，有的几个时辰，有的则蔓延数日。从群体性事件的绝对数量看也不是很多，仅17起。但事件发生的时间跨度大，地域分布广。若对这17起群体性事件细加分析，大致可划分出三种不同的类型。

权利争取型。所谓权利争取型，即宗室群体性事件行为主体的行为动机是争取本应属于自己的权利。明制，皇子封亲王，亲王嫡长子年及10岁，立为王世子，诸子年10岁，封为郡王；郡王嫡长子为郡王世子，诸子授镇国将军；镇国将军之子为辅国将军，辅国将军之子为奉国将军，奉国将军之子为镇国中尉，镇国中尉之子为辅国中尉，辅国中尉之子及孙皆为奉国中尉。"其生也请名，长也请婚，禄之终身。"① 宗室禄米额数：亲王米一万石，郡王米二千石，镇国将军米一千石，辅国将军米八百石，奉国将军米六百石，镇国中尉米四百石，辅国中尉米三百石，奉国中尉米二百石。皆米钞兼支，每石禄米折钞15贯，但米钞比例未能划一，"有中半者，有本多于折者"。亲王每岁禄米，在"封国内府分"于十月末一次性"尽数支拨"；郡王禄米于亲王府仓"按季支用"；将军以下宗室禄米"于有司官仓收贮，二次支给"②。宗室待遇皆极优厚，"亲亲之谊笃矣"。明初，府库丰盈，宗室数少，尚能按时如数支给。弘治、正德朝以后，宗支日繁，禄米日增。再加之，地方灾荒频繁，边陲多事，宗禄问题开始出现③，《明实录》中已有拖欠王府禄米的记载④。至嘉靖、万历时期，这一情况已变得非常之严峻！御史林润言："今天下之事极弊而大可虑者，莫甚于宗藩。……国初，支庶不繁，……今……视昔时数百倍矣。""天下财赋，岁供京师粮四百万石，而各处王府禄米，凡八百五十三万石，不啻倍之。即如山西，存留米一百五十二万石，而禄米三百一十二万石；河南存留米八十四万三千石，而禄米一百九十二万石。是二省之粮借令全输，已不足

---

① 张廷玉：《明史》卷一一六，《诸王序》。
② 万历朝重修本，申时行等修：《明会典》卷三八，《宗藩禄米》，中华书局1989年版（版本下同，不注）。
③ 《明孝宗实录》卷三七，弘治三年四月戊子；《明武宗实录》卷二四，正德二年三月丙寅。
④ 《明武宗实录》卷一一二，正德九年五月庚辰。

供禄米之半，况吏禄、军饷皆出其中乎！故自郡王以上犹得厚享，将军以下至不能自存，饥寒困辱，势所必至，常号呼道路，聚而诉有司。"①河南抚按栗永禄、杨家相等言："国初，亲郡王、将军才四十九位，今则玉牒内见存者共二万八千九百二十四位，岁支禄米八百七十万石有奇，郡县主、君及仪宾不与焉，是较之国初殆数百倍矣。天下岁供京师者止四百万石，而宗室禄粮则不啻倍之，是每年竭国课之数不足以供宗室之半也。"②礼科给事中石应岳言："迩年以来，麟趾繁衍，载玉牒者四万，而存者可三万有奇，岁该禄米可九百万石，计各省存留之赋曾不足以供禄米之半。"③宗禄逐渐成为国家的沉重负担，在不少地方常常不能按时发放，将军、中尉多不能自存，穷困潦倒。宗室索欠不绝，而政府则财政拮据，无力支付，常常酿成宗室成员与地方政府的冲突。这类宗室群体性事件在整个明代宗室群体性事件中所占的比例最大，达7起之多。如表8所示，正德九年（1514）九月，沈府辅国将军勋澳、勋注、勋澧等"率众入仓挞官"案；嘉靖二十一年（1542）正月，周府镇国中尉安滋纠集河南宗室数百人"凌逼抚臣"案；嘉靖四十一年（1562）十二月，韩府宗室"殴伤平凉知府邵大爵"案；嘉靖四十三年（1564）二月，韩府宗室140余人至陕西会城西安"索逋禄"案；嘉靖四十四年（1565）十月，代府广灵等府辅国将军充鰕、俊㭎、充炫等"纠众诣大同府""徒手索粮"案；万历元年（1573）正月，襄陵王府奉国将军融燴、镇国中尉融炘等越关赴省"殴打门官、凌辱方面"案；万历十三年（1585）正月，石城王府奉国将军拱栴等招集钟陵、淄川等府宗室拱樀、多烊等"偪辱南昌知府、投石抚臣"案。这些宗室与官府冲突的群体性事件皆因官府拖欠禄粮而起，是宗室为维护自己的权益而进行的不懈抗争。

发泄愤恨型。即宗室群体性事件的行为主体因发泄内心的不满、仇恨而引发的群体性事件。这类群体性事件在明代宗室群体性事件中所占的比例亦不小，有5起。如正德六年（1511）十月，代府镇国将军聪灂等十人报复原大同

---

① 《明世宗实录》卷五一四，嘉靖四十一年十月乙亥。

② 《明穆宗实录》卷五八，隆庆五年六月丁未。

③ 《明神宗实录》卷二五,万历二年五月乙未。

知府冯璟的"率仆夺资"案；嘉靖二十二年（1543）六月，肃府金坛王真洶"率妾婢官校劫狱"案；嘉靖四十四年（1565）四月，韩府奉国将军融燶与其弟融焕，庶兄融烁、融燡等"执殴平凉府"案；万历二十二年（1594）五月，楚藩各宗"群毁江夏公座"案；隆庆元年，代王府奉国将军俊槑、俊柳男增福等人"群殴大同知县朱可进"案。皆因对地方官员充满怨恨而发。

骄横暴戾型。即由宗室群体性事件行为主体骄横跋扈、性情暴戾而酿成的群体性事件。这类事件有 5 起。具体包括正德十一年（1516）九月，代府镇国等将军聪温与父兄成锅、成镗、成镁等"擅闯大同总兵官时源私第、损毁财物"案；万历十八年（1590）十一月，靖江王府中尉经扣等"聚众殴按察使顾问几死、抢夺财物、殴打平民"案；万历三十三年（1605）七月，秦藩临潼王府辅国中尉敬鎈"群殴西安卫指挥高鸣凤致死"案；万历三十四年（1606）四月，陕西宗室敬鎈等"私出禁城、殴杀卫官"案；天启五年（1625）五月，周府永宁府镇国中尉在鎨"殴伤良民、聚众殴通判孟绍孔几毙"案。皆由宗室自恃天潢贵胄、肆行无忌而酿成严重事端。

综观以上三类明代宗室群体性事件，虽事件发生的具体原因各异，事件的内容、过程也不尽相同，但对其归纳、概括，可发现具有如下显著特点：

非和平性与非政治性。明代宗室群体性事件类型多样，所反映出的明代宗室社会与国家间的矛盾也非常尖锐！综观各类事件的发生发展过程，绝大部分宗室群体性事件皆具有暴力倾向，常伴有激烈地肢体冲撞和人员伤亡，有的甚至殃及市民，带来财产的严重损失，具有很强的暴力色彩和较大的破坏性。或聚众围攻地方政府办公衙署，或凌辱、殴伤、殴毙官吏，乃至事件扩大、蔓延，滥及无辜，抢夺百姓财物。无疑，这些宗室群体性事件对政府的权威构成了挑战，较大程度地冲击了明朝的政治统治秩序和社会秩序，是影响国家安定的巨大威胁。但其缘起，或为争取自身经济利益；或为发泄私愤报复；或为自恃天潢贵胄，横行无忌，草菅人命。从事件的发生看，多具自发性、情境性；从事件的时间和地域分布看，具有分散性。没有严密的组织，没有行动的详细规划，特别是没有政治的纲领，不以推翻明朝统治，取彼而代之为目的，是刑事案件、社会事件，而非政治事件。

权利正当性与行为非理性。明代宗室是明太祖朱元璋的后裔，他们的血管里流淌的是凤阳朱氏的血液！他们与朱明王朝血脉相连，利益攸关！他们是明代社会的一个特殊群体！明朝最高统治层为敦亲亲之谊，为使其藩屏皇室，忠心不贰，"禄之终身"，不工、不农、不商、不士，禄米和朝廷的特别赏赐是其生活全部来源。特别赏赐是非定期的，要根据皇帝的意愿和心情，而且不可能惠及全体宗室成员。因此，禄米便成为宗室，特别是中下层宗室生活的全部的依靠和希望！政府拖欠禄米无疑是将他们逼进了生活的绝境！他们有向地方政府讨要拖欠禄米的权利，这种权利为制度所规定，也是极为正当的。但前引资料显示，他们索要禄米的过程却充满了一系列的非理性行为，殴打官员、胥吏，围攻衙署等。权利的正当性和行为的非理性不和谐地结合在一起。

宗室群体性事件的行为主体多为宗室中下层。明代宗室虽皆为朱元璋子孙，血脉一系，但作为一个社会群体，它和其他社会群体一样，是分层的。亲王"冕服车旗邸第，下天子一等。公侯大臣伏而拜谒，无敢钧礼"。郡王"冠服视一品"[①]。他们是宗室中的上层。将军、中尉等而次之，为宗室中的中下层。镇国将军每岁的禄米仅及亲王的十分之一，最低爵位奉国中尉每岁的禄米只有亲王的 2%；与郡王相较，镇国将军每岁的禄米刚好达到郡王的一半，奉国中尉每岁的禄米则仅有郡王的 20%。政府拖欠禄米的情况一旦出现，首先陷于困顿的便是中下层宗室。"将军、中尉等爵支给不时，衣食告难，婚姻愆期，怨恣朝夕"[②]。与经济待遇相应，中下层宗室的政治地位也远逊亲王、郡王，不容僭越。明制，将军、中尉等中下层宗室名封婚禄由所在王府亲王、郡王奏闻，礼部题覆。然明中叶后，不少亲、郡王弃德不顾，"阻遏需求"，唯利是图，不及时奏报，如隰川王俊柏"停勒各宗室子女未受名封婚禄者至一百三十余人，有年及二十外者"。礼部也情况糟糕，常"留难不覆"，以致"封

---

① 张廷玉：《明史》卷一一六，《诸王序》。
② 《明世宗实录》卷一六七，嘉靖十三年九月乙酉。

典逾期"，宗室"贫苦怨旷"。更有亲、郡王违背祖制，对宗室动用刑罚，"至于各府有捶楚惨酷者"。① 中下层宗室生存状态全面恶化，对社会充满怨恨。在明代 17 起宗室群体性事件中，不论是权利争取型、发泄愤恨型，还是骄横暴戾型，绝大数群体性事件的行为主体为将军、中尉（见表 10）。

表 10　宗室群体性事件行为主体统计表

群体性事件发生时间	行为主体所在王府	行为主体爵位
正德九年	沈府	辅国将军、仪宾
正德六年	代府	镇国将军
正德十一年	代府	镇国将军
嘉靖二十一年	周府	镇国中尉
嘉靖二十二年	肃府	金坛王
嘉靖四十一年	韩府	宗室
嘉靖四十三年	韩府	宗室
嘉靖四十四年四月	韩府	奉国将军
嘉靖四十四年十月	代府	辅国将军
嘉靖四十五年	代府	辅国将军
万历元年	襄陵王府	奉国将军
万历十三年	石城、钟陵、淄川王府	奉国将军
万历十八年	靖江王府	中尉
万历二十二年	楚府	各宗
万历三十三年	秦藩临潼王府	辅国中尉
万历三十四年	秦藩临潼王府	辅国中尉
天启五年	代府	镇国将军

据表 10 可清楚看出，嘉靖二十年宗室群体性事件的主体明载为王（含亲王、郡王），嘉靖四十一年、嘉靖四十三年、万历二十二年的宗室群体性事件行为主体的爵位失载。明确记载行为主体为将军的 9 起，为中尉的 4 起，两者相加 13 起，约占到了整个宗室群体性事件的 76%。无疑，在明代宗室群体性事件的行为主体中，宗室中下层占到了绝大多数。宗室与盗贼勾结、串通一气

---

① 《明世宗实录》卷三二四，嘉靖二十六年六月戊申；卷三六三，嘉靖二十九年七月癸丑；卷五六三，嘉靖四十五年十月乙酉。

的记载多见于明代实录。除表10所列外，兹再补充一条："夺庆成王府辅国中尉知爕禄半年，及镇国中尉表柳、辅国中尉知爕禄各三月。知爕、知爕皆表柳子，表柳纵子多招亡命为奸，而知爕尤横甚，抚按以闻，故有是命。"① 下面就明宗室共谋为盗、招纳亡命的时间、王府、爵位分布情况列表以示（见表11）。

表 11　明宗室共谋为盗、招纳亡命一览表

时间	王府、宗室爵位
正德十六年十一月癸丑	韩府襄陵王府镇国中尉旭檻遣盗盗襄城王府将军偕溶
嘉靖十五年十一月戊午	晋府庆成王府宗室表栟窝强盗分赃
嘉靖二十年六月戊午	山阴王府镇国将军总滞窝盗分赃
嘉靖三十六年六月壬午	庆成王府镇国将军表橭窝盗不法
嘉靖三十六年六月乙酉	方山王府已革爵庶人知訊、河东王府镇国中尉新历招纳亡命，同为劫盗
嘉靖三十七年二月癸巳	巨野王府镇国中尉观奖、观㒟招集群盗朱及文等劫掠人财物
嘉靖四十一年四月戊寅	庆成王府奉国将军知燧与群盗通，行劫杀人，为庆成王所觉，囚之府中，而新叜、知爨相与谋脱之，表橭、新墥知其谋，匿不以闻
嘉靖四十四年十月甲子	庆成王府奉国将军表榕、辅国中尉新喻、庶人知爏共为谋盗
隆庆元年五月壬午	庆成王府奉国将军知恤窝藏盗贼
隆庆二年八月庚子	襄垣王府辅国中尉充焱、充魀，昌化王府辅国中尉充熼私出禁城为盗
隆庆二年十月庚辰	方山王府镇国中尉新垣与群盗通，劫掠商货
隆庆二年十一月丙辰	方山王府镇国中尉新尘为盗
隆庆五年七月庚午	庆成王府镇国中尉表柳纵子多招亡命为奸
万历八年九月丁丑	怀仁王府镇国中尉廷扑、肆行不法，为通盗数
万历十五年十月戊辰	周府胙城王府无名封宗人小长哥纠众上盗
万历三十四年六月甲寅	靖江王府宗室任苆、任趆等八人纠盗行劫
万历三十七年四月辛亥	岷府宗室将军干趣等纠党行盗
万历四十年闰十一月庚辰	韩府襄陵王府中尉朗鈏、朗□窝盗行劫分赃
万历四十三年九月癸卯	汝阳府无名无禄宗室凤台、河清府名粮宗室勤熼俱以强盗被该省按臣参劾
泰昌元年十一月乙亥	襄城王府镇国中尉谟雒与庶宗岩青岩锐窝盗行劫
天启二年七月壬戌	弋阳王府镇国中尉谟顈、谟坒、辅国中尉统樧等同窝赌盗
天启五年七月庚申	仪封王恭枥窝盗

---

① 《明穆宗实录》卷五九，隆庆五年七月庚午。

从明实录中搜得的宗室为盗、窝盗、招纳亡命同为盗贼的案例共 22 个：正德朝 1 个，嘉靖朝 7 个，隆庆朝 5 个，万历朝 6 个，泰昌朝 1 个，天启朝 2 个。主要集中在嘉、隆、万三朝，以嘉靖朝最多。涉案王府达 15 个，各王府涉案次数不一，襄陵王府 2 次，庆成王府 6 次，方山王府 3 次，山阴王府、巨野王府、襄垣王府、怀仁王府、胙城王府、靖江王府、岷府、汝阳王府、河清王府、襄城王府、弋阳王府、仪封王府均为 1 次。在为盗、窝盗、招纳亡命的宗室中，有郡王 1 人，将军 6 人，中尉 18 人，庶宗 14 人，绝大部分为中下层宗室。他们之所以为盗、窝盗、招纳亡命，无疑有着经济的原初动因，但更不能忽视其充满心底的难以言状的愤懑！激愤的情绪使他们忘掉了皇室的血统，与盗贼为伍，完全站到了明政府的对立面，毁坏着明朝的统治秩序和政权的基础。

五、侵犯心态

侵犯心态，简单地说，即是有意损害他人的心态。损害既包括物质的损害，也包括精神的损害。具有故意损害他人心态的人，进攻性很强，常常表现出猛烈的进攻行为。有时候是在受到轻微冒犯的情况下；有时候则是无缘无故的，在没有受到任何冒犯的状态下无端地向人发起攻击，甚至是致命的攻击，相当残忍。在明代宗室群体中，具有侵犯心态的人不在少数。

代王桂，太祖朱元璋之子。宣德时，年岁已高。然，行为举止异常，以亲王之尊，不在府中安享富贵，"常着短衣小帽，引其子逊炓、逊炳，出游市中，或步，或骑，手执大棍，袖藏斧锤，迫逐军民而捶之"[1]。生命意识淡薄，以追逐杀戮普通军士、民众为戏，观其四散奔逃求生取乐。正统初，代王桂已逝，嗣代王位的逊煓，暴戾残忍，草菅人命，与其父如出一辙，同宣宁、怀仁二郡王"时短衣小帽，执大杖，袖斧锤，出通衢，驱击人"，长史"以谏净輙加捶

---

[1] 《明宣宗实录》卷一一三，宣德九年冬十月乙丑。

楚"①。其所为非常人所忍为，完全像是神话传说的杀人恶魔！

岷府充城王膺锟，成化间人，"阴邪强暴，动不循理"，行为超出常规，很难为常人所能理解：凌轹生身母亲，"驱击兄长"，不顾亲情；其父岷顺王觐，居丧期间，心无悲悼之情，面乏忧戚之容，"而酣饮自若"，有违孝道；其王府之后，有城隍祠，"祷之弗验"，怒发冲冠，棰楚神像，烧毁祠宇；平常之时，更不许有人对他稍有不逊，"有忤之者，每剪其须发"，万般侮辱②。

靖江王府奉国中尉经讯、经訆不忍睢眦，"以私忿持刃击杀其兄经设，暴其尸于市"。为逃避罪责，制造谎言，掩盖事实真相，诬陷经设"奸逼继母"，称其"推刃亲兄"是奉母命而为，把自己打扮成替天行道的正面形象，残忍狡诈至极！后所幸有宗长规征主持正义，为经设讼冤，案情方得大白于天下，经讯、经訆始得到应有的惩罚：经讯勒令自尽，经訆降为庶人③。

庆成王府奉国将军知鲛，强迫庶兄知辚"与寡嫂奸"，以讹诈其财物。得手后，又担心知辚图谋报复，遂心生杀机。值父亲去世，大办丧事，令其外甥郝汝磻之妻兄武大禄、仆从陈良贤乘知辚无备，推倒围墙冲入，杀害知辚，"并其妻子与婢六口"④。杀人灭口，斩草除根，心狠手辣，一场血洗结束了六口人的宝贵生命。庆城王府庶人表杠，与其侄奉国将军知煣相互仇视，势不两立，"使其子知熯谋杀知煣之子新埭"，以消心头之恨！知熯不明是非屈直，唯父命是从，手刃宗侄！新埭被杀，知煣受到沉重打击，一病不起，不治身死。表杠父子的鲁莽行径给知煣一家造成了巨大不幸，夺去了知煣父子两条人命⑤。

以上所述的明宗室由侵犯心态而产生的侵犯行为，只是《明实录》中记载较详细的几个。类似的案例，《明实录》中还不少简略的记载（见表12）。

---

① 《明英宗实录》卷四四，正统三年七月庚戌。

② 《明宪宗实录》卷二七九，成化二十二年六月辛卯。

③ 《明穆宗实录》卷五九，隆庆五年七月辛未。

④ 《明神宗实录》卷二八五，万历二十二年五月癸巳。

⑤ 《明穆宗实录》卷二二，隆庆二年七月甲寅。

表12 明宗室侵犯心态一览表

时间	宗室侵犯事实	资料出处
嘉靖元年十月丙子	鲁府馆陶王当沍招集凶恶，殴死平民。事闻，诏革禄米三之一，仍降敕切责，并治长史卢锐等罪	《明世宗实录》卷一九
嘉靖三年五月丙子	博野王俊橶以擅杀无辜，夺禄米三之一	《明世宗实录》卷三九
嘉靖四年八月壬寅	代府辅国将军聪沍坐酗酒杀人，革去冠带闲住	《明世宗实录》卷五四
嘉靖十一年九月丙辰	周府颍川王府镇国将军安漩以驱死平民，革爵为庶人	《明世宗实录》卷一四二
嘉靖四十四年十一月甲辰	革安丘王府辅国将军观爌爵，高墙禁住，坐宠姜杀妻，为按臣所劾也	《明世宗实录》卷五五二
隆庆二年十二月丙子	乐陵王府庶人观燨以殴兄杀人，发高墙禁住	《明穆宗实录》卷二七
隆庆二年十二月己卯	灵丘王府辅国中尉俊枦殴死人，发高墙禁住	《明穆宗实录》卷二七
隆庆二年十二月癸未	方山王府辅国中尉新埠以持刀杀人，发高墙禁住，事连镇国中尉知劳、知熄，俱罚禄米三月	《明穆宗实录》卷二七
隆庆三年二月辛巳	宜城王府辅国将军宠灿以妄杀民校，发高墙禁住	《明穆宗实录》卷二九
隆庆三年三月癸丑	安化王府辅国中尉倪虔以捶杀居民，发高墙禁住，废其子伸泠为庶人	《明穆宗实录》卷三〇
隆庆三年七月壬午	革泌水王府辅国中尉恬慷爵为庶人，坐暴横杀人也	《明穆宗实录》卷三五
隆庆三年十一月庚午	庆成王府奉国将军新埠杀母及幼弟，并杀其姜，自缢死。事闻，下抚按官勘实。上以新埠极恶，虽死未尽其辜，仍令斩首焚尸	《明穆宗实录》卷三九
隆庆五年正月庚寅	周府原武王府辅国将军勤蕡，以酗虐杀人，发高墙禁锢	《明穆宗实录》卷五三
隆庆五年九月辛未	鲁山王府辅国将军勤烘有罪赐死，坐杀宗叔原武王府奉国将军睦甋，为抚按官劾奏也	《明穆宗实录》卷六一
万历元年四月辛亥	靖江王府奉国中尉经谕杀小功侄邦帪，纵火烧其庐，广西巡抚以闻，诏赐死	《明神宗实录》卷一二
万历二年十月丁卯	以殴死人命，降靖江王府六辅宗幼举儿为庶人，闲宅羁住	《明神宗实录》卷三〇

时间	宗室侵犯事实	资料出处
万历六年四月辛丑	阳曲王府奉国将军知㶵、镇国中尉新崂，皆以殴死服亲，降职有差	《明神宗实录》卷七四
万历六年十月乙酉	发阳曲王府未请封宗室知灯为庶人，闲宅禁住，灯酗酒杀人	《明神宗实录》卷八〇
万历六年十二月乙酉	革乐平王府辅国将军旭橻庶人，闲宅禁住，以橻等纠党杀人故也	《明神宗实录》卷八二
万历八年闰四月己酉	庆成王府奉国将军知炲以吓诈欧仪宾武维杨至毙，事觉，降为庶人	《明神宗实录》卷九九
万历九年五月戊辰	山西抚按辛应干、黄应坤参宁化王府庶宗伴哥，逞忿行凶，弑母杀弟，罪恶异常，乞从重处置，以为宗室悖逆之戒。上以逆宗罪恶深重，着照英耀例，即便斩首以示，仍焚尸不与葬埋	《明神宗实录》卷一一二
万历十年五月壬午	鲁府邹平王府奉国将军观焞以殴杀平人，革为庶人，幽之闲宅	《明神宗实录》卷一二四
万历十年七月庚申	勒周府镇平王府宗室勤爔自尽，以其谋兄刃妻，毒杀三命也	《明神宗实录》卷一二六
万历十年九月丁巳	和川王府镇国中尉廷埜，殴死族弟廷坎，勒自尽	《明神宗实录》卷一二八
万历十年九月丁巳	潞城王府镇国中尉俊橚杀雇工人，革为庶人，发高墙禁住	《明神宗实录》卷一二八
万历十三年七月丁亥	靖江府奉国中尉邦㶸，坐杀平人，革为庶人，闲宅禁住；邦㹳以党恶，革禄米一年	《明神宗实录》卷一六三
万历十九年三月丁未	以和川王府奉国将军廷堂，用铁尺击死萧天福，分裂其尸，革为庶人，照例发高墙禁住	《明神宗实录》卷二三三
万历二十一年三月丙辰	赵藩平乡王府未封宗室戴壒杀大功弟载园，行抚按官勒令自尽	《明神宗实录》卷二五八
万历二十二年三月丁酉	韩府奉国将军融炳、融炾、庶宗旭拙共殴人致死，发融、炾高墙，革融炳禄米三之二，旭拙行府鞶戒	《明神宗实录》卷二七一
万历二十三年六月丙辰	以山阴王俊栅一日毙家奴六命，罚俸米二年；次子镇国将军充㲩革禄米三分之一	《明神宗实录》卷二八六
万历三十年十一月丁卯	刑部覆论巨野王府奉国中尉寿铃素习凶悖屡刺亲父，殴死仪宾，宜行抚按会长史司从重议罪	《明神宗实录》卷四四〇
万历四十二年十一月乙丑	刑部题覆，秦府永兴王府奉国中尉敬鋛溺爱行凶，登时踢葛朝凤，死之通衢，其子谊泸、谊溟起祸加功，合将敬鋛照例革为庶人，仍禁住闲宅；谊泸谊溟照量加罚革，以为凶宗之戒，从之	《明神宗实录》卷五二六

时间	宗室侵犯事实	资料出处
天启元年二月壬子	靖江王府宗室履趵以殴死本宗邦旧，勒令自尽	《熹宗实录》卷六
天启二年三月辛亥	赵府奉国将军翊銈殴死宗兄翊鋑，诏勒令自尽	《熹宗实录》卷二〇

从上面的叙述和列表中可大略看出，作为宗室侵犯心态和行为的主体，有亲王 2 位，郡王 7 位，镇国将军 1 位，辅国将军 6 位，奉国将军 10 位，镇国中尉 3 位，辅国中尉 6 位，奉国中尉 8 位，未请封宗室 2 位，庶宗 6 位。亲王、郡王只占 9 位，将军、中尉、庶宗等加在一起则达 42 位。可见，有侵犯心态和行为的还是宗室中下层居多。从侵犯行为的对象上看，除不小的一部分无法确定受损害者的身份外，可以明确的，有宗室侵犯主体身边的亲人，如母亲、兄弟、宗侄、妻妾，有服亲、族人、仪宾，有军校、奴婢、雇工人，但最多的是平民。这些统计肯定是不完全的，难免挂一漏万，但较为有力地说明了在明代宗室群体中侵犯心态存在的事实。

第三节　启祯时期的忠心谋国心态

如果说，明代历史是一幕大剧，那么，到天启、崇祯时期，这幕大剧则已接近尾声。临近落幕的大剧，高潮已过，难免有些末世的苍凉与悲怆！然穿越遥远的时空，我们也似乎感受到了整个宗室群体散发出的新的气息！那就是他们在历经整体的长久迷惘之后，重又找到了人生的方向，重新拾回了久违的经国抱负！他们不再与朝廷若即若离，离心离德，而是对明朝的向心力不断增强，有不少宗室成员沐浴在明帝国夕阳西下的余晖中，勇敢地捍卫这艘即将沉没的巨轮，并与之共存亡，体现出与明中叶迥异的精神风貌！就整体而言，可谓是对明初昂扬精神状态的宝贵回归！虽然回归不免迟滞，但也值得为其心灵的升华和精神的局部解放而欣喜!

对明代宗室群体这一心态的跃迁,丰富的史料呈现出了多面的色彩!在此,我们仅撷取几朵历史之流在这个特定时段激起的浪花,以此映照出他们在明朝的萧索秋景中内心的脉动。

向往仕途、奋进仕途,是明启祯时期宗室群体心态的重要转向。明朝的入仕之途,其大者有二,即:岁贡、科举。岁贡之法,每岁学校贡生员,府学 1人,州学三年 2人,县学二年 1人,由礼部组织考试,考试合格即补国子监监生。科举考试每三年举行一次,分乡试和会试。明代宗室贡生有多少?宗室贡生为《明实录》《明史》等多数史籍所不载,各省通志也记载很少,散见于各府县志之中。而府县志又卷帙浩繁,数量庞大,不能遍阅。因而,现在无法做到全面、哪怕是大致全面的统计。但我们在对方志的非常有限的阅读中,也发现了一些。如《湖广通志》载,天启朝武昌县的宗贡生 2名:朱盛凌、朱盛梁;崇祯朝武冈 1人:朱企镭①。同治《南城县志》载,天启朝南城县宗贡生 7人:朱由榔、朱由株、朱由榴、朱由槚、朱由械、朱由林、朱由柳②。同治《南昌府志》载,崇祯朝南昌有宗贡生 2人:朱议鎏、朱谋坎③。其中,朱由株仕知县,朱由榴历任永福知县、兵部主事,朱由械仕宝丰知县,朱由林仕湖广道御史,朱由柳仕长泰知县,朱议鎏仕镇原知县,朱谋坎仕无为知州。《广东通志》载:朱议蟠,江西南昌人,岁贡,崇祯十二年任龙川知县④;《广西通志》载:朱由槐,江西建昌人,贡生,崇祯十五年任昭平县知县⑤;朱议彬,江南人,贡生,崇祯十六年(1643)任养利州知州⑥。明代在岁贡之外,复选拔"所廪异等"的府州县学生员"升之国学",这就是恩贡。在明代宗室中,以恩贡进入

---

① 《湖广通志》卷三七,《选举志·贡生》,四库全书本。

② (同治):《南城县志》卷二,《贡生》,《中国方志集成·江西府县志辑》,江苏古籍出版社 1996年版(版本下同,不注)。

③ 同治:《南城县志》卷三四,《选举·南昌诸贡》。

④ 《广东通志》卷二八,清道光二年刻本(版本下同,不注)。

⑤ 《广西通志》卷五四,清文渊阁四库全书本(版本下同,不注)。

⑥ 《广西通志》卷五六。

仕途者也有发现：朱常潨，江西鄱阳人，恩贡，崇祯十五年任始兴知县；朱由枋，江西南城人，恩贡，崇祯十七年任始兴知县[1]。另外，尚有：《贵州通志》载，朱由樋，明宗室，崇祯间仕绥阳县知县[2]；《福建通志》载，朱议洞，崇祯间任通判[3]。这两例虽未明载是否为贡生，但中试宗室举人、进士中皆无此2人。从明代入仕之途的规定推想，应属贡生无疑。限于见闻，我们所统计到的明代宗贡生不多，但从明代岁贡、恩贡推举的名额规定推测，其数量一定不会很小，至少应该大于宗室举人的数量。

那么，明代的宗室举人有多少呢？其资料散见于方志和登科录中，近人没有专门统计。兹仅依据地方志及所见登科录的记载做一初步的考订（见表13）。

表13 明代宗室举人名录

姓名	籍贯	中式时间	任职	资料来源
朱敬镣	咸宁	天启元年辛酉科乡试	知县	《陕西通志》卷三一《选举二·举人》（四库全书本）
朱统铈	新建	天启元年辛酉科乡试		《同治新建县志》卷三二《科第》（清）承霈修，杜友棠、杨兆崧纂：《中国方志集成》，江西府县志辑第5册，江苏古籍出版社1996年版
朱慎鋆	汾阳	天启元年辛酉科乡试		不见于方志举人名录，但诸多载籍皆记其为天启二年进士。据此推定当为天启元年中举无疑
朱统镤	新建	天启四年甲子乡试		《江西通志》卷五五《选举七》（四库全书本），《同治新建县志》卷三二《科第》作"镇"
朱由橪	南城	天启四年甲子乡试	教谕擢惠安知县	《江西通志》卷五五《选举七》（四库全书本）《同治南城县志》卷七之二《选举·举人》
朱统锯	新建	天启七年丁卯乡试		《江西通志》卷五五《选举七》（四库全书本）；明倪元璐等编：《天启七年江西乡试》，屈万里主编：《明代登科录汇编》第二二册，台湾学生书局本
朱统镒	新建	天启七年丁卯乡试		《江西通志》卷五五《选举七》（四库全书本）；明倪元璐等编：《天启七年江西乡试》，屈万里主编：《明代登科录汇编》第二十二册，台湾学生书局本

---

[1] 《广东通志》卷十三。

[2] 《贵州通志》卷一七，民国三十七年铅印本。

[3] 《福建通志》卷二三，清文渊四库全书本。

续表

姓名	籍贯	中式时间	任职	资料来源
朱谊洀	西安	天启七年丁卯乡试		《陕西通志》卷三一《选举二·举人》（四库全书本）
朱奉镾	成都	天启		《四川通志》卷三六《选举·举人》（四库全书本）
朱奉鈘	成都	天启四年甲子乡试		《四川通志》卷三六《选举·举人》（四库全书本）
朱企钃	零陵	天启七年丁卯乡试		《湖广通志》卷三五《选举·举人》（四库全书本）
朱议汸	南昌	崇祯三年庚午乡试		《江西通志》卷五五《选举七》（四库全书本）
朱统鐪	新建	崇祯三年庚午乡试		《江西通志》卷五五《选举七》（四库全书本）；《同治新建县志》卷三二《科第》（清）承霈修，杜友棠、杨兆崧纂：《中国方志集成》，江西府县志辑第5册，江苏古籍出版社1996年版
朱谊泍	西安	崇祯三年庚午乡试		《陕西通志》卷三一《选举二·举人》（四库全书本）
朱统鏒	新建	崇祯六年癸西乡试		《同治新建县志》卷三二《科第》（清）杜友棠、杨兆崧纂：《中国方志集成》，江西府县志辑第5册，江苏古籍出版社1996年版
朱统铚	新建	崇祯六年癸西乡试		《同治新建县志》卷三二《科第》（清）承霈修，杜友棠、杨兆崧纂：《中国方志集成》，江西府县志辑第5册，江苏古籍出版社1996年版
朱谊㴐	咸宁	崇祯六年癸西乡试	知县	《陕西通志》卷三一《选举二·举人》（四库全书本）
朱盛淰	武昌	崇祯六年癸西乡试		《湖广通志》卷三五《选举·举人》（四库全书本）；清裴天锡修、罗人龙纂，康熙《武昌府志》卷五《选举志·举人》，《中国地方志集成》，湖北府县辑第2册，江苏古籍出版社2001年版
朱盛浸	武昌	崇祯九年丙子乡试		《湖广通志》卷三五《选举·举人》（四库全书本）；清裴天锡修、罗人龙纂，康熙《武昌府志》卷五《选举志·举人》，中国地方志集成，湖北府县辑第2册，江苏古籍出版社2001年
朱统钰	南昌	崇祯九年丙子乡试		《江西通志》卷五五《选举七》（四库全书本）；《同治新建县志》卷三二《科第》作"新建人"

续表

姓名	籍贯	中式时间	任职	资料来源
朱庆鈥	鲁藩	崇祯九年丙子乡试		《山东通志》卷一五之一《选举志·举人》(四库全书本);《前明山东历科乡试录》一卷,清抄本,国家图书馆缩微胶片
朱充鑅	泽州	崇祯九年丙子乡试		《山西通志》卷七六《科目六》(四库全书本)
朱谊罖	咸宁	崇祯九年丙子乡试	死难赠知县	《陕西通志》卷三一《选举二·举人》(四库全书本)
朱奉铼	成都	崇祯十二年己卯乡试		《四川通志》卷三六《选举·举人》(四库全书本);民国重修《成都县志》卷五《选举志·举人》,台湾学生书局本
朱廷堉	泽州	崇祯十二年己卯乡试		明姚钿等编《崇祯十二年己卯山西乡试齿序录》,屈万里主编:《明代登科录汇编》第二十二册,台湾学生书局本
朱芾	兖州	崇祯十二年己卯乡试		《崇祯十二年山东己卯乡试录》卷一,明崇祯刻本,国家图书馆缩微胶片
朱谊瀹	长安	崇祯十二年己卯乡试		《陕西通志》卷三一《选举二·举人》(四库全书本);明不著人姓名《崇祯十二年陕西乡试》,屈万里主编:《明代登科录汇编》第二十二册,台湾学生书局本
朱敬锉	咸宁	崇祯十二年己卯乡试		《陕西通志》卷三一《选举二·举人》(四库全书本);明不著人姓名《崇祯十二年陕西乡试》,屈万里主编:《明代登科录汇编》第二十二册,台湾学生书局本
朱统鈫	新建	崇祯十二年己卯乡试		《江西通志》卷五五《选举七》(四库全书本)
朱在铆	祥符			《河南通志》卷四五《选举二》(四库全书本)载其为崇祯十三年进士
朱朝堻	祥符			《河南通志》卷四五《选举二》(四库全书本)载其为崇祯十三年进士
朱慈㑲	益都	崇祯十五年壬午乡试		《山东通志》卷一五之一《选举志·举人》(四库全书本);《前明山东历科乡试录》一卷,清抄本,国家图书馆缩微胶片
朱统鎬	南昌	崇祯十五年壬午乡试		《江西通志》卷五五《选举七》(四库全书本),《同治新建县志》卷三二《科第》作"新建人"
朱议霖	南昌	崇祯十五年壬午乡试		《江西通志》卷五五《选举七》(四库全书本),光绪《南昌县志》作"霖"

姓名	籍贯	中式时间	任职	资料来源
朱由㭎	南城	崇祯十五年壬午乡试	教谕	《江西通志》卷五五《选举七》（四库全书本）
朱敬鉴	长安	崇祯十五年壬午乡试		《陕西通志》卷三一《选举二·举人》（四库全书本）
朱敬瑝	长安	崇祯十五年壬午乡试		《陕西通志》卷三一《选举二·举人》（四库全书本）
朱敏浮	汾阳	崇祯十五年壬午乡试		《山西通志》卷七六《科目六》（四库全书本）
朱鼎姑	绛州			《山西通志》卷七六《科目六》（四库全书本）载其为崇祯十六年进士
朱盛泞	武昌	崇祯十五年壬午乡试		《湖广通志》卷三五《选举·举人》（四库全书本）；清裴天锡修、罗人龙纂，康熙《武昌府志》卷五《选举志·举人》，《中国地方志集成》，湖北府县辑第2册，江苏古籍出版社2001年版
朱容檟	武昌	崇祯十五年壬午乡试		《湖广通志》卷三五《选举·举人》（四库全书本）；清裴天锡修、罗人龙纂，康熙《武昌府志》卷五《选举志·举人》，《中国地方志集成》，湖北府县辑第2册，江苏古籍出版社2001年版

表 13 主要依据省志、部分府县志、屈万里主编《明代进士登科录汇编》编制而成。《明代宗室举人名录》显示，明代宗室举人约有 41 名。天启朝 11 人，崇祯朝 30 人。政区分布则是，陕西 9 人，湖广 5 人，山西 5 人，江西 14 人，四川 3 人，山东 3 人，河南 2 人。也许统计未全，有所遗漏，但不会少于此数。

明代宗室进士共 13 人，出仕者 12 人，其中含 1 人仕南明（见表 14）。

表 14 明代宗室进士仕宦表

姓名	籍贯	中式年科	授官
朱慎鋆	汾阳	天启二年壬戌	中书舍人、礼部主事
朱统锛	新建	崇祯元年戊辰	庶吉士、南国子监祭酒
朱统铨	新建	崇祯七年甲戌	行人
朱奉釪	华阳	崇祯七年甲戌	中书舍人、贵州道监察御史、陕西布政司参议
朱统鎭	盱眙	崇祯十年丁丑	江夏知县

续表

姓名	籍贯	中式年科	授官
朱充鐮	盱眙	崇祯十年丁丑	行人
朱统钰	新建	崇祯十三年庚辰	授休宁知县、升礼科给事中
朱在铆	祥符	崇祯十三年庚辰	太常博士、南明（1645）户部主事
朱朝尧	祥符	崇祯十三年庚辰	行人
朱廷墿	阳城	崇祯十六年癸未	
朱议汴	南昌	崇祯十六年癸未	行人
朱统镐	南昌	崇祯十六年癸未	福清知县、广东道监察御史
朱鼎姤	绛州	崇祯十六年癸未	南明（1645）龙溪知县

主要材料来源：朱保炯、谢沛霖编：《明清进士题名碑录索引》、陈长文：《明代宗科进士辑考》、屈万里：《明代登科录汇编》、部分省志及府县志。

由上可见，这些取得举人、进士功名的宗室及由府州县学经选拔进入国子监的宗贡生，一部分通过换授官职，进入了明朝官僚队伍，成为了统治集团的成员。那么，他们在行政管理岗位上是否能尽心履责呢？有何可述的政绩呢？明代宗室中的出仕者，有的为官部院，有的效命地方，总体而言，品级较低，多为中下级官员。这一宗室出身的官员群体，和其他社会群体一样，充满了复杂性，能力高低有别，人品参差不齐。官德不正，心术不端，为保禄位而不惜趋炎附势者，不乏其人。如朱慎鉴，天启二年中式，是明代宗室中的第一个进士。因该科主考官大学士何宗彦、朱国祚的请求、推荐，授为中书舍人。此人品格低下，善于阿谀奉承。官中书舍人时，与阉党为伍，称颂魏忠贤，"佞词累续，不顾羞耻。忠贤亦时加恩泽以报之。所有疏咸称厂臣不名。"崇祯初，列名阉案，令宗室蒙羞！① 但在明宗室出身的官员群体中，这只是极个别的现象。大多数，或者说，绝大多数宗室出身的官员是清正廉直的，他们或体恤百姓疾苦，兴利除弊，或为捍卫明朝江山尽心尽力，呕心沥血，甚至在危急存亡的紧急关头，舍生取义，保持高尚节操，与明共存亡！

---

① 张廷玉：《明史》卷三〇五，《宦官二·魏忠贤》。

朱奉铅，"崇祯十五年巡按，丰采峻整，激浊扬清，颦笑无苟，杜绝苞苴，辨疑狱数十案，一时号为神明。复命归里，为流贼张献忠所害"。[1] 巡按贵州，威仪严整，激浊扬清，整饬官场赇遗之风，审结疑难狱讼数十，一时号为神明。

朱统鑑，字司烜，南昌举人。崇祯十二年，以临安府通判署石屏州事，恤民疾苦，"异龙湖有水坝鱼梁，壅塞水道"，造成湖水不时泛滥成灾，淹没良田。统鑑在广泛调研，找到问题的症结后，下令将其拆除，"改筑坚堤数百丈以砥之，湖水东流，淤田复垦，捐给佣值，绝不扰民，合州永食其利，建祠祀之。"[2] 为官云南石屏州，整治龙湖水患，修筑坚固堤坝，变水患为水利，淤田复垦，工程所用人工费，由己捐给，不给百姓增添丝毫负担。后世百姓对其惠政，感念不置，建祠春秋祭祀。

朱统𫷷，历官翰林院检讨、右谕德，南国子监祭酒，曾任庚辰会试、壬午江南乡试主考官，亦德才兼备，"生平清介自守，居家以孝友称。每休沐，惟闭户读书，恂恂如书生。贯穿经史，习国典，熟朝报能成诵。在宫詹日，极承宸眷，凡奏疏几盈尺；两试所拔多名俊。著有《我法居集》"[3]。

朱统钰，《南昌府志》《新建县志》皆为立传，然详略稍有不同。《南昌府志》载："任休宁知县，前令负帑金数万，妻孥皆系狱。统钰至，力为原请释之。献贼犯皖城，巡抚檄属县期以三日，各出甲士五百。统钰独如期督兵往，上官壮之。时中原丧乱，统钰保障一邑民赖以生。未几，擢礼科给事中，致仕归。"[4]《新建县志》云："授休宁令，前令欧阳逋帑金数万，妻孥皆被逮，统钰搜剔蠹侵以偿，俾脱然归。值岁大祲，捐俸劝输，活饥民无算。献贼犯安庆，

---

① 清鄂尔泰等监修、靖道谟等编修：《贵州通志》卷一九，《名宦》；其死事尚有两说，见清罗廷权等修、袁兴鉴等纂：《重修成都县志》卷六，《人物志·忠义》，同治十年刊本。

② 谢旻：《(康熙)江西通志》卷七○清文渊四库全书（版本下同，不注），引云南名宦志；云南通志卷一九。

③ 《江西通志》卷七○，《人物志》；同治：《南昌府志》卷四四，《人物》，《中国地方志集成》，《江西府县志辑》第 2 册；同治：《新建县志》卷四七，《儒林》，《中国地方志集成》，《江西府县志辑》第 5 册，江苏古籍出版社 1996 年版（版本下同，不注）。

④ 同治：《南昌府志》卷四四，《人物》，《中国地方志集成》，《江西府县志辑》第 2 册。

操江传檄各邑募甲士五百，他邑无以应。统钰独练乡勇，整器械赴之。又督绅士戒严固围，邑恃以无恐。时境内土寇蜂起，令各村联络要截，即以所获赃赏之。自是民以捕盗为利，不旬日盗止。升礼科给事中。会丁祖母艰，遂解绶去，人咸惜之。"①朱统钰治休宁，练乡勇，整器械，加强地方武装，防范张献忠，一邑赖以为安；平土盗、联络各村，旬日盗止，境内稳定；逢大灾，行赈济，活民无算。

朱统鎮，"知江夏县，在任四年，以守御为急。江夏城广周三十余，鎮为增修，计贼窥城必先窥江，而沿江数百里可窃渡者，兴国则富池、黄颡口，大冶则西塞山，武昌则道士洑、马桥、三江口，江夏则白浒镇、八吉堡、青山砦，县东则刘家嘴，东北土桥铺，东南卓刀泉，县南则李家桥新馆，皆与城犄角地；大江上游则石嘴，又上则金口镇，宜练土著，立水哨船。其大江西岸属汉阳，东江、白人矶、沌口宜各就对岸设防，令相呼应。若汉口以上宗三庙、煌口，则宜拒守，下水路则黄花淖油滠口、伍潼口阳逻，当立声援，陆设保栅，水设竹排，上施拒马机器伏弩，禁贼不得顺流登岸，密为布置。其城内则分为十二营。城西北外近江，分五营，东北城倚山立濠，东门外建大关，兵一营南二大营建石关，于汉阳门外曰北关，保安门外曰南关，包罗临江五门，招致武士，亲教技击，习水师。语其子议霁曰：流贼徘徊谷城，志在武昌，吾欲因守御练成一旅，可以制江之上下，则大江以南安枕无虑矣。未几卒，诸务尽废，后二年流贼果入武昌。子议霁国变改姓名林时益。"②朱统鎮知江夏四年，以守御为急务，增修江夏城，并加强沿江防务，密为布置；训练士卒，提高击技水平，增强水上作战能力。

朱统铨，"善读书能文，国典公姓不得赴制科，遂弃世爵，改名宝符，以民籍应试，督学骆日升、魏炤赏拔饩于庠贡入京，为礼部所驳。癸酉，江西中式，明年成进士，授行人，奉使蜀藩，驰驱万里，所过问遗无所授，里居有以

---

① （同治）：《新建县志》卷四〇，《贤良上》，《中国地方志集成》，《江西府县志辑》第 5 册。

② （光绪）：《南昌县志》卷三三，《人物四》，《中国地方志集成》，《江西府县志辑》第 4 册；同治：《新建县志》卷四三，《忠义》，《中国地方志集成》，《江西府县志辑》第 5 册。

请托者，概谢绝，与寒士无异，为文古奥沈郁，卓然可传。甲申闻变，北望恸哭，随窜伏荒崖穷谷中，瘖默愤惋，若不知有人间世者"。① 朱统𨱏，好读书，古文精妙，为官清正，谢绝请托。

其他尚多：朱新㙉，晋恭王七世孙，家汾州。崇祯十四年，由宗贡生为中部知县。"有事他邑，土寇乘间陷其城，坐免官。已而复任。署事者闻贼且至，亟欲解印去，新㙉毅然曰：'此我致命之秋也。'即受之。得贼所传伪檄，怒而碎之，议拒守。邑新遭寇，无应者，乃属父老速去，而己誓必死。妻卢氏，妾薛氏、冯氏，请先死。许之。有女数岁，拊其背而勉之缢。左右皆泣下。乃书表封印，使人驰送京师，冠带望阙拜，又望拜其母，遂自经。士民葬之社坛侧，以妻女祔。先是，土寇薄城，县丞光先与战不胜，自焚死。新㙉哭之恸，为之诔曰：'杀身成仁，虽死犹生。'至是，新㙉亦死难"②。朱恭枵，周府嗣王。"崇祯十四年冬，李自成攻开封，恭枵出库金五十万，饷守陴者，悬赏格，殪一贼予五十金。贼穴城，守者投以火，贼被爇死，不可胜计，乃解围去。明年正月，帝下诏褒奖，且加劳曰：'此高皇帝神灵悯宗室子孙维城莫固，启王心而降之福也。'其年四月，自成再围汴，筑长围，城中樵采路绝。九月，贼决河灌城，城圮，恭枵从后山登城楼，率宫妃及宁乡、安乡、永寿、仁和诸王露栖雨中数日。援军驻河北，以舟来迎，始获免。事闻，赐书慰劳，并赐帑金文绮，命寄居彰德。汴城之陷也，死者数十万，诸宗皆没，府中分器宝藏尽沦于巨浸。逾年，乃从水中得所奉高帝、高后金容，迎至彰德奉焉。久之，王薨，赐谥未行，国亡。其孙南走，死于广州。"③ 朱廷彰，晋藩宗室，"明末巩昌判官，署秦州事。廉介刚直，颇有声政。李贼至，被执，拥见贼帅，叱之跪。廷彰正色曰：'我天朝宗室，可拜贼乎！头可断，膝不可屈！'贼犹欲生之。大呼曰：'今日此来，只须一死！'正襟危坐，神色自若，遂见杀。"④ 朱呈瑾，宗

---

① （同治）：《新建县志》卷四三，《忠义》，《中国地方志集成》，《江西府县志辑》第5册。
② 张廷玉：《明史》卷一一六，《诸王一》。
③ 张廷玉：《明史》卷一一六，《诸王一》。
④ 《甘肃通志》卷三二，清文渊阁四库全书本（版本下同，不注）。

室，"明末知秦安邑，处边冲，城守无具，贼陷城，縶至伏羌，胁令赚城，呈瑾呼告伏羌令曰：'诸君宜坚守勿降，吾忍辱至此，盖欲知死所耳！'言讫骂贼，连呼'速杀我！'贼遂杀之。伏羌卒严守不得下。"① 朱慎鏒，晋府宗室，阳曲人，"掌理灵邱王府事"。崇祯十七年，贼陷太原，"冠带祀家庙，驱家人入庙焚之"，"已亦投火死"②。朱由栻，新建人，益府镇国将军常澈子。崇祯十三年，由宗贡为宝丰县县令。崇祯十四年，"闯贼陷城。骂贼死"③。朱敏汀，宗室，由贡生任密县知县。崇祯十四年正月，"闯贼陷城"，敏汀及妾、女、孙俱死④。朱统鍸，新建人，黄州同知军前监纪。崇祯十六年，"拒献贼阵亡"⑤。

在明末天下鼎沸、明朝行将就木之时，宗室不辱朝命，尽心职守，殚精谋划，为明朝贡献了最后的智慧！强敌压境，身单力薄，面对刀剑逼人的寒气，坚贞不屈，无所畏惧，在破碎的山河上演了悲壮的一幕又一幕，以鲜血和生命对明朝这艘急遽下沉的巨轮奋力地做了深情的最后的拥抱！然明末清初的著名学者顾炎武对出仕的宗室，特别是宗室进士之出仕者基本上做出了否定性的评价。他在《日知录》卷九说："明宗室自天启二年开科，得进士一人朱慎鉴，列名奄案，为宗人羞，此不教不学之所致也。崇祯中，得进士十二人，惟朱统鍸起家庶吉士，官至南京国子监祭酒。而其始馆选时尚有以宗生为疑，吏部虎尚书王永光曰：'既可以中翰，即可以庶常。'遂取之。其他换授甚多，然其才略皆无闻焉。"⑥ 认为，宗室进士中换授官职者甚多，然除朱统鍸足可称道外，其他皆为平庸之辈，才略无闻。上引材料所载，证明了顾炎武论断的不确，出仕的宗室，包括宗室进士之出仕者，大部分是不乏才略的！

---

① 《甘肃通志》卷三二。

② 《大清一统志》卷一三七，《中国基本古籍库·四部丛刊续编景旧抄本》。

③ 《钦定胜朝殉节诸臣录》卷五，《中国基本古籍库·清文渊阁四库全书本》（版本下同，不注）。

④ 《明史》卷二九三。

⑤ 《钦定胜朝殉节诸臣录》卷八。

⑥ 《日知录集释》卷九，《宗室》，中州古籍出版社1990年版（版本下同，不注）。

第二章　明代宗室群体心态形成及嬗变的原因和影响

第一节　明代宗室群体心态形成及嬗变的原因

　　任何一种心态，无论是个体心态，还是群体心态的形成，都是多种因素综合作用的产物。无疑，外在客观环境在心态的形成过程中，所起的作用是巨大的，任何人或是群体都不可能超越他所处的环境条件。环境制约或激励着人们的某些行为，环境的变化会给人的心态以不可估量的影响。但，片面地强调环境因素的作用，也是不完全恰当的。因为现实的许多事实告诉我们，在相同的环境条件下，不同的人或群体的心态是不完全相同的。也就是说，面对相同的环境因素刺激，不同性格类型的人、具有不同文化素质或文化传统的人，其心态反应是不一样的。个性、文化素质或文化传统在人的心态的形成中扮演着不容忽视的角色。

　　明代宗室群体心态在明代276年的漫长历史中，经历了三个不同的发展演变的阶段，即：洪武时期，奋发有为，蓬勃向上，"志在经国"；建文至天启初，"希望大位"、逐利渔色、尚文好儒、仇视官府、故意损害他人，五种心态多元并存；天启、崇祯时期，奋进科场、汲汲仕途、忠心谋国。那么，明代宗室群体心态嬗变的原因是什么呢？个性特征、文化素质、外在客观环境等因素在明代宗室群体心态的形成及嬗变中各自起到了什么样的作用呢？明代宗室群体中不同个人的个性特征、文化素质等，由于史料记载总体较为简略，很难做到详尽分析，我们仅就明代宗室群体心态形成及嬗变的环境因素予以论列。

一、洪武时期，宗室群体意气风发，"志在经国"的心态的形成，系朱元璋有效的皇子教育及赋予宗室诸王优厚的经济待遇、崇高的政治地位和领兵治政之权的结果

朱元璋是中国历史上出身最低微的皇帝，也是一位富有雄才大略的皇帝。自小艰苦环境的砥砺，使他体魄强健，因而也具有超强的生育能力，一生生有26个儿子，还有不少公主。作为明朝的开国皇帝，怎样才能使他亲手创建的大明江山长治久安，永保朱家天下，这是在其有生之年一直盘旋于脑际的重要问题。从过往历史中吸取经验教训，并融入现实的治国方略，是古代政治家的惯常做法。朱元璋也不例外。他以并不甚高的文化水平，勤奋地诵读史书，苦苦地做深入地思考，并对历朝兴衰有着自己独特的见解，虽然有时未免稍有偏执。如对秦朝灭亡的诠释，在古代的政治家和思想家中简直堪称奇特，可谓独树一帜！他认为，秦朝之所以二世而亡，就是因为设置了宰相和没有搞分封制，突破了汉代以来认为秦朝因以法家思想施治而导致速亡的传统观点，丰富了对秦速亡原因的认识；对宋、元的灭亡，他也归因于这两朝没有实行分封之制，从而导致了宋、元"孤立之败"。这些认识，在今天看来，不一定符合历史的实际，但确实深刻地影响了他对明朝开国方略的制定！他对分封制的认知，使他于建明之初，即大行分封，分封诸子为王，并赋予其"上卫朝廷，下安百姓"的职责。为实现这一战略目标，朱元璋对皇子的培养及安排使用颇费了一番心思。

首先，非常注重对皇子素质的养成。在朱元璋看来，宗室诸王应该具备的素质不是单一的，既应包括道德素质、文化素质，还应包括军事素养。在这几方面，朱元璋对诸子都着力加以培养。

朱元璋认为，较高的道德水准对宗室诸王是必需的，因为它事关宗室诸王的命运走向，"富贵易骄，必至于荒纵，未有不覆"①，只有加强道德修养，保持良好品格，才能永保禄位。这是从宗室诸王个人层面而言。从国家的层面讲，宗室诸王具备较高的道德素质和文化素养也是必要的，因为只有"讲说经史，蓄养德性，博通古今，庶可以承藉国家之重"②，方能担负起国家的重任。因此，对宗室教育非常重视。早在洪武元年，即建大本堂，聚集古今图书于其中，延请名儒教授诸子，选取才俊之士充任伴读③。洪武三年，置王相府、王傅府，设左、右相各一人，左、右傅各一人。下辖参军府，设参军一人，录事二人，纪善一人，并设王府教授④。建立专门负责宗室教育和管理的王府机构。自洪武九年始，对王府机构进行改革，改参军为长史，罢王傅府，增设伴读四人，"选老成明经慎行之士任之"⑤。洪武十三年，罢王相府，升长史司为正五品，置左、右长史各一人，"掌王府之政令，辅相规讽以匡王失"；纪善二人，"掌讽导礼法，开谕古谊，及国家恩义大节，以诏王善"；伴读四人，"掌侍从起居，陈设经史"；教授，亲王府无定员，郡王府一人，镇国将军一人，"掌以德义迪王，校勘经籍"。其他尚设有审理、典膳、典宝、良医、典仪、工正等⑥。王府机构趋于定型。王府官属虽也管理王府其他各项事务，如请名、请封等，但匡正诸王过失，教育宗室子弟更是其主要的职能。同时，"特重师傅"，"而诸王傅亦慎其选"⑦。凡王府长史等官，洪武时皆选饱学之士充任，膺此任者皆为学行俱优的"宿儒老生"，且多能尽心尽职，"知自重以图进取"。桂彦良，元末乡贡进士，洪武六年出仕明朝，通达事体，号为通儒，为朱元璋所赏识，誉之曰："江南大儒，惟卿一人"，认为宋濂、刘基皆在其下。迁晋王

---

① 郭正域：《皇明典礼志》卷一四，《东宫出阁》，四库存目丛书本（版本下同，不注）。
② 朱勤美：《王国典礼志》卷一，《圣训》，四库存目丛书本（版本下同，不注）。
③ 郭正域：《皇明典礼志》卷一四，《东宫出阁》。
④ 郭正域：《皇明典礼志》卷一四，《东宫出阁》。
⑤ 张廷玉：《明史》卷七五，《职官四》。
⑥ 张廷玉：《明史》卷七五，《职官四》。
⑦ 张廷玉：《明史》卷一三七，《桂彦良》。

府右傅，"至晋，制《格心图》献王。"后王府官制改革，任左长史①；李希颜，元末隐居不仕，洪武时征之至京，为诸王师，"规范严峻，诸王有不率教者，或击其额"②。刘淳，洪武末补周王府右长史，"以正辅王"，"王用其言修省"③等。

还颁赐诸王经史图书，使之究古今兴衰之迹，以历史为镜鉴，规范自身行为。洪武六年三月，《昭鉴录》修成，命颁赐诸王。该书编撰历时数年，其过程颇为曲折。先命礼部尚书陶凯、主事张筹等主持编写，后因陶凯出任行省官员，编辑未成。于是，召秦王傅文原吉、翰林院编修王僎、国子博士李叔允、助教朱复、秦府录事蒋子杰等续修而成。"采摭汉唐以来，藩王善恶可为劝戒者为书"，共二卷，由太子赞善大夫宋濂为序。朱元璋在与文原吉等人的谈话中，道出了他下令编撰此书的目的："朕于诸子，常切谕之：一举动，戒其轻；一言笑，斥其妄；一饮食，教之节；一服用，教之俭。恐其不知民之饥寒也。尝使之少忍饥寒，恐其不知民之勤劳也；尝使之少服劳事，但人情易至于纵恣，故令卿等编辑此书，必时时进说，使知所警戒！然赵伯鲁之失简，汉淮南之招客，过犹不及，皆非朕之所望也。"④要文原吉等时时向诸王进说该书的内容，使诸王以为鉴镜。洪武十七年（1384）闰十月，《大明清类天文分野书》修成，该书"以十二分野星次分配天下郡县，于郡县之下又详载古今建置沿革之由，通为二十四卷。"下诏颁赐秦、晋、燕、周、楚、齐六王。⑤洪武十八年十月，赐湘、潭、鲁、蜀四王十七史等书⑥。洪武二十四年六月，命礼部印《通鉴》《史记》《元史》以赐诸王⑦。洪武二十六年十二月，"《永鉴录》成，其书辑历代宗室诸王为恶悖逆者，以类为编，直叙其事，颁赐

① 张廷玉：《明史》卷一三七，《桂彦良》。
② 张廷玉：《明史》卷一三七，《李希颜》。
③ 张廷玉：《明史》卷一三七，《刘淳》。
④ 《明太祖实录》卷八〇，洪武六年三月癸卯。
⑤ 《明太祖实录》卷一六七，洪武十七年闰十月癸亥。
⑥ 《明太祖实录》卷一七六，洪武十八年十月己丑。
⑦ 《明太祖实录》卷二〇九，洪武二十四年六月甲戌。

诸王。"①诸王之间可以相互往来，以使其懂得亲亲之义。洪武三十年二月，命靖江王世子赞仪往省晋王及燕、周、楚、齐、蜀、湘、代、肃、辽、庆、谷、秦诸王。"先是，楚、湘入蜀，历陕西，出河南，上山西，抵大同，东至于宣府、北平，自大宁至辽东，转而至于山东，择文武忠厚之士以从。上以赞仪年幼，欲其知亲亲之义，且令涉山川险易，以成其德器故也。"②

朱元璋除令宗室诸王进学修德外，尚注重军事素质的培养，贯彻"文武并重"的宗旨。如，洪武八年九月，"命皇太子、秦王、晋王、楚王、靖江王出游中都以讲武事"③。洪武九年冬十月，下诏，命秦王樉、晋王棡、燕王棣、吴王橚、楚王桢、齐王榑往凤阳练兵等④。洪武十一年七月，朱元璋在给秦相府官的敕书中将其意图阐释得非常清楚："王府设官，本古之道。然古者惟以文章之士匡辅诸王。朕封诸子，兼设武臣于相府者，盖欲藩屏国家，御侮防患，无事则助王之治。"⑤朱元璋对诸子悉心培养，设立专门教育机构，慎师傅之选，赐予图书，奠定了诸王良好的道德素质、文化素质和军事素质，确立了志在天下国家、建功立业的人生价值取向，对其成年后经国心态的形成起到了基础性作用。

崇高的政治地位和优厚的物质待遇把他们和国家利益捆绑在一起，兴衰荣辱与共，驱使其更加关心国家的安危和统治的巩固，这是明洪武时期宗室群体经国心态形成的现实动因。明制，亲王"岁禄万石，府置官属。护卫甲士少者三千人，多者至万九千人，隶籍兵部。冕服车旗邸第，下天子一等。公侯大臣伏而拜谒，无敢钧礼"。亲王嫡长子封王世子，"冠服视一品"；亲王以下的宗室亦予厚待，亲王诸子10岁，封为郡王，郡王嫡长子封郡王世子，"冠服视二品"；郡王诸子授镇国将军，孙授辅国将军，曾孙授奉国将军，四世孙授镇

① 《明太祖实录》卷二三〇，洪武二十六年十二月庚子。
② 《明太祖实录》卷二五〇，洪武三十年二月己亥。
③ 《明太祖实录》卷一〇一，洪武八年九月壬子。
④ 《明太祖实录》卷一一〇，洪武九年冬十月丙子。
⑤ 《明太祖实录》卷一一九，洪武十一年秋七月戊子。

国中尉，五世孙授辅国中尉，六世以下皆授奉国中尉。"其生也请名，其长也请婚，禄之终身"①。常禄之外，另有大量赏赐，包括田土、商税、湖池渔课、黄金、钞锭等。赏赐诸王，始自洪武五年。洪武五年三月，赐秦王樉、晋王㭎、燕王棣苏州吴江县田各百顷，又以江西湖池鱼课岁米赐之：秦王九千二百石，晋王、燕王各三千石②。洪武五年六月，赐吴王、靖江王苏州府吴江县田各一百顷，岁计米各七千八百石③；赐楚王、潭王苏州府吴江县田各一百顷，岁计米各七千八百石④。洪武六年十一月，赐亲王土田各百顷，岁入租米七千八百石，"并湖池鱼课米三千石"⑤。洪武十二年正月，赐秦王樉、晋王㭎黄金各百斤⑥。洪武二十一年正月，"以开封府所收商税赐周王，青充长沙三府商税赐齐、鲁、潭三王。既而，有上开封府税课之数，乃停周王之赐"⑦。洪武二十二年八月，"诏赐楚府、湘府钞各五万锭"⑧。

朱元璋对诸子信任有加，予以节制地方、统兵御敌之权，为宗室发挥才干提供了历史的舞台，使宗室的抱负得以施展，进取心得到激发，心情舒畅，自我价值得到体现，经国心态由潜在转为了现实。洪武二十年以后，诸子接替明初功臣，成为明朝防患御侮的主要将帅。洪武二十三年闰四月，"诏晋王留山西、河南并护卫兵马驻于天成白登等处操练，时往来提调，其定远侯王弼等悉遣还京"。同时，令燕王"留征进马军于上都或兴和兴州，相度便益，令都督都指挥总率屯驻，常往来阅视，其公侯悉遣还京。"复诏齐王率护卫军还国，其山东所属卫所军马令都指挥蔺真领之，仍听燕王节制⑨。洪武二十四年三月，

① 以上皆见张廷玉：《明史》卷一一六，《诸王·序》。
② 《明太祖实录》卷七三，洪武五年三月己卯。
③ 《明太祖实录》卷七四，洪武五年六月庚辰。
④ 《明太祖实录》卷七四，洪武五年六月癸巳
⑤ 《明太祖实录》卷八六，洪武六年十一月己巳。
⑥ 《明太祖实录》卷一二二，洪武十二年正月癸巳。
⑦ 《明太祖实录》卷一八八，洪武二十一年正月癸未。
⑧ 《明太祖实录》卷一九三，洪武二十二年八月庚申。
⑨ 《明太祖实录》卷二〇一，洪武二十三年闰四月乙丑。

命齐王榑率护卫骑兵于开平近地围猎，谕曰："山东都司各卫骑士皆从总兵官颍国公傅友德调发，尔毋相参。遇有战斗，可自为队，或在总兵之左，或在其右，有胆略则当先，无胆略则继后。若奏凯之时，宁使诸将言功，勿自矜伐。八月终，秋高水冷，人马入关，尔亦回京。"① 洪武二十五年九月，朱元璋谕右军都督府臣曰："盖王府置护卫，又设都司，正为彼此防闲。都司乃朝廷方面，凡奉敕调兵，不启王知不得辄行；有王令旨而无朝命，亦不擅发。如有密旨不令王知，亦须详审覆而行。此国家体统如此。"② 洪武二十六年三月，遣使谕晋王、燕王："各统所辖都司军马，凡军中赏罚，大者以闻，小者从宜处分。"并谕："将兵塞上，尤宜谨慎。今广平顺德及山西辽沁二州为王天赐作耗境内，小盗因而延蔓，盖守御官军不能讨捕故也。宜遣人督捕，务在殄除此寇以靖吾民。"③ 洪武二十九年（1396）二月，宁王权言："近者骑兵巡塞，见有脱辐遗于道上，意胡兵往来，恐有寇边之患。"朱元璋分析说："胡人多奸，示弱于人，此必设伏以诱我军。若出军追逐，恐堕其计。"遂敕燕王"选精卒壮马抵大宁、全宁，沿河南北觇视胡兵所在，随宜掩击。"仍敕周王橚令世子有墩率河南都司精锐往北平塞口巡逻。④ 洪武三十年三月，朱元璋遣驸马都尉谢达往谕蜀王椿曰："秦蜀之茶，自碉门、黎、雅抵朵甘、乌思藏五千余里，皆用之，其地之人不可一日无此。迩因边吏讥察不严，以致私贩出境，为夷人所贱。夫物有至薄，而用之则重者，茶是也。始于唐而盛于宋，至宋而其利博矣。前代非以此专利，盖制戎狄之道，当贱其所有，而贵其所无耳！我国家榷茶，本资易马，以备国用，今惟易红缨杂物，使番夷坐收其利，而马入中国者少，岂所以制夷狄哉！尔其谕布政司、都司严为防禁，无致失利。"⑤ 赋予蜀王椿凌驾四川地方军政首脑之上的权力！在洪武一朝，亲王典兵，节制地方，多见记载，应

---

① 《明太祖实录》卷二〇八，洪武二十四年三月丙辰。

② 《明太祖实录》卷二二一，洪武二十五年九月戊申。

③ 《明太祖实录》卷二二一，洪武二十六年三月庚申。

④ 《明太祖实录》卷二四四，洪武二十九年二月辛亥。

⑤ 《明太祖实录》卷二五一，洪武三十年三月癸亥。

为历史之实态。

马斯洛的"需要层次"理论也适合于洪武时期宗室群体经国心态形成原因的分析。马斯洛将人的需要分为五个层次，即生理的需要、安全感的需要、自尊与爱的需要、归属感的需要、自我实现的需要。上述资料显示，明洪武时期的宗室群体生活条件优裕，政治地位崇高，环境宽松，生理、安全等层面的需要都是能够很好地得到满足的。而自我实现在不同的文化传统下，其内涵是不尽相同的。在中国古代社会中，由儒家思想主导下的社会主流价值观视修身、齐家、治国、平天下为人生的重要价值取向，这对自小即接受由朱元璋设定的"讲说经史，涵养德性，博古通今"的宗室教育的宗室群体无疑会产生很大的影响。这种人生观的种子可以说在宗室成员幼小的心灵即已播下，随后即在朱元璋希冀其"上卫天子，下安百姓"的宗室制度安排中茁壮成长起来。可见，洪武时期的宗室群体具有意气风发、志在经国的心态，并非偶然，而是洪武时期特定环境的必然产物。

二、建文至天启初，宗室群体心态的多元类型并呈亦非单一因素所致，藩禁形成背景下的严酷政治环境，最高统治层的奢靡，宗禄不继导致的宗室中下层贫困化等，都起到了程度不同的作用

"藩禁"，即明代对宗藩的限制，乃至禁锢。其形成经历了一个较为漫长的过程。这个过程始于永乐，终于弘治，前后延续100余年时间。为什么会出现"藩禁"？这与明初巨大的政治变迁密切关联。洪武三十一年，朱元璋去世，太孙朱允炆即位，是为建文帝。建文即位，诸王多为其叔父辈，藐视幼主，"以意行国中自如，礼乐刑政，几不自上裁"①，对中央政权构成严重威胁。建文帝遂采纳齐泰、黄子澄之谋，锐意削藩。令李景隆以"北上备边"为名，取道开封，猝围王宫，将周王橚逮捕；召齐王榑至京，废为庶人；湘王柏因有人

---

① 王世贞：《弇山堂别集》卷三二，《同姓诸王表》。

告其谋反，"帝遣使即讯"，内心恐惧，无以自明，"阖宫焚死"①；代王桂"以罪废为庶人"②；岷王楩"废为庶人，徙漳州"③。宗室生存状态遽然改变。诸王人人自危，惶恐不安。燕王朱棣为求自保，"佯狂称疾"，密谋起事。建文元年（1399）七月，杀北平都指挥使谢贵、布政使张昺，称兵"靖难"。经四载鏖兵，建文四年六月，攻入金川门，南京陷落，建文帝不知所踪，燕王朱棣即皇帝位于奉天殿，以明年为永乐元年④。朱棣甫登大位，即废建文削藩之策。永乐元年（1403）正月，恢复在建文朝被削爵藩王的爵位，"复周王橚、齐王榑、代王桂、岷王楩旧封。"⑤同时，让鲁王檀、靖江王守谦世子嗣位：鲁王檀太祖第十子，洪武二十二年薨，庶长子靖王肇辉甫弥月，王位虚悬，永乐元年三月嗣位⑥；靖江王守谦犯罪，禁锢京师，洪武二十五年（1392）卒，子赞仪幼，命为世子，永乐元年之国桂林⑦。对太祖时所封、未之国的藩王亦妥善安排封地。沈王模、安王楹、唐王桱、郢王栋、伊王㰘，皆于永乐六年五月、十月、六月先后之国潞州、平凉、南阳、安陆、洛阳。韩王松，永乐五年薨于京师，以其嫡长子冲𤊕永乐八年嗣位，二十二年之国平凉⑧。"削藩"政策寿终正寝。永乐建元，虽未进一步推行削藩政策，对宗室的教育也仍以"讲读诗书，练习武事，以成德器"⑨为宗旨，但朱棣以藩王起兵夺得皇位，深知藩王势大，尾大不掉之害。因此，一方面，大力保障宗室诸王政治地位和物质利益，常禄之外，遍赐诸王，保障其丰厚的物质待遇。《明实录》颇多记载，现仅就从《明太宗实录》中搜集到的部分材料列表以示（见表15）。

---

①　张廷玉：《明史》卷一一六，《诸王一》。

②　张廷玉：《明史》卷一一六，《诸王二》。

③　张廷玉：《明史》卷一一六，《诸王三》。

④　张廷玉：《明史》卷五，《成祖本纪一》。

⑤　张廷玉：《明史》卷六，《成祖本纪二》。

⑥　张廷玉：《明史》卷一一六，《诸王一》。

⑦　张廷玉：《明史》卷一一六，《诸王三》。

⑧　王世贞：《弇山堂别集》卷三二，《同姓诸王表》。

⑨　王世贞：《弇山堂别集》卷三二，《同姓诸王表》。

表15　永乐帝赏赐宗室诸王表

时间	赏赐内容	资料出处
洪武三十五年秋七月乙巳	赐周、楚、齐、蜀、代、肃、辽、庆、宁、岷、谷、韩、沈、安、唐、郢、伊、秦、晋、鲁、靖江二十一王各黄金百两、白金千两、彩币四十匹、锦十匹、纱罗各二十匹、钞五千锭	《明太宗实录》卷一〇下
洪武三十五年八月乙亥	赐齐王榑钞一万锭	《明太宗实录》卷一一
洪武三十五年九月癸未	晋王济熺辞归，赐钞五千锭，其从官赐钞有差	《明太宗实录》卷一二上
洪武三十五年九月庚寅	秦王尚炳辞归，赐钞二万锭，其从官赐钞有差	《明太宗实录》卷一二下
洪武三十五年九月丙申	肃王楧辞归，赐钞二万锭，其从官赐钞有差	《明太宗实录》卷一二下
洪武三十五年九月丁酉	蜀王椿辞归，赐敕谕曰：贤弟天性仁孝，聪明博学，声闻昭著，军民怀服。然蜀地险要，夷獠杂居，奠安绥抚付托甚重，凡百自爱以副兄怀，赐椿钞二万锭，其从官赐钞有差	《明太宗实录》卷一二下
洪武三十五年九月庚子	庆王㮵辞归，赐钞二万锭，其从官赐钞有差	《明太宗实录》卷一二下
洪武三十五年九月乙巳	赐辽王植钞二万锭	《明太宗实录》卷一二下
洪武三十五年十月壬子	赐谷王橞钞十万锭	《明太宗实录》卷一三
洪武三十五年十二月丙子	加岷王楩禄米四百石，岁通二千石，旧与在城商税归之有司	《明太宗实录》卷一五
洪武三十五年十二月癸丑	敕户部以辽王植之国荆州，谷王橞之国长沙，二府岁用禄米已有定制，其荆州、长沙在城商税各与之	《明太宗实录》卷一五
永乐元年春正月癸巳	上以周王将复国，用度无备，敕户部以河南见储米二万石给之，不在常禄之数	《明太宗实录》卷一六
永乐元年春正月癸卯	命周王橚之国赐钞一万锭	《明太宗实录》卷一六
永乐元年六月甲申	以周王橚生日，遣驸马都尉宋琥赍钞币、衣服、鞍马、羊酒赐之	《明太宗实录》卷二一
永乐元年十二月己卯	赐周王橚彩币、羊酒、鞍马	《明太宗实录》卷二六
永乐二年夏四月甲午	赐周王橚纱五十匹，毯丝、将乐布各百匹，本扇贰百握	《明太宗实录》卷三〇

续表

时间	赏赐内容	资料出处
永乐二年十二月己卯	赐周王橚彩币三十匹，珠翠、春花各四十枝，酒千瓶，羊百牵，马十匹，鞍二副	《明太宗实录》卷三七
永乐四年五月乙巳	赐周王橚织金衮龙纱三匹，织金鸾凤鞠衣材二匹，青暗花纱十三匹，高丽布二十二匹，毲丝布十匹	《明太宗实录》卷五四
永乐四年五月己酉	遣使赐周王橚钞六万锭，楚王桢二万锭	《明太宗实录》卷五四

朱棣赏赐给诸王的物品包罗甚广，种类繁多，有黄金、白银、丝织品、布匹、钞锭、羊、酒、鞍、马、米石、商税等。赏赐数量亦不小，以钞锭为例，数少者五千、一万，多者达十万。不仅赏赐诸王，而且惠及从官。应该说，成祖待太祖所封诸王不薄，尽量满足其物质方面的需求。

另一方面，于宽仁之中寓以威严之意，开始逐步削夺诸王的权力，对诸王宗室控制渐趋于严，不许诸王干预地方军政事务。这在《明太宗实录》中多有记载。

永乐元年五月谕天下诸司："事干王府者，遵祖训启王知之。有司合行事务，不许一概启请，推托利害。若王府事有相关，即遣人驰奏，不待报而擅承行者论以重罪。"①地方官府职责范围内的事情，不得启请王府。若有事与王府相关，须奏报朝廷批示后方得执行。否则，论以重罪。强调明朝地方政府的行政要保持自身的独立性，不得由王府控制。

永乐元年十月，敕晋府长史龙坛等曰："朝廷封建亲藩，而选贤命材为之辅导，冀以赞成德善，不至于有过也。古之为人臣者无外交，今王府擅与西番往来，又私以军递送。王年少寡学而不知古，长史儒者，谓不知古可乎？廷臣皆欲寘汝于法，朕恐伤亲亲之意，姑宥不问。今后慎毋复尔，勉之！戒之！"②敲山震虎，通过责备晋府长史辅导不善，禁止藩王与少数民族往来，害怕藩王

---

① 《明太宗实录》卷二〇下，永乐元年五月甲辰。

② 《明太宗实录》卷二四，永乐元年十月甲子。

与周边少数民族联合对抗中央，威胁其统治。

永乐三年六月，湖广都司言："楚府付铁牌一面，云遇夜差人出城门公干者，验此开门。"引起成祖警觉，书谕楚王桢曰："朕昔守北藩，地连边塞，与胡虏相接，实为重镇。护卫巡视王城及阑马墙圆牌，皆朝廷所降，初无夜开城门铁牌！况国家旧制，在外各城门锁钥，皆属都司军卫。今王府自出此牌，礼非所宜。贤弟贤明孝友，恪慎周详，为亲藩表率，即宜停革以副倚重之意。"① 把守城门，负责城守为都司军卫职责所在，楚府付铁牌于都司，要求验此即夜开城门，是僭越朝廷，干预地方军务，礼非所宜，明令楚王收回铁牌。

永乐三年（1405）七月，赐书周王橚曰："比各府县录周府长史司榜文来奏，夫朝廷与王府事体不同，长史司专理王府事，岂得遍行号令于封外与朝廷等？一家有一家之尊，一国有一国之尊，天下有天下之尊，卑不逾尊，古之制也。今贤弟居国，如诸子擅行号令于国内，其亦可乎？若奸人造此离间，即具实以闻，当究治之。如实贤弟所命，则速遣人收还，仍严戒长史行事存大体，毋贻人讥议。"② 成祖朱棣措辞严厉的"赐书"意思非常明确，长史司是专门管理王府事务的王府机构，不得号令"封外"，僭越朝廷权力，干涉地方政务。

永乐四年春正月，周王橚奏："比遣护卫指挥王兴等领军三千，分道入皂君山搜捕逃亡，请亲往督视。"成祖赐书谕之曰："逃亡之徒三五相聚，不过苟图自全，无能为也。已敕有司及遣官军追捕，贤弟今欲率兵亲行，或下人生事扰民，罪将何归？且千钧之弩，不为鼷鼠发机，可即还国。"③ 周王橚奏请率兵搜捕逃亡，成祖明令禁止，并言已敕官军追捕，实是不欲亲王领兵，为剥夺亲王军权之始。

永乐六年三月，"有言肃王楧不法事者"，赐敕谕楧曰："祖训，王所居国，境内军民人等有侮嫚王者，即擒至京，审其虚明白，然后治罪。今兰州卫卒星

---

① 《明太宗实录》卷四三，永乐三年六月戊辰。

② 《明太宗实录》卷四四，永乐三年七月癸卯。

③ 《明太宗实录》卷五〇，永乐四年春正月己酉。

得名三人得罪于王，当闻诸朝廷区处，乃听小人朱典之言，辄棰杀之。春秋人臣无外交，近别失八里、哈密进马及布，王皆受之，朱典构谗杀人，长史不能辅导规正，悉械送京师。"① 王国境内军民人等犯罪，须由朝廷审判定刑，王府不得擅自处罚；周边少数民族向朝廷进贡物品，系表示政治上的臣服，王府接受所贡物品属于非法。肃王楧所犯不法诸事，皆由长史等官不能规正所致，长史械送京师。

永乐六年十二月，晋王济熺赠西番乌思藏阐化王"青锦丝"，永乐帝赐敕严责："尔以物赐外藩，则是以国王行天子之事矣。戒之慎之，不宜复尔"②。晋王济熺赐赠西藏阐化王丝织品，成祖非常不满，认为他是僭越了天子的权力。

从永乐元年到永乐六年成祖颁布的一系列敕谕可看出，成祖自即位之初，就开始谋划削夺亲王治理地方、统率军队之权。在永乐朝，太祖所封亲王虽仍经济待遇优厚，政治地位崇高，但领兵出征、节制地方之权已被渐次剥夺。

正统朝以后，控制进一步趋严。藩王及其他宗室出城，须事先"遣人驰奏"，获得批准后方可行动，且有时间期限，在规定时间内必须返回城内。否则，视为擅离封地，要受到相应的处罚③。如天顺四年九月，英宗敕寿昌王季圩曰："今得湖广三司等官奏，尔于今年八月十七日，领步骑二十人出城，往灵泉山祭墓，至次日还府。该部劾教授不能匡谏之罪，已令巡按御史执问，且尔为朝廷宗室，举措不可不慎，若岁时欲祭先茔，亦须奏请，俟报启行！况八月非祭扫之时，人不奏请，敢擅出城，其轻妄如此！揆之礼法，俱有乖违，但既往不咎，今后务在循礼守法，毋蹈前非以贻后悔。"④ 除此，还有"王亲不任京职"之制，凡与王府缔结婚姻，即不得升除京职。此制萌芽于宣德时期，但仅限于汉王府。天顺以后，适用范围逐步推广。至弘治十三年，写入《问刑条

---

① 《明太宗实录》卷七七，永乐六年三月丙辰。
② 《明太宗实录》卷八六，永乐六年十二月丙戌。
③ 《明英宗实录》卷四四，正统三年秋七月庚戌；《明英宗实录》卷八一，正统六年秋七月丁未。
④ 《明英宗实录》卷三一九，天顺四年九月丙申。

例》，遂为定制①。张廷玉《明史》对始于永乐而最后形成于明朝中叶弘治时期的"藩禁"有一段概括性的表述："出城省墓，请而后许，二王不得相见。藩禁严密，一至于此。"②

随着藩禁的逐渐形成，"藩禁"下的宗室群体，政治空间愈见狭窄，甚至亲情交流也被阻断，身居封城，形同幽禁。政治环境的骤变，引起了宗室群体心态的一系列变化。宗室群体在统兵治政之权被削夺后，阻断了走向权力的道路，政治、军事抱负无法施展，有一种强烈的被剥夺感，他们内心充满了愤懑和不满。但对这种情绪的发泄或排遣的方式，则各有不同。其中一部分人由怨恨而产生异谋和不轨行为，乃至发动叛乱，铤而走险；一部分则找不到人生的方向，转而逐利渔色，在享受财富和美色带来的感官愉悦中沉沦；一部分则在藩禁的强力挤压下，为避免触禁招祸，寻求自我价值实现的新的方向，尚文好儒；一部分则把怨恨发泄到地方官员身上，诬陷、凌辱、殴打地方政府官员，冲击地方衙署，甚至与盗贼勾结，与官府作对，成为政府的一股强大离心力量；一部分则因官府力量强大，无法或不能将其作为直接的侵犯、报复对象，遂进行侵犯转向，动辄行凶杀人，草菅人命，甚至以之为儿戏。总之，藩禁对建文至天启初宗室群体多元心态的形成影响甚大。

当然，这也不是唯一的原因。如宗室逐利渔色，追求物质的感官欲求，即与明最高统治者的奢靡豪侈、挥霍无度、疯狂追求财富有关。明朝皇帝自永乐以后，大量设置皇庄，占地甚广，还开皇店，甚至万历皇帝派出大批矿监税史搜括天下财富。最高统治者的行为对宗室起到了某种示范的效应。也与明中叶整个社会的逐利趋向相联系，宗室虽居封城之中，不能随意外出，但也未完全孤立于社会之外，"金令司天，钱神卓地"的社会风气不可能对他们没有影响。殴官、围攻衙署，与盗贼勾结，主要是宗禄不继，宗室中下层陷入贫困境地所致，在很大程度上，他们是在为了基本的生存权而战。

① 《明世宗实录》卷九八，嘉靖八年二月戊子。
② 张廷玉：《明史》卷一二〇，《赞》。

三、天启、崇祯时期，宗室群体奋进科场、挺进仕途、忠心谋国的心态，是藩禁有限开放、宗室开科制度的确立及实施有以启之

宗室开科是明代宗室管理制度的一项重大改革，也是明代历史上的重要事件。关于明代宗室开科时间的记载较多，看法也各异。归纳起来，有代表性的，略有如下数种：一为"天启二年说"。张廷玉《明史》言："天启二年壬戌会试，命大学士何宗彦、朱国祚为主考。……是年，开宗科。"①顾炎武《日知录》载："明宗室自天启二年开科。"②二为"万历十八年说"。《熹宗实录》载："万历十八年，许宗室已授封、未授封，皆得科第出身。"③三为"万历二十二年说"。《万历野获编》载："郑世子载堉于万历二十二年条奏七事，俱为宗藩应试胪列。"④四为"万历二十三年说"。《明会要》云："万历二十三年，郑世子载堉请宗室得儒服试，视才器使。始诏奉国中尉以下入试，辅国以上爵尊，不得与。"⑤《钦定续文献通考》云："（万历）二十三年十二月，定宗室科举入仕例。"⑥以上四说言之凿凿，皆有所据。那么，究竟孰是？或者，哪一说根据更充分？要做出这一判断，应该从"开科"的释义始。《汉语大词典》解释："开"，即开启、打开。"科"，在这一语境下，即指科举。故"开科"，即是开放科举；宗室开科，即向宗室群体开启科举考试的大门，允许其应举入仕。以此观照前述诸说，第一种说法是以有无宗室登进士为宗室是否开科的标志；第二、三、四种说法则以政府是否同意宗室子弟参加科举考试为宗室开科与否的标准。第一种说法显误，因为一般认为，明代科举分为乡试、会试、殿试三级，如果一定要以是否有宗室及弟为开科与否的标志，则当看是否有宗室中举，而不是看是否有宗室成进士。第二、三、四种说法皆符合"开科"的释义，但不能并是，

---

① 张廷玉：《明史》卷七〇，《选举二》。
② 顾炎武：《日知录集释》卷九。
③ 《熹宗实录》卷一五。
④ 沈德符：《万历野获编》卷一六，《宗室应试之始》，中华书局1980年版（版本下同，不注）。
⑤ 龙文彬：《明会要》卷四七选举一，中华书局1956年版。
⑥ 《钦定续文献通考》卷三五，万有文库本，中华民国二十五年版。

当以时间最早者为确，即万历十八年为明代宗室开科之始。那么，为什么万历十八年（1590）即已开科，而直至天启元年（1621）才有宗室中举，天启二年（1622）始有宗室登进士呢？要回答这一问题，必须分析明代宗室开科从确立到实施的整个过程。

明代旧制，宗室无就试者，对宗室实行科举禁锢。要求解除宗室科举禁锢的声音最早出现于弘治末年。弘治十五年（1502），南京光禄寺卿杨俊呈奏："凡将军、中尉之子许充生员，报名于各伴读、教授处，授以五经，教以文字，长史司提督考校，量给廪膳，校余供养，成材于本处，一体乡试，试会试中进士者，除授宗枝无碍府分长史等官，副榜者除教授、审理等官，食粮应贡中者，除工正杂职等官。"明宗室应如宋代宗室"仕官科举故事"，应举入仕，科举及第者和宗贡生除授王府官属。然吏部、礼部认为杨俊所言"亦自有见，但教授、审理以下官，视奉国中尉品职既卑，俸禄亦薄，且非圣祖立法初间，请如旧。"①以王府官属品级低、俸禄薄，与位尊禄厚的宗室难以换授，且宗室应举入仕违背祖制为由，否定了杨俊的建议。孝宗皇帝支持吏部、礼部的意见。杨俊的动议遂遭搁浅，未被采纳。但他解除宗室科举禁锢的呼吁，引起了人们对祖制进行重新思考，即使是持否定意见的吏、礼二部亦不得不认为杨俊的动议有一定见地。这就为万历时期的宗室开科埋下了伏笔，实为万历宗室开科之议的先声！万历改元，要求宗室应举入仕的呼声再起。万历二年（1574），礼科给事中石应岳奏："以不系赐名授爵者，尽弛诸禁，听其士农工商从便为之；其有文学才能者，一体应举入仕，准王亲事例，不许任京官、握兵权。"②请求允许没有赐名授爵，但有才能的宗室应举入仕。神宗的态度和孝宗迥然有别，不再反对，而是让礼部讨论。显然，宗室开科出现转机，已在酝酿之中。至万历十八年（1590），宗室开科终于赢得了明政府的许可。万历十八年（1590），礼部奏："各王府宗室子弟设有宗学教养，其名粮诸宗及无名粮庶宗愿入儒学

---

① 《明孝宗实录》卷一九二，弘治十五年十月己未。
② 《明神宗实录》卷二三，万历二年三月壬寅。

者，与民间子弟一体考试。"奏入，"命如议行"，并附入万历十年（1582）颁布的《宗藩要例》①。宗室应试在明代历史上破天荒地第一次得到允许，并写入了宗藩管理文件，标志着宗室开科已正式确立，宗室不能参加科举考试的时代已经结束。

但，宗室开科作为一项制度变革，此时并不完善。万历十八年批准应试的宗室仅限于"名粮诸宗及无名粮庶宗"，统治层对应试宗室的范围仍有不同的认识；宗室中式后的任职规定尚未明晰；宗室科举名额怎样解决也没有方案。这说明明政府是在规划欠周密，准备不充分的情况下做出宗室开科的决策的。而这些问题的解决又耗去了 31 年的宝贵时间。

关于应试宗室范围和宗室中式后的任职规定，万历十八年以后，屡有言及者。万历二十一年（1593）七月，户科都给事中王德完上疏"条议宗藩旧事"，其中有曰："定选举之制，与之入学中式，将军以下改官升转。"② 将军以下宗室皆可参加科举考试，中式即予改转授官。同年十一月，礼部奏："奉国中尉内有不愿授封者，准停禄，听入学应举，照出身资格授官，罢闲后不得重封；其淹滞不举愿归旧封者听。"③ 奉国中尉以下宗室不愿接受封爵者，许入学应举，根据所取得的功名授予相应官职。上述两种意见不仅在应试宗室范围方面认识不同，而且对中式宗室如何授官也甚含糊。神宗未明确表示态度。万历二十二年（1594），郑府世子朱载堉奏："宗室子弟自奉国中尉以下，有不愿受封者，许同民俊考送泮学。""不应举者，照旧宗学作养，无得杂青衿就试督学。""奉国中尉第即以赐名应试，若无名禄者从便起名，不混同玉牒，中式榜录皆著国姓，下书宗室封爵。"将军、镇国、辅国中尉以爵尊，"诚难更授"，不得参加科举考试。神宗同意奉国中尉以下宗室皆可应试，"令即行各藩，大破拘挛，从公用舍，以称朝廷激励贤宗之意。"④ 并于万历三十三年（1605）再

---

① 《明神宗实录》卷二二四，万历十八年六月乙酉。

② 《明神宗实录》卷二六二，万历二十一年七月丁丑。

③ 《明神宗实录》卷二六六，万历二十一年十一月辛未。

④ 《明神宗实录》卷二六九，万历二十二正月甲辰。

下诏："自今有王府省份，宗学子弟入试，与生员一体编号，但有中式，即行登榜，不许引嫌遗弃，违者监试官参处。"①态度非常坚决。但中式宗室如何授官仍然付诸阙如，原有分歧仍未解决。至万历三十四年（1606），李廷机建言："封爵、科目原属两途，彼既愿从科目，中式后自应照士子出身资格一体铨选，何拘原爵？"建议被采纳，始令将军、镇国、辅国中尉以下的宗室"俱得与生员一体应试，进士出身者，二甲选知州，三甲选推官、知县。其以乡举出仕者，亦照常除授，俱不得选除京职。"②应试宗室的范围扩大到镇国将军。至此，经万历君臣几十年的反复讨论，宗室参加科举考试的范围及中式后的任职规定，才最终确定下来：除亲、郡王以外，不愿受封的所有宗室成员皆可停给宗禄，考送儒学读书；参加科举考试之时，和生员统一编号；中式者根据其出身资格授官，"与海内贤才比肩而进，分禄而食"③；不愿应举出仕者，仍留宗学"作养"。

此时虽对应试宗室的范围界定及中式宗室的授官规定皆甚为明确，将军以下宗室参加科举考试的制度障碍应该说已经扫除！但宗室科举名额的问题仍未解决，并成为制约宗室科举及第的瓶颈。于是，这一问题又提上了议事日程。南京礼科给事中的晏文辉在"为录用宗室疏"中言：神宗御极，"惓惓为宗室应举计"，万历十八年（1590）"则允行矣"，"万历三十年恩诏又首及焉"，"乃竟未有一人！岂宗生之文字皆不能入彀耶？岂宗生之命运皆未能大通耶？岂主司之衡校皆有意引嫌耶？惟是迩来士益众，文益盛，民生尚欲增数于额外，而宗生欲夺数于额内，则委实窒碍难行尔！"④认为，朝廷自万历十八年以后，屡颁明旨，而竟未有一位宗室登列贤书，既非宗生素质低下，也非主考官员引嫌遗弃，而是宗室科举名额未能妥善解决造成的。明代教育较前朝发达，人口快速增长，"士益众，文益盛"，而科举名额并未相应增加，科场竞争本已非常激

---

① 《明神宗实录》卷四一六，万历三十三年十二月乙卯。
② 《明神宗实录》卷四二四，万历三十四年八月丁酉。
③ 《明神宗实录》卷四一六，万历三十三年十二月乙卯。
④ 《王国典礼》卷七，《开科》。

烈，将军、中尉以下宗室与民间生员一同编号应试，共过科举考试这座独木桥，必然挤占民生名额，进一步加剧科举竞争的激烈程度，减少民生中式的概率，导致民生的普遍不满。宗生和民生在科举利益上的矛盾和对立是导致宗室应举入仕制度窒碍难行的主要原因。晏文辉建议："为今之议，合无予之以增额之名，寓鼓舞之术而不予之以增额之实，杜幸进之门。如江西应试诸生，大约四十余卷取中一卷，则宗生应试取中一卷亦应如之矣。其于合省额数外，量增二、三名，而所增二、三名不必遂为定额，亦不另编字号，第令内廉于原额外，加取备中数卷，俟开榜时数内，查有宗生中式一名，则准增填一名，有二名则准增填二名。如无，则仍旧额而止。如此，则在宗生即中式，于额内不夺民生之数，民生不亏其旧额，亦不忌宗生之中。是两便之道、大通之术！自江省而中州而天下，皆无不可行矣！不然，将军、中尉等辞其禄而仅为一生员，不得换授官爵，庶人等苦读一经而仅一生员，终无望于青紫，是以愚之之道待之也，岂所论于笃宗盟之谊哉！"① 主张"广额以罗英俊，悬额以杜冒滥"，量增有王府各省科举名额二、三名，但不为定额，宗生应试亦不另编字号，原则上每 40 人录取一人，但须达到录取标准。开榜时，宗生"中式"一名，则增加一个名额，"中式"二名，增加二个名额。如宗生中没有"中式"的，"则仍旧额"，不能增加。如此，则宗室可换授官爵，有望于"青紫"，民生也不用担心宗生"中式"会占夺各省原设科举名额，宗生、民生的利益得到协调，实为两便。同时，由于宗生"中式"标准与民生统一，也保证了科举的公正性，杜绝了宗生的"幸进"与"冒滥"。但这个"两便"的建议并未立即得到采纳。直至天启元年（1621），因云南道御史李日宣"请行江西、湖广、河南、陕西、四川等省，将所在宗室科举每二十名以上者，加额中式一人。"② 朝廷始慎重研究，规定：宗生"中式名数准各加于额外，不必拘定一人。"③ 凡宗室应试中式，录取名额另外增加，不占民生额数。宗生与民生在科举上的利益冲突获得最后

---

① 《王国典礼志》卷七，《开科》。

② 《明熹宗实录》卷一一，天启元年六月戊寅。

③ 《明熹宗实录》卷一一，天启元年六月丁亥。

解决，消除了宗室开科付诸实施的最后一道障碍。

可见，明政府自万历十八年（1590）宗室开科，然直至天启元年（1621）以后，方有宗室起家科目，登之甲榜，其间蹉跎数十年，并非偶然，系由与宗室开科相关的制度、措施出台滞后，未能及时配套所致。这也从一个侧面反映了明万历以后的最高统治者在施政中缺乏应有的前瞻性和预见性。尽管如此，对打破宗室参加科举之禁锢的意义却不容低估，它对明代宗室群体心态的变化影响至大。自此，宗室可以合法地走出封城，以其所学取得功名，换授官职，有了施展抱负的途径。这是启祯时期宗室群体心态发生变化的重要的制度基础。

第二节　明代宗室群体心态对明代社会的影响

某一社会群体心态是特定环境下多种因素综合作用的产物，是主体对客观环境的心理反应。但其一旦形成，就会影响人们的价值取向和行为，从而对社会产生影响。明代宗室群体心态也不例外。明代宗室群体心态对明代社会的影响，可分为积极的和消极的两方面。总体来说，在洪武时期，宗室诸王"志在经国"的群体心态所产生的影响是积极的、正面的。洪武时期，明朝草创，北部的蒙古势力时常南下，塞上烽火不息，南方的少数民族地区亦不甚稳定。据爬梳《明太祖实录》，大致在洪武二十三年以前，主要以功臣宿将担任北伐南征的将帅；洪武二十三年以后，诸王陆续长成，握有兵权，节制地方，逐渐取代功臣，成为北御"胡虏"、南剿"洞蛮"的统帅。晋王、齐王、燕王、代王、辽王、宁王、谷王等担负抵御蒙古的重任，训练士马，控弦以备，并多次出塞施以打击，无顷刻自安①，有效地维护了北部边境的安宁；黔阳、辰溪等处居

---

① 《明太祖实录》卷二五三，洪武三十年五月辛未。

住着侗、苗、瑶等少数民族，这里西邻贵州铜仁和黔东南苗族、侗族聚居区，南接广西柳州、桂林等地，为湖广通往黔桂的咽喉，战略地位非常重要。洪武末期，此处的侗、苗、瑶等族"相煽为乱"，阻断驿道，震动数省。朝廷发官军二万四千余人，楚王桢奉命统率，擒捕"蛮人"，"以通驿道"①。湘王栢亦曾禀命"进兵征剿洞蛮"②。有利于南方少数民族地区的稳定。茶马贸易为明初安边国策，以秦蜀之茶易西番之马，然因边吏"讥察不严"，茶叶私贩出境，导致"马入中国者少"，影响了明朝国防力量的增强和川藏地区的稳定。蜀王椿奉命整顿，谕四川布政使司、都指挥使司"严为防禁"③。保障了川藏茶马贸易的正常秩序。

启祯时期，宗室群体奋进科场、忠心谋国的心态，从总体上讲也是积极的。至少，从明朝的角度来看应该是如此。宗室参加科举考试的开禁，激发了不少宗室投身政治、建功立业的热情，释放出了压抑已久的宗室阶层的活力。他们之中的不少人被推举为贡生，考中举人和进士，并有比例不小的宗室换授官职，进入仕途。虽然其任官尚有不少的限制，且所任多是中下层官员，但他们在任上多能兢兢业业、尽心职守，颇多建树！有的甚至不惜奉献生命以拱卫明朝风雨飘摇的政权！这方面的事例前述已多，此处不赘。

建文至天启初，宗室群体心态多样，对明代社会的影响是多方面的。然积极的、正面的作用少，大多数都有着负面的甚至是极坏的影响。就积极的影响而言，仅有尚文心态一种。这一时期，宗室的尚文倾向虽是政治高压、"藩禁"桎梏下，部分宗室为求自保而进行的"迫不得已"的选择，但其刻苦自励，埋首著述，与文人相唱和，实现了文化创造的潜能，提升了自身的文化品格，造就了众多的宗室科学家、文学家、史学家和艺术家，他们的作品丰富了明代文化史的内容（详见下章）；建书院，构书楼、书室等，有助于推动明代教育和图书事业的发展。其他如"希得大位"的政治心态、逐利渔色的享乐心态、仇

---

① 《明太祖实录》卷二五四，洪武三十年八月辛巳。

② 《明太祖实录》卷二五三，洪武三十年六月丁亥。

③ 《明太祖实录》卷二五一，洪武三十年三月癸亥。

官心态、侵犯心态，无一具有正面的、积极的影响，全都是负面的。"希得大位"的心态使其不安于既定的宗藩秩序，蠢蠢欲动，意图谋取明朝的最高权力，掀起一次一次的政坛波澜，导致皇室内部关系紧张、矛盾激化，更有的发展成为武装暴动，扰攘一方，把民众引向战火，给当地百姓带来无穷灾难；逐利渔色心态是其人生观、价值观严重扭曲的表现，在这一心态的驱使下，他们疯狂地追逐物质财富和美色，奏乞商税，兼并土地，吓骗民财，强娶民女，宿娼狎妓，甚至抢劫、偷盗，窝盗分赃，奸母淫妹，乱伦败度，不仅吮吸着明朝机体的脂膏，削弱了明朝的统治力量，而且使大批百姓丧失了基本的生产资料和生活资料，激化了社会矛盾，把百姓推向了明朝的对立面，积累着明朝的反对力量，宗室诸王成为了明朝统治的间接的掘墓人；仇官心态在宗室的蔓延，使其把明朝地方政府、地方官员当成自己的异己力量和自身欲望实现的障碍，他们动辄攻讦、诬陷、殴辱地方官员，甚至集体围攻官署、大闹公堂，酿成群体性事件，冲击了明朝地方的统治秩序，影响了明朝对地方的有效治理；侵犯心态使其把内心的挫折和不满向市井平民无端地发泄，动辄锤斧棍棒相加，草菅人命，以人命为儿戏，造成了大量无辜百姓的人身伤害。这方面的例子前面已多有列举，这里不妨再举出几个。

定安王长子聪㳂居山西沂州，因"坐罪停封"，受到处罚，然不加悔改，心怀怨恨，"益纵恣不法，时出狎游，遇不引避辄箠重杖之，或罚夺其财畜"。当地民众不堪忍受，有人将其事奏于朝，命巡按御史会同三司"具实"。巡按御史遣指挥赴沂州，逮聪㳂左右"听理"。聪㳂为阻止对案情的进一步调查，情急之下，玩弄不耻伎俩，大耍无赖，诬奏指挥殴己，并唆使其弟镇国将军聪潜上奏其"被殴状"①。聪㳂为发泄内心不满，纵恶为非，干扰地方治理，影响官员治政问刑。

辽王，封国荆州。弘治时，其下郡王府诸宗室多不法。松滋王府镇国将军恩鐕、恩鏉、恩枪私入荆州府，盗支岁禄，辽王加以禁止，以此对辽王怨恨入

---

① 《明宪宗实录》卷一〇五，成化八年六月戊寅。

骨，"欲抵奏辽王"，以他事诬陷之。辽王先发其事，弘治帝"降敕责之"。既而，仪宾袁镛引诱恩鑛等"招引群小，夺军民商贾之利，人苦之，至有缢死者"。情况本已严重，远安王府奉国中尉恩鈗、恩炼、恩钢、豪㙲，长阳王府镇国将军恩鍻、恩瀰，松滋王府辅国将军恩镒复起而效尤，同恶相济，百姓雪上加霜，荆州"人情骚然"，地方不宁。辽王复奏其事，经都察院"鞫实"，命辽王将恩鑛、恩鉾、恩枪、恩鈗、恩炼、恩钢等"各隔别严禁，时加关防，毋令出外"。恩鑛等"衔之"，更加痛恨辽王，并生出歹心，欲谋杀辽王①。恩鑛等不遵祖训，招集凶徒，恣肆为恶，戕虐军民，又屡犯不悛，使荆州百姓饱受摧残之苦，并激化了王府内部的矛盾，给明朝对宗室王府的治理造成了恶劣的影响，阻挠了国家政令的畅通。

武宗时，山西庆成王府奇湢"性凶险，行多败伦，招集群小，勒取民财，邀截官粮，不可胜计，镇国将军奇㴐、奇渻实倚助之，辅国将军表樏、表桐凶恶与奇湢略同，镇国将军奇湿及其子辅国将军表栿恶又次之，镇国将军奇溢、表树、表楝、表㰘、奇潘、奇沉，辅国将军奇漳、奇浃又次之"。庆成王府镇国、辅国诸将军以奇湢为首，劫官夺民，毫无畏惧，无法无天，俨然成为一个宗室犯罪团伙！不仅将军如此，庆成王奇渶亦多方追逐财物货，"尝托修家庙，科敛族属财物"。他们的贪婪导致了秩序的紊乱和民众穷困的加剧，使"地方不堪其扰"②。明中叶，王府奏乞田土成风。王府所奏请之田，系多指民间垦熟之田为荒地，既得请为庄田，则纵容校尉等管庄人役为虐，征敛过于税粮。如周府庄田征租则例：每田一亩征子粒八升。而"府中过取，有亩至斗五升者"③。地方骚然，民不堪命，引发社会矛盾。嘉靖初，为阻止王府宗室扩张土地的浪潮，缓解社会危机，采纳户部建议，凡宣德以后王府所奏乞的山场湖陂，一律查革还官。这一政令触及了王府既得利益集团的利益，遭到了宗室诸王的抵制。德王府初得齐、汉二庶人所遗田地及东昌、兖州二府闲地为庄田，其后复

① 《明孝宗实录》卷六〇，弘治五年二月戊申。
② 《明武宗实录》卷一三五，正德十一年三月癸卯。
③ 《明宪宗实录》卷二四〇，成化十九年五月癸丑。

请白云等湖为业，皆在查革之列。德王坚执不可，自言：所受庄田与山场湖陂异，且诏书不及庄田，为何要尽革也？德王汲汲规垄亩之利，多方辩解，偷换概念。实际上，在当时的语境下，"王府庄田即山场湖陂之目"，山场湖陂一经"占据之后，民间地土搜括殆尽"，百姓完全丧失赖以资生的土地。德王站在王府的立场，一再上疏力争，并对时任巡抚山东都御史邵锡多有攻击①。不执行国家政令，阻挠地方官员施政。

肃王府地处边地，占有甸子川等庄田及兰州、东川等处园囿、水磨、店房、绒机瓷窑等，产业已颇丰厚，但尚不知满足。神宗朝初，复奏乞"折禄庄田"，以追逐一己之私利为鹜，置边塞戍卒日不聊生、嗷嗷待哺的现实于不顾②。

赵府临漳王府辅国将军祐椋，"招聚奸徒刘得、赵节等多为不法，横虐小民，有司按其事，辄为椋所胁，即藩维大吏亦往往有被诬讦者"③。欺压百姓，威胁官府，不仅给百姓带来苦难，更打乱了明朝的地方统治秩序。赵府临漳王府辅国将军祐椋，性素贪残，"集市井恶少百十辈，私刻关防，置牢狱于太行尖站口，创立山寨，诏纳四方命；又于磁州、高邑、琉璃各马头水陆所辖，私立榷场，岁攘利不赀。久之，益无忌惮，纵横榑朴，小民遭之，无不倾家荡业，免死为幸。尝怒民殷祥，登时掠死，纵奴断其首，残其面目肢体弃之，大为一坊害。有司者稍稍诘及群小，掠即愤怒侵轹，屡入京讦奏诬蔑风宪。"祐柄"强执孀嫂留奸府中，而又攘夺其财，私用炮炙之刑，致人堕指。祐椋亦复挟取其资，祸连亲党，皆致颠沛"。抚按官逮其党鞫治，"椋又辄夺去"。抗衡官府，攫利行凶，民怨之甚深④。

西河王府奉国将军表寨与阳典王府镇国中尉知烣、知燋及故辅国将军奇潭所育冒姓子十哥、仪宾郑志海等"招纳亡命，剽劫为盗，知烣父奉国将军表榍

---

① 《明世宗实录》卷一三〇，嘉靖十年九月己卯。
② 《明神宗实录》卷二〇，万历元年十二月丙辰。
③ 《明世宗实录》卷二，正德十六年五月壬申。
④ 《明世宗实录》卷一四九，嘉靖十二年四月丙戌。

首于监司，稍补治其党。烕、燋怨父讦发其恶，因与寨等谋欲纠众尽杀父党及雠，遂杀城中官吏，因据城为乱。语颇泄，表椸旋与家属逾垣避匿，烕等挺刃入父宅，见无人，遂取五马呵拥而去。入丰实仓纵放寄监轻犯，又劫去铠仗，分给披执，以抗官兵，焚劫街市。达旦，势稍窘。官兵获志海、志燋、十哥、表寨等。表椸虑知燋逃逸，自持挺朴杀之，知烕与世朝仍驰突搏战，乃诣北门斩关而出，世朝遁至中条山，为官兵所斩；知烕至五老峰自缢。诸贼亦渐就擒，余党悉平。"①

万历时辅臣申时行等奏："今天下宗室之多，无过周府，且无名粮者极多。近闻府城之中，公行抢夺，民间为之罢市，亲王常苦不能管束。"②申时行对宗室破坏、扰乱开封地方经济社会秩序的情况表示出了深深的忧虑！其实，何止开封，在许多地方宗室都不同程度地成为了当地社会稳定的破坏者。

总之，建文至天启初年宗室群体的"希得大位"心态、逐利渔色心态、仇官心态、侵犯心态释放出了巨大的负能量，部分宗室走向了明朝的对立面，影响了明朝地方社会的稳定和发展，严重干扰了明朝对地方社会的有效治理，也从一个侧面反映出了此阶段明朝在国家治理水平和能力方面存在着不小的问题。

---

① 《明世宗实录》卷二〇〇，嘉靖十六年五月乙未。
② 《明神宗实录》卷一七五,万历十四年六月乙丑。

中　篇　明代宗室群体的知识状况

何谓知识状况？这里使用的"知识状况"一词，偶尔见诸时贤论著。但学界至今尚乏明确界定。我们认为，知识状况应该是指人们对已有知识体系掌握的程度及对未知探索的状况。它具有鲜明的时代性、地域性和阶层性。时代不同，地域环境不同，人的知识状况就会存在差别。不同阶层的人，知识状况也不会完全一样。那么，什么是明代宗室群体的知识状况呢？顾名思义，明代宗室群体的知识状况就是指明代宗室群体对已有知识体系的掌握程度及对未知探索的状况。这里面包括两个方面的含义，一是明代宗室群体对先辈知识的继承、汲取，它集中体现为该群体的文化素养；二是明代宗室群体进行学术活动，创造新知。此两者共同构成明代宗室群体的知识状况。

关于对这一问题的研究，学术界已有一些相关成果①。这些成果的研究内容主要集中在三个方面：一是明代宗室著述、刻书的考证；二是宗室文化成就及影响综论；三是个别宗室成员的文化活动与贡献。缺乏对明代宗室群体知识状况的整体考察、特征提炼及形成原因的细致探讨，使我们难以窥探到明代宗室群体知识状况的全貌。下面我们拟在充分吸收已有研究成果的基础上，把明代宗室群体的知识状况放到明代文化，乃至整个中国文化史的背景下进行考察，从明代宗室群体掌握已有知识和创造新知的不同类型、明代宗室群体知识状况的特征、明代宗室群体知识状况的成因三个方面展开论述。

① 曹之：《中国古籍版本学》，武汉大学出版社 1992 年版；张秀民：《中国印刷史》，上海人民出版社 1989 年版；苏德荣：《明代宗室文化及其社会影响》，《河南师范大学学报》1996 年第 4 期；都樾：《明代宗室的文化成就及其影响》，《学术论坛》1997 年第 3 期；余述淳：《明代藩王的著书与刻书》，《池州师专学报》2003 年第 1 期；陈清慧：《明代藩府著述辑考》（《古籍整理研究学刊》2009 年第 2 期）、《明代藩府刻书辑考》（《中国典籍与文化》2001 年第 2 期）、《明代藩府刻书研究》（南京大学博士论文，2011 年）；戴念祖：《天潢真人朱载堉》，大象出版社 2008 年版；赵雪沛：《清疏旷放的林下风致：明代宗室女词人朱中楣初探》，《北京大学学报》2004 年第 4 期。等等。还有一些，不再列举。

第三章　明代宗室群体掌握已有知识和
创造新知的不同类型

在明代宗室群体中，以逐利渔色的方式消磨宝贵光阴的不学无术之徒，数量不在少数，并引得当时和后世的讥评和抨击。但，这远不是明代宗室群体的全部。当我们转换一下研究的视角，考察明代宗室群体的知识状况时，就会立即发现一抹绚丽的亮色：在明代的各个社会群体中，明代宗室群体是明代文化人才富集的一个群体。其密度之高，恐怕除士大夫群体外，无能当其右者。他们有着较高的知识素养，并不乏学术创新和文化贡献，且许多人精通的领域几乎涵盖了中国传统文化的各个部分。但在构成明代宗室群体的宗室成员之间，对已有知识的掌握程度和探索未知、创造新知的状况是不尽相同的，甚至存在较大差异。通过爬梳文献，大致可划分为人文社会科学与自然科学融通型、人文社会科学兼通型、单一学科专门型这三种不同的类型。

第一节　人文社会科学与自然科学融通型

在明代宗室群体中，知识领域涵盖人文社会科学、自然科学者，从著述的数量看，当首推宁献王朱权。宁献王权，朱元璋第十六子。"生而神姿秀朗"，面庞白皙，美须髯，"负气好奇，嗜学博古"。髫龀时，即自称大明奇士。洪武二十四年（1391）册封，二十七年就藩大宁，担负防御蒙古南下的重任。“所统封疆九十城，带甲八万，革车六千”。“智略渊宏，被服儒雅”，“数会边镇诸王出师捕虏，肃清沙漠，威震北荒。”文武兼资，屡建战功。建文中，朝廷疑忌诸藩，召宁献王权还京师。王未奉命，遂遭削夺护卫。靖难军兴，朱棣为壮大自身实力，以计袭取大宁，胁迫宁献王权进入北平。永乐登极，改封南昌。“深自韬晦，所居宫庭无丹彩之饰，覆殿瓴甋不请琉璃，构精庐一区，莳花艺竹，鼓琴著书其间”，以免被责，全身心倾注于文化事业。“江右俗故质朴，俭于文藻，士人不乐声誉。王乃弘奖风流，增益标胜。海宁胡虚白以儒雅著名，王请为世子师傅者七年，告老而归。王为辑其诗文序而传之。凡群书有系风化及博物修词，人所未见者，莫不刊布国中。”有力地推动了江右文化事业的发展。晚年“益慕翀举”，自号臞仙，建一小屋，取名“云斋”，“障以帘幙”。每月令人往庐山之巅，“囊云以归”，每日放云一囊，“四壁氤氲，如在岩洞”，遁入仙道一途，追求成仙。正统十三年九月望日薨，在位五十八年，寿七十有一。“古今著述之富，无逾献王者”，著作等身。所著书有《通鉴》《博论》二卷，《汉唐秘史》二卷，《史断》一卷，《文谱》八卷，《诗谱》一卷，《神隐肘后》《神枢》各二卷，《寿域神方》四卷，《活人心》二卷，《太古遗音》二卷，《异域志》一卷，《遐龄洞天志》二卷，《运化玄枢》《琴阮启蒙》各一卷，《乾坤生意》《神奇秘谱》各三卷，《采芝吟》四卷。“又作《家训》六篇，《宁国仪范》七十四章。”尚有其他注纂数十种。涉及领域广泛，“经子九流星历医卜黄冶诸术皆具”，然“尤深于史”，在史学方面造诣最高。其实，献王权的诗歌也不乏佳句。《日蚀》云：“光浴咸池正皎然，忽如投暮落虞渊。青天俄有星千点，白昼争看月一弦。蜀鸟乱啼疑入夜，杞人狂走怨无天。举头不见长安日，世事分明在眼前。”《囊云》云：“蒸入琴书润，粘来几榻寒。小斋非岭上，弘景坐相看。”《宫词》云：“新选昭仪进御来，女官争簇上平台。宫中未识他名姓，都把花名作字猜。忽闻天外玉箫声，花下听来独自行。三十六宫秋一色，不知何处月偏明。”①

① 焦太史辑：《国朝献征录》卷一，《宗室一·宁献王权》；（清）陈田：《明诗纪事》甲签卷二上，《宁献王权（二首）》，清陈氏听诗斋刻本（版本下同，不注）。

朱橚，高皇帝第五子，始封吴王，洪武十一年（1378）改封周王，洪熙元年薨。一生好学，远离声色，不慕神仙。尝登天桂清香之楼，俯瞰瀚云之亭，在答同游从臣赋中有云："彼声色与畋游兮，固非吾之所尚。暨神仙之杳冥兮，多徒劳于梦想。"[①]大部分时间用于文化活动与创造，具有多方面的才能，并取得不菲的文化成就。对植物学的研究即是其中之一。朱橚生当洪、永之世，经济处于恢复期，"国土夷旷，庶草蕃庑"，哀民生多艰，从"田夫野老"手中购得"可佐饥馑"的野生植物400余种，种植于王府园圃之中，"躬自辨别，察其滋长成熟，绘图而注疏之，作《救荒本草》四卷"[②]。所记野生植物400余种，除已见诸本草书记载者外，新增276种，且通过仔细观察，记录了植物的花形、花色及果实的大小、颜色、形状，对植物描述的细致超过了历代本草[③]，并说明了可食的花、实、根、茎、皮、叶及食法。用力之勤，用功之深可以想见！该书以救荒为宗旨，图文并茂，"博物者资焉"，后为《本草纲目》《农政全书》全文转录，对我国植物学、农学、药物学发展影响甚大。其学术研究关注民生，具有强烈的现实关怀，学术价值亦非常重大。朱橚除在植物学研究方面创获颇多外，还"能词赋，工书"。从太祖所赐元妪之口得闻元朝宫中遗事，制成《元宫词》百章。《元宫词》中有云："蜜渍金桃始献新，禁城三伏绝嚣尘。炎蒸微至清宁殿，玉杵敲冰赐近臣。侍从皮帽总姑麻，罟罟高冠胜六珈。进得女真千户妹，十三娇小唤茶茶。奎章阁下文词盛，太液池边游幸多。南国女官能翰墨，外间钞得《竹枝歌》。队里惟夸三圣奴，清歌妙舞世间无。御前供奉蒙深宠，赐得西洋塔纳珠。"清代陈田评其"颇著文采"[④]。

灵丘荣顺王逊烇，太祖高皇帝一世孙，代简王之六子。甫十岁，宣宗即赐宝册封。先居大同，勤学好问，手不释卷。颇具文学天赋，"凡过目，遂不忘，

① 焦太史辑：《国朝献征录》卷一，《宗室一・周定王》。

② 焦太史辑：《国朝献征录》卷一，《宗室一・周定王》。

③ 参见周肇基：《〈救荒本草〉的通俗性、实用性和科学性》，载华南农业大学农业历史遗产研究室编：《农史研究》1990年第10辑。

④ （清）陈田：《明诗纪事》甲签卷二上，《周定王橚四首》。

发为诗歌，温厚典雅，率多奇句。有《云溪稿》千余首"。修身慎行，品德端正，揖逊谦恭，不嗜声色货利，"所行者惟忠孝仁义，济人利物绝无吝容。"平素悠闲，以琴棋书画为乐。大同为明朝边境地区，大兵驻扎，宗室繁衍，"地隘不堪以居"。荣顺王逊烇遂奏请之国绛州。至绛州后，"益慎持守，始终一致。"荣顺王逊烇聪慧灵敏，无所不能，尤精于医学。时连年瘟疫流行，死者甚众。王"遣医载药，遍诣乡村治之，给至三万余贴。"遇井亦投以避瘟丹药，使饮水者不染患疫病，全活者难以数计。晚年忽遘腹疾，医治累年无效。遂召集诸子安排后事，与诸夫人诀别。成化十一年八月九日，"言讫瞑目，安然而逝"①。一生创作诗歌千余首，收入诗集《云溪稿》；尤其精通医学，医治瘟疫病人无数，医术高明，医德更令人崇敬。

奉国将军多爝，石城端隐王之孙、辅国将军拱概长子，"恭惠端谨，好经术，以敦睦著称"，娶俞淑人生谋坿。常亲自督课，授以《五经》《史记》《汉书》，旁及星历。万历十三年(1585)卒②。奉国将军多爝督课儿子学业，传授知识包括了经学、《史记》、《汉书》、天文历法，说明其自身在这些人文社会科学、自然科学所涵盖的领域是有较高的造诣的。

镇国中尉谋坿，字郁仪，其父奉国将军多爝博学，受家学熏陶，兼天资聪颖，勤学不辍，不仅熟悉"星历"，而且"博综多闻"，著书112种，在多个领域都有不小的创获。著《枳园近稿》，诗歌兼采古乐府诗、唐诗以来诸家之长，"镕铸之巧，妙极自然"。《滕王阁》："银床冰井久荒芜，岂若君王观阁殊。六月凌歊无暑气，千年选胜甲名都。河山雨过明如画，草树烟消绿似铺。多少词人凭槛意，依然汾晋一碑孤。"《元夕曲三首》："一夜春归花柳新，笙歌五里踏朱尘。停车试问来游女，谁似天河欲渡人？六十余年白发生，眼中元夕几回晴。江南不是无灯火，取尽脂膏照上京。少年不解畔牢愁，月夕花朝结伴游。今日故人零落尽，祇留春色到南州。"其《元夕曲》，"以旧题写新意"，多为

---

① 焦太史辑:《国朝献征录》卷一,《宗室一·明灵丘荣顺王墓志铭（赵敬）》；张廷玉:《明史》卷一一七,《诸王二》。

② 焦太史辑:《国朝献征录》卷一,《宗室一·辅国将军拱概》。

佳句①。通晓朝廷典故，管理石城王府三十年，“宗人咸就约束”，不法者得以劾治，藩府晏然②。博雅好古，尤研精于六义，所著有《六书》《贯玉》等书，又考订大禹碑、周宣石鼓、比干墓铭，手自摹临而诠释之，著《三古文释》③。精心教育诸子，临终易箦前二日，犹与诸子说《易》，“指示诗文宗尚”④。子八人，“皆贤而好学”⑤。在宗室诸王子孙中，学识之广，除周藩中尉朱睦㮮而外，莫人能及。

辅国将军宇浃，唐府新野王之孙，5岁双目失明，“从师氏画掌识文字，而耳授书”。然聪颖异常，日记千言。“久之，博通群籍，尤精太乙、壬遁、历数、方技。”凭借坚忍不拔的毅力，掌握了渊博的知识，且对历数、方技有精到的研究，获得宦游诸士大夫的钦佩和尊敬，“争造门问奇”。又多习国家典故，关心政事。嘉靖十九年（1540），“陈便宜数十事，书上未报”。著有《名献录》《辩疑碑》各一卷。唐成王以摩天王目之⑥。辅国将军宇浃真可谓是一位奇人！

枣阳荣肃王祐楒，襄宪王曾孙，7岁即能文章，涉及的知识领域广泛，“星历兵农医卜之书，靡所不究。其占灾变、言休咎修短迟速，术多奇中。”且相貌魁伟，身体强健，精骑射，力能制奔马。“又好持论经济”，世宗初年，大礼议起，争而未决。王上疏陈述自己的意见，反对杨廷和等大臣的主张，认为欲世宗称兴献王为皇叔考不妥，宋濮王故事不可效法。“今日宜称孝庙为皇伯考，仍称圣父为皇考，文简而事理无遗，彝伦攸叙，公议定矣。”观点鲜明，坚定地站在世宗一边。嘉靖三十四年九月薨，子厚爥嗣，所著《朱仲子集》三卷，《式好传》若干卷，行于世⑦。观其一生掌握的知识兼跨天文历法、军事、农、

① （清）陈田：《明诗纪事》甲签卷二下，《朱谋玮四首》。
② 张廷玉：《明史》卷一一七，《诸王二》。
③ 《书史会要》。
④ （清）陈田：《明诗纪事》甲签卷二下，《朱谋玮四首》。
⑤ 张廷玉：《明史》卷一一七，《诸王二》。
⑥ 焦太史辑：《国朝献征录》卷二，《宗室二·辅国将军宇浃》。
⑦ 焦太史辑：《国朝献征录》卷二，《宗室二·枣阳荣肃王祐楒》。

医、史学、文学等数个领域。

载堉（1536—1611），仁宗朱高炽第六世孙，郑恭王朱厚烷世子，专心好学，具有多方面的贡献。明朝所用历法为"大统历"，系对元朝"授时历"稍加改变而成。成化以后，"交食往往不验"，屡屡出现误差，"议改历者纷纷"。在历法研究上有贡献的也不少。但"不能如郑世子之精微"，朱载堉是成就最大的一位。先后编撰有黄钟历、圣寿历两种历法，皆包含在其万历二十三年进献给明神宗的《历学新书》中。朱载堉编撰的历法"深得授时之意，而能补其不逮。"其杰出成就主要体现在，一是提出了在中国古代历法中最精确的回归年长度计算方法，使其所取回归年长度值的精确度超过了授时历；二是在木、土二星近日点黄经值和五星近日点每年进动值的总精确度上也优于授时历①。堪称明代顶级的历法学家。其音乐理论方面的贡献是世界性的。他"用科学方法解决了十二平均律的数学计算"，"发现了要使律管依照十二平均律发音，两根相临律管内径之比为24∶2"②。在数学方面，朱载堉也有自己的贡献。明代的数学未能取得宋元时代的辉煌成就，但在商业数学、珠算术方面有一定的发展。朱载堉著有《嘉量算经》和《算学新说》。他在数学领域的地位和造诣虽不如在历法、音乐领域高，但也有新的创造。如其《算学新说》虽没有程大位的《直指算法统宗》影响大、流传广，但是迄今所知最早提出开方的珠算方法著作。其学术成就足可跻身明代一流数学家行列。

第二节 人文社会科学兼通型

所谓人文社会科学兼通型，即是指除自然科学领域外，在人文社会科学所

---

① 南炳文、何孝荣：《明代文化史研究》，人民出版社 2006 年版，第 12—13 页。
② 商传：《明代文化史》，东方出版中心 2007 年版，第 384—385 页。

涵盖的数个领域或涉猎广泛，或有较高的造诣。经过一番史料的爬梳，具有这方面才能的宗室鱼贯浮现。秦简王诚泳，惠王庶第一子，康王孙，太祖来孙，自号宾竹道人。弘治元年（1488），以镇安王袭封，十一年薨，在位 11 年。一生遵循礼法，谨小慎微，"非法不服，非礼不蹈，言虽小必践，行虽小必谨，声色歌舞货利畋猎，澹然无所好。"读书、交游则孜孜不倦："喜接文儒士夫，话谈竟日，亹亹忘劳。"喜读书，凡六经子史百家无遍阅，一目悉记。尤善作诗，"每遇花辰灯夕，请藩臬及关中缙绅宴饮赓和"，有《经进小鸣稿》一书行于世。谨录数首以见其诗才。《陇头吟》："万里奔驰陇头水，日夜鸣鸣乱人耳。黄沙白草两茫茫，怕听水声愁欲死。一从结发成凉州，铁甲磨穿已秃头。儿孙养得解胡语，不如陇水解东流。"描写了戍边将士的艰难处境和渴望回到故土、叶落归根的乡愁，并寄予深深的同情。《春词》："海棠枝上鹊声干，罗幕重重护晓寒。初日半林珠露重，脆红无数压阑干。"《题王舜耕画》："翠壁丹厓淡夕曛，往来麋鹿自成群。仙家住在空青外，只隔桃花一片云。"《秋夜》："秋声溢耳不堪听，燕坐高斋户半扃。霁月满窗明似昼，梧桐如雨下空庭。"后世对其诗学成就评价颇高。《四库总目》的评价是："诚泳诗，古体清浅而质朴，近体谐婉可诵，七绝尤为擅场。如《秋夜》诗云：'霁月满窗明似昼，梧桐如雨下空庭。'又云：'空庭久坐不成寐，明月满阶砧杵声。'又《山行》诗云：'啼鸟无声僧入定，半岩风落紫藤花。'皆风骨戍削，往往有晚唐格意。尔时馆阁之中，转无此清音矣。"认为明代的馆阁体诗远不及诚泳的诗清新拔俗。清代陈田在《明诗纪事》中亦曰："秦简王诗色丽音婉。"[1] 对其诗歌艺术所达到的成就予以高度评价。

周宪王有炖，定王橚长子。洪熙元年嗣位，正统四年薨[2]。"恭谨好文辞"，

---

[1]　焦太史辑：《国朝献征录》卷一，《宗室一·秦简王》；（清）陈田：《明诗纪事》甲签卷二上，《秦简王诚泳（四首）》。

[2]　有炖卒年，《明诗纪事》载其景泰三年薨，《国朝献征录》记其正统四年薨。前后相差竟达 13 年之久。考：《明英宗实录》卷五五载：正统四年五月甲戌，周王有炖薨。洪武十二年生，享年六十有一。故以正统四年薨为确。

诗多传世，"皆风华和婉，沨沨乎盛世之音也。"如《春日》云："深巷日斜巢燕急，小楼风静落花闲。"《春夜》云："彩槛露浓垂柳湿，珠帘风静落花香。"《秋夜》云："梧桐露滴鸳鸯瓦，杨柳风寒翡翠堂。"《牡丹亭书景》云："莺啼小院穿青柳，燕蹴飞花过粉墙。"《日暮》云："林鸠唤友常知雨，海燕将雏不避人。"《云林清趣》云："采药一僧云外去，巢松双鹤雨中还。"《送人》云："南浦断虹收雨去，西风新雁带霜来。"《漫兴》云："南国音书归雁尽，西园风雨落花愁。"《和王长史》云："采得药苗还竹径，著残棋子坐花阴。"《红心驿》云："枕上梦回莺语滑，窗前风定柳阴凉。"《横堤晚望》云："神如秋水十分净，心似中原万里平。"其他如宪王悼宫人《云英》诗、以汴中风俗——送雪①为题材的《送雪》诗及《柳枝歌》，皆风雅可诵。《云英》云："云英何处访遗踪，空对阳台十二峰。花院无情金锁合，兰房有路碧苔封。消愁茶煮双团凤，萦恨香盘九篆龙。肠断端清楼阁里，墨痕烛炮尚重重。"云英，姓夏，宪王之宫人。"生五岁，闇诵孝经，七岁尽通释典。淡妆素服，色艺绝伦。其居曰端清阁，有《端清阁诗》一卷。年二十二卧病，求为尼以了生死，受菩萨戒，作偈示众而卒。"宪王有炖对云英这位有才情，且非常美丽的年轻女子的早逝，悲伤无限！从内心深处发出痛彻心扉的呼唤：云英啊，你在哪里？怎么不见了你的踪影？怎么你常去的花院，一片静谧！无情的金锁紧闭院门！通往兰房的路径上长出的碧绿的青苔，已覆盖了你轻盈步伐留下的足迹！啊，再也觅不到你的倩影，你是真的去了啊！端清阁里，我们度过了美好的时光！但时光无法倒流，现已俱成追忆！睹物思人，令人肝肠寸断！此诗感情真挚，自然流畅，无刻意雕琢的痕迹。《送雪》云："天山一色冻云垂，罨画楼台缀玉时。准备暖金香盒子，明朝送雪与相知。"此诗与前诗为悲悼情绪笼罩不同，充满了欢快的气氛：冻云低垂，远山雾绕，天色晦暗，艳丽多姿的楼台缀满如白玉般晶莹剔透的雪花。人们兴奋地迎来了一年中的第一场大雪！各家各户都沉浸在欢乐之中！他们同时

---

① 《列朝诗集》：汴中风俗，每岁遇初雪，则以合子盛雪送与亲知，以为喜庆。置酒设席，相请欢饮。亦升平之乐事，宫中尤尚之。

也忙碌着，忙着在灯下准备溢香的暖金色盒子，要在第二天的第一缕朝阳中，盛满雪，盛满一年中的喜庆，分送邻里、亲友，一起分享瑞雪带来的快乐和丰收的希望！诗中有画，画中有诗，令人击节赞叹！《柳枝歌》云："苏小门前万缕垂，白家园内两三枝。听歌看舞人何在？惟有东风展翠眉。"意境深远，诗句隽永。宪王对书画也极其喜爱，并下了一番功夫："集古名迹十卷，手自摹临勒石，名《东书堂集古法帖》，遒丽可观。"宪王诗词书画成就灿然矣，然尤长于戏曲，著《诚斋录》《乐府传奇》若干卷。所作杂剧不仅数量多，而且具有很高的艺术价值，在明代及明末清初好评如潮。沈德符《顾曲杂言》将周宪王杂剧放到中国戏剧发展史的长河中予以评说："周宪王所作杂剧最多，其刻本名《诚斋乐府》，至今行世。虽警拔稍逊古人，而调入弦索，稳叶流丽，犹有金、元风范。"[1]意即虽风雅、文思敏捷略不及古人，但韵律流畅而华美，继承了金、元杂剧的风格。元代是我国杂剧艺术的高峰，这一评价是不低的。钱谦益在《列朝诗集》中高度赞赏宪王杂剧的艺术成就："宪王遭世隆平，奉藩多暇，制《诚斋乐府传奇》，音律谐美，流传内府，至今中原弦索多用之。"李梦阳《汴中元宵》绝句则以神来之笔渲染了宪王杂剧广为传唱的场面："中山孺子倚新妆，赵女燕姬总擅场。齐唱宪王新乐府，金梁桥外月如霜。"元宵时节，各地伶人纷纷演唱宪王乐府，万民共同欢度佳节，一派升平祥和之象。宪王所制乐府新声，打破了元以来四折一本及一人主唱的成法，采用合唱、轮唱等手法，艺术形式得到革新，虽内容无多少创新，但仍深得各阶层喜爱，自明初始，历数百年传唱不衰，是一位不可多得的著名戏曲家。[2]

镇平恭靖王有爌，周定王第八子。建文二年（1400）八月，生于云南蒙化。方数岁，即封镇平王。"稍长嗜学"，兴趣爱好广泛，"工吟咏，兼通书画。"诗词书画样样精通，著有《德善斋诗集》《菊图谱》。骑射、踢球等体育竞技技术堪称精湛，"凡骑射鞠蹴诸伎艺，靡所不习。"于经史亦颇有研究，"尝读《中庸》

---

[1] 沈德符：《万历野获编》卷二十五，《填词名手》。
[2] 《明诗纪事》甲签卷二上，《周宪王有炖三首》；《国朝献征录》卷一，《宗室一·周宪王有炖》。

默有悟解，作《道统论》，几万言。又采历代公族贤者，自夏五子迄金元百余人，作《贤王传》若干卷"。寿七十三薨①。博平恭裕王安㳦，周惠王第十三子。惠王儿子众多，达二十五人，"而恭裕独以文雅得誉"。好读书，且勤于治生，"田园僮奴车马甚具"，物质条件丰裕。"以故游豪贵，致宾客，缙绅载笔之士自远慕义，鲜不日造其门，王倾己延纳之"。交游广泛，门庭若市。对书法、诗词从心底由衷喜爱，尝修《东书堂法帖》，辑《贻后录》《养正录》《锦囊诗对》②。

奉国将军安泂，字应清，高皇帝六世孙，周定王之裔也。定王生镇平恭靖王，恭靖王生镇国将军子坮，子坮生辅国将军同辖。安泂为同辖嫡长子，"稍长受书于外傅，即记即解，旁通子史百家言，曰：'吾以代狗马球博之娱耳！'"③ 全盘托出了宗室在不工、不农、不士环境下内心的无奈，但又不愿沉沦于声色犬马的庸俗生活，遂将对文化的追求作为人生的目标，成为了谙熟经书，兼通子史百家之学的通才。

朱睦㮮，字灌甫，学者称西亭先生。奉国将军安泂之子，周定王六世孙。其母妊娠十四月而生。年十五，封镇国中尉。因晚年筑精舍于城东陂上，又自号东陂居士。有明一代，周藩最盛，翙翙多文藻之士，"以文行嬗其家数世"，文脉深厚。灌甫"少端颖朗诣"，稍长，于学无所不窥，刻苦自励，终成一代硕儒，将周藩学术文化臻至鼎盛。灌甫覃精经学，造诣颇深。焦竑《国朝献征录》中有一段文字简明地概括了其经学师承及成就："当是时，卫君聘名能《易》，和太芳名能《书》，周伯昌名能《诗》，周涿之名能《春秋》，许守谦名能《礼》，此数先生者皆河洛间宿儒也。公先后从之游，盖年二十，通五经，而尤邃于《易》《春秋》。其学不颛守师说，聚汉以来诸传注，日夜翻究，务求不诡于圣人。谓《春秋》非独为攘夷复仇立案也，乃自为传以明笔削之旨。易初主王弼，后复取郑玄，谓郑学莫备于唐李鼎祚，因刻其集解以传。高陵吕仲

---

① 焦太史辑：《国朝献征录》卷一，《宗室一·镇平恭靖王有爌》。
② 焦太史辑：《国朝献征录》卷一，《宗室一·博平恭裕王安㳦》。
③ 焦太史辑：《国朝献征录》卷一，《宗室一·敕赐崇孝祠碑奉国将军安泂（张时微）》。

木、仲梁与公讲易东陂上，惊曰：子辅嗣流也。新郑高公问易之大义云何？公以退对。高公怳然有间曰：四圣之精蕴备是矣。其为名硕所推许如此。"其大意为：灌甫先后跟随河洛间宿儒卫君聘、和太芳、周伯昌、周涿之、许守谦学习《易》《书》《诗》《春秋》《礼》，20 岁即通晓五经，对《易》和《春秋》研究尤深。为学不专守师说，辨析汉以来诸家传注，旨在揭示经文原意，发圣人微言大义。学问为当时名儒硕学所推许。所著经学著作有《五经稽疑》《授经图》。诗文词赋创作亦颇有成就。与二三友朋闽人王道思、越人陈约之结社，吟咏酬酢，"讲艺甚欢，所结撰出，无胫而走县宇，执牛耳词坛者，五十年如一日也。"其诗文有《陂上集》二十卷，"文尤典雅可诵。"胡应麟《诗薮》云："明宗室攻古文词者，嘉、隆间惟灌父最博洽，饶著述。"此评确为中肯之论。历史、方志、音韵等方面的研究也成绩卓著："观陶九成《辍耕录》载前元十九帝统系，作《大明帝系世表》一卷、《周国世系表》一卷；感建文革除，记录失实，作《逊国记》《襄忠录》五卷；考《史记》以来谥法，作《校订谥法》一卷；合沈约、吴棫韵，举正误谬，撰《韵谱》五卷。"另有《中州人物志》《忠臣烈女传》《河南通志》《开封郡志》《中州文献志》等，共若干卷行于世①。

朱安㳽，周定王橚玄孙，封爵将军。史称其素精名理之学，并喜延纳词人唱和，声誉著于当时，与中尉睦㮮齐名。人称睦㮮为大山，安㳽为小山。安㳽的诗歌虽不多见，然读其《送冯参将赴陕西》诗："仗钺仍分陕，乘时复请缨。声名归大树，威武重长城。电掣苍龙剑，风翻白虎旌。塞尘当一埽，万里可横行。"② 不乏磅礴气势。

奉国将军健根，鲁府巨野顺僖王孙。"博通经术，能文词，多所延纳。凡宦游究中者，无不知将军名。每会，坐客恒满，将军据上席，握铁如意，谈理亹亹不倦。"其子观熰，字中立，爵镇国中尉，继承家学，"被服儒素，雅好著

①　焦太史辑：《国朝献征录》卷一，《宗室一·明周藩宗正镇国中尉西亭公神道碑（张一桂）》；（清）陈田：《明诗纪事》甲签卷二上，《朱睦㮮二首》。
②　（清）陈田：《明诗纪事》甲签卷二下，《朱安㳽（一首）》。

述"，著《济美堂稿》《画法权舆》若干卷。"巨野茫茫，灵光荡荡"，为宇内灵秀之区，名家迭出。又辑录齐鲁名士所作诗歌 20 卷，名《海岳灵秀集》，"略述人物出处，品格优劣"，"简择颇精"。后附其父子作《二藩诗》一卷。观熰诗才从《梅墩》可见一斑："谁将庾岭梅，栽傍草玄宅。一梦入罗浮，觉来山月白。"观熰弟观𪩘，"亦以诗画著名"①。

辅国将军观炊，别号毅斋，父鲁府镇国将军竹涯公健橀。生于嘉靖八年（1529）九月二十六日。史载其"白皙修髯，眉目如画，进退容止甚修"，相貌俊美，气度不凡。少时嗜学好古，"北面经师，多所诵览"，对四书、五经下过一番功夫。"又工为歌诗及曲，咸有意致"，在文艺方面亦颇有意趣。于府第中，小筑亭苑，环植花竹，"日召故人、宾客觞咏优游为乐"，而无声色华侈之娱。卒于万历二十七年（1599）四月六日，得寿七十有一②。

蜀献王椿，高皇帝第十一子，洪武十一年封。儒雅好学，博综典籍，知识渊博。尝奉命至中都凤阳讲习武事，武事之余，"即辟西堂"，延揽曾为洪武戊辰会试考官的一代名士李叔荆、苏伯衡等"商榷文史"。太祖高皇帝朱元璋对其颇为欣赏，常常亲切地呼之蜀秀才。二十二年冬，之国成都后，以振兴西蜀文教为职志，聘请汉中教授方孝孺为世子师傅，倾怀下接，礼贤下士，曾在给方孝孺的书信中说："公西州之冠冕，有识者无不心悦诚服，而新学晚生亦有所依归也。余一日不见，有如三秋。"又云："懿文清节，有东汉之风。尚志立言，为当代之重。"对明初大儒方孝孺推崇、敬重有加，树为西蜀士子的旗帜和榜样。献王诗歌清新典雅，感情真挚，直抒胸臆。《送希直先生还汉中诗》云："岷山峨峨，江水泱泱。我疆我理，俾民以康。靡言匪衣，靡善匪得。阅士孔多，我敬希直。谦以自牧，卑以自持。雍容儒雅，鸾凤之仪。有学有识，乃作乃述。追之琢之，金玉之质。侍我经筵，不倦以勤。非德不言，非道不陈。职

---

① 焦太史辑：《国朝献征录》卷一，《宗室一·奉国将军健根》；（清）陈田：《明诗纪事》甲签卷二上，《朱观熰一首》。

② 焦太史辑：《国朝献征录》卷一，《宗室一·鲁藩辅国将军毅斋公暨配夫人王氏合葬墓志铭（于慎行）》。

思其归，义不可夺。采采者芹，伺教如渴。爰秣其马，爰振其衣。拜手稽首，载辞而归。昔之来也，春日迟迟。今之归也，凉风凄凄。悠悠我心，念子良苦。爰命辞臣，饮饯江浒。王道如砥，既歌且咏。八月初吉，抵于南郑。沔彼江汉，亦合而流。瞻彼岷峨，郁其相缪。心之知矣，临别缱绻。子如我思，道岂云远。岁行在子，文闱秋开。较艺至公，迟子西来。"《赐方教授诗（三首）》云："伊昔开东阁，相看眼独青。文章奏金石，衿佩睹仪刑。应世游三辅，焉能困一经。前星垂炳耀，染翰侍彤庭。""闻说眼空天下士，只疑身是洛阳人。少年有学谈仁义，高论无惭问鬼神。九载之官看教育，万言诣阙听敷陈。曳裾已在长沙日，知己相逢此志信。""四十虽闻不动心，平生富贵岂能淫。屡蒙论荐来天禄，自负文章入翰林。养望也须添白发，观光仍遣教青衿。河间好古嗟予慕，多士从游爱子深。"《送胡志高赴汉中兼柬方希直》云："胡子蜀中士，受公知更深。不惮三巴路，欲成仁者心。伊昔韩门士，籍湜蒙赏音。勖哉今胡子，愿无愧郑林。"《读基命录》云："武皇称汲黯，近古社稷臣。卓乎天地间，百世有余芬。宋公廊庙姿，志虑殊精纯。由来慕前烈，愿学在斯人。虽处江湖远，拟欲践臣邻。苟非尧舜道，肯向黼扆陈。尝笑贾太傅，前席对鬼神。著述累万言，所言皆归仁。为君观此书，四海属经纶。为臣观此书，有术能致君。圣贤友多闻，我亦忝嘉宾。持此以赠我，读之至夜分。抚卷再三叹，良可骖《典》《坟》。"永乐二十一年二月薨，"上悼惜良久，特谥曰'献'"。所著《献园集》若干卷，惜其不传 ①。

　　蜀定王友垓，和王之子，献王之孙也，具有多方面的才能，"嗜学善书，能文章"，"克纂献王之业"，著有文集十卷 ②。

　　蜀成王让栩，昭王宾瀚子，太祖第五世孙。正德五年（1510）袭封，嘉靖二十六年（1547）薨，著有《长春竞辰稿》十六卷。知识领域涵盖经史、书法、诗赋。钱谦益编《列朝诗集》云："蜀自献王后，四叶皆有文集行世。王好学，

①　焦太史辑：《国朝献征录》卷一，《宗室一·蜀献王椿》；（清）陈田：《明诗纪事》甲签卷二上，《蜀献王椿（一首）》；《列朝诗集》，《明代卷二·干集之下》。

②　焦太史辑：《国朝献征录》卷一，《宗室一·蜀定王友垓》。

手不释卷，日观经史、临法书，作诗属对，皆有程要。"其《拟古宫词》："睥睨鸦喧曙色明，丽谯隐隐尽钟声。各宫装束焚香候，只恐君王道院行。内池春水鸭头绿，上苑晨花腥血红。蜂蝶丛花鸳戏水，一齐著意向东风。"①音节铿锵，气势流畅。

俊格，灵丘端懿王聪㳂长子，逊烇曾孙，代简王之玄孙。"嗜学，善属文，聚书数万卷"，藏书丰富，擅长文学写作，"尤好古篆籀墨迹，尝手模六十余种勒石，名《崇理帖》"，对书法颇有研究。世宗时，献《皇储》《明堂》二颂，又上《睿宗章圣挽歌》，世宗赐金币予以嘉奖。嘉靖二十四年卒。著有《天津集》若干卷②。

宁靖王奠培，宁惠王子。"臞干疏髯"，仙风道骨。尤其聪敏好学，才华横溢。"一意修文辞，造语惊绝"，著有《仙谣却扫吟》《拟古诗》200余篇，"皆隽远有思致"，具有较高的艺术性。另撰有《文章大格式》及《古今法书》各十余卷，《松石轩诗评》一卷。其书法矫洁遒劲，号曰"铁画银钩"，在书法方面达到很高的造诣。然为人孤介寡合，即便是叔伯兄弟，小有不惬，亦动生猜嫌，心胸褊狭。在位四十三年，寿七十有四，弘治四年薨③。

乐安端简王拱椤，靖庄王子，温文尔雅，机智雄辩，饮誉士林；兼精绘事，绘画技艺精湛，所绘菊、石，妙绝一时④。

多烇，字贞吉，弋阳僖顺王曾孙，宁献王六世孙，多煌之弟，封奉国将军。"颖敏绝人"，"善诗歌"，"精绘事"，娴行草，才华横溢。所著《五游编》《勤游编》凡七卷，梓行于世。为人好交游，始与宗人多㙹、多碞、多境等成立词社，久之交游益广，享有盛名，"海内谭艺者莫不知有贞吉"。尝轻装远行，游览山水，踪迹遍及吴楚，"所至倾坐"，为人所钦慕。家居"宾客杂沓"，门庭若市，以优质的铁皮包裹的门槛不久都磨得锃亮。晚年多病，非

---

① （清）陈田：《明诗纪事》甲签卷二上，《蜀成王让栩二首》。

② 焦太史辑：《国朝献征录》卷一，《宗室一·灵丘端懿王》。

③ 焦太史辑：《国朝献征录》卷一，《宗室一·宁靖王奠培》。

④ 焦太史辑：《国朝献征录》卷一，《宗室一·乐安端简王拱椤》。

常瘦弱，且脊背骨骼弯曲，苦不堪言，犹不废吟咏①，对诗歌热爱至极，将其融入了生命。其诗歌也多得佳评。姚旅《露书》云："其诗如'帆冲山果落，棹惹浪花腥'，'野竹云千顷，田桑雨一犁'，'野涧苹花积，田家芋叶香'，'蜡屐黏香絮，单衣绣雨痕'，'山泉供水乐，秋叶逞春容'。又七言如'林连北郭藏春色，水过东家作雨声'，皆兴到语。"《笔精》云："贞吉，王孙，《过余干》诗云：'余干城头云泊天，琵琶洲下水如弦。推篷理咏随州句，落日平沙似往年。'《谢在杭宿弋阳》云：'群峰回合俯清溪，寂寞荒城古渡西。惟有女墙秋月在，只今犹照夜乌啼。'二诗皆用刘随州句，曾无痕迹。"清代陈田亦谓："贞吉王孙，诗才清警"。这些评价应该是恰如其分的，再看几首。《寄丘二十二谦之》："丘郎一官一再左，手板三投三不可。进退艰如踟蹰羊，功名涩似葳蕤琐。忆昔与子初结欢，觞咏瀚濯章江干。别来忽下阆中命，五马重歌《蜀道难》。阆中君家旧治域，父子分符如画一。耆旧摩挲去后碑，少年捃拾毛中迹。纵有诗名天地间，那能相见一开颜。我擅秦声君楚舞，醉望城头千仞山。君当强仕不得意，我尚沈冥未知止。与君各自斗身强，四十头颅已如此。"《游百丈山闻余无旦过豫章阙展待先此奉寄》："我住浮云宫，君来天子障。寻山寻水各逍遥，看树看云重惆怅。谷口行歌日暮还，杖藜何处不青山。莫题凤字朱门外，且听鸾音半岭间。"《春日怀张羽士》："言旋南岳驾，又作蓟门行。尊酒不为别，河梁空复情。一官羁万里，十口寄孤城。日暮春云起，相思处处生。"《问魏甫侄疾》："海上何人说禁方，科头长似懒嵇康。穿林雨暗茶烟绿，隔院风微药草香。转向病中怜故旧，谁从身后定文章？闭门不问春多少，静看飞花坠满床。"《拨闷》："雨暗春城十万家，强撠鬈几到栖鸦。峭风欲阁游人屐，吹尽墙头奈子花。"《送梁传之从襄阳将母南还》："夫人城外汉江平，逐子南回五两轻。路出鄢郢频雨雪，槎头鱼贱笋初生。"《送王姬还芝城》："蘼芜芽碧柳丝黄，来往扁舟就沈郎。一掬宫亭清浅水，凌波不怨洛川长。"《湖口县》："湖水澄清江水浑，江烟湖霭易黄昏。请看湖口江心月，一

---

① 焦太史辑：《国朝献征录》卷一，《宗室一·奉国将军多炡》。

片寒光照县门。"① 多烡还"精绘事"，颇具天赋，"见古名人墨迹一再临之，如出其手。""山水得二米家法，写生更妙。"② 书法成就也颇可观，"行草宗米南宫，杂以古字，自成一体"③。

奉国将军拱橚，字茂材，瑞昌王奠壏四世孙，拱枘弟。雄辩、儒雅，"有智数"，善心计。嘉靖九年冬，上书请求建立宗学，教育宗室子弟。后以"议礼称旨"，获世宗欢心，"赐敕褒谕"。又尝捐田白鹿洞书院，以其收入资助前来求学的士子。与兄拱枘并享时誉，权势名流争与交游④。

多煃，字宗良，瑞昌恭僖王玄孙，宁献王六世孙，奉国将军拱橚子，封镇国中尉。"博雅好修，辞赋典丽"，诗歌是其一生的执着追求，成就也较父为高。青出于蓝而胜于蓝。其诗集初名《石兰馆稿》，因王世贞为之题名为《国秀》，又称《国香集》。"后病痿"，肌肉萎缩，然"不废吟讽"，"谭艺者并宗尚之"⑤，引领诗歌潮流，获得当时及后世很高的评价。王世贞在《弇州山人续稿》对其诗评价道："朱宗良《石兰馆稿》气清调爽，神完体舒，用事切而雅，入字峻而稳，运思深而不刻，结法遒而有余味。"又云："每得中尉一番诗，辄复一番奇进。才情融美，格意朗畅，朱邸中那复有斯人！"《笔精》一书亦云："国朝宗藩之诗，宁府为盛。诸王孙以诗鸣者，多烡、多煃其著者也。多烡绝句清逸，多煃属对精工，如'太室出云来署里，黄河如带挂城头'，'关山晓月趋三辅，鸿雁秋霜度九河'，'路经轩后临戎坂，山接高欢避暑宫'，翩翩尔雅，无纨绮习气。"清代陈田谓：这些评价"自非溢美语"，"明藩王之工诗者，当以秦简王诚泳为称首。王孙之工诗者，当以瑞昌中尉多煃为称首。"其《赠余无旦并寄胡茂承》："分藩豫章郡，地胜有余乐。爽气浮云峰，江流带高郭。心赏希良朋，毫素获所托。胡生实燕婉，十载阻京洛。每睹鸿雁宾，永叹远行客。

---

① （清）陈田：《明诗纪事》甲签卷二下，《朱多烡八首》。
② 焦太史辑：《国朝献征录》卷一，《宗室一·奉国将军多烡》；《画史会要》。
③ （清）陈田：《《明诗纪事》甲签卷二下，《朱多烡八首》。
④ 焦太史编辑：《国朝献征录》卷一，《宗室一·奉国将军拱橚》。
⑤ 焦太史编辑：《国朝献征录》卷一，《宗室一·奉国将军拱橚》。

余子璠玙美，抗迹恋丘壑。载诵《招隐篇》，清风振丛薄。"《苏公祠》："西蜀藏名士，东湖托隐居。野云寒织屦，春雨晓栽蔬。心为踰垣苦，才宁济世疏。悠然江海外，不报故人书。"《滕王阁》："覆槛飞甍古阁雄，疏帘高栋厂天风。彩云尚想霓旌驻，娇鸟如悲翠管空。江送波涛来浩渺，雨移岩岫入溟蒙。丹梯更峭巴山外，词客千秋兴未穷。"《玉隆万寿宫》："西山迢递隐仙宫，谁信人间有路通。忽睹楼台苍霭外，似闻鸡犬白云中。石幢苔灭三天字，磴道霜凋百尺枫。灵迹祇余丹井在，清秋吟望意无穷。"《酬罗敬叔》："病里送君游白岳，归来对我惜苍颜。移家只是湖边好，莫问茱萸第几湾。"[1]朱多煃不仅以辞赋名重一时，其书法艺术也到达了一个相当高的境界。焦竑在《国朝献征录》中说，多煃"晚益折节虚己，奖掖后隽，草书茂美，有晋法"[2]。《书史会要》云："朱多煃以辞赋名，草书宗孙虔礼，笔法茂美。"[3]

容重，字子庄，宁献王九世孙，封奉国中尉。隐居南昌蓼洲，诗画自娱，"善兰竹小品"，著有《初吟草》，诗画皆达到较高水平。其《挽徐巨源先辈》诗曰："乱后诛茅构草亭，山中闲散久穷经。文章自我开生面，寰海推君作典型。夜雨暗凄高士宅，寒云低掩少微星。清尊无复黄花约，极目何堪涕泗零。"[4] 抒发了对先辈徐巨源的真挚的感情。

朱统鍫，字时卿，以王孙封奉国中尉，府第僻处南昌城东郊，宾客罕至，酷爱书籍，倾禄购买秘册，"读辄历历不忘"，博闻强记，知识渊博。凡乡试二三场完毕，士子多持考试题目问其出自何处。统鍫耐心细致，"必备注其语出某书、某卷、某叶，事则出某代、某年"。取书核对，无片言只字相抵牾。学术领域广泛，精通由黄帝、尧、舜以下，迄三代的历史，精研苏辙的《古史》，刘恕的《外纪》，金履祥的《通鉴前编》，著《古史记》四十卷。其中，志居其半；对姓氏学、古文字学、诗学、植物学等皆有一定的研究。余寅著有

---

① （清）陈田：《明诗纪事》甲签卷二下，《朱多煃五首》。
② 焦太史辑：《国朝献征录》卷一，《宗室一·奉国将军拱榣》。
③ 朱谋垔《续书史会要》，清文渊阁四库全书本（版本下同，不注）。
④ （清）陈田：《明诗纪事》甲签卷二下，《朱容重一首》。

《同姓名录》，仅有三卷，统稽予以充实、考订，扩充为十六卷；还著有《六书微》《诗解颐录》《牡丹志》《宁献王事实》等，"皆赡博可观"①。

朱统鉓，字章华，瑞昌王之孙，中天启辛酉乡试、崇祯戊辰会试，选庶吉士，授简讨，充任展书官，记录召对之语，编纂六部章奏；升右谕德，辅导太子；充经筵日讲官，御前讲论经史；曾参与纂修《玉牒》《大明会典》《五经注》等书。崇祯八年（1635），奉命册封襄王；崇祯十三年（1640），出任会试主考官；十五年（1642），主持江南乡试。后升职南京国子监祭酒，以父亲老病为由，上疏辞官，崇祯帝不予批准，敕曰：南京国子监"亟资造士，不得以私情陈请"。不得已，遵旨赴任，死于任所。平生清介自守，居家以孝友见称乡党。每当休沐之期，唯闭户读书，恂恂如书生。知识广博，贯通经史，熟悉国家的典章制度；记忆超群，过目不忘，朝报一经寓目即能成诵。为官兢兢业业，"在宫詹日，极承宸眷，凡奏疏几盈尺，两试所拔，多名俊"。著有《我法居集》②。

朱谋敖，字用庄，封镇国中尉，天性孝义，德行端谨，善诗文书画，兼工篆隶，著有《闲闲阁稿》《城南草》，并有《注六书正讹》《周史籀文》诸书行世。其第三子统钰，崇祯九年（1636）中经魁、十三年（1640）中进士③。

多燨，字垣佐，号崇谦，乐安靖庄王孙，天性平和纯朴，谨慎谦逊，"于人绝无忤色"。精于史，喜欢与好友、诗文君子相唱和。家有清晖楼，北眺龙沙，旁窥鹤岭，法书名画"盈积几架"，"春秋晴雨苍润满帘"，披卷临玩，怡然自适，善写墨菊，亦喜作仙道人物。生世七十八年④。

朱谋墅，字弘之，博学工诗，尝曰："作诗不根本骚选，师法六朝以上，终落下格。"故于《文选》一书熟精其理。行草学《圣教序》，楷书以欧阳询为法，而不乏其风格神韵，为当世所珍⑤。

---

① （康熙）《江西通志》卷七〇。
② 《江西通志》卷七〇。
③ 《江西通志》卷七〇。
④ （明）朱谋垔：《画史会要》卷四，清文渊阁四库全书本（版本下同，不注）。
⑤ （明）朱谋垔：《续书史会要》。

岷府南渭庄顺王誉㳹，生弘治十五年（1502）九月十七日，嘉靖二十六年（1547）始受册封，三十九年（1560）九月二十四日薨，袭爵十有四年，得寿五十有九。幼颖慧，儿时，其母吴太妃口授章句，即记忆不忘。祖父怀简王对之疼爱有加，尝抱置膝上，曰："他日光吾绪业，必此儿也。"长成后，癖好读书，然不拘泥于章句，兴之所到，"作为古文词"，不事雕缀而天趣畅发，经史百家莫不涉猎①。

唐藩封国南阳，好学人数之众为各藩之亚，仅次宁藩。唐成王弥鍗，庄王之子。笃行博学，工诗善绘，亲厚宗族，和睦乡人。弘治二年嗣爵。孝宗皇帝尝赐予五经、子史诸书籍。他同情贫困士子，在封国中"广置精庐"，召集才智杰出的士子给予资助，使其完成学业。武宗朝，尝上疏劝谏武宗"用贤图治"。时武宗数出游幸，成王弥鍗作《忧国诗》八章以委婉提醒、暗示。晚年，诗、绘益精，行、草皆称妙品，著有《瓮天小稿》及《家教》若干卷。嘉靖二年薨②。

唐府承休昭毅王弥𫗱，荣和王子。天性机警敏捷，"喜儒雅而善决断"。爱好书法，尝汇集古法帖若干卷。著有《存稿乐府》《复斋录》十余卷。李梦阳对其高度评价，赠之诗曰："至人开后学，君子笃前闻。"嘉靖二十一年，唐敬王以其品行上奏，请求朝廷"玺书褒之"，然命未下而王已薨③。

唐恭王弥钳，庄王之子，成王之弟，幼温良，初封郡王，时其父庄王及母妃身体康健，弥钳孝敬父母备至，且暮侍膳问安，寒暑不辍，父母甚爱之。后父亲庄王及母妃病，"辄彷徨左右，吁天泣祷"。庄王及妃去世，"极其哀毁"，出殡之日，徒步三十余里，"呼号不绝口"。兄成王嗣封，事奉恭谨，且友恤诸弟，"悉得欢心"，为成王及诸宗室所推重。好读书，赋有异禀，初读即能举其要。"凡古今事变及百家诸子，远迩洪纤，靡不究竟"，通晓历史和各朝学术思想。凡封国中之事有疑难者，咸与商榷，剖分立就，咸中肯綮。在保障地

① 焦太史辑：《国朝献征录》卷一，《宗室一·大明南渭庄顺王神道碑（吕调阳）》。
② 焦太史辑：《国朝献征录》卷二，《宗室二·唐成王弥鍗》。
③ 焦太史辑：《国朝献征录》卷二，《宗室二·承休昭毅王弥𫗱》。

方安全方面，亦建有殊勋。正德六年（1511），刘六、刘七起义军威震大河南北，"势逼南阳"，全城震惊。恭王指授驻府卫所官战守方略，兵戎整饬，防御戒严，起义军见势绕城而去，南阳民众免遭兵燹，赖之以安。教子也甚有方，择严师为其讲读，诸子亦皆"检饬自励"，勤苦攻读，不负父望，"颖哲茂成"。平生崇尚俭素，不喜华美。宗室中有人以千金"饰裘马"，买名妹者，心中憎之。每日与文士觞咏自乐。晚年，广置园囿，种植花、竹，构"谦光"等亭，曰："吾非躭乐，乃以待宾友，燕宗室，相与娱暮景尔。"豪爽喜客，士大夫过南阳者，无不造门求见。多才多艺，工诗善书。书工隶、草，诗尚气韵、风格。见闻日广，超越名辈，才气不凡。每对客挥笔，一韵辄至数十首，自号"秋江叟"。尝咏《秋江》，其末句云："霜后水痕清彻底，呼童整顿钓鱼竿。"托秋江以寄兴。著有《宗训直言》《谦光堂集》《秋江词》若干卷。[1]

三城康穆王芝垝，唐宪王子，成化七年受封。博通群经，尤嗜绘事，"法书、名画未尝一日去手。"弘治二年，孝宗敕赐《五经》《四书》，芝垝修建御书楼、玩易洞以庋藏、研习。著有《进修稿》若干卷，所作《耆英》《王母》《九老》《百花》诸图皆妙绝一时。正德六年薨[2]。

宪㸂，辽庄王致格子，简王曧孙，太祖仍孙，"聪明绝世"，初封句容王，嘉靖十九年袭封辽王位。喜好营造宫室，修建亭院二十余处，"以美人钟鼓之"，演奏乐舞。亭院名称繁多，有西楼、西宫、曲室、华房、太乙、竹宫，有月榭、红房、花坳、药圃、雪溪、冰室、莺坞、虎圈，又有塔桥、龙口、西畴、草湖、药珠洞、宫人斜等，壮观宏丽，绵延环绕，高低错落有致，相互掩映，若隐若现。琪花瑶草，异兽珍禽，靡不毕致，应有尽有。"宫室苑囿，声伎狗马之乐，甲于诸藩。"每日与诸名士觞咏其中。王亦风流好文，雅工诗赋，尤嗜宫商，其自制小词、艳曲、杂剧、传奇"最称独步"，超出群伦。所作《春风十调》《唾窗绒》《误归期》《玉阑干》《金儿弄丸记》，皆极其委婉华丽，才

---

① 焦太史辑：《国朝献征录》卷二，《宗室二·唐恭王弥钳》。

② 焦太史辑：《国朝献征录》卷二，《宗室二·三城康穆王芝垝》。

情出众。隆庆二年，以谋叛罪降为庶人，国除。著有《味秘草堂集》。后安置凤阳，又编撰《宝花声》诸词数百阕，流传江表，含思凄楚，哀婉伤悼，不减南唐李煜李后主之"春意阑珊"，失落惆怅①。

富顺王厚焜，荆和王第二子，正德九年受封。年幼孤苦，未能离家就学外傅。稍壮，愧不敢与长者交谈，乃潜心问学，发愤至废寝忘食。经长期积淀，遂博贯群艺。嗜诗兼精绘事，诗画俱佳。画蜀蔡惟妙惟肖，"一日拂素图蜀葵，移暴日中，蜂虫见丛集花上，拂之辄来"，画技之神妙类如此。其品德亦称高尚，且心怀怨气，尝读刘向《说苑》，至"臣欲事而君不用，子欲养而亲不待"之句，"辄三复涕下"，泪涕满襟。著有《东薪集》二卷。②

载坲，荆府恭裕王之子，嗣郡王位。喜读书，博极经史，为人脱略不羁，自由放任，能折节下士。虽贫困，然极好客，不以出身、爵位夸耀于人，日事词赋。晚年，更是"穷易谭理""篛冠野服"、灌畦种药以自娱，过着一种纯朴的生活，人咸称升甫先生。著有《大隐山人集》十七卷，《茹蜡子》《三径诸词》各一卷。受其熏染，诸子翊鋕、翊釜、翊壐，皆工诗。兄弟常共处一楼，谭艺不倦，号"花蕚社"③。

益庄王厚烨，号勿斋，宪宗孙，端王祐槟子。端王祐槟为益府第一代藩王，"盖甫离紫禁，狎熟崇贵事"，深知政治环境的凶险，"厚自贬损，鞠躬厉行，刻意问学，贤德称于天下。"庄王生于弘治十一年（1498）十月十一日，"生而灵异，颖敏端恪，雅有至性，不妄言笑"，完全继承了父亲的处世态度和风格。正德四年（1509），封益王世子，"日居东府考览六经，搜综百氏，神解妙悟，不烦师程。"嘉靖二十年（1541）袭封王爵后，仍为人低调，不事张扬，天性朴素，平居不喜豪华奢侈，"于外物绝无所嗜"，"巾服浣洗必敝而后易"，酒不常设，菜肴不兼味，剧戏音乐了无所好，"非大飨宴，钟鼓丝竹之声蔑如也"。"顾独嗜学"，勤学苦研，鸡鸣起床，洗漱毕即洒扫庭院、房间，"陈经史

---

① （清）陈田：《明诗纪事》甲签卷二上，《辽庶人宪㸕一首》。
② 焦太史辑：《国朝献征录》卷二，《宗室二·富顺王厚焜》。
③ 焦太史辑：《国朝献征录》卷二，《宗室二·恭裕王载坲》。

于几上，危坐讽诵，恒至夜分，虽盛暑不辍。"每五日一次，到书堂听儒臣进讲理政之道及历代治乱兴衰之故。自己命名书斋为"勿"，注重品格修养，"日严饬治之功，本原澄彻，践履光明，虽诗书所称，蔑以尚矣"，道德高洁。并精研书法，真草小篆为世所珍，撰著诗文亦"渊深隽永，不异学士家语"，书法、诗文都达到了较高的造诣。且通晓古今治国理政之道，关注民生，特别推崇宋人真德秀所著之《大学衍义》："古今书籍有关治理及切于民生者，躬校亥豕，序其要旨锓梓以傅，如命儒生张容所辑《皇明文范》，此其大者也。尤究心真氏《大学衍义》，尝曰：'帝王之道尽在于是，遵而行之，庶几寡过矣乎！'"还大力推动对王府子弟及府中太监、妇女的教育："择端雅之师，郡国之子弟而教之，季有所稽以察惰勤；宦寺女御亦诲之读书习字，属对咏诗，盖以折其骄逸之气，而牖之义方。宫殿之中伊吾弦诵若黉校焉。"至嘉靖三十五年（1556），在位已五十九年矣，偶感风露之疾，五月二十二日薨于正寝[1]。著有《勿斋集》《咏史诗》。其《登山》诗云："屏迹书巢寂寞间，篮舆乘兴远登山。山云挟雨忙飞去，不得逍遥共我闲。"[2]读其诗颇能触摸到其内心的孤寂和对自身赋闲生活的不满、无奈！

新乐王载玺，端惠王子，衡恭王之孙，嘉靖三十六年册封。渊博雅正，善于文辞，崇尚德行，汲汲然以著述、词赋为勋业。著有《丁巳同封录》一卷，《洪武圣政颂》《皇明政要颂》《楼居稿》《田居稿》《梦玩仙间神览》《沧溟》各一卷。又欲表彰宗藩中有才艺者，"走书天下，索同姓所纂述，得数十种，会梓而传之"，名《绮合绣扬集》。一生著作等身。诗歌创作成就也非常突出，"其诗冲澹夷远，有独造之趣，多可传者"[3]。其从父高唐王厚煐、齐东王厚炳也皆以博学笃行闻名当世。嘉靖间，世宗多次赐敕奖谕[4]。

湘王柏，高皇帝第十二子。洪武四年生，洪武十一年册封，封国荆州。为

---

① 焦太史辑：《国朝献征录》卷二，《宗室二·益庄王神道碑铭（张时彻）》。

② （清）陈田：《明诗纪事》甲签卷二上，《益庄王厚烨一首》。

③ 焦太史辑：《国朝献征录》卷二，《宗室二·新乐王载玺》。

④ 张廷玉：《明史》卷一一九，《诸王四》。

人纯洁善良，非常好学，常读书至半夜，"篝灯警枕，精思入微，人莫能窥其际"。曾建景玄阁，招纳才德出众的人，"日事校雠，志在经国"。知识广博，对古兵制及道家思想修养尤高，分析历代军事制度优劣，宿将有所不及。平素"被服儒雅"，风度翩翩，"尤善道家言"，常自号紫虚子①。

第三节　单一学科专门型

单一学科专门型，即是按现代学科分类，只在某一学科领域勤奋耕耘，并取得一定成就者。在明代宗室中，这种专门型的人才并不少见。他们有的专注于文学，有的擅长音乐，有的精通绘画，有的潜研史学，等等。

一、文学

文学是以语言文字表现社会生活和心理活动的艺术。可分为诗歌、小说、散文、戏剧四大类别。属于单一学科专门型的明代宗室对文学的热爱和创作主要集中在诗歌方面，散文也有一些，但不是太多。

秦康王志墭，隐王尚炳第三子，愍王樉之孙，明太祖曾孙。宣德三年，以富平王进封。景泰六年薨。工诗，著有《默庵集》。其《送凌汉章还苕》云："束书孤剑别西秦，红树青山泼眼新。千里风尘双短鬓，五湖烟水一闲身。梦回孤馆寒砧急，望入遥空候雁宾。料得纪行多赋咏，云笺无惜寄《阳春》。"②凌汉章，湖州归安人，为明代针灸名家。康王微恙，年余不愈，寻常药饵未见疗效，遂邀汉章千里入秦，以针灸施治。"分寸针芒却奏功"，手到病除。康王

---

① 焦太史辑：《国朝献征录》卷一，《宗室一·湘王柏》。
② （清）陈田：《明诗纪事》甲签卷二上，《秦康王志墭（一首）》。

对汉章心存感激，并对其高明的医术由衷敬佩。但汉章在完成使命后，就要整装匆匆南归。康王不忍离别，情深意浓。此诗抒发了作者与一代针灸名家的因病相识、依依惜别之情及别后的思念。千里迢迢，相见无期，只有"一尊酒尽伤离思，目断南鸿灞桥东"了。

靖安王新墭，晋靖王曾孙，明太祖云孙。万历十年袭封。其祖表栿、其父恭懿王知熯皆为诗人。新墭出身诗歌世家，家学熏陶，奠定了扎实的诗学功底，三世俱能诗。新墭《元夜怀易海洲中丞》云："淡月来深院，寒烟接暮天。华灯明绮席，绿酒醉流年。孤影梅花伴，相思春草边。遥知燕市里，酬和白云篇。"[1]寒夜深院，月光淡淡，梅花馨香四溢，华灯下宴席开张，觥筹交错，然作者却内心孤寂，思念远方的友人。自然流畅，感人肺腑！

楚宪王季堄，庄王子，明太祖曾孙。初封武陵王，正统五年袭封楚王，正统八年薨。著有《毓秀轩集》。《楚纪》载："王务学时敏，尝梦持水晶笔大书，自兹文藻焕发，诗调高旷。"传奇性地记述了楚宪王季堄诗文创作水平升华的过程。当然，一夜之间奇迹般地脱胎换骨的跃迁，有如神授，这显系过分的夸张和渲染。但能做手持水晶笔大书这样的梦的人，应该是用心逐梦的人。文学境界的提高实是不懈努力、积之以渐的结果。观其诗，文采飞扬，格调高雅，"士林多诵之"。《题东平图》云："东平昔贤王，居家惟乐善。富贵非所乐，忠诚意无倦。谠言契宸衷，奏疏答天眷。永言蹑芳踪，千载继成宪。"《河间图》云："我闻河间贤，懋学由好古。心契羲皇奥，神游洙泗浦。求书留其真，道术言有补。九原不可作，百世吾畴与。"这两首诗对汉东平王、河间王的乐善、博学钦羡不已，并抒发了对他们的向往之情。《昭王碑诗》云："高皇奉天，大正四海。肃肃昭王，维皇之子。茫茫江汉，爰初赐履。秉德执诚，以绥以理。温温靖恭，翼翼小心。惟孝颙颙，惟忠湛湛。临下惟和，莅众惟钦。允文允武，如玉如金。奕奕楚邦，寔奠南纪。时叙物丰，风厚俗美。瑶琨在园，帝嘉其贤。民受厥祉，毖祀有虔。呜呼祖考，陟降在天。锡监垂祚，裕我后昆。"

---

[1] （清）陈田：《明诗纪事》甲签卷二上，《靖安王新墭（一首）》。

《庄王碑诗》云："懿我楚国，王祖肇封。爰及王考，帝训是崇。仰惟帝训，子孙矩度。保国安民，式由皇路。启之承之，念兹在兹。宜我家国，世济光熙。江汉朝宗，藩翰攸峙。天监厥衷，用锡我类。闵予小子，嗣守家邦。允怀继述，夙夜匪遑。峨峨昭园，庄园在侧。穿碑有辞，用示无极。"①这两首诗表彰了楚藩先祖昭王、庄王对朝廷的忠诚，并抒发了对他们的深深怀念之情。

武冈王显槐，楚端王荣㵙第三子，愍王显榕弟，嘉靖十七年封郡王，万历十八年薨。曾亲历楚世子英耀弑父事件。嘉靖二十四年春，世子英耀谋弑其父愍王显榕，显槐闻讯奔救，寡不敌众，愍王被杀，显槐也被击伤手臂。案发，英耀伏诛。为表彰显槐在英耀弑父事变中的英勇果敢，世宗下诏慰问，并赐白金三斤，彩币玄黄四袭。嘉靖四十三年八月，显槐有感宗室不振，"上书条议藩政"，请求朝廷设立宗学，教育宗室子弟。具体方案为："择立宗正宗表，督课亲郡王以下子弟十岁入学，月饩之米一石，三载督学使者考绩，陟其中程序者全禄之，五试而不中课则黜之，概给以本禄三之二终身。其庶人暨妻女，月饩六石，庶女勿复加恩，绝郡与罪废者，勿令滥留转寻，仪宾工价请一切停给，免令谢恩京师。"朝廷"多采用其意"。具有一定的政治才干。在文学方面，显槐也颇有成就。"雅善文墨，尤好诗歌"，自号少鹤山人，著有《少鹤山人正续集》十六卷。其《送杜学谕擢国子先生》云："江天岁晚雪初晴，有客鸣珂上帝京。楚士久知宗杜佑，胄师今得见阳城。桥门璧水环经席，驿路梅花拥去旌。谁谓儒官稀树立，熙朝冢宰颂文清。"②楚士杜学谕调国子监任职，离楚赴京，武冈王显槐勉励其不以儒官而自暴自弃，以明初理学家为楷模，树立远大抱负，即会有灿烂的前景。此诗反映了作者对朋友的美好、真诚的祝愿，也流露出了武冈王显槐的积极用世情怀。

华圉，字仲叔，楚藩宗室，敦敏好学。明亡，隐居桃溪，易名陶范公，别号五湖长。心系故国，著有《梅湖》《桃溪》二集。其《送陈法瞻之留都》云："将

---

① （清）陈田：《明诗纪事》甲签卷二上，《楚宪王季坪（二首）》。

② 焦太史编辑：《国朝献征录》卷一，《宗室一·武冈王显槐》；（清）陈田：《明诗纪事》甲签卷二上，《武冈保康王显槐一首》。

军奇侠天下闻，醉余指顾生风云。以剑为书自神绝，波掣劲敌千人军。曩岁战黔获小丑，拂衣里闬羞言勋。小铃塞卫候千里，然诺真堪托生死。故人急难远相闻，犯暑南行为经纪。壮君意气为君歌，翁伯于君何足多。"①

晋端王如烊，"亦好文雅"，深研汉、唐、宋古文，尝校对《汉文选》《唐文粹》《宋文鉴》暨世宗《御制敬一箴》，筹资印刷出版。嘉靖八年，进呈御览，世宗赐敕书对其向学予以勉励②。

鲁王朱檀，洪武三年生，两月而受封，洪武十八年之国。幼时聪敏，喜好文学，雅善诗歌。然"好饵金石药"，追求成仙之术，为朱元璋所恶。二十二年，发病卒，谥曰"荒"③。其人生仅短短19个春秋。

蜀惠王申凿，机警敏捷，喜好文辞，敬礼饱学名士。弘治六年薨，著有《惠园集》若干卷④。

鲁府巨野中尉颐坥、安坵将军颐墉，"声诗清拔"。乐陵王颐垬"亦喜称诗"⑤。

颐媞，字江亭，鲁荒王八世孙。著有《市隐堂集》六卷。清代陈田在《明诗纪事》中竭力推介："江亭诗音节高亮，史称巨野中尉颐坥声诗清拔，所著有《赤霞馆集》。余检江亭《市隐堂集》，有《喜闻赤霞馆得二鹤》《展九日集》《赤霞馆对雨》诸诗，盖同时唱和之作也。江亭名不甚著，余特广为甄录，与世共赏之。"共录其诗10余首。《和村居感遇》："一朝脱尘鞅，四海任遨游。采药寻仙去，岱宗为我留。西望咸阳宫，寂寞成荒丘。兴亡固有数，贫贱何足忧。归来闭柴关，编简细研求。埽石卧白云，衔杯歌《四休》。"《四休》诗为黄庭坚所作。所谓"四休"是：粗茶淡饭饱即休，补破遮寒暖即休，三平二满过即休，不贪不妒老即休。此虽唱和之作，但流露出了不求功名、远离政治的心态

---

① （清）陈田：《明诗纪事》甲签卷二下，《朱华圉一首》。
② 焦太史辑：《国朝献征录》卷一，《宗室一·晋庄王锺铉》。
③ 焦太史辑：《国朝献征录》卷一，《宗室一·鲁王传》。
④ 焦太史辑：《国朝献征录》卷一，《宗室一·蜀定王友圪》。
⑤ 张廷玉：《明史》卷一一六，《诸王一》。

和向往四海遨游、安于命运、不忧贫贱的人生趋向。颇有道家风骨。心胸豁达，看透世事，不逐繁华。实是明代"藩禁"政策下宗室无奈的文学喟叹！《至后斋居述怀》："昔登苏门山，独发孙生啸。怅恨青霞人，披襟可同调。落月照林薄，回风吹海峤。相思转陈迹，俛仰忆悲眺。"《述怀》："柴门无客过，幽兴与谁同？竹色凌残雪，梅香度晚风。岁时双醉眼，天地一衰翁。回首浮云态，须臾事事空。"《春日卧病答蚓窍兄招饮》："相如多病日，不逐兔园游。人惜耽诗债，花怜负酒瓯。那堪曲水兴，尚念野人俦。燕子知春社，衔泥去玉楼。"《掩门》："物序秋将半，西风各掩门。人情向黄菊，霜色悼芳荪。白日豺狼斗，清宵鼓角喧。时光须自遣，对月且开樽。"《除夕雪中有感答一敬侄》："寂寂陵谷变，悠悠岁序迁。槛梅融腊雪，岸柳带春烟。药饵扶衰病，琴樽送老年。眼前小儿女，时态斗鲜妍。"《冬日感怀》："嗜酒贫为病，耽诗狂作魔。醉来还自舞，醒后复长歌。天地身将老，风尘鬓欲皤。吾生今已矣，岁月任蹉跎。"《杜陵台饯送林长卿之金陵》："台古春深草木稠，骊歌忽动使人愁。云开淮浦三山出，江抱石城二水流。别后梦魂依鲁甸，灯前风雨看吴钩。怜君年少青云器，正是雕鹏奋翼秋。"《迎春词》："越罗新翦制春衣，广袖长绅白练垂。怪底谁家游冶子，轻敲纨扇唱春词。"《绝句》："茶烹竹叶宜兴锦，酒泛松花鹦鹉卮。醉后园林游几处，阴阴桑柘雨晴时。"《塞下曲二首》："边烽夜照塞门开，汉将秋深打猎回。后骑尚屯平乐馆，前军已过李陵台。烟尘不动紫荆关，刁斗无声士马闲。貂帽锦裘结束好，将军雪里射雕还。"《海棠轩》："北轩轩外春光好，点染胭脂半未开。醉倚东风似相识，挑灯载酒几回来。"[1]读其数首诗作，在感叹其诗歌艺术之余，仍能感受到其内心有一丝孤寂的忧愤和无奈的惆怅！可明显地感觉到他对这种只能以诗酒自娱的人生是不满的，但对改变这种现状又无能为力，只有用诗歌抚慰备受煎迫的心灵。

　　襄垣王逊爝，代简王第五子，分封蒲州。明代制度规定，"诸王就藩后，非请命不得岁时定省"。防闲过峻，宗室间骨肉亲情分离。逊爝就藩蒲州，"念

---

[1]　（清）陈田：《明诗纪事》甲签卷二下，《朱颐㙠十三首》。

大同不置，作《思亲》篇，词甚悲切"。虽抒发的是对宗室管理制度违背人情的不满和至亲终生不得相见的内心伤痛，但表现了良好的文学素养。这一良好的文化基因，在其后的襄垣郡王府得到了传承和光大，"宗人聪瀫、聪洽、俊欐、俊権、俊鈫、俊杓、俊噤、充焞，皆娴于文章。俊噤，字若讷，尤博学，有盛名，不慕荣利"①。

弋阳奉国将军多煌，僖顺王曾孙。其父拱桧，"豪爽喜客，善诗"，著有《负初集》二卷。多煌恭顺谨慎，孝亲友弟，廉静寡欲，颇有诗才，与诸弟多炡、多爆、多照，"皆用文雅结友遍远近，子弟群从，莫不解艺善书，一门之内雍雍焉。"人才辈出。妻熊淑人早卒，将军鳏居，义不更娶，"独处斋阁者二十六年"，万历二十一年（1593）冬病卒。子壮、趌、趉、重善承父志，并并娴辞藻，"政暇辄开逸园燕宾从，雅歌投壶赋诗以为乐"，著有《委蛇集》四卷②。

谋𡊠，弋阳僖顺王曾孙、奉国将军多炡子。"效其父"，"喜游"，尝变姓名为来鲲，"出游三湘、吴、越间"，有集行世。与其孙太初、贞吉谓之"明宗三逸"，诗歌创作取得了不小的成就。其《白下集沈生予明府席上赋得春草》："芳杜夺幽色，秦淮客路遥。青连邀笛步，绿锁赛工桥。柔雨生三径，残烟认六朝。梦归南浦里，几个别魂销。"《疾愈寄友作》："深冬惜病颜，几日望春还。门外草初出，窗中人转闲。余生聊住郭，不死会寻山。待到桃花发，相期天姥间。"③ 时乐安王府辅国将军多煃亦雅有诗癖，造语新奇，与族人玮、埄，"修竹林之游，放志文酒，夜以继日"，终其世与世无忤。后竟因饮酒过量而病④。

多煌，字用晦，拱树子，瑞昌荣安王曾孙，宁献王六世孙，封奉国将军。时瑞昌宗室多"习为豪侈贵倨"，拱树"独折节缙绅间，以儒素督率子弟"。多煌秉承父志，"一意修诗书，工苦特甚"。"入七子之社"，"与李攀龙、王世贞游为诗"，"延誉海内"。著有《朱用晦集》。其《滕王阁》诗曰："滕王阁倚楚江干，

---

① 张廷玉：《明史》卷一一七，《诸王二》。
② 焦太史辑：《国朝献征录》卷一，《宗室一·弋阳奉国将军多煌》。
③ （清）陈田：《明诗纪事》甲签卷二下，《朱谋𡊠二首》。
④ 焦太史辑：《国朝献征录》卷一，《宗室一·奉国将军多炡》。

公子乘春一驻鞍。北去波光浮锦席，西来山色拥雕栏。冥鸿万里飞云断，芳草三洲落照寒。已是大夫工授简，赋成兼使和人难。"①

棋樋，字匡南，建安简定王孙，宁献王权五世孙，封奉国将军。著有《瑞鹤堂集》《爽台稿》各二卷。诗才勃发。《寄环浦郑公》："洒泪三年别，论心千里同。断鸿闽海阔，落木楚天空。忧世存孤议，传经抗古风。无缘从杖屦，吟啸武夷中。"《挽沈浔州禹文》："沈约元多病，如何事远游？一麾才欲展，万里瘴先投。茂苑猿空怨，苍梧云更愁。旅魂招未得，萧索不胜秋。"②

多焌，乐安镇国将军，为人以"文雅"著名，"尤嗜古傲物"，著有《支离市隐集》《北郭子鱼乐词》三十余卷③。

谋䵮，字康侯，后改字为"公退"，宁献王七世孙。"少英敏"，"读书修辞踵郁仪之后尘"，结庐蛟溪，躬耕赋诗，后移居金陵。著有《羔雁》《淹留》《芜城》《巾车》四集。其诗歌甚具影响。《江西通志》本传谓："郊居耕钓之作，词指婉约，才名蔚起"。《露书》云："南昌王孙多称诗，而康侯拔出。"《列朝诗集》云："郊居耕钓之作，词旨婉约，有唐温、许，宋陆游之流风。"兹录其诗数首。《送谢在杭分守大理》："南诏分司拥传赊，严城保障建高牙。汉兵据险皆屯栅，蛮族依岩即住家。布谷晓啼邮店树，刺桐春发讼庭花。君恩怀远多宽政，公暇吟诗早放衙。"《旧宫词》："女墙横截锺山麓，子城十里空其腹。老宫监守西上门，日见宫中春树绿。当年玉座迁北平，燕麦多从辇路生。太液烟波空吊影，未央钟鼓不闻声。二百年来万民乐，文武诸司皆卧阁。当年内库扫梁尘，六月重门启鱼钥。市人身替羽林军，偷见蓬莱五色云。枯沼颓垣容易入，千门万户杳难分。惊看墀草潜狐兔，武英殿接西宫路。赤阑杨柳树长生，画栋芙蓉花尚吐。别有铜驼扉半开，人传高后燕居来。五龙蟠结朝真阁，七宝庄严礼佛台。寂寂文牖冒蛛网，至今海燕巢于上。簷口衔将紫陌泥，飞身立在

---

① 焦太史辑：《国朝献征录》卷一，《宗室一·奉国将军多焌》；（清）陈田：《明诗纪事》甲签卷二下，《朱多焌一首》。

② （清）陈田：《明诗纪事》甲签卷二下，《朱棋樋二首》。

③ 焦太史辑：《国朝献征录》卷一，《宗室一·奉国将军多焌》。

铜仙掌。日暮中官点禁兵，周庐依旧闭重城。宫树鸦啼金琐下，年年只放内家行。"《甲寅春日江村即事》："自喜幽居耳目清，闲中岁月与天争。占风网客知鱼信，较雨田家验鹊声。梅润上弦琴缓柱，草香侵局弈开枰。沙边引步看流水，何处昏钟报晓晴。"《金陵杂咏》："南国金汤据石头，千年人说帝王州。惊闻战士屯朱雀，枉杀将军怨《白鸠》。风暖香车盈广陌，月明弦管在高楼。伤心一派秦淮水，处处垂杨似莫愁。"①

多煓，字知白，宁惠王第四子，石城恭靖王奠堵之玄孙，善诗。南昌城外有龙光寺，万历四十三年（1615）二月，豫章诗人结社于斯，宗室子弟参加者达 10 人。除知白以外，还有宜春王孙谋劙，瑞昌王孙谋雅，石城王孙谋坪、谋圭，谋䝞、谋埭、谋垦，建安王孙谋谷、谋㙤。谋劙收集其诗，名曰《龙光社草》。知白《秋日社集》诗云："躧步出郭门，凉沙朗朝日。迤逦入丛林，花宫眩丹漆。巍巍豫章台，万木四排比。高燕集友于，讨论及刊述。清风吹素襟，古调和瑶瑟。会心岂在远，快意亦多术。遥睇天际帆，翩翩若风乙。"②

谋尧，字巍甫，石城王孙，著有《享箒集》六卷。清代陈田对其诗评价颇高："巍甫诗五言如'一别几黄叶，相看两白头'；七言如'树头反照寒鸦色，花里残春倦鸟声'，'匹马路盘黄叶出，大江天与白云遥'，'山将暝色疏烟接，楼射江光返照来'，'秋气中人双袂薄，雨声入枕一灯残'，'满簪华发销尘事，一枕青山检道书'，'城回沙口藏山寺，水落江心吐石滩'，'行边锦树妆秋色，梦里青山薄宦情'，皆佳句也。"并录其《六子诗》二首："乌衣群谢游，如君固名曹。叹凤本千仞，称骥岂一毛。风流不在兹，《雪曲》谁为操？手持《五岳图》，欲将访卢敖。""吾宗有大阮，国中称达贤。兴至弄柔毫，势若银钩连。入望郁紫气，在听闻朱弦。往往出佳篇，何人堪当前！   "③这两首诗为赞颂其宗叔贞吉、宗良的才情而作，反映了在其内心对这两位宗叔的钦佩！

谋境，字佳父，石城王孙。著有《击辕稿》六卷。"诗瓣香宋人，于陆放

---

① （清）陈田：《明诗纪事》甲签卷二下，《朱谋瑋三首》；《江西通志卷》七〇。
② （清）陈田：《明诗纪事》甲签卷二下，《朱多煓一首》。
③ （清）陈田：《明诗纪事》甲签卷二下，《朱谋尧二首》。

翁为近"。《春日闲居》："门外双溪引，城边一径斜。春光欺病客，山色恋贫家。高树留残照，东风过落花。昼长除鸟语，庭院寂无哗。"《寄答邬汝翼山人》："姓名何处得君知，一札经年愧报迟。懒去已成中散癖，诗来应作郢人疑。各天明月三秋意，万里西风两鬓丝。摇落此时无以赠，白云江上不堪持。"《春日闲居》："心死如灰不复然，闭门踪迹俨游禅。课儿种树娱衰日，与客看花忆旧年。酒熟有时还自酌，诗成无意向人传。闲居一任春来去，又听莺声到耳边。"《春日感怀》："无复重调绿绮琴，关情谁听《白头吟》？难干薄俗千行泪，空碎穷交一寸心。倚杖园林鸣鸟变，闭门风雨落花深。感时对酒那成醉，人老春残总不禁。"①

谋㙫，宁藩宗室。其《登滕王阁》云："帝子杳何处？楼台犹大堤。江清二水合，日暝众山低。画栋生蛛网，雕甍有燕泥。不胜怀古思，春色远萋萋。"②

统铨，字梦得，中尉谋玮子。崇祯七年（1634）进士，官行人。黄云师《江西人物志》曰："统铨诗淡远高古"。其《滕王阁留别同社》云："春风吹雁去南天，又促孤纵远入燕。高阁喜从名士饮，轻装仍附贾人船。江花伴我程千里，云树添君赋几篇。只有诗情元不隔，相思能到彩毫边。"③

统鈫，宁藩宗室。其《晤茶山寺僧》诗云："因缘初地三生石，问讯名山四品泉。僧借《茶经》高说法，客依莲社近逃禅。清空翠滴银床满，爽气苔涵紫笋鲜。尘界黎元消渴甚，愿将甘露洒无边。"④

统钿，宁藩宗室。其《过东林访三昧法师》诗云："偶来看瀑布，随意过东林。问法莲花白，安禅竹叶深。泉流千壑响，云定一潭阴。啸咏清溪上，翛然净俗襟。"⑤

---

① （清）陈田：《明诗纪事》甲签卷二下，《朱谋㙏四首》。
② （清）陈田：《明诗纪事》甲签卷二下，《朱谋㙫一首》。
③ （清）陈田：《明诗纪事》甲签卷二下，《朱统铨一首》。
④ （清）陈田：《明诗纪事》甲签卷二下，《朱统鈫一首》。
⑤ （清）陈田：《明诗纪事》甲签卷二下，《朱统钿一首》。

朱统鑅，字佛大，乐安靖庄王后裔，封镇国中尉，"究心古文词赋"，著有《适园诗集》《面壁斋文集》。其学渊源有自，父亲奉国将军谋㙒即"博极群书"，具有深厚的学养。其良好的家学传统对下一代的影响也很大，子议泏、议沌，俱明经；议沃，崇祯十六年（1643）中进士①。

谋㙒，字藩甫，石城王孙，工诗，著有诗集②。

岷靖王彦汰，庄王楩玄孙，明太祖来孙。初封江陵王。弘治十三年，袭封岷王；嘉靖二十三年薨。擅长作诗，其《赠廖道南》曰："复比神仙翰苑清，更无荆棘向人生。覆瓯名位称良史，补衮才猷辅圣明。视草彩鸾挥翰集，宣麻棠鹊蹴花鸣。槐厅风静听铃索，一室焚香惬素情。"③

硕熿，字孔炎，唐府新野王孙，封镇国中尉。其父名宙松，力大无比，能举千斤重物，且好剑嗜书，仰慕古之节侠、廉义之风，"不逐时靡"，厌恶奢侈浪费的行为。孔炎继承乃父之风，"博雅慷慨，工文辞"，与王世贞交往甚密，品题书画，赓和赋诗，"益弘家学"。著有《巨胜园集》《友声集》各十卷，《五色石》一卷。王世贞在《弇州山人续稿》中说："孔炎诗调和致清，高处可步武摩诘，下亦不失钱、刘。"清代陈田谓："诗亦才藻翩翩，在宁国王孙宗良之次。"对其诗歌的艺术成就评价很高。兹录数首。《过族祖姑寿阳郡主墓》："高阜城西墓，荒凉卧石麟。青山犹似黛，金粉自成尘。花落梅妆在，莺啼竹泪新。向来萧馆月，不照夜台人。"《寄欧桢伯水曹》："闻醉金陵酒，高歌李白楼。书来牛渚夕，赋罢凤台秋。径竹裁青简，江花照绮裘。从来何水部，头白尚风流。"《山中送袭美》："龙伯祠前白日斜，山中七日饭胡麻。送君最爱春潭水，流出东风玉碉花。"《金谷园》："花落楼空委翠尘，千秋明月恨长新。西风原上群芳歇，独有芙蓉似美人。"④

---

① （康熙）《江西通志》卷六九。
② （康熙）《江西通志》卷七〇。
③ （清）陈田：《明诗纪事》甲签卷二上，《岷靖王彦汰一首》。
④ 焦太史辑：《国朝献征录》卷二，《宗室二·辅国将军宇浹》；（清）陈田：《明诗纪事》甲签卷二下，《朱硕熿四首》。

器封，字子厚，硕燨子，封辅国中尉。著有《宛志略》《参游集》《巢园集》，"而诗尤惊奇"，与父硕燨"并以词名震耀海内"，号称"南阳父子"。其诗颇受时人关注，王世贞《弇州山人续稿》曰："子厚王孙，天质颖秀，神明焕发。虽生王家，而早探竹素，不染爱乐，故所撰朗朗郁郁乃尔。""竹素"者，即史册、书籍。其意为，子厚虽生贵胄之家，酷爱读书，不染世俗歌舞、声色之习，所做诗音节清朗，文采飞扬。王世懋《奉常集》云："子厚乐府诸解，莽莽苍苍，绝无今人一语。五、七言律用事奥博，间有未融。"对其文学创作既多加赞誉，又指出了存在的不足。其《均州乐》诗曰："临江贾人黄篾船，浣浣青油篙刺天。下船上岸买鱼酒，二八当垆夸数钱。烟萦罗幌春将晚，白日衔山不思返。珠帘红袖影佺俄，楼上明妆楼下波。沙棠树上娇春鸟，月出平江齐唱歌。"《寄田子艺》："芙蓉摇落寄何迟，远道犹涵玉露滋。山远穆陵秋蠡蠡，月明浉水夜离离。翻经台畔一灯寂，挝鼓楼前双棹悲。无奈西风吹病骨，因君将赋五游诗。"①

沈安王诠鈺，庄王幼堄次子，简王模曾孙，太祖玄孙。封灵川王，正德四年薨，谥"荣毅"。后以其孙胤桍进封宪王，更谥为"安"。生前与僧人多有交往，《送五台山僧明晓》云："晓来法席尚余香，云水悠悠道路长。锡杖拨开三晋雪，衲衣披尽五台霜。经传般若谈偏熟，禅入维摩语并忘。若到深心三昧地，应知无处觅行藏。"著有《凝斋稿》②。

沈宪王胤桍，惠王勋溜之子，安王孙，简王来孙，明太祖晜孙。嘉靖五年，封灵川王。嘉靖十年，以怀王绝嗣进封，自号南山道人。嘉靖二十八年薨。有《清秋唱和集》《保和斋诗》五卷。谢榛《四溟诗话》评价说："宪王南山素嗜谈禅，诗亦妙悟。《和懒云上人韵》曰：'幽径断行踪，浮图对远峰。结冰坚碧沼，凝雪老青松。双树下开讲，千灯中现容。天空雨花徧，门有白云封。'使王摩诘见之，亦当心服。诗韵罕用'腥'字，胡曾《洞庭湖绝句》'鱼

---

① 焦太史辑：《国朝献征录》卷二，《宗室二·辅国将军宇浃》；（清）陈田：《明诗纪事》甲签卷二下，《朱器封二首》。

② （清）陈田：《明诗纪事》甲签卷二上，《沈安王诠鈺（一首）》。

龙吹浪水云腥',造句尽佳。宪王《夜雨》颈联'树湿鸦群重,云低龙气腥',格律尤胜。若宁献王耀仙、周宪王诚斋,虽皆嗜诗,相去悬绝矣。"认为其诗歌成就远在宁献王、周宪王之上!兹录数首。《闻陵川有警》:"猖獗山中寇,农桑殊可悲。黄巾还自败,白马竟何之?乌合枯林夕,鱼游沸鼎时。材官几筹策,况有射雕儿。"《送赵一卿佥宪之蜀》:"才得相逢便欲行,维舟论别限严程。云山远隔黄牛峡,风雨深迷白帝城。断石荒台唐故垒,悬崖残壁汉遗营。知君素有忠良节,过此宁无感慨情?"《次李黄崖寄怀韵》:"西望关门道路长,十年萍梗叹行藏。梦中樽酒人如昨,天外鸿声秋又凉。老去客身频出塞,晓来衙吏罢升堂,商州更在千山里,政简看书懒下床。"①

德平荣顺王胤橨,沈宪王弟,自号南岑道人。嘉靖三十七年封,万历十年薨。有《集书楼稿》。《四溟诗话》谓:"南山、南岑,伯仲齐名。"王鸿绪《横云山人史稿》云:"德平王胤梃渊郁负儁才,与宗人衡府新乐王载玺、周府中尉睦㮮、襄垣府俊嗓、晋府康衢、秦府玉华齐名。"其《赠别素愚上人》诗曰:"释子来何处?庐山复太行。翻经淹岁月,补衲犯冰霜。浩劫尘缘尽,弥天觉路长。智珠原不染,好去照殊方。"②

沈宣王恬烄,宪王次子,太祖仍孙,自号西屏道人。嘉靖二十一年袭封,万历十年薨。好学工诗,精通诗文的声韵、格律,著有《绿筠轩稿》四卷。《四溟诗话》云:"西屏道人诗,辞雅气畅,造诣不凡。"《名山藏》曰:"宣王好学,工古文辞,妙于声律。"其《寄怀大司马郭一泉二首》云:"在昔论文即见知,几年良晤信难期。停云北极频回首,落木西风独赋诗。金鼎盐梅殷相业,玉阶剑履汉官仪。君今选将清边徼,画省忧心退食迟。征骖别后几登楼,极目山川忆旧游。晶晶霜华寒已冱,冥冥云物夕仍留。九关甲士图功日,三辅丁男习战秋。闻道天骄还北遁,万年佳气绕皇州。"③

镇康恭裕王恬焯,沈宪王第五子,自号西岩道人。嘉靖三十一年封,万历

---

① (清)陈田:《明诗纪事》甲签卷二上,《沈宪王胤栘三首》。
② (清)陈田:《明诗纪事》甲签卷二上,《德平荣顺王胤橨一首》。
③ (清)陈田:《明诗纪事》甲签卷二上,《沈宣王恬烄二首》。

八年薨。著有《西岩漫稿》。其诗歌谢榛给予很高的评价！《四溟诗话》曰："镇康王西岩诗，最得盛唐格律。《题宋参政瞻远楼》：'江流悬树杪，山色到窗中。'精拔有骨。《陪国主谒茔途中有作》：'仗划浮烟破，旗冲过鸟翻。'句法森严，何异沈、宋。"其《送程太守存斋之任睢阳》云："八月一日天沉寥，使君南发驰星轺。双旌何悠悠，五马亦萧萧。骈筵出祖拥溪桥，桥边杨柳垂长条。欲言不言各踟蹰，西风袅袅吹征袍。睢阳雄峙梁宋郊，两歧五袴成歌谣。公衙寂寂画帘卷，白日皎皎青天高。寒余久钦道义重，与君况是金兰交。一日不见心已思，讵忍咫尺千里遥。握手送君还留君，侧身南望空郁陶。"《寄怀刘紫山侍御回自滇南》："桄榔几度感花开，乡国传书不易来。曾醉离亭牵我梦，因思佐郡识君才。滇南风壤三年尽，天北星槎万里回。遥望旧知秋欲杪，月明何处是行台？"《四月八日过昭觉禅院同诸宗丈赋得松字》："石龛幡影闪金容，此日曾闻浴九龙。心印始归香象迹，法轮更断野狐宗。风传钟磬留空谷，天落云霞拂古松。杰阁还登一西望，万年佳气暖诸峰。"①

安庆端懿王恬爌，沈宪王第七子，自号西池道人。嘉靖三十七年封，万历二十二年薨。为人"乐善忘势，海内名人乐与之游"。成立"葆真亭八子会"，每当佳辰，"招呼宴集，弹琴对弈，饮酒赋诗。"著有《嘉庆集》。《四溟诗话》云："安庆王西池诗，奇崛有骨，善用险韵，譬如栈道驰马，无异康衢。"其《送月泉上人归南海》诗云："闲身无所系，江海信孤帆。石上留金偈，人间秘玉函。天开达摩井，云护普陀岩。谁复为禅侣？相依松与杉。"《送程太守存斋之任睢州》："秋满桥梁柳尚垂，一樽千里别君时。云霄盛世看腾踏，风雨茅堂几梦思。汴水澄清知善政，嵩山迢递入新诗。怀人傥有琼瑶字，回首天涯雁正飞。"②

沈定王珵尧，宣王子，太祖云孙，万历十二年袭封。"博学赡通，诗学晋、魏。"著有《修业堂》《崇玉山房》二稿。其《寒食晓行》诗云："轻轩冲晓色，

---

① （清）陈田：《明诗纪事》甲签卷二上，《镇康恭裕王恬焯三首》。
② （清）陈田：《明诗纪事》甲签卷二上，《安庆端懿王恬爌二首》。

迢递柳溪边。野阔群山小，云低片雨悬。杏花初熟酒，榆火乍浮烟。寂历啼莺处，伤春似旧年。"①

胤梢，字逊轩，沈府陵川王孙。博学嗜诗，"志在古雅，且得论诗之法"，长于诗歌评论。认为"凡作诗贵识锋犯，而最忌偏执。偏执不惟有焦劳之思，且失诗人优柔之旨。"万历三年冬，宣府、大同修筑边墙，三晋受役兵、民四千余人，而死是役者一千五百有奇。"乃为夫妇之词"，凡七章。命名曰《七哀》。兹录二首："长城万里连云开，去年曾筑今已颓。黄沙满眼更何处？驱逐远过单于台。前负土囊后骑催，腹空肉破谁能来？呜呼父母不我哀！""朔风倒吹天雨雪，杵声橐橐何时歇？别时相约秋早归，岂料无衣骨将折。人生有命向谁说？河水溅溅为呜咽。呜呼南望心肠绝！"以现实主义的手法表达了对受役兵民的深切同情。其《拟阆仙绝句》："杂树已秋风，空山又斜景。杖策不逢人，独行潭底影。""词意闲雅"，"不下唐调"②。

胤柠，字敬轩，沈府清源庄简王曾孙。所作诗"冲澹自然"，著有《重瞳老人诗》十二卷。其《次栗太行枉顾韵》："城隅葺小轩，车马不闻喧。丘壑元规兴，蓬蒿仲蔚园。君诗清可挹，吾道拙能存。何似岁星隐，常依金马门。"③

胤桎，字诚轩，胤柠弟。《其石山子》诗云："累石宜精舍，凭虚无古今。悠然倚杖兴，重以爱山心。地转仇池穴，天移王屋岑。主人得幽趣，何处更登临？"④

恬烷，字达庵，沁水庄和王叔子，封镇国将军。著有《达庵集》。其《同玉源宗王过吴江郡藩别业》诗云："霁日风光丽，梁园草木深。莺歌催酌酒，鱼乐听鸣琴。移席临花坞，行厨傍竹林。贤王有佳兴，留客正殷勤。"其子辅国将军珵圻与珵埦、珵镏、珵埔四人结社，恬烷"日课以诗"⑤。

---

① （清）陈田：《明诗纪事》甲签卷二上，《沈定王珵尧一首》。

② （清）陈田：《明诗纪事》甲签卷二下，《朱胤梢三首》。

③ （清）陈田：《明诗纪事》甲签卷二下，《朱胤柠一首》。

④ （清）陈田：《明诗纪事》甲签卷二下，《朱胤桎一首》。

⑤ （清）陈田：《明诗纪事》甲签卷二下，《朱恬烷一首》。

　　珵圻，字京甫，恬烷子，封辅国将军。"诗多拟古，妙合音节。"在沁水王孙中，"当首屈一指"。著有《怡真亭稿》。基《宛转词》云："秋夜长，碧水芙蓉香。锦囊琼佩为君解，象笼玉轸为君将。歌宛转，宛转凄以清。愿为沧波月，夜夜舟中明。夜已深，幽怨绕清琴。渚亭斜月半江色，凉风淅淅哀猿鸣。歌宛转，宛转愁君去。愿作琴上弦，朝朝在君御。"《大堤曲》："清江覆垂柳，日暮大堤头。堤上繁华子，春风极冶游。解珠邀汉女，戏马入青楼。谁见烟波晚？偏令估客愁。"《春日行》："四运纷鳞次，寒暑亦相循。玄冬聿云暮，忽焉代青春。青春始入东郊里，一日芳菲几千里。已看幽谷出鸣莺，复见芳园映桃李。桃李葳蕤满故枝，垂阳旖旎拂金堤。南桥公子乘春兴，南浦行人恨别离。南浦南桥望何极，士女春游游不息。香车七宝度春风，骏马千金踏春色。春色感人深，春风荡客心。春日行将暮，春愁不可禁。若有人兮婉清扬，弄白日兮临绮窗。感摽梅之欲尽，怅佳期之不常。托春心于芳草，结春思乎垂杨。皋有兰兮隰有杜，怀佳人兮心独苦。惜嬿婉之莫同，悲年华之将暮。恐鹍鸠之先鸣，芳意萎兮靡顾。与君愿作双飞鸾，比翼逍遥乎天路。"《捣衣曲》："空阶秋色惨，寒逼授衣时。捣练劳清夜，调砧动远思。力随斜月尽，声逐晚风悲。七月边城雪，闺中寄已迟。"《赋得葛巾》："生平甘恬素，奇服从燕私。制巾蕲绤绤，漉酒还着之。晚沐挂薜荔，晓出窥清池。优游泉石上，珥貂徒尔为。"①

　　珵瑠，字纯甫，沁水庄和王孙，封辅国将军。有《玉田集》。其《步虚词》云："驭鹤辞三岛，凌飙入九天。衣轻披翠羽，剑古佩龙泉。紫气呈金箓，丹霞绚玉篇。遨游过帝阙，容与木公前。"②

　　珵埦，号玉溪，沁水庄和王孙，封辅国将军。其《赋得采桑秦氏女》诗曰："青阳属蚕候，采采及桑柔。秦女新妆出，光辉动陌头。叶低娇漫摘，树隔语还羞。自有金貂婿，空劳五马留。"③

　　珵堉，号龙洲，沁水王孙，封奉国将军。其《送傅逸人游关中》诗曰："山

①　（清）陈田：《明诗纪事》甲签卷二下，《朱珵圻六首》。
②　（清）陈田：《明诗纪事》甲签卷二下，《朱珵瑠一首》。
③　（清）陈田：《明诗纪事》甲签卷二下，《朱珵埦一首》。

人不可留，归路思悠悠。仙掌丹霞出，函关紫气浮。猿啼秦树晚，雁度陇云秋。华岳如堪隐，吾将从尔游。"①

效燮，字仲凝，珵圻子，封奉国将军。著有《匪莪》《玄揽斋》《盘秀山房》等集。其《杪秋交光禅师程心蟾逸人见过东园》诗曰："开士投莲社，幽人就竹关。茶烟凝晚树，木叶下寒山。定水禅心净，归云客思闲。清言尘境外，何幸日追攀。"②

沈藩多才，除上述外，尚有：沁水王珵阶，简王七世孙，"工诗喜士，名誉藉甚。"清源王幼圬，康王第三子，"博学能文词"。稍后的辅国将军勋涟及其从子允杉、允柠、允析，"并以能诗名"③。

肃靖王真淤，恭王贡錝之子，太祖来孙，庄王楧玄孙。成化中，封世子。"博雅好文，善为诗。"著有《星海集》，嘉靖五年薨。以其子定王弼桃袭王爵，追谥曰靖。《列朝诗集》云："靖王诗调高古，言边塞事，尤感慨有意。"徐𬤊《笔精》云："肃藩靖王博雅善诗。"兹录其诗两首。《塞上》："李陵望国台犹在，蔡琰悲笳怨未穷。猎骑遥遥入霜雾，鹈鹕泉外夕阳红。受降城外单于猎，温宿营边汉使过。强欲从军事鞍马，冯唐已老复如何。远出渔阳北击胡，将军谈笑挽雕弧。千金底购单于首，赎得沙场战骨无？"《春日田家》："屋后青山门外溪，小桥遥接稻秧畦。人家远近苍烟里，桑柘阴阴戴胜啼。"④

宪𤥽，字叔和，辽简王植六世孙，封镇国将军。著有《哀黍离诗》。其《真人府》诗云："丛桂崟幽玉露寒，欲探鸿宝忆刘安。云中鸡犬无消息，岁岁青苔护石坛。"真人，即指辽王宪㰅⑤。

俨鑶，字启宇，辽简王八世孙。著有《句曲山人诗》。其《东湾草堂隐居》诗云："明月在天天在水，水光天气涵缊缊。隔邻清杵数声急，绕屋寒

---

① （清）陈田：《明诗纪事》甲签卷二下，《朱珵圻一首》。
② （清）陈田：《明诗纪事》甲签卷二下，《朱效燮一首》。
③ 张廷玉：《明史》卷一一八，《诸王三》。
④ （清）陈田：《明诗纪事》甲签卷二上，《肃靖王真淤四首》。
⑤ （清）陈田：《明诗纪事》甲签卷二下，《朱宪𤥽一首》。

蜑一夜喧。有时独坐自垂钓，无事杖藜还扣门。眼前落叶聚复散，石上看云安所论?"①

赵康王厚煜，成祖第三子赵简王高燧之来孙，庄王子，自号枕易道人。正德十六年（1521）袭封，天性平和宽厚，嗜学博古，"敦尚雅素"，文藻弘丽，"声誉浃于四方，远近能谭艺者，莫不倾慕风乘。"文名远播，为诗歌爱好者所崇敬。又性格豪爽，"折节爱宾客"，以故户屡恒满，文酒唱和，燕游不辍，颇有汉淮南王刘安、梁孝王刘武之遗风。个人生活自律严苛，常独居一楼，鲜近妃妾，第以翰墨吟讽自娱，著有《居敬堂集》十二卷。其《送句吴茂才顾圣少北上》云："北去度滹沱，春风一骑过。入燕投刺少，留赵著书多。明月频呼酒，青天独放歌。他时望南国，湖上有烟萝。"《拟出塞》云："都护行边日，胡天雪正飞。朝传青海檄，暮解白登围。龙虎行韬略，风云入指挥。何当请长组，生系犬戎归。"嘉靖三十九年（1560）十月暴薨，在位四十年，寿六十有三②。

永新安庄王厚熿，荆和王第二子，富顺王厚焜弟，"亦以能诗著名"。③

常湘，字幼良，益端王四世孙。著有《防露馆稿》。姚园客称其诗"酸楚有致"，如"三春过大半，半在雨中过"，"落叶如秋雨，听来不耐愁"。其《山行》一诗亦意境深远："山谷风多花乱飞，飞花带露湿人衣。晨炊茅店烟光动，散作浮云入翠微。"④

慈㷆，字火西，衡恭王六世孙，崇祯十五年（1642）举人。李自成军攻陷青州，变易姓名南游，"造次必持一瓠"，因自号"大瓠道人"。"饶学问，善诗歌"。其《丘使君招同游焦山》诗云："枯木堂中宿，重过不计年。乌啼京口树，月冷海门船。云驭通三岛，潮音应四禅。如何终碌碌，寻胜转无缘。"⑤

---

① （清）陈田：《明诗纪事》甲签卷二下，《朱俨鑡一首》。
② 焦太史辑：《国朝献征录》卷二，《宗室二·赵康王厚煜》；（清）陈田：《明诗纪事》甲签卷二上，《赵康王厚煜二首》。
③ 焦太史辑：《国朝献征录》卷二，《宗室二·富顺王厚焜》。
④ （清）陈田：《明诗纪事》甲签卷二下，《朱常湘一首》。
⑤ （清）陈田：《明诗纪事》甲签卷二下，《朱慈㷆一首》。

谷城王常漮，吉端王孙，简王来孙，英宗昆孙。万历二十四年（1596）袭封。善作诗，其《冬日陈达父对饮》诗云：“寒色侵池满，帘钩卷夜长。钟疏三径月，叶散一林霜。茗好诗脾健，卢呼酒力强。纵谈销绛蜡，缥缈坐焚香。”①

潭王梓，洪武二年生，生母为达定妃，两岁即受封。洪武十七年，之国长沙。自幼聪敏好学，“善属文”，尝召集府中儒臣设酒赋诗，亲为品评高下，凡优胜者，“出邸中赀为赏”。洪武二十三年，因卷入政治事件，潭王惶恐不安。太祖遣使“慰谕”，并召潭王入京朝见，潭王“大惧”，与王妃自焚而死，无子国除②。过早地结束了宝贵的生命。

齐王榑，太祖时，封青州，永乐时废。齐藩宗支，散居金陵。整体而言，文化素质不是很高。但也有个别较突出的。如我们在文献记载中找到的朱承彩，即是一显例。承彩，字国华，齐王孙，“独以文彩风流，厚自标置，掉鞅诗坛，鼓吹骚雅”。万历三十二年（1604）中秋，开“大社”于金陵，大会海内名士，如张幼于辈120人，并邀秦淮伎女马湘兰等40余人与会，“分赋授简”，吟诗做赋，弦歌不绝，一时称为承平盛事。至清，南京人犹艳称之。清人陈田对朱承彩的诗歌评价较高：“其诗亦殊清拔。‘天迥孤帆没，江空独雁寒’，所谓送别登楼，俱堪泪下者也。”其《春暮集巨源弟群鸥阁》诗也甚有韵味：“客来情不浅，月白树难藏。开阁惊春暮，传杯引兴长，水清鱼戏藻，花落蝶愁香。剪烛西窗里，无妨入醉乡。”③

靖江安肃王经扶，端懿王子。弘治六年（1493）生，正德十三年（1518）“始膺封爵”。嘉靖四年（1525）三月，“遽以疾薨”。在位仅八年，寿三十有三。平居喜学问，王府审理周世“质而有文”，每日必延请周世为之“讲究经史”，优礼有加，“改容礼貌称之为先生而不名”。读书之暇，随笔所作诗文，皆有关于身心伦纪，不为无益之语。尝于宫中独秀山间凿石为盂以盥手，“而铭之以著自新之义”。又撰《敬义箴》，刻之于石山之胜境处，时时登临眺望。兴之所

---

① （清）陈田：《明诗纪事》甲签卷二上，《谷城王常漮一首》。

② 焦太史辑：《国朝献征录》卷一，《宗室一·潭王传》。

③ （清）陈田：《明诗纪事》甲签卷二下，《朱承彩一首》。

至，辄形于诗，长篇短章多至数十首①。

朱高煦，成祖朱棣第二子。身体矫健，孔武有力，骁勇善战。在靖难之役中屡建功勋，亦以此自满骄人，常以唐太宗李世民自比。太子高炽仁弱，腿有残疾，高煦素有夺嫡之意，屡遭朱棣斥责。永乐二年，封为汉王。十五年，就藩乐安。宣德元年八月，以谋反降为庶人。随后，被宣宗处死，国除。有《拟古》感兴诗，颇见诗才。《拟古》云："武皇藉文景，民殷仓粟陈。不守清净化，开边政多门。四方屡游幸，万里驰三军。有子不自保，哀哉真少恩。外虚仁义名，奈兹多欲身。神仙在何处，茂陵今几春？"②这首诗潜藏着政治图谋未能得逞后内心的强烈不满，借对汉武帝刘彻开边衅、追查巫蛊事件、追求神仙等的批评，流露出对其父成祖朱棣不立己为皇储的"少恩"之举的愤懑。

二、史学

中国史学源远流长，在中国传统学术体系中占有重要的地位，仅次于经学，在子、集之上，承载着资治、垂训等经世的功能，是人们知识体系的重要构成。宗室中关注、研究历史者不乏其人。除前面已涉及的如宁王权等外，再举几例。

秦定王惟焯，昭王庶第一子。正德四年袭封，嘉靖二十三年薨。"少失怙"，双亲早卒，由祖母简王妃廖氏抚育成人。生平"循理乐善，稽古右文"，热爱历史，具有一定的史学素养。关中"故无《史记》"，乃求善本刊刻，置放成趣轩中，"俾学士家便观焉"。史家将其比之为汉光武帝的儿子东平王刘苍③。

颐堼，鲁府安邱王当漎曾孙，秉礼自处，好学不辍，年逾古稀，犹手不废书，知识渊博，尤其谙练典故，熟悉历史人物、典章制度。鲁府凡有大的疑难、棘手之事，辄前往解决，有超强的办事能力。然"一意韬晦"，循礼守法，

---

① 焦太史辑：《国朝献征录》卷二，《宗室二·靖江安肃王神道碑铭（蒋冕）》。

② （清）陈田：《明诗纪事》甲签卷二上，《汉庶人高煦（一首）》。

③ 焦太史辑：《国朝献征录》卷一，《宗室一·秦定王》。

监司守令等地方官员希见其面[①]。

宙枝，唐府承休昭毅王弥鋠孙，宇渊子，勤奋好学，博闻强记，历史典故烂熟于胸，著有《皇明统宗》《绳蛰录》[②]。

秀王见澍，景泰三年生于南城，成化三年封，封地汝宁。一日，王府左、右两长史进讲《尚书》中的《西伯戡黎》篇。左长史主吴氏说，曰："戡黎者武王也"，认为战胜黎国的是周武王；右长史赵锐主孔氏说，曰："文王寔戡黎"，认为战胜黎国的实为周文王。两长史各持己见，互不相让，奋然作色。秀王语气平缓地说："先王简二先生辅余，经义即未有定论，何嫌往复？乃尔动色。"表现出了良好的涵养和史学功底。两长史顿首称谢。秀王见澍卒，谥曰："怀"，以无子而国绝[③]。

三、哲学

古无"哲学"之名，其内容多包含于经、子之中。明代宗室中涉足于这一领域者不少，但只专注于此者似不多见，但也并非绝无仅有。

蜀昭王朱滨瀚，明太祖六世孙，蜀献王玄孙，为人仁慈宽厚，喜好儒术，孝宗皇帝赐诗赞誉："河间礼乐文风盛，江夏忠勤世业昌。异代岂能专美事，吾宗亦自有贤王。"将其与汉河间献王刘德之兴修礼乐、唐江夏王李宗道之忠诚勤勉相媲美[④]。

宁惠王盘烒，献王嫡长子，永乐二年封世子，正统二年正月十九日先于其父离世。正统十四年，宁献王权去世，朱奠培以嫡长孙袭封宁王，盘烒以子贵，追封宁王，谥曰"惠"。宁惠王盘烒人品端方，孝友仁厚，"洞达理学"，享誉当时，有"渊骞"之誉。"渊骞"本为汉扬雄所作《法言》卷十一的篇名，

① 张廷玉：《明史》卷一一六，《诸王一》。

② 焦太史辑：《国朝献征录》卷二，《宗室二・承休昭毅王弥鋠》。

③ 焦太史辑：《国朝献征录》卷二，《宗室二・秀王见澍》。

④ 陈全云：《蓬窗日录》卷七诗谈一，明嘉靖四十四年刻本。

在这里应有盘炆精研理学、人罕能及的意蕴①。

吉简王见浚，英宗第七子。生于南宫，天顺元年封，时甫二岁。成化十三年，就藩长沙，刻印《先圣图》及《尚书》于岳麓书院，"以授学者"，对经学有较深的研究和发自内心的热爱。嘉靖六年薨②。

四、书法

书法是一种文字书写的艺术，是对文字美的艺术表现。汉字书法艺术历史悠久、技艺精湛，是中国传统文化的重要组成部分，书法名家代不乏人，书法精品琳琅满目。宗室中也有不少在书法方面造诣甚高者，尤以宁藩宗室为多。

奉国将军拱枘，宁府瑞昌恭僖王之后，正、嘉时人，天性朴实厚道，好学，善草书。父宸渠受宸濠之乱牵连，逮系中都凤阳，拱枘请以身代。嘉靖十三年冬，世宗赐敕褒奖其孝行。卒年八十有九。子多炘"好文雅，以孝行闻"，万历二十二年卒③。

朱多熅，字中美，号午溪，瑞昌荣安王曾孙，封奉国将军。善行草，得钟繇、王羲之书法的精髓，"亦自珍惜之"。每一纸出，好事者重价购去，比之兰亭禊帖④。

朱多燨，字垣佐，号崇谦，一号觉庵，乐安靖庄王孙，封奉国将军，力学不倦，对书法很有研究。其书法初学宋末元初著名书法家赵孟頫，后法《圣教序》⑤。《圣教序》是唐太宗为表彰玄奘翻译佛经的功绩而写的序文，由唐代书法家怀仁从王羲之遗墨中集其行书字迹而成。由此可见，他在书法方面的造诣肯定是达到了一定的高度的。

---

① 焦太史辑：《国朝献征录》卷一，《宗室一·宁献王权》；（清）陈田：《明诗纪事》甲签卷二上，《宁献王权（二首）》。

② 张廷玉：《明史》卷一一九，《诸王四》。

③ 焦太史辑：《国朝献征录》卷一，《宗室一·奉国将军拱枘》。

④ 朱谋垔：《藩献记》。

⑤ 朱谋垔：《续书史会要》。

朱统锃，字孝穆，谋㙂第三子，封辅国中尉。学识渊博、品行端正如其父，喜爱书法，深通各类书法名帖，"以悬腕中锋为贵"，"作字必有所本"，书法艺术未臻上乘，"盖以学胜者"①，以熟悉各种书法理论、技巧而闻名。

朱谋㙂，字隐之，号八桂，封奉国将军，"特擅临池"，擅长书法，"鸾锵虎跃，标帜一家，屏障榜额，得手笔为重。"书法自成一家。又喜明初陶宗仪编著的《书史会要》，此书辑录了上古至元代的书法家小传和前人的书法理论，他认为此书"有益书家"，乃搜集有明一代的书法家传记和书法理论，作续《书史会要续编》②。

朱谋㙔，字素臣，号谦山，瑞昌王支庶后裔，封辅国中尉。雅好草书，远宗唐代书法家怀素，怀素以"狂草"名世，史称"草圣"。近法明代书法家张东海，张东海，名弼，其草书疾如风雨，矫如龙蛇，瘦如枯藤。谋㙔在继承的基础上，推陈出新，"间用淡墨枯笔出己意，迫视之若云篆烟书，口噤不能读"③。

其他藩府也有发现，但不太多见。晋庄王锺铉，宪王之子，明太祖曾孙。正统七年，以榆社王进封。"好博古，喜法书"，家藏《绛帖》。这部书为北宋潘师旦摹刻，因刻于绛州而得名，集宋以前书法名家作品之大全，所收多佳帖，如李斯、诸葛亮、王羲之、王献之、颜真卿等人的名作，锺铉喜爱至极。然因"岁久断脱"，"令世子奇源采旧所藏古今名人墨迹摹刻以传"，号《宝贤堂集古法帖》。弘治九年，"表上之"，孝宗赐敕嘉奖。本段文献资料虽未记载这父子两人在书法创作上的造诣如何，但从其喜好之深来看，想必至少也是书法鉴赏的行家。锺铉在位六十一年，弘治十五年薨，寿七十有五④。荆端王厚烠，荆宪王玄孙。"性谦和温粹，锐思典籍，尤以篆隶著名。"嘉靖三十一年薨⑤。等等。

---

① 朱谋㙂：《续书史会要》。
② 孙岳颁：《佩文斋书画谱》卷二十三，清文渊阁四库全书本。
③ 孙岳颁：《佩文斋书画谱》卷二十三。
④ 焦太史辑：《国朝献征录》卷一，《宗室一·晋庄王锺铉》
⑤ 焦太史辑：《国朝献征录》卷二：《宗室二·荆端王厚烠》。

五、绘画

在中国，绘画艺术也是源远流长。对绘画技艺的掌握，是古代文人雅士的必修功课。它体现了古人对人与自然、社会及政治、经济、道德等的认知。在明代宗室中，专精绘画者亦不乏见。

朱庆聚，字仲贤，号似碧，宗室，寓居士金陵，喜画山水与枯木、竹石，"清雅可观"[1]，达到了一定的艺术境界。

谋遡，字履中，号西浒，贞吉之侄。写山水，运用元代画家吴仲圭、明代画家谢时臣笔法，其画"皴斫甚清"，"老点树以津液和墨，浓淡数层，圆润不苟"。其从弟谋毂，字用虚，"花鸟纤秀，擅名蚤岁"[2]。

朱谋𪃿，字太冲，号鹿洞，贞吉第六子。从小生有喑疾，不能讲话，然禀性聪慧异常，"指物引类，教之识字，遂通文理"，克服生理的缺陷，养成了较高的文化素质。绘画艺术方面则是造诣更高，其山水花鸟画兼具文徵明、沈周、周之冕、陆治诸家之长，享誉当时，名走四方，"求者绢素盈室"，有求必应，"孜孜晓夜挥洒不倦"，"竟以此致瘵"，积劳成疾，患上了痨病，"中年而殁"。其弟谋卦，字象吉，所画花、石酷似鲁岐云的手笔，有一定绘画才能，惜其"亦早逝"[3]。

谋𡐤，字文之，号四溟，乐安靖庄王孙多㸂子，花鸟画得岐云、少谷之神韵；统鎙，字伯垒，号群玉山樵，石城王孙，爵辅国中尉，父谋㙔"以著书擅名"，鎙继承家学，"兼精绘事"，山水画学元代画家梅花道人吴镇；花鸟画初学明人陆平叔，后学明人周服卿，学有所成，所画"都入雅品"。又有杭州刘奇授以和色之法，得其真传，所作画虽逾数十年而花色鲜丽如新；统鎙，字仲韶，谋㙔族侄，"写花卉，用墨有神，无一点尘俗气"，以画花卉知名。然天

---

[1]　朱谋垔：《画史会要》卷四。

[2]　朱谋垔：《画史会要》卷四。

[3]　朱谋垔：《画史会要》卷四。

性古怪，每每以绘画自我炫耀，为人所嫉恨 ①。

以上的叙述应该说还是不全面的。如继续搜寻，还会有一些发现。但据此，我们已对明代宗室群体知识状况的基本面貌有了一个梗概性的了解：在明代宗室群体中，不尽皆是酒色之徒、性情暴戾之辈。明代宗室群体也有着对知识的不懈追求，蕴含着文化传承和创新的旺盛活力。

① 朱谋堙：《画史会要》卷四。

第四章　明代宗室群体知识状况的特征

明代宗室群体知识状况的特征可从多个维度予以总结。通过上述对明代宗室群体知识状况基本面貌的考察，我们认为，明代宗室群体的知识状况具有如下一些特征。

第一节　著述丰赡，刻书成绩显著

明代宗室群体的文化活动不仅提高了自身的文化素养和人生的品位，丰富了自身的精神生活，而且产出了大量的知识物化成果——著述。对明代宗室著述的研究，陈清慧的成果较具有代表性。她通过详细的考证，认为"明代藩王及其后裔支庶著作纂述，凡 420 余种。以宁藩最多，124 种；其次，周藩 55 种，沈藩 30 种，唐藩 22 种，鲁藩 20 种，衡藩 16 种，楚藩 15 种，秦藩 13 种，辽藩 12 种，益藩 10 种，蜀藩 8 种，庆藩 7 种，代藩 7 种。荆、晋、潞、兴等著述在 5 种以下者 13 府，共计 32 种。未知姓名及所属府系者 6 人 6 种俟考。"[①]我们复查阅相关记载，大致不差，并据以制成表 16。

---

① 陈清慧：《明代藩府著述辑考》，《古籍整理研究学刊》2009 年第 2 期。

表16　明代宗室著述统计表

序号	著作名称	作者	藩属	来源
1	《琴阮启蒙》1卷	朱权撰	宁献王	《千顷堂书目》卷二
2	《神奇秘谱》3卷	朱权撰	宁献王	同上
3	《大雅诗韵》7卷	朱权撰	宁献王	《千顷堂书目》卷三
4	《琼林雅韵》1卷	朱权撰	宁献王	同上
5	《汉唐秘史》2卷	朱权撰	宁献王	《千顷堂书目》卷五
6	《史断》1卷	朱权撰	宁献王	同上
7	《通鉴博论》2卷	朱权撰	宁献王	同上
8	《臞仙茶谱》1卷	朱权撰	宁献王	《千顷堂书目》卷九
9	《家训六篇》	朱权撰	宁献王	《千顷堂书目》卷一一
10	《宁国仪范》74章	朱权撰	宁献王	同上
11	《臞仙神隐书》4卷	朱权撰	宁献王	《千顷堂书目》卷一二《农家》
12	《注素书》	朱权撰	宁献王	《千顷堂书目》卷一三《兵家》
13	《运化玄枢》2卷	朱权撰	宁献王	同上
14	《肘后神枢》2卷	朱权撰	宁献王	同上《万卷堂书目》三"五行"《肘后经》并录
15	《活人心法》3卷	朱权撰	宁献王	《千顷堂书目》卷一四《医家》
16	《乾坤秘蕴》1卷	朱权撰	宁献王	同上
17	《乾坤生意》4卷	朱权撰	宁献王	同上
18	《寿域神方》4卷	朱权撰	宁献王	同上
19	《庚辛玉册》1卷	朱权撰	宁献王	《千顷堂书目》卷一六《道家》，《明史·艺文志》作八卷
20	《救命索》1卷	朱权撰	宁献王	同上
21	《造化钳锤》1卷	朱权撰	宁献王	同上
22	《采芝吟》4卷	朱权撰	宁献王	《千顷堂书目》卷一七别集
23	《璇玑回文诗词》3卷	朱权撰	宁献王	《千顷堂书目》卷三一总集
24	《臞仙诗谱》1卷	朱权撰	宁献王	《千顷堂书目》卷三二文史
25	《臞仙文谱》8卷	朱权撰	宁献王	同上
26	《诗格》1卷	朱权撰	宁献王	同上
27	《西江诗法》1卷	朱权撰	宁献王	同上
28	《肘后经》2卷	朱权撰	宁献王	《万卷堂书目》三"五行"。本文按：《肘后神枢》并录
29	《圣贤精义》1卷	朱权撰	宁献王	《万卷堂书目》，《经解》

续表

序号	著作名称	作者	藩属	来源
30	《贯经》1 卷	朱权撰	宁献王	《万卷堂书目》，《礼》
31	《太古遗音》2 卷	朱权撰	宁献王	《百川书志》卷二
32	《续洞天清录》1 卷	朱权撰	宁献王	《百川书志》卷九
33	《臞仙宫词》1 卷	朱权撰	宁献王	《百川书志》卷一五。注云凡百八首
34	《太和正音谱》1 卷	朱权撰	宁献王	《百川书志》卷一八。本文按：据杜信孚《同书异名汇录》，此书又名《北雅》
35	《北曲谱》12 卷	朱权撰	宁献王	《中国古籍善本书目》
36	《茶谱》1 卷	朱权撰	宁献王	同上
37	《词品》1 卷	朱权撰	宁献王	同上
38	《道德性命前集》2 卷	朱权撰	宁献王	同上
39	《地理正言》1 卷	朱权撰	宁献王	同上
40	《赓和中峰诗韵》1 卷	朱权撰	宁献王	同上
41	《古今武考》3 卷	朱权撰	宁献王	同上
42	《涵虚子评元词》1 卷	朱权撰	宁献王	同上
43	《筮吉时后经》2 卷	朱权撰	宁献王	同上
44	《天皇至道太清玉册》2 卷	朱权撰	宁献王	同上
45	《天运绍统》2 卷	朱权撰	宁献王	同上
46	《王状元荆钗记》2 卷	朱权撰	宁献王	同上
47	《原道》1 卷	朱权撰	宁献王	同上
48	《原始秘书》10 卷	朱权撰	宁献王	同上
49	《太玄月令经》	朱权撰	宁献王	同上
50	《宫词》107 首	朱权撰	宁献王	清张海鹏所辑《借月山房汇抄》收录
51	《烂柯经》1 卷	朱权撰	宁献王	《明史·艺文志》《百川书志》作《象棋势谱烂柯经》
52	《异域志》1 卷	朱权撰	宁献王	《明史·艺文志》
53	《遐龄洞天志》2 卷	朱权撰	宁献王	王国维《曲录》卷三
54	《史略》2 卷	朱权撰	宁献王	张秀民《中国印刷史》
55	《增奇集》	朱权撰	宁献王	同上
56	《藩藻麟角集》	朱谋㙔撰	宁藩镇国中尉	《明诗纪事》卷二

序号	著作名称	作者	藩属	来源
57	《枳园近稿》	朱谋㙔撰	宁藩镇国中尉	同上
58	《诗故》	朱谋㙔撰	宁藩镇国中尉	《明史》卷一一七
59	《周易象通》8卷	朱谋㙔撰	宁藩镇国中尉	同上
60	《春秋戴记鲁论笺》	朱谋㙔撰	宁藩镇国中尉	同上
61	《方国殊语》	朱谋㙔撰	宁藩镇国中尉	《千顷堂书目》卷三
62	《古文奇字辑解》12卷	朱谋㙔撰	宁藩镇国中尉	同上
63	《古音考》	朱谋㙔撰	宁藩镇国中尉	同上
64	《弘雅》	朱谋㙔撰	宁藩镇国中尉	同上
65	《六书本原》1卷	朱谋㙔撰	宁藩镇国中尉	同上
66	《六书贯玉》	朱谋㙔撰	宁藩镇国中尉	同上
67	《六书绪论》	朱谋㙔撰	宁藩镇国中尉	同上
68	《骈雅》七卷	朱谋㙔撰	宁藩镇国中尉	同上
69	《七音通轨》	朱谋㙔撰	宁藩镇国中尉	同上
70	《说文举要》	朱谋㙔撰	宁藩镇国中尉	同上
71	《说文质疑》	朱谋㙔撰	宁藩镇国中尉	同上
72	《演尔雅》	朱谋㙔撰	宁藩镇国中尉	同上
73	《字源表微》	朱谋㙔撰	宁藩镇国中尉	同上
74	《藩献记》4卷	朱谋㙔撰	宁藩镇国中尉	《千顷堂书目》卷一〇
75	《豫章耆旧传》3卷	朱谋㙔撰	宁藩镇国中尉	同上
76	《异林》16卷	朱谋㙔撰	宁藩镇国中尉	《千顷堂书目》卷一二,小说。本文按:卷数依《中国古籍善本书目》加
77	《玄览》8卷	朱谋㙔撰	宁藩镇国中尉	《千顷堂书目》卷一二杂家。黄虞稷注:一作十卷
78	《金海》120卷	朱谋㙔撰	宁藩镇国中尉	《千顷堂书目》卷一五
79	《古今通历》	朱谋㙔撰	宁藩镇国中尉	《千顷堂书目》卷四
80	《邃古记》8卷	朱谋㙔撰	宁藩镇国中尉	《千顷堂书目》卷五
81	《水经注笺》40卷	朱谋㙔撰	宁藩镇国中尉	《中国古籍善本书目》
82	《朱宗良集》	朱多煃撰	宁藩端昌镇国中尉	同上
83	《国香集》	朱多煃撰	宁藩端昌镇国中尉	《明诗纪事》卷二
84	《委蛇集》	朱多煃撰	宁藩端昌镇国中尉	同上
85	《用晦集》	朱多烇撰	宁藩端昌镇国中尉	同上
86	《倦游集》	朱多炡撰	宁藩端昌镇国中尉	同上

续表

序号	著作名称	作者	藩属	来源
87	《五游集》	朱多炡撰	宁藩端昌镇国中尉	同上
88	《支离市隐集》	朱多焜撰	宁藩端昌镇国中尉	同上
89	《北郭子鱼乐词》	朱多焜撰	宁藩端昌镇国中尉	《明史稿》列传三
90	《连枝集》	朱谋尭、朱谋境撰	宁藩	《明诗纪事》卷二
91	《羔雁集》	朱谋㙜撰	宁藩	《明诗纪事》卷二
92	《巾车集》	朱谋㙜撰	宁藩	同上
93	《芜城集》	朱谋㙜撰	宁藩	同上
94	《淹留集》	朱谋㙜撰	宁藩	同上
95	《负初集》2卷	朱拱栒撰	宁藩弋阳辅国将军	同上
96	《面壁斋文集》	朱统鐼撰	宁藩镇国中尉	同上
97	《适园诗集》	朱统鐼撰	宁藩镇国中尉	同上
98	《龙光社草》	朱多熄撰	宁藩	《明诗纪事》卷二
99	《孤愤诗草》1卷	朱宸浮撰	宁藩石城安恪王	《千顷堂书目》卷一七别集
100	《训忠堂集》4卷	朱拱槚撰	宁藩弋阳端惠王	同上
101	《东乐轩诗集》6卷	朱拱槚撰	宁藩弋阳端惠王	张秀民《中国印刷史》
102	《古史编年》10卷	朱谋㙒、朱统鐕撰	宁藩	《明史稿》列传三
103	《宁献王事实》	奉国中尉朱统鐕撰	宁藩	同上
104	《古雪斋近稿》1卷	朱多颎撰	宁藩	《钦定四库全书总目》卷一八〇，《别集类存目》7
105	《曹诗》2卷	朱多减辑编	宁藩	《中国古籍善本书目》。曹植诗
106	《五体集唐》	朱多减辑编	宁藩	同上
107	《友雅》3卷	朱多减辑编	宁藩	同上
108	《樵云诗集》1卷	朱拱梃撰	宁藩	同上《明诗纪事》作《巢云集》
109	《爽台稿》2卷	朱拱樋撰	宁藩	《明诗纪事》卷二下《朱拱樋条》
110	《瑞鹤堂近稿》1卷	朱拱樋撰	宁藩	《万卷堂书目》四宗室。
111	《圣嗣诞庆赋》1卷	朱拱摇撰	宁藩	《千顷堂书目》卷三一《骚赋》：黄注：端昌恭懿王曾孙
112	《圣嗣颂》1卷	朱拱摇撰	宁藩	同上
113	《豫章既白诗稿》2册	朱拱摇撰	宁藩	《万卷堂书目》四宗室
114	《天启圣德中兴颂》	朱拱摇撰	宁藩	《中国古籍善本书目》

序号	著作名称	作者	藩属	来源
115	《题赠录》	朱拱㭾撰	宁藩	国家图书馆善本特藏
116	《画史会要》	朱谋垔撰	宁藩	同上
117	《容重初吟草》	朱谋㙉撰	宁藩	《明诗纪事》卷二
118	《击辕集》	朱谋㙉撰	宁藩	同上
119	《享帚集》	朱谋尧撰	宁藩	同上
120	《初吟草》	朱容重撰	宁藩	《明诗纪事》卷二下朱容重条
121	《文章大模式》	朱奠培撰	宁藩宁靖王	《千顷堂书目》卷三二《文史》
122	《竹林懒仙松石轩诗评》2 卷	朱奠培撰	宁藩宁靖王	同上
123	《拟古诗二百篇》	朱奠培撰	宁藩宁靖王	《千顷堂书目》卷一七《别集》
124	《却扫吟》	朱奠培撰	宁藩宁靖王	同上，《明诗纪事》作《仙谣却扫吟》
125	《懒仙竹林漫录》2 册	朱奠培撰	宁藩宁靖王	《万卷堂书目》四宗室作"懒仙"
126	《甲子编年》12 卷	朱橚撰	周定王	《千顷堂书目》卷四
127	《普济方》168 卷	朱橚撰	周定王	《千顷堂书目》卷一四《医家》
128	《兰雪轩元宫词》1 卷	朱橚撰	周定王	《千顷堂书目》卷一七《别集》
129	《救荒本草》4 卷	朱橚撰	周定王	《百川书志》卷一〇
130	《春秋传》	朱睦㮮撰	周藩镇国中尉	《千顷堂书目》卷二
131	《史汉古字》2 卷	朱睦㮮撰	周藩镇国中尉	《千顷堂书目》卷三
132	《授经图》20 卷	朱睦㮮撰	周藩镇国中尉	同上。黄注：本《崇文总目》中《授经图》之意，著《五经授受》《诸儒同异》及《古今经解目录》成编
133	《训林》12 卷	朱睦㮮撰	周藩镇国中尉	同上
134	《韵谱》2 卷	朱睦㮮撰	周藩镇国中尉	同上。黄注：一作五卷
135	《正韵边旁》1 卷	朱睦㮮撰	周藩镇国中尉	同上
136	《圣典》34 卷	朱睦㮮撰	周藩镇国中尉	《千顷堂书目》卷五
137	《逊国记》2 卷	朱睦㮮撰	周藩镇国中尉	同上
138	《大明帝系世表》1 卷	朱睦㮮撰	周藩镇国中尉	《千顷堂书目》卷一〇
139	《镇平世系录》2 卷	朱睦㮮撰	周藩镇国中尉	同上
140	《中州人物志》16 卷	朱睦㮮撰	周藩镇国中尉	同上
141	《忠臣烈女传》	朱睦㮮撰	周藩镇国中尉	同上

序号	著作名称	作者	藩属	来源
142	《周国世系表》1卷	朱睦㮮撰	周藩镇国中尉	同上
143	《周剩》1卷	朱睦㮮撰	周藩镇国中尉	同上
144	《邹襄惠公年谱》1卷	朱睦㮮撰	周藩镇国中尉	同上
145	《陂上集》20卷	朱睦㮮撰	周藩镇国中尉	《明诗纪事》卷二
146	《校订谥法》1卷	朱睦㮮撰	周藩镇国中尉	《明诗纪事》卷二下《朱睦㮮条》
147	《左选》4卷	朱睦㮮撰	周藩镇国中尉	《万卷堂书目》
148	《河南通志》	朱睦㮮撰	周藩镇国中尉	《明史》卷一一六
149	《开封府志》8卷	朱睦㮮撰	周藩镇国中尉	《明史·艺文志》
150	《中州文献志》40卷	朱睦㮮撰	周藩镇国中尉	同上
151	《经序录》5卷	朱睦㮮撰	周藩镇国中尉	同上
152	《五经稽疑》6卷	朱睦㮮撰	周藩镇国中尉	同上。参四库总目提要
153	《先考奉国公年表》1卷	朱睦㮮撰	周藩镇国中尉	张秀民《中国印刷史》
154	《宗学书目》8卷	朱睦㮮撰	周藩镇国中尉	光绪《祥符县志》卷一九《经籍志》
155	《医史》4卷	朱睦㮮撰	周藩镇国中尉	同上
156	《集辛稼轩长短句》2卷	朱睦㮮撰	周藩镇国中尉	同上
157	《革除逸史》	朱睦㮮撰		《钦定四库全书》史部五，提要
158	《家训》1卷	朱有炖撰	周宪王	《千顷堂书目》卷一一
159	《诚斋集》3卷，周宪王朱有炖撰	朱有炖撰	周宪王	《千顷堂书目》卷一七别集。黄注：牡丹、梅花、玉堂春各百咏
160	《诚斋新录》3卷，周宪王朱有炖撰	朱有炖撰	周宪王	同上。《百川书志》作一卷，谓"锦窠老人晚年之作也。"王国维《曲录》云："诗有《诚斋录》《新录》诸集传于世。"
161	《诚斋遗稿》1册	朱有炖撰	周宪王	同上
162	《诚斋词》1卷	朱有炖撰	周宪王	《千顷堂书目》卷三二词曲
163	《诚斋乐府》10卷	朱有炖撰	周宪王	同上
164	《东书堂集古法帖》10卷	朱有炖撰	周宪王	《百川书志》卷九谓《周世子集》

序号	著作名称	作者	藩属	来源
165	《诚斋牡丹谱》1卷	朱有炖撰	周宪王	《百川书志》卷一〇《农家》。注云：所载二十种及栽培之法
166	《诚斋录》6卷	朱有炖撰	周宪王	《百川书志》卷一五《周府殿下撰》
167	《养正录》	朱安钺撰	周藩博平恭裕王	《明史》卷一一六
168	《贻后录》	朱安钺撰	周藩博平恭裕王	《千顷堂书目》卷一一
169	《锦囊诗对》	朱安减撰	周藩博平恭裕王	《千顷堂书目》卷一五《类书》
170	《三业集》	朱睦横撰	周藩博平恭裕王	《明诗纪事》卷二。辅国中尉睦横、奉国将军勤、其孙朝三世诗合为《三业集》
171	《宗训直言》	朱弥钰撰	周藩博平恭裕王	《千顷堂书目》卷一一
172	《公族传略》2卷	朱安钺撰	周藩博平恭裕王	《千顷堂书目》卷一〇
173	《西亭中尉万卷堂书目》16卷	朱勤美编	周藩中尉	同上
174	《喻家迩谈》2卷	朱勤美撰	周藩中尉	《千顷堂书目》卷一一
175	《王国典礼》8卷	朱勤美撰	周藩中尉	《中国古籍善本书目》
176	《保生余录》1册	周府编	周藩	《万卷堂书目》三医家
177	《袖珍方》8卷	周府编	周藩	同上
178	《贤王传》	朱有熺撰	周藩镇平恭靖王	《千顷堂书目》卷一〇
179	《道统论》	朱有爦撰	周藩镇平恭靖王	《千顷堂书目》卷一七别集
180	《德善斋诗集》1卷	朱有爦撰	周藩镇平恭靖王	同上
181	《梅花百咏》1卷	朱有爦撰	周藩镇平恭靖王	同上
182	《卦脉诀》1卷	未详其名	周藩永宁王撰	未详其名，见《万卷堂书目》三医家
183	《操缦古乐谱》1卷	朱载堉纂	郑世子	《千顷堂书目》卷二
184	《二佾缀兆图》1卷，郑世子朱载堉纂	朱载堉纂	郑世子	同上
185	《乐学新说》1卷，郑世子朱载堉纂。同上	朱载堉纂	郑世子	同上
187	《六代小乐谱》1卷，郑世子朱载堉纂。同上。	朱载堉纂	郑世子	同上

序号	著作名称	作者	藩属	来源
188	《律吕精义内篇》10卷外篇10卷	朱载堉纂	郑世子	同上
189	《律学新说》4卷	朱载堉纂	郑世子	同上
190	《算学新说》1卷	朱载堉纂	郑世子	同上
191	《乡饮诗乐谱》1卷	朱载堉纂	郑世子	同上
192	《小舞乡乐谱》1卷	朱载堉纂	郑世子	同上
193	《旋宫合学谱》1卷	朱载堉纂	郑世子	同上
194	《成祖元教乐章谱》	朱载堉纂	郑世子	同上
195	《黄献琴谱》	朱载堉纂	郑世子	同上
196	《刘瑟谱》	朱载堉纂	郑世子	同上
197	《邵公储古乐义》	朱载堉纂	郑世子	同上
198	《太庙五享乐章谱》	朱载堉纂	郑世子	同上
199	《天地坛大祀乐章谱》	朱载堉纂	郑世子	同上
200	《王府家庙乐章谱》	朱载堉纂	郑世子	同上
201	《王府内坛乐章谱》	朱载堉纂	郑世子	同上
202	《弦歌要旨》	朱载堉纂	郑世子	同上
203	《萧鸾琴谱》	朱载堉纂	郑世子	同上
204	《张助琴谱》	朱载堉纂	郑世子	同上
205	《韩岳广乡射礼仪集》	朱载堉纂	郑世子	同上。黄注：以上总名《乐律全书》，万历□□年进呈
206	《律吕正论》4卷	朱载堉纂	郑世子	《千顷堂书目》卷二
207	《古今韵学得失论》1卷	朱载堉纂	郑世子	《千顷堂书目》卷三
208	《嘉量算经》3卷	朱载堉纂	郑世子	同上
209	《韵学新说》3卷	朱载堉纂	郑世子	同上
210	《历学新说》2卷	朱载堉纂	郑世子	《千顷堂书目》卷一三历数
211	《律历融通》4卷	朱载堉纂	郑世子	同上
212	《律历音义》1卷	朱载堉纂	郑世子	同上
213	《圣寿万年历》1卷	朱载堉纂	郑世子	同上
214	《万年历备考》2卷	朱载堉纂	郑世子	同上
215	《金刚心经注》	朱载堉纂	郑世子	明王铎撰《郑端清世子赐葬神道碑》，见康熙《河内县志》卷五
216	《礼记类编》	朱载堉纂	郑世子	同上

续表

序号	著作名称	作者	藩属	来源
217	《毛诗韵府》	朱载堉纂	郑世子	同上
218	《瑟铭解说》	朱载堉纂	郑世子	同上
219	《算经巨秭详考》	朱载堉纂	郑世子	同上
220	《先天图正误》	朱载堉纂	郑世子	同上
221	《图解古周髀算经》1卷	朱载堉图解	郑世子	《中国古籍善本书目》
222	《圆方勾股图解》1卷	朱载堉纂	郑世子	同上
223	《切韵指南》	朱载堉纂	郑世子	康熙《河内县志》卷三《朱载堉传》
224	《存诚箴》	朱厚烷撰	郑恭王	《明史》卷一一八
225	《居敬箴》	朱厚烷撰	郑恭王	同上
226	《克己箴》	朱厚烷撰	郑恭王	同上
227	《穷理箴》	朱厚烷撰	郑恭王	同上
228	《演连珠》10章	朱厚烷撰	郑恭王	同上
229	《退思录》4册	未详其名	郑王	《千顷堂书目》卷一七《别集》。黄注：疑为郑恭王厚烷
230	《脊言集》词1册	未详其名	郑藩	《万卷堂书目》三儒家
231	《凝斋稿》	朱诠铁撰	沈安王	《千顷堂书目》卷一七《别集》
232	《崇玉山房稿》	朱珵尧撰	沈定王	同上
233	《修业堂稿》	朱珵尧撰	沈定王	同上
234	《沈国勉学书院集》12卷	朱珵尧撰	沈定王	《中国古籍善本书目》
235	《沈藩诗选》1册	朱恬烷辑	沈藩安庆王	《万卷堂书目》四宗室
236	《嘉庆集》	朱恬烷撰	沈藩安庆王	《千顷堂书目》卷一七《别集》
237	《清苑山房集》	朱珵坦撰	沈藩保定惠顺王	同上
238	《西岩漫稿》	朱恬焯撰	沈藩镇康王	同上
239	《绿筠轩稿》	朱恬烄撰	沈宣王	同上
240	《诗集》1册	沈王撰	沈藩	同上
241	《集书楼稿》	朱胤柽撰	沈藩德平荣顺王	同上
242	《沧海披沙集》	朱珵阶撰	沈藩沁水王	同上
243	《逊学书院集》	朱恬炻撰	沈藩沁水昭定王	同上

序号	著作名称	作者	藩属	来源
244	《保和斋稿》	朱胤梴撰	沈藩德平荣顺王	同上
245	《清秋唱和集》	朱胤梴撰	沈藩德平荣顺王	《明诗纪事》卷二
246	《壶峰集》	朱效鍚撰	沈藩奉国将军	同上
247	《怡真亭稿》	朱珵圻撰	沈藩辅国将军	同上
248	《玉田集》	朱僖增撰	沈藩辅国将军	同上
249	《衡漳稿》	姓名未详	沈藩沁水康僖王	同上
250	《重瞳老人集》12卷	朱胤柠撰	沈藩清源庄简王孙	同上
251	《饮河集》25卷续集8卷	朱幼圩撰	沈藩清源庄简王	同上
252	《振庵集》	朱恬烁撰	沈藩镇国将军	同上
253	《达庵集》	朱恬烷撰	沈藩镇国将军	同上
254	《玄揽斋盘秀山房集》	朱效鐄撰	沈藩奉国将军	同上
255	《匪莪玄揽斋集》	朱效鐄撰	沈藩奉国将军	《明诗纪事》卷二下"朱效"条：字仲凝，珵圻子，封奉国将军，有……等集。
256	《盘秀山房集》	朱效鐄撰	沈藩奉国将军	
257	《家训》	朱幼圩撰	沈藩清源庄简王	《明史稿》列传四
258	《咏史》	朱幼圩撰	沈藩清源庄简王	同上
259	《宗约乐寿集》1册	云仙撰	沈藩	《万卷堂书目》四宗室"云仙"
260	《云仙集》4卷	云仙撰	沈藩	同上
261	《家教》	朱弥鍗撰	唐成王	《千顷堂书目》卷一一
262	《瓮天小稿》12卷	朱弥鍗撰	唐成王	《千顷堂书目》卷一七《别集》
263	《宗训直言》	朱弥钳撰	唐恭王	《明史稿》列传四
264	《秋江词》	朱弥钳撰	唐恭王	《千顷堂书目》卷三二词曲
265	《谦光堂集》4册	朱弥钳撰	唐恭王	《千顷堂书目》卷一七《别集》
266	《复斋存稿》	朱弥鍼撰	唐藩承休王	同上。本文按：《明诗纪事》作《复斋录》
267	《存斋乐府》	朱弥鍼撰	唐藩承休王	《千顷堂书目》卷三二《词曲》
268	《复斋集古法帖》	朱弥鍼撰	唐藩承休王	《明史稿》列传四
269	《统宗绳赘录》12卷	朱宙枝撰	唐藩承休王弥鍼孙	《千顷堂书目》卷一〇
270	《残游草》	朱器封撰	唐藩辅国中尉	《明史稿》列传四
271	《宛志略》	朱器封撰	唐藩辅国中尉	同上
272	《巢园集》	朱器封撰	唐藩辅国中尉	《明诗纪事》卷二

续表

序号	著作名称	作者	藩属	来源
273	《辨疑碑》1卷	朱宇浹撰	唐藩辅国将军	《明史稿》列传四
274	《名献录》1卷	朱宇浹撰	唐藩辅国将军	《千顷堂书目》卷一二《杂家》
275	《五色石》1卷	朱硕熾撰	唐藩镇国中尉	同上
276	《巨胜园集》	朱硕熾撰	唐藩镇国中尉	《明诗纪事》卷二
277	《友声集》	朱硕熾撰	唐藩镇国中尉	《明史稿》列传四
278	《进修稿》	朱芝垝撰	唐藩三城康穆王	《千顷堂书目》卷一七《别集》
279	《保生备录》4卷	唐府撰	唐藩	《万卷堂书目》三医家
280	《一斋诗》10卷	朱芝址撰	唐庄王	张秀民《中国印刷史》
281	《孝经注解》2卷	唐王撰	唐藩	《千顷堂书目》卷三
282	《神妙秘方》	唐王撰	唐藩	《千顷堂书目》卷一四《医家》
283	《鲁府秘方》4卷	鲁府撰	鲁藩	《千顷堂书目》卷一四《医家》。黄注：万历甲午，鲁王命良医正刘应泰编辑。
284	《悔斋稿》	朱泰堪撰	鲁惠王	《千顷堂书目》卷一七《别集》
285	《凭虚稿》	朱肇煇撰	鲁靖王	同上
286	《尊德堂稿》	朱阳铸撰	鲁庄王	同上
287	《纪元考》1卷	朱当㴐撰	鲁藩	《千顷堂书目》卷四
288	《改元考》1卷	朱当㴐		《钦定四库全书总目》卷八三
289	《国朝典故》62种	朱当㴐撰	鲁藩	《中国古籍善本书目》
290	《国朝谟烈辑遗》23卷	朱当㴐撰	鲁藩	同上
291	《靖难功臣录》1卷	朱当㴐撰	鲁藩	同上
292	《诗集》	朱健根撰	鲁藩奉国将军	同上
293	《诗集》	朱观熰撰	鲁藩	同上
294	《太平图》	朱观熰撰	鲁藩	《明史》卷一一六
295	《济美堂稿》	朱观熰撰	鲁藩	《明诗纪事》卷二下
296	《画法权舆》2卷	朱观熰撰	鲁藩	《千顷堂书目》卷一五《艺术》
297	《海岳灵秀集》22卷	朱观熰辑	鲁藩	《千顷堂书目》卷三一《总集》
298	《金精直指》1卷	朱观熰撰	鲁藩	杜信孚《明代版刻综录》
299	《市隐堂集》6卷	朱观熰撰	鲁藩	《明诗纪事》卷二
300	《玄同馆集》	朱颐墉撰	鲁藩安丘镇国将军	同上
301	《赤霞馆集》	朱颐塚撰	鲁藩镇国中尉	同上
302	《东鲁胜概》	朱颐㙮撰	鲁藩乐陵王	《明史稿》列传三

序号	著作名称	作者	藩属	来源
303	《心亨堂稿》	朱颐㙄撰	鲁藩乐陵王	《兖州府志》卷一〇
304	《丁巳同封录》1卷	朱载玺撰	衡藩新乐王	《千顷堂书目》卷一〇
305	《楼居稿》1卷	朱载玺撰	衡藩新乐王	《千顷堂书目》卷一七《别集》
306	《田居稿》1卷	朱载玺撰	衡藩新乐王	同上
307	《绮合绣扬集》	朱载玺撰	衡藩新乐王	《千顷堂书目》卷三一《总集》。注云："集明诸王著作。"
308	《梦玩仙阁》1卷	朱载玺撰	衡藩新乐王	《千顷堂书目》卷三二《词曲》
309	《神览沧溟》1卷	朱载玺撰	衡藩新乐王	同上
310	《洪武圣政颂》1卷	朱载玺撰	衡藩新乐王	同上
311	《皇明政要颂》1卷	朱载玺撰	衡藩新乐王	同上
312	《觹赢雅唱》1卷	朱载玺撰	衡藩新乐王	《万卷堂书目》四宗室。觹右卢
313	《甲戌稿》1卷	朱载玺撰	衡藩新乐王	《中国古籍善本书目》
314	《瑟谱》	朱厚烷撰	衡藩高唐王	《千顷堂书目》卷二
315	《琴谱》1卷	朱厚烷撰	衡藩高唐王	《千顷堂书目》卷二
316	《事亲述见》11卷	朱厚烷撰	衡藩高唐王	《千顷堂书目》卷一二《杂家》
317	《岁寒斋稿》	朱祐楎撰	衡藩	《青州府志》卷一二
318	《篆字便于搜检》4卷	朱祐楎辑	衡藩	《中国古籍善本书目》
319	《松庵集》	朱载墭撰	衡藩商河王	《千顷堂书目》卷一七《别集》
320	《勤有堂诗集》	朱孟烷撰	楚庄王	《千顷堂书目》卷一七《别集》
321	《勤有堂文集》	朱孟烷撰	楚庄王	同上
322	《毓秀轩集》	朱季坦撰	楚宪王	同上
323	《维藩清暇录》	朱季坦撰	楚宪王	《明诗纪事》卷二楚宪王季坦条
324	《东平河间图赞》	朱季坦撰	楚宪	《明史》卷一一六
325	《楚庄王行实》1卷	朱季坦撰	楚宪王	张秀民《中国印刷史》
326	《正心诗集》	朱荣㴓撰	楚端王	《千顷堂书目》卷一七《别集》
327	《少鹤山人诗集》8卷	朱显槐撰	楚藩武冈保康王	同上。鹤,一作鹊。
328	《少鹤山人续集》8卷	朱显槐撰	楚藩武冈保康王	同上
329	《少鹤文集》	朱显槐撰	楚藩武冈保康王	同上
330	《梅湖集》	朱华围撰	楚藩武冈保康王显槐	《明诗纪事》卷二
331	《桃溪集》	朱华围撰	楚藩武冈保康王显槐孙	同上

序号	著作名称	作者	藩属	来源
332	《和秋香百咏》1卷	姓名未详	楚藩武冈王	《万卷堂书目》四宗室
333	《正心书院集》1册	姓名未详	楚藩武冈王	同上
334	《雍熙乐府》20卷	姓名未详	楚王	《千顷堂书目》卷二
335	《默庵集》	朱志埒撰	秦康王	《千顷堂书目》卷一七《别集》
336	《经进宾竹小鸣稿》10卷	朱诚泳撰	秦简王	同上
337	《秦藩世德录》3种	秦藩撰集	秦藩	《万卷堂书目》四宗室
338	《续咏雪唱和》1卷	朱诚泳撰	秦简王	《百川书志》卷二〇
339	《自吟亭诗草》	朱敬鏳撰	秦简王诚泳孙	《明诗纪事》卷二
340	《梅雪轩诗稿》4卷	朱敬鑑撰	秦藩简王诚泳孙	《明诗纪事》卷二
341	《注吟押易览》3卷	青阳子撰	秦藩	张秀民《中国印刷史》
342	《永寿王诗韵》1卷	永寿王撰	秦藩	《百川书志》卷二
343	《诸篆大学》1册	永寿王撰	秦藩	《百川书志》卷九。注云：皇明永寿王书。一经十传，共成十一体梓传。其注说又兼真草律篆之妙
344	《诸篆中庸》1册	永寿王撰	秦藩	《百川书志》卷九。注云：永寿王守一道人正阳子。三十三章，各成一篆。虽兼三体，独擅篆名。二书旧名《诸家真草隶篆》，意殊不然，故更名额
345	《东轩诗集》1卷	永寿王撰	秦藩	《百川书志》卷一五
346	《吟韵详注》5卷	永兴王撰	秦永兴王	《千顷堂书目》卷三
347	《大业堂诗草》11卷	朱谊㵧撰	秦藩	《中国古籍善本书目》
348	《辽简王遗稿》5卷	朱植撰	辽简王	《千顷堂书目》卷一七《别集》
349	《莲词》2卷	朱植撰	辽简王	《千顷堂书目》卷三二《词曲》
350	《博文堂稿》	朱宠㳽撰	辽藩光泽荣端王	《千顷堂书目》卷一七《别集》
351	《雅音从和》1卷	朱宠㳽撰	辽藩光泽荣端王	《万卷堂书目》四宗室
352	《句曲山人诗》	朱俨𬮿撰	辽藩光泽荣端王八世孙	《明诗纪事》卷二
353	《哀黍离诗》	朱宪爕撰	辽藩镇国将军	同上
354	《綦组堂集》	朱术垧撰	辽藩辅国中尉	同上
355	《郢中御史集》	朱宪焆撰	辽藩	同上

序号	著作名称	作者	藩属	来源
356	《味秘草堂集》	朱宪㸅撰	辽庶人	同上
357	《庚申稿》	朱宪㸅撰	辽庶人	《明诗纪事》卷二下辽庶人宪条。田按：庶人所著诗，又名《庚申稿》者
358	《文略》2卷	朱宪㸅撰	辽庶人	张秀民《中国印刷史》
359	《种莲岁稿》6卷	朱宪㸅撰	辽庶人	同上
360	《清娟合谱》2种16卷	朱祐槟编	益端王	《中国古籍善本书目》
361	《重编广韵》5卷	朱祐槟编	益端王	同上
362	《勿斋文集》5卷	朱厚烨撰	益庄王	《千顷堂书目》卷一七《别集》
363	《咏史诗》	朱厚烨撰	益庄王	同上
364	《篆文孝经》	朱厚烨撰	益庄王	张秀民《中国印刷史》
365	《篆文忠经》	朱厚烨撰	益庄王	同上
366	《防露馆稿》	朱常淜撰	益庄王朱厚烨孙	《明诗纪事》卷二
367	《从姑修褉一线天会奕通玄谱》4卷	朱常汪辑	益敬王	《中国古籍善本书目》
368	《东馆缶音》4卷	益王撰	益藩	《千顷堂书目》卷一七《别集》。黄注：号仙源
369	《益藩文集》5卷	益王撰	益藩	《万卷堂书目》四宗室
370	《献园集》17卷	朱椿撰	蜀献王	《千顷堂书目》卷一七《别集》
371	《文集》10卷	朱友垓撰	蜀定王	同上
372	《长春竞辰稿》16卷	朱让栩撰	蜀成王	同上
373	《拟古宫词》100首	朱让栩撰	蜀成王	清张海鹏所辑《借月山房汇抄》收录
374	《惠园集》	朱申凿撰	蜀惠王	《千顷堂书目》卷一七《别集》
375	《端园集》	朱宣圻撰	蜀端王	同上
376	《诗心珠会》8卷	朱宣墡撰	蜀藩	《钦定四库全书总目》卷一九七，诗文评类存目
377	《草书集韵》5卷	蜀王撰	蜀藩	《千顷堂书目》卷三
378	《凝真子文章类选》40卷	庆靖王朱㮵	庆藩	《千顷堂书目》卷三一总集
379	《凝真轩增唐诗鼓吹续编》10卷	庆靖王朱㮵	庆藩	同上
380	(宣德)《宁夏志》	庆靖王朱㮵	庆藩	张秀民《中国印刷史》

序号	著作名称	作者	藩属	来源
381	《慎德轩集》	朱秩炅撰	庆藩安塞宣靖王	《千顷堂书目》卷一七《别集》
382	《沧州渔隐录》6卷	朱秩炅撰	庆藩安塞宣靖王	同上
383	《樗斋随笔》20卷	朱秩炅撰	庆藩安塞宣靖王	同上
384	《平斋集》	朱台瀚撰	庆藩丰林端康王	同上
385	《经元斋小稿》2卷	朱成铄撰	代藩	《万卷堂目》四宗室
386	《云汉稿》	朱逊烇撰	代藩灵丘	《千顷堂书目》卷一七《别集》。《明诗纪事》作《云溪稿》
387	《天津集》	朱俊格撰	代藩灵丘	同上
388	《皇储颂》	朱俊格撰	代藩灵丘	《明史》卷一一七
389	《明堂颂》	朱俊格撰	代藩灵丘	同上
390	《兴献皇后挽歌》	朱俊格撰	代藩灵丘	同上
391	《佩兰集》	朱俊噤撰	代藩襄垣王孙	《明诗纪事》卷二
392	《茹蜡子》1卷	朱载坍撰	荆府樊山王	《千顷堂书目》卷一二《杂家》。黄注：一作茹蜡子
393	《三径词》1卷	朱载坍撰	荆府樊山王	《千顷堂书目》卷三二《词曲》
394	《大隐山人集》17卷	朱载坍撰	荆府樊山王	《千顷堂书目》卷一七《别集》
395	《东蕲集》2卷	朱厚焜撰	荆府富顺王	同上
396	《广燕堂集》24卷	荆府樊山王撰	荆府樊山王	《明诗纪事》卷二
397	《太霞稿》	朱慎鉴撰	晋藩庆成王	《千顷堂书目》卷一七《别集》
398	《宝善堂稿》2卷	朱慎鉴撰	晋藩庆成王	《中国古籍善本书目》
399	《七代小溪诗》	朱慎鉴撰	晋藩庆成王	张秀民《中国印刷史》
400	《宝贤堂集古法帖》12卷	朱奇源辑	晋世子	《百川书志》卷九
401	《古今宗藩懿行考》10卷	朱常淓辑	潞王	《千顷堂书目》卷一〇
402	《述古书法纂》10卷	朱常淓辑	潞王	《中国古籍善本书目》
403	《古音正宗》不分卷	朱常淓辑	潞王	同上
404	《万汇仙机棋谱》	朱常淓辑	潞王	同上
405	《外科验方》2卷	朱祐杬撰	兴献王	《千顷堂书目》卷一四医家。黄注：兴献王命本府良医周文宷辑
406	《医方选要》10卷	朱祐杬撰	兴献王	同上

序号	著作名称	作者	藩属	来源
407	《含春堂稿》1卷	朱祐杬撰	兴献王	《千顷堂书目》卷一七《别集》。黄注：出阁时作
408	《恩纪诗集》7卷	朱祐杬撰	兴献王	同上。黄注：分藩时作
409	《文集》1卷	襄王撰	襄藩	《千顷堂书目》卷一七《别集》
410	《方城集》1卷	朱祐楒撰	襄藩枣阳荣肃王	同上
411	《朱仲子集》3卷	朱祐楒撰	襄藩枣阳荣肃王	同上
412	《天技旌孝编》2卷	姓名未详	赵藩成皋王	《万卷堂书目》四宗室
413	《寒蛩余韵》4卷	姓名未详	赵藩汤阴王	同上
414	《居敬堂集》12卷	朱厚煜撰	赵康王	《千顷堂书目》卷一七《别集》
415	《迩卑吟集》1卷	徽王撰	徽藩	同上
416	《和乐余音》10卷	朱见沛撰	徽庄王	《千顷堂书目》卷三二《词曲》
417	《冰壶遗稿》5卷	朱旭櫏撰	韩昭王	《千顷堂书目》卷一七《别集》
418	《拟古感兴诗》1卷	朱高煦撰	汉王	同上
419	《星海诗集》2卷	朱真淤撰	肃藩安和王世子	同上
420	《琼芳集》2卷	朱祁铨撰	淮康王	张秀民《中国印刷史》
421	《雪峰诗集》8卷	朱彦汰撰	岷靖王	同上
422	《双泉诗集》3卷	蒲藩撰	蒲藩	《百川书志》卷一五
423	《簎冠集》	朱庆埂撰	齐藩王孙	《明诗纪事》卷二
424	《鸣缶稿》2册	洪泉撰		《万卷堂书目》四宗室
425	《天潢清正吟集》2卷	康惠王撰		同上
426	《荆榛集》1卷	通城王撰		同上
427	《观化集》2册	约估撰		同上
428	《敬义箴》	安肃王朱经扶撰	靖江	《明史》卷一一八
429	《俪德偕寿录》4卷	朱睦鼎辑		《中国古籍善本书目》
430	《重辑祖陵纪略》二卷	朱自新		《钦定四库全书总目》卷八三

注：此表由西南大学历史文化学院孙运君博士制作，致以谢意！

据表16所示，明代宗室"著作纂述"达430种。著述内容涉及经学、史学、诗文词赋、音乐绘画、佛道、中医学、天文历法、植物等领域，涵盖面广，且不乏开拓创新之作，如周王橚的《救荒本草》对李时珍《本草纲目》、徐光启《农政全书》产生较大影响，在我国植物学、农学、药学发展史上有着重要地位；

周宪王有炖乐府新声对杂剧表现形式的改革契合时代的审美需求，广为传唱，是我国戏曲园地中一朵奇葩！朱睦㮮精经学，为明代著名的经学家。通经，尤邃于《易》与《春秋》，其治学不专守师说，集思广益，追根溯源，以还原元典精神、复原圣人思想原貌为鹄，贯穿求是求真的理性精神，与清代戴震的考据学旨趣相一致，然比其早了一个世纪左右。睦㮮的经学研究颇多创获，其成就为当时名儒硕学如新郑高拱所推许，等等。其他尚有不少，兹不赘举。它们共同丰富了明代文化史的内涵，是一笔弥足珍贵的精神财富。

明代宗室刻书的数量也不少。张秀民在《中国印刷史》一书中，作有《明代藩府印书表》，开列明代诸家藩府本书目约 430 种（合不同版本计之，为 454 种）。陈清慧复征之于各类文献，得张氏所未及者凡 120 种，认为明代藩府刻印、抄录之书应为 574 种①。超过了明代中央的内府本、经厂本和监本，但现存不过 100 多种。《中国古籍版本学》根据有关书目注录统计，明代藩府刻书可考者有 43 府，刻书超过 10 种以上的藩府有：弋阳府 56 种，蜀藩 38 种，楚藩 26 种，周藩 23 种，宁藩 22 种，赵藩 20 种，辽藩 18 种，庆藩 13 种，益藩 12 种，沈藩 11 种等。其中，刻书种类以江西、河南藩府为最多。河南又是藩王分封的集中之地，达 12 个之多。兹以明代河南藩府刻书做一统计（见表 17）。

表 17　明代河南藩府刻书统计表

序号	著作名称	作者	刻书藩府	刻本
1	《新刻袖珍方大全》4 卷	周藩名医李恒奉命纂集	周	洪武二十三年（1390）刻本，又永乐十三年（1415）刻本
2	《千金方》		周	洪武刻本
3	《救荒本草》4 卷	周定王朱橚撰		永乐刻本
4	《普济方》168 卷	朱橚撰		永乐刻本

---

① 陈清慧：《明代藩府刻书辑考》，《中国典籍与文化》2010 年第 2 期。

续表

序号	著作名称	作者	刻书藩府	刻本
5	《元宫词》1卷	朱橚撰		
6	《诚斋牡丹谱》1卷	周宪王朱有燉自撰		宣德六年（1431）刻本
7	《诚斋牡丹百咏》1卷、《梅花百咏》1卷、《玉堂春百咏》1卷	朱有燉撰		宣德五至六年（1430—1431）刻本，又嘉靖十二年刻本
8	《诚斋乐府》2卷	朱有炖撰		宣德九年（1434）刻本
9	《诚斋杂剧》22种31卷	朱有炖撰		永乐刻本，又宣德九年（1434）刻本、正统刻本
10	《诚斋录》4卷、《新录》1卷	朱有炖撰		嘉靖十二年（1533）刻本
11	《东书堂集占法帖》12卷	朱有炖撰		
12	《豹子和尚还俗》	朱有炖撰		宣德年间（1426—1435）刻本
13	《河嵩神灵芝庆寿》不分卷	朱有炖撰		正统四年（1439）刻本
14	《记事珠》14卷	刘国翰撰		嘉靖十五年（1536）刻本
15	《金丹正理大全》41卷	嵩岳主人朱睦㰫		嘉靖十七年（1538）乐善堂刻本
16	《化书》6卷	谭峭		嘉靖十七年（1538）乐善堂刻本
17	《玄宗内典诸经注》42卷	朱睦㰘撰		嘉靖十七年（1538）乐善堂刻本
18	《周易参同契分章注》3卷	陈致虚		嘉靖十七年（1538）乐善堂刻本
19	《游梁集》，卷数不详	陈全之撰		朱睦㰘之子勤□嘉靖三十三年（1554）刻本
20	《金丹大成集》5卷	元萧廷芝撰		嘉靖四十二年（1563）刻本
21	《韵谱》5卷	朱睦㭀撰		嘉靖二十四年（1545）聚乐堂刻本
22	《苏文忠公表启》2卷	朱睦㰘辑刻		嘉靖三十四年（1555）刻本
23	《平楼四疏》3卷	明张焕撰		嘉靖三十八年（1559）聚乐堂刻本
24	《周易集解》17卷，附《略例注》1卷	唐李鼎祚撰宋邢昺撰		嘉靖四十二年（1563）聚乐堂刻本，一作嘉靖三十六年（1557）刻本
25	《春秋集注》10卷、《纲领》1卷	宋张洽撰		嘉靖四十三年（1564）聚乐堂刻本
26	《俪德谐寿录》4卷	朱睦鼎编		嘉靖四十年（1561）刻本
27	《空同先生集》63卷	李梦阳撰		嘉靖年间（1522—1566）聚乐堂刻本

序号	著作名称	作者	刻书藩府	刻本
28	《周易辑闻》6卷、《易雅》1卷、《筮宗宗》1卷	宋赵汝楳撰		嘉靖年间（1522—1566）聚乐堂刻本，一作万历刻本
29	《翁东涯集》17卷	翁万达撰		万历三十四年（1606）聚乐堂刻本，一作嘉靖三十四年（1567）刻本
30	《镇平世系录》2卷	朱睦㮮撰		
31	《中州人物志》16卷	朱睦㮮撰		隆庆四年（1570）自刻本
32	《先考奉国公年表》1卷	朱睦㮮撰		隆庆、万历间刻本
33	《冰川诗式》10卷	明梁桥撰		隆庆六年（1572）聚乐堂刻本
34	《皇明圣制策要》	明梁桥撰		隆庆四年（1570）刻本
35	《诚斋新录》3卷	周宪王朱有炖撰		同上
36	《中川先生集》	明王教撰，朱睦㮮刻		同上
37	《圣典》24卷	朱睦㮮辑		万历四十一年（1613）刻本
38	《王国典礼》8卷	朱勤美撰		万历四十三年（1615）刻本，天启年间增刻
39	《纯孝编》4卷	朱睦㮮自编		聚乐堂刻本
40	《授经图》20卷	朱睦㮮自辑		聚乐堂刻本
41	《经序录》5卷	朱睦㮮自撰		聚乐堂刻本
42	《保生馀录》5卷			周府撰刻
43	《唐诗三体》《洪武正韵》《石叠集》《德善堂集》1卷	周藩镇平王撰		同上
44	《南极地理》1卷			周藩敬德斋刻
45	《南极时令》1卷			周藩敬德斋刻
46	《西湖百咏》1卷	宋董嗣皋撰，明陈贽和韵		嘉靖十六（1537）周藩南陵王睦楔模刻本
47	《续编锦囊诗对故事》4卷			嘉靖十二年（1533）周藩博平王府刻本
48	《养正余力录》1卷		周	周藩博平王府刻本
49	《资治通鉴纲目》59卷	宋朱熹撰	赵	嘉靖三十五年（1556）赵藩居敬堂刻本
50	《敬轩薛先生文集》24卷	明薛瑄撰	赵	嘉靖三十五年（1556）赵藩味经堂刻本
51	《薛文清公读书录》11卷《续录》12卷	明薛瑄撰		嘉靖三十五年（1556）赵藩居敬堂刻本

续表

序号	著作名称	作者	刻书藩府	刻本
52	《云坪集》4 卷	明张大瑞撰		嘉靖二十七年（1548）赵藩味经堂刻本
53	《居敬堂集》10 卷	赵康工厚煜撰		嘉靖四十四年（1565）刻本
54	《王氏脉经》10 卷	晋王叔和撰，宋林亿校正		嘉靖年间赵藩居敬堂刻本
55	《卫生歌》1 卷			同上
56	《修真秘要》1 卷			同上
57	《医家秘传随身备用十三方》1 卷			同上
58	《诗辑》36 卷	宋严粲撰		同上
59	《书传会选》6 卷	明刘三吾等撰		嘉靖年间赵藩味经堂刻本
60	《刘涓子鬼遗方》5 卷	南朝齐龚庆宣撰		嘉靖年间赵藩味经堂刻本
61	《周易注》9 卷附唐邢王寿《略例注》1 卷	魏王弼撰		嘉靖年间赵藩味经堂刊本
62	《周易参同契道真义》3 卷	后蜀彭晓撰		同上
63	《周易参同契发挥》3 卷、《释疑》3 卷	元俞琰撰		同上
64	《垣词》12 卷	明安阳崔铣撰		嘉靖年间赵藩味经堂刻本
65	《补注释文黄帝内经素问》12 卷、《遗篇》1 卷、《灵枢经》12 卷	唐王冰注，宋林亿等校正		嘉靖年间赵藩居敬堂刻本
66	《法藏碎金录》10 卷	宋晁迥撰		嘉靖年间赵藩居敬堂刻本
67	《御着大狩龙飞录》2 卷	嘉靖皇帝撰		嘉靖十八年（1539）朱厚煜刻本
68	《苏氏易解》8 卷	宋苏轼撰		万历年间赵藩刻本
69	《四溟山人全集》24 卷	明谢榛撰		万历二十四年（1596）赵藩冰玉堂刻本，又万历三十二年（1604）刻本
70	《天池雪堂汇稿》18 卷	徐佩撰		万历二十五年（1597）刻本
71	《中丞马先生集》9 卷	明马卿撰		崇祯九年（1636）赵藩补刻本
72	《六子》			同上

续表

序号	著作名称	作者	刻书藩府	刻本
73	《左传》			同上
74	《杜诗选注》			同上
75	《四书》			同上
76	《五经》			同上
77	《唐诗绝句》		赵	同上
78	会通馆本《锦绣万花谷》前集40卷、后集40卷、续集40卷		徽	嘉靖十四年（1535）徽藩崇古书院刻本。一说尚有别集三十卷
79	《七子》7卷，包括《素书》1卷、《鬻子》1卷、《公孙龙子》1卷、《亢仓子》1卷、《玄真子》1卷、《天隐子》1卷、《无能子》1卷			同上
80	《风宣玄品》16卷	张鲍撰		嘉靖十八年（1539）刻本
81	《礼仪定式》1卷	李原名等撰		嘉靖二十四年（1545）徽藩芸窗道人重刊
82	《增修诗话总龟》前集48卷，后集50卷	宋阮阅编撰		嘉靖二十四年（1545）月窗道人刊
83	《词林摘艳》十卷	明张禄辑		嘉靖三十年（1551）月窗道人刻本
84	《圆机活法》五十卷			
85	《新书》十卷	汉贾谊撰		正德十年（1515）刻本
86	《新编养生大要》1卷			嘉靖年间崇古书院刊本
87	《群公手简》			同上
88	《异物汇苑》			同上
89	《玄棋经》			同上
90	《宝善卷》			同上
91	《迩卑吟集》1卷	徽王自撰	徽	同上
92	《直说通略》12卷	元郑镇孙撰	唐	唐庄王朱芝址成化十六年（1480）刻本
93	《文选》60卷	梁萧统纂，元张伯颜本		成化二十三年（1487）刻本，隆庆五年（1571）重刻
94	《一斋诗》10卷	朱芝址撰		其子弥𨰾嘉靖二年（1523）刻本
95	《迩言》12卷	宋刘炎撰		嘉靖八年（1529）朱宠让刻本

续表

序号	著作名称	作者	刻书藩府	刻本
96	《忠武录》5卷	明沈津辑		嘉靖十九年（1540）刻本
97	《瓮天小稿》12卷	唐成王朱弥鍗撰		嘉靖十九年（1540）刻本
98	《谦光堂诗集》8卷	唐藩文城珠弥钳撰		嘉靖二十年（1541）刻本
99	《东莱吕氏两汉精华》28卷（《西汉精华》14卷、《东汉精华》14卷）	宋吕祖谦撰		嘉靖二十六年（1547）刻本
100	《文选注》60卷	梁萧统辑，唐李善注	唐	隆庆五年（1571）刻本
101	《雷氏白云楼集》2卷	雷鸣春撰		同上
102	《神妙秘方》	唐王自撰	唐	同上
103	《柏斋集》11卷	明何塘撰	郑	郑恭王厚烷嘉靖二十八年（1549）刻本
104	《乐律全书》12种40卷，一作17种49卷，一作48卷	郑藩端清世子朱载靖撰		万历二十四年（1596）刻本，一作万历三十一年（1603）刻竣
105	《图解古周髀算经》1卷	朱载堉撰		万历二十八年（1600）刻本
106	《嘉量算经》3卷，《问答》1卷	朱载堉撰		万历三十八年（1610）刻本
107	《圆方勾股图解》1卷			同上
108	《嘉量算经问答》1卷			同上
109	《乐书》200卷	宋陈旸撰		同上
110	《郑王退思录》4册	郑恭王厚烷撰		同上
111	《瑟谱》1卷	朱厚瑛撰		嘉靖四十年（1561）朱载玺刻
112	《篆法偏旁点画辩》1卷		郑	
113	《万汇仙机棋谱》10卷	敬一道人朱常淓自辑	潞	崇祯七年（1634）刻本
114	《古音正宗》	大明崇祯甲戌岁夏月潞国敬一道人撰		崇祯七年（1634）刻本
115	《古今宗藩懿行考》10卷	朱常淓自辑		崇祯八年（1635）刻本

续表

序号	著作名称	作者	刻书藩府	刻本
116	《潞藩新刊述古书法纂》10卷	朱常淓自辑		崇祯九年（1636）刻本
117	《草韵辨体》5卷附《草诀百韵歌》1卷	郭谌撰		崇祯七年（1634）刻本
118	《历代臣议》37卷			同上
119	《琴谱》		潞	同上
120	《贞观政要》10卷	唐 吴兢 撰，元戈直集论	崇	成化十二年（1476）崇简王朱见泽重刊本
121	《孝肃包公奏议集》10卷	宋包拯撰		嘉靖二十二年（1543）崇庄王朱载境刻本
122	《春秋左传类解》20卷	明刘绩编注		载境之孙由樻嘉靖七年（1528）刻本
123	《地谱世系》1卷			同上
124	《道德经》			同上
125	《中和集》		崇	同上
126	《四书集注》26卷	宋朱熹集注	伊	嘉靖二十七年（1548）刻本
127	《周易参同契注解》3卷	元陈致虚撰		嘉靖三十一年（1552）刻本
128	《清庵先生中和集》6卷	元李道纯撰		嘉靖年间刻本
129	《道德会元》1卷	元李道纯撰		嘉靖年间刻本
130	《谭子化书》	五代谭峭撰	伊	同上
131	《秦汉文》		汝	嘉靖二十年（1541）之前刻本
132	《观音救苦经》			隆庆二年（1568）汝安王妃李氏刻本
133	《佛说护身咒》		汝	隆庆二年汝安王妃李氏刻本
134	《佛说金轮佛顶大威德炽盛光如来陀罗尼经》1卷		福	万历二十八年（1600）刻本。福王于万历二十九年（1601）封，至四十二年（1614）始就藩洛阳，此书疑福藩在京师所刻

在诸多的刻书宗藩中，朱权是最具有代表性的人物。《明诗综》称赞宁藩朱权云："博学好古，诸书无所不窥，凡群书有秘本，莫不刊布。"《四库全书总目提要》注录有《宁藩书目》1卷，其中称："初，宁献王朱权以永乐中改封南昌，日与文士往返，所纂辑及刊刻之书甚多。所载书凡127种，词曲院本、

道家炼度斋醮诸仪俱附也。"朱权所刻书籍主要有《通鉴博论》2 卷，《汉唐秘史》2 卷（1402 年刊），《文谱》8 卷，《诗谱》1 卷，《神奇秘谱》3 卷，《太和正音谱》2 卷（1398 年刊），《琴谱》（1425 年刊）若干卷。此外，秦藩刻《史记》；益藩阜平王府敬所乐善堂刻印《四书集注》；唐藩刻《文选》；楚藩刻《刘向新序》；晋藩刻《文选》60 卷，《唐文粹》；晋藩刻元苏天爵《元文类》；周藩刻《元宫词》《救荒本草》《普济方》《金丹正理大全》41 卷；蜀藩刻《栾城集》；肃府刻《静修先生集》；徽藩崇古书院刻《锦绣万花谷》前集 40 卷，后集 40 卷，续集 40 卷；鲁藩刻《抱朴子》内篇 20 卷、外篇 50 卷、别旨 1 卷；辽藩刻《梁昭明太子文集》《东垣十书》19 卷；衡藩刻《胥台先生集》；襄藩刻《宗藩训典》以及郑府刻朱载堉编《乐律全书》等。直至明代末期，藩府刻书仍在继续。如崇祯七年，潞王刻《古音正宗》《新刻述古书法纂》和《古今宗藩懿行考》，等等。潘承弼、顾廷龙《明代版本图录初编》谓："明时藩邸王孙，袭祖宗余荫，优游文史，雕椠之业，迈轶前朝。今可溯者，殆十数家。蜀府最先……他如唐藩之《文选》，吉府之《贾子》，于今传诵。余则代、崇、肃三府各有垂典。此成化以前藩邸之概略也。嘉靖以下，晋藩最著……次则秦藩之《史记》，德藩之《汉书》，赵府之《诗辑》，益府之《玉篇》，并得善美济武。而郑藩之通音律，所刊《乐律全书》尤为审音家所推重，不独以雕版著于艺苑也。其他诸藩，曰周，曰徽，曰鲁，曰楚，曰辽，曰潞，一二精椠，更仆难数，河间衡阳无与为盛。"①

随着宋元版本的流传日益稀少，明刻本已成为整理古籍的重要依据，其文物价值较之清代刻本要高出许多，不少图书馆均将明刻本作为善本皮藏。而各地藩府所刻书籍，校刻俱精者甚多，堪称明刻本书籍中的珍品。台湾昌彼得先生《明藩刻书考》一文指出："明人刻书，率喜窜乱旧章，为世所诟病；书帕坊本，校勘不谨，人多轻之。唯诸藩刻书，尚多精本。盖以其被赐之书，多有宋元善本，可以翻雕，故时有佳刻也。"②李致忠著《历代刻书考述》亦以国家图

---

① 潘承弼，顾廷龙：《明代版本图录初编》，（台北）文海出版社 1971 年版。
② 昌彼得：《明藩刻书考》，《版本目录学论丛》，（台北）学海出版社 1977 年版。

书馆所藏藩府刻书为基础，称藩府刻书"翻刊有据，校勘有凭，历来多为版本学家所称善。"①藩府刻书以其数量大，质量高，为我们珍藏了大量的古代文化典籍，这对传统文化的传承和发展起到了举足轻重的作用。

第二节　人文社会科学知识继承、创新多，自然科学知识所占比例低

代宗室群体的知识状况从总体上看，是多元的，异彩纷呈。已见上述。但就其构成而言，则存在各个学科领域畸轻畸重的现象，明显体现出人文社会科学知识继承、创新多，自然科学知识所占比例少的特征。我们试以明代宗室传记的记载和宗室著述、刻书做一分析。

为明代宗室立传的史籍不少，但就收录人数多、记载翔实而论，当推张廷玉《明史》、焦竑《国朝献征录》两书。陈田《明诗纪事》也从明代诗学的视角对宗室人物多有详述。兹主要以此三书对宗室知识状况的描述制作《明代宗室群体知识状况简表》。

表18　明代宗室群体知识状况简表

序号	宗室名	所属藩府	知识状况
1	秦康王志墭	秦	宣德三年进封，工诗
2	秦简王诚泳	秦	弘治元年袭封，遍阅诸子百家，尤善作诗
3	秦定王惟焯	秦	正德四年袭封，嘉靖二十三年薨，乐善右文，刊刻《史记》
4	晋庄王钟铉	晋	正统七年进封，弘治十五年薨。喜书法
5	晋端王如烊	晋	校刻书籍
6	靖安王新墭	晋	万历十年袭封，能诗

---

① 李致忠：《历代刻书考述》，巴蜀书社1990年版。

序号	宗室名	所属藩府	知识状况
7	恭懿王知烊，靖安王新埄父	晋	能诗
8	靖安王表枺，靖安王新埄祖	晋	能诗
9	周定王橚	周	洪武十一年封，洪熙元年薨。能辞赋、工书，著《救荒本草》等
10	周宪王有燉，定王长子	周	洪熙元年嗣位，正统四年薨。诗多传世，风华和婉；喜爱书法，临摹名迹，遒丽可观；所作传奇，音律谐美，多有创新
11	镇平恭靖王有爌，定王第八子	周	生于建文庚辰，经史研究多有心得，作《道统论》《贤王传》；著《德善斋诗集》《菊图谱》，于诗画亦有研究
12	博平恭裕王安㳻	周	修《东书堂法帖》，辑《贻后录》《养正录》《锦囊诗对》，喜爱书法诗词
13	奉国将军安㳠，镇平恭靖王曾孙	周	旁通子史百家言
14	镇国中尉睦㮮	周	嘉隆间人，覃精经学；结诗社，执词坛牛耳50年；文典雅可诵；史学、方志研究成绩卓越
15	将军安㳦，定王玄孙	周	善诗，"素精名理"，与睦㮮齐名，称睦㮮"大山"，安㳦为"小山"
16	楚宪王季㙊	楚	正统五年袭封，八年薨。有《毓秀轩集》，务学工诗，"诗调高旷"
17	武冈王显槐	楚	嘉靖十七年封，万历十八年薨。有《少鹤山人正续集》，雅善文墨，好诗歌
18	华㙉	楚	明亡隐居桃溪，好学能诗
19	潭王梓	潭	洪武二年封，二十三年自焚。聪敏好学，善属文
20	朱承彩	齐	齐王孙，万历时人，"诗殊清拔"
21	鲁王檀	鲁	洪武十八年之国，二十二年薨。好文学，善诗歌
22	奉国将军健楷	鲁	鲁巨野顺僖王孙，博通经术，能文词
23	镇国中尉观熰	鲁	雅好著述，著《济美堂稿》《画法权舆》，辑《海岳灵秀集》附与其父健楷所作《二藩诗》
24	观㙓，观熰弟	鲁	以诗画著名
25	辅国将军观炊	鲁	生嘉靖己丑，卒万历己亥。嗜学好古，习经典，工诗擅曲
26	颐㙇	鲁	鲁荒王八世孙，有《市隐堂集》，其诗"音节高亮"

序号	宗室名	所属藩府	知识状况
27	安邱王府将军颐堀	鲁	谙练典故
28	巨野中尉颐堻	鲁	诗声清拔
29	安邱将军颐墡	鲁	诗声清拔
30	乐陵王颐㙇	鲁	喜称诗
31	蜀献王椿	蜀	洪武十一年封，儒雅好学，博综典籍，永乐21年薨。有《献园集》
32	蜀定王友垓	蜀	献王孙，嗜学善书能文章，著文集10卷
33	蜀惠王申凿	蜀	定王子，警敏好文，弘治六年薨。著《惠园集》
34	蜀昭王宾瀚	蜀	仁厚，好儒术
35	蜀成王让栩	蜀	宾瀚子，正德五年袭封，嘉靖26年薨。习经史，临法书，作诗属对皆有程要。有《长春竞辰稿》
36	湘王栢	湘	洪武十一年封，对古兵制颇有研究，于道具家修养亦较高
37	襄垣王逊燂	代	代简王第五子，分封蒲州。作思亲篇，词甚悲切
38	聪瀄	代	襄垣王府宗人，娴于文章
39	聪㳚	代	襄垣王府宗人，娴于文章
40	俊橌	代	襄垣王府宗人，娴于文章
41	俊榷	代	襄垣王府宗人，娴于文章
42	俊睐	代	襄垣王府宗人，娴于文章
43	俊杓	代	襄垣王府宗人，娴于文章
44	充煟	代	襄垣王府宗人，娴于文章
45	俊噤	代	襄垣王府宗人，字若讷，尤博学，有盛名，不慕荣利
46	俊格	代	代简王重孙、灵丘端懿王聪澈长子。善属文，藏书数万卷，尤好书法，著《天津集》。嘉靖二十四年卒
47	灵丘荣顺王逊烆	代	善诗，以琴棋书画为乐，尤精于医。有《云溪稿》
48	宁王权	宁	洪武二十四年封，二十七年就藩大宁，永乐登极改封南昌，正统十三年薨。著述宏富，涉及经史、天文、历算、医学、占卜等领域，尤深于史
49	宁惠王盘炆	宁	权世子，正统二年薨，洞达理学
50	宁靖王奠培	宁	惠王子，书法矫洁遒劲，诗皆僭远有思致。弘治四年薨，在位43年
51	乐安端简拱椤	宁	以文雅才辩著称，兼精绘事，绘菊石妙绝一时
52	弋阳奉国将军拱桧	宁	豪爽喜客，善诗，有《负初集》

序号	宗室名	所属藩府	知识状况
53	弋阳奉国将军多煌	宁	拱桧子，兄弟四人，即煌、炡、燨、照。用文雅，结友遍远近，子弟群从，莫不解艺善书，一门之内雍雍焉。万历癸巳（四十一年）卒
54	谋壮	宁	多煌子，又娴词藻，善承父志，政暇辄开逸园燕宾从雅歌，投壶赋诗以为乐，著《委蛇集》四卷
55	奉国将军多炡	宁	多煌弟，有《五游》《倦游》诸集，负时名，善诗歌，精绘事，诗才警敏，行草宗米南宫，杂以古字，自成一体
56	谋㙛	宁	多炡子，善诗，有集行世
57	乐安辅国将军多煔	宁	与炡同时，雅有诗癖，造语新奇，与族人炜、埀，修竹林之游，放志文酒，夜以继日
58	奉国将军拱柄	宁	正嘉时人，89岁卒。好学，善草书
59	多炘	宁	拱柄子，好文雅。万历二十二年卒
60	奉国将军拱越	宁	拱柄弟，博辩儒雅，有智数。嘉靖九年，倡建宗学
61	镇国中尉多熿	宁	辞赋典丽，草书茂美，有晋法，著《国香集》
62	奉国将军多煓	宁	工诗，一意修诗书。晚益嗜黄冶。有《朱用晦集》
63	建安辅国将军拱	宁	以文雅著名，著《瑞鹤堂诗集》《爽台集》
64	乐安镇国将军多焓	宁	以文雅著名，著《支离市隐集》《北郭子鱼乐词》三十余卷
65	辅国将军拱概	宁	石城端隐王之孙，日称述先贤懿行，训诲诸子孙，尝作《家训》一篇。世宗初卒，寿八十有四
66	奉国将军多煃	宁	好经术，生谋㙔，常自督课，授五经史汉，旁及星历。万历乙酉卒
67	谋㙔	宁	万历二十二年，奉敕管理石城王府事。贯串群籍，通晓朝廷典故，典藩政三十年。学识渊博，著书112种，宗室中除周藩睦㮮外，莫之能及
68	谋𪿆	宁	诗拔出，词婉约，有唐温、许，宋陆游之流风。所著有《羔雁》《淹留》《芜城》《巾车》四集
69	多燡	宁	字知白，石城恭靖王奠堵之玄孙，善诗。万历乙卯二月，豫章诗人结社于斯。宗子与者十人，知白之外，则宜春王孙谋㙔，瑞昌王孙谋雅，石城王孙谋㙔、谋圭、谋䂓、谋㙔、谋垦、建安王孙谋谷、谋㙩。谋㙔，缉其诗曰《龙光社草》
70	宜春王孙谋㙔	宁	能诗
71	瑞昌王孙谋雅	宁	能诗

续表

序号	宗室名	所属藩府	知识状况
72	石城王孙谋圭	宁	能诗
73	石城王孙谋鿔	宁	能诗
74	石城王孙谋垦	宁	能诗
75	建安王孙谋谷	宁	能诗
76	谋尧	宁	字巍甫，石城王孙。有《享箒集》六卷。巍甫与从弟佳父诗，合刻为《连枝集》。五言七言多佳句
77	谋境	宁	字佳父，石城王孙。有《击辕稿》六卷。陈田按：佳父诗瓣香宋人，于陆放翁为近
78	谋埠	宁	宁国王孙，善诗
79	统铨	宁	字梦得，谋纬子，崇祯甲戌进士，官行人。诗淡远高古
80	统釹	宁	宁国王孙，善诗
81	统钿	宁	宁国王孙，善诗
82	奉国中尉容重	宁	有《初吟草》，善兰竹小品，诗画俱佳
83	统稽	宁	字时卿，奉国中尉，倾禄以购秘册，得辄读，学博，著《古史记》40卷，志居其半；扩余寅《同姓名录》三卷至十六卷；又有《六书微诗解颐录》《牡丹志》《宁献王事实》，皆赡博可观
84	统鈰	宁	字章华，瑞昌王孙，中天启辛酉乡试，崇祯戊辰会试，选庶吉士，授简讨，充展书官。贯穿经史，习国典，熟朝报，著《我法居集》
85	谋堞	宁	字藩甫，石城王孙，工诗有集，今不传
86	谋敖	宁	封镇国中尉，善诗文书画，兼工篆隶。著有《闲闲阁稿》《城南草》，并注《六书正讹》《周史籀文》诸书行世。第三子统钰，中丙子经魁，庚辰进士
87	统鏤	宁	字佛大，乐安靖王裔，封镇国中尉，博极群书，"究心古文词赋"，著《适园诗集》《面壁斋文集》。子议泄、议沌，俱明经；议汴，中癸未进士
88	谋鹔	宁	字太冲，多炡贞吉子，善画山水花鸟
89	谋卦	宁	字象吉，多炡子、太冲弟，善画花石
90	谋趏	宁	字履中，号西浒，多炡侄，娴于文章，善写山水
91	谋毂	宁	字用虚，贞吉侄，花鸟纤秀，擅名早岁
92	多壏	宁	字垣佐，乐安靖庄王孙。力学不倦，精于史，嗜书法，善写墨菊，亦喜作仙道人物

续表

序号	宗室名	所属藩府	知识状况
93	谋罊	宁	字文之，多爝子，善画花鸟
94	多启	宁	作诗宗尚六朝，苦心琢句，鲜秀自异，有《滋兰堂稿》数卷；写墨竹肆笔挥洒
95	统鍡	宁	石城王孙，辅国中尉，父谋玮，鍡世其业，兼精绘事，善画山水花鸟
96	统鐯	宁	善写花卉，用墨有神，无一点俗尘气
97	多煴	宁	字中美，瑞昌荣安王曾孙，奉国将军，行草为时所重，每一纸出，辄为重价购去
98	谋墍	宁	字弘之，博学工诗，行草、楷法俱佳
99	统锽	宁	辅国中尉，博雅，喜书法，淹贯诸帖
100	谋堙	宁	字隐之，封奉国将军，作《画史绘要》；善书法，续陶氏《书史会要
101	谋垟	宁	字素臣，号谦山，瑞昌王之枝孙，封辅国中尉，雅好草书。
102	岷府南渭庄顺王誉播	岷	生弘治壬戌，嘉靖丁未册封，庚申薨，袭爵14年。好读书，所做古文，不事雕缀，天趣畅发，经史百家莫不涉猎
103	岷靖王彦汰	岷	弘治十三年袭封，嘉靖二十三年薨，能诗
104	唐成王弥鍗	唐	博学，工诗绘。弘治二年嗣爵。晚年，诗绘益精，行草称妙品。嘉靖二年薨
105	文城恭靖王弥钳	唐	成王弟，工诗善草隶
106	三城康穆王芝垝	唐	成化七年封，正德六年薨。博通群经，尤嗜绘事，所作《耆英》《王母》诸图，妙绝一时。
107	承休昭毅王弥鎃	唐	嘉靖二十二年薨，喜儒雅，善决断，汇古法书曰《复斋》
108	宇渊	唐	弥鎃长子，好学，识典故
109	宙枝	唐	弥鎃孙，好学识典故，著《皇明统宗》等
110	辅国将军宇浃	唐	博通群籍，习国家典故，尤精历数方技
111	宙松	唐	宇浃子，好剑嗜书
112	硕爋	唐	宙松子，镇国中尉，好收藏，工文辞，诗才翩翩，益弘家学
113	器封	唐	辅国中尉，乐府诸解莽莽苍苍，绝无今人一语，五言七律用事奥博。与父硕爋并以词名耀海内，号南阳父子，诗尤惊奇
114	沈安王诠鉌	沈	正德四年薨，有《凝斋稿》，善诗

续表

序号	宗室名	所属藩府	知识状况
115	沈宪王胤栘	沈	嘉靖十年封，二十八年薨。素嗜谈禅，善音律，诗亦妙悟，远胜宁献王权、周宪王诚斋
116	德平荣顺王胤椗	沈	沈宪王弟，嘉靖三十七年封，万历十年薨。负俊才，与衡府新乐王载玺、周府中尉睦㰂、襄垣府俊噤、晋府康衢、秦府玉华齐名
117	浀宣王恬烄	沈	宪王次子，诗辞造诣不凡，妙于声律
118	镇康恭裕王恬焯	沈	沈宪王第五子，嘉靖三十一年封，万历八年薨。诗得盛唐格律
119	安庆端懿王恬爏	沈	沈宪王第七子。嘉靖三十七封，万历二十二年薨。诗奇崛有骨，善用险韵
120	浀定王珵尧	沈	万历十二年袭封。博学赡通，诗学晋魏
121	胤梢	沈	陵川王孙，字逊轩。博学嗜诗，志在古雅，得论诗之法
122	胤柠	沈	诗“冲澹自然”
123	胤梼	沈	胤柠弟，能诗
124	恬烷	沈	字达庵，沁水庄和王叔子。封镇国将军，有《达庵集》
125	珵圻	沈	字京甫，恬烷子。封辅国将军。有《怡真亭稿》。诗多拟古，妙合音节，沁水王孙当首屈一指
126	珵塯	沈	字纯甫，沁水庄和王孙。封辅国将军，能诗
127	珵埦	沈	号玉溪，沁水庄和王孙。封辅国将军，善诗
128	珵塥	沈	号龙洲，沁水王孙。封奉国将军，能诗
129	效鏇	沈	字仲凝，珵圻子。封奉国将军。有《匪莪》《玄揽斋》《盘秀山房》等集。能诗
130	沁水王珵阶	沈	简王七世孙也，工诗喜士，名誉藉甚
131	德平王允梃	沈	负俊才，与衡府新乐王载玺，周宗人睦㰂、俊噤等齐名
132	清源王幼抒	沈	康王第三子，博学能文词
133	辅国将军勋涟	沈	以能诗名
134	允杉	沈	勋涟从子，以能诗名
135	允柠	沈	勋涟从子，以能诗名
136	允析	沈	勋涟从子，以能诗名
137	肃靖王真淤	肃	庄王楧玄孙，博雅好文，善为诗。嘉靖五年薨，有《星海集》
138	辽庶人宪㸅	辽	嘉靖十九年袭封，隆庆二年以罪降庶人，国除。雅工诗赋，尤嗜宫商，自制小词、艳曲、杂剧、传奇最称独步

序号	宗室名	所属藩府	知识状况
139	宪㸌	辽	辽简王植六世孙，镇国将军，能诗
140	俨鑼	辽	辽简王八世孙，能诗
141	赵康王厚煜	赵	赵简王高燧来孙，正德十六年袭封，嘉靖三十九年薨。博学嗜古，文采丽都
142	枣阳荣肃王祐楒	襄	襄宪王曾孙，星历兵农医卜之书，靡所不究。嘉靖三十四年九月薨
143	荆端王厚烇	荆	嘉靖三十一年薨，锐思典籍，尤以篆隶著名
144	富顺王厚焜	荆	荆和王第二子，正德九年封。博贯群艺，嗜诗兼精绘事
145	永新安庄王厚熿	荆	厚焜弟，以能诗名
146	载坅	荆	恭裕王之子，博极经史，日事词赋，读易穷理，著《大隐山人集》等
147	翊鈲	荆	坅子，工诗。兄弟常共处一楼，谭艺不倦，号花萼社
148	翊銮	荆	坅子，工诗
149	翊塑	荆	坅子，工诗
150	秀王见澍	秀	成化三年封，通经史
151	益端王祐槟	益	弘治八年之藩建昌，性俭约，好书史。嘉靖十八年薨
152	益庄王厚烨	益	端王子，嘉靖辛丑封。精经史，草书小篆为世所珍；诗文渊深隽永，不异学士家语。刻校古今书籍。嘉靖丙辰（三十五）年薨
153	常湅	益	益端王四世孙，能诗
154	新乐王载玺	衡	衡恭王之孙，嘉靖三十六年封，博雅善文辞，诗冲淡夷远，有独造之趣
155	高唐王厚煐	衡	载玺从父，以博学闻
156	齐东王厚炳	衡	载玺从父，以博学闻
157	慈㤲	衡	衡恭王六世孙，崇祯壬午举人。饶学问，善诗歌
158	吉简王见浚	吉	天顺元年封，嘉靖六年薨。刻先圣图及尚书于岳麓书院以授学者
159	穀城王常蘧	吉	吉端王孙，万历二十四年封，能诗
160	安肃王经扶	靖江	靖江端懿王子，讲究经史，能诗
161	载堉	郑	郑恭王厚烷子，笃学，精研究历算、音律
162	高煦	汉	成祖第二子，有《拟古》感兴诗，颇见诗才

在表 18 所列的 162 位宗室中，绝大多数宗室所熟悉的知识领域皆属人文社会科学，他们工诗赋，喜书法，精绘事，通经史，谙典故。研究触角涉及科学技术的，仅有 7 位：周定王橚对植物学有深入的研究；代府灵丘荣顺王逊炓精于医；宁王权涉猎天文、历算、医学等；宁藩奉国将军多煃旁及星历；唐藩辅国将军宇浹精历数方技；襄府枣阳荣肃王祐楬，"星历兵农医卜之书靡所不究"；郑世子载堉精研历算。仅占 4.3%，不到 5% 的比例。在明代宗室的 430 余种著述中，可列入科学技术类的著作也非常有限，仅 22 种：宁王权《肘后神枢》2 卷；宁藩镇国中尉谋㙔《古今通历》《水经注笺》40 卷；周定王橚《普济方》168 卷，《救荒本草》4 卷；周藩镇国中尉睦㮮《医史》4 卷；周府编《保生余录》1 册、《袖珍方》8 卷；周藩永宁王《卦脉诀》1 卷；郑世子载堉《算学新说》1 卷，《历学新说》2 卷，《嘉量算经》3 卷，《圣寿万年右》1 卷，《万年右备考》2 卷，《算经巨秝详考》，《图解古周髀算经》1 卷，《圆方勾股图解》1 卷；唐府撰《保生备录》4 卷，《神妙秘方》；鲁藩《鲁府秘方》4 卷；兴献王祐杬撰《外科验方》12 卷，《医方选要》1 卷。宗室所刻书籍中，科学技术类所占比例也不大。以河南诸藩刻书为例，河南诸藩所刻书籍包括经史、佛道、诗赋等，但属于科学技术的书籍约 17 种，不到 20 种。且不论是宗室著述，还是宗室刻书中的科学技术著作，皆是技术多于科学，以中医学、数学、天文历法占大多数。反映出了中国传统文化具有浓厚的实用理性的特点。

第三节 "通才"所占比例高，不少人一生兼跨多个学科领域

在现代学科体制下，人们对已有知识的掌握和对未知领域的探索大致是按学科进行的。然现代学科的分类，是西学东渐的产物。在明代没有现代学科的概念，虽然晚明也有西学的输入，但其时输入的西学尚不足以打破传统所固有的知识分类体系，仍以经、史、子、集四部划分人们对社会、自然及人自身的

认知成果。人们对未知领域的认知活动也没有严格的学科藩篱的束缚。明代宗室群体是明代这个特定时期环境的塑造，他们中的不少人属于传统的"通才型"人才，对已有知识的掌握和对未知的探索体现在经、史、子、集的方方面面。这方面的例子很多。我们从焦竑《国朝献征录》、陈田《明诗纪事》、张廷玉《明史》、朱谋垔《画史会要》及《续书史会要》等文献中，梳理出有较高文化素养的宗室共 162 人（见前《明代宗室知识状况简表》）。其中，熟悉两个及其以上学科领域的宗室不在少数（见表 19）。

表 19　明代宗室群体知识领域分布表

亲王府	熟悉两个及其以上学科领域的宗室人数	熟悉一个学科领域的宗室人数
秦	1	2
晋		5
周	7	
楚		3
潭		1
齐		1
鲁	4	6
蜀	3	2
湘	1	
代	3	8
宁	19	35
岷	1	1
唐	4	6
沈	4	19
肃		1
辽	1	2
赵	1	
襄	1	
荆	3	4
秀	1	
益	1	2
衡	4	
吉		2
靖江	1	
郑	1	
汉		1

由表 19 可知，在明代宗室群体中，拥有两个及其以上学科领域知识，并有一定贡献的宗室达 61 人，占总数的 37.7%；拥有一个学科领域知识，并有一定贡献的宗室 101 人，占总数的 62.3%。也就是说，拥有两个及其以上学科领域知识的宗室占到总数的 1/3 强。还应强调的是，这一统计是不完全的，实际数量应该在此之上，至少不会低于此数。

第四节　各藩府知识状况呈非平衡分布

各藩府宗室知识状况的非平衡性这一特点是非常显著的。我们从焦竑《国朝献征录》、陈田《明诗纪事》、张廷玉《明史》、朱谋垔《画史会要》及《续书史会要》等文献中，梳理出有较高文化水平的宗室共 162 人。其中，秦府 3 人，晋府 5 人，周府 7 人，楚府 3 人，齐府 1 人，鲁府 10 人，蜀府 5 人，湘府 1 人，代府 11 人，宁府 55 人，岷府 2 人，唐府 10 人，沈府 23 人，肃府 1 人，辽府 3 人，赵府 1 人，襄府 1 人，荆府 7 人，秀府 1 人，益府 3 人，衡府 4 人，吉府 2 人，靖江王府 1 人，郑府 1 人，汉府 1 人。宁府位居第一，沈府第二，皆在 20 人以上；代府 11 人，第三；鲁府、唐府皆为 10 人，并列第四。其他各府都在 10 人以下，仅 1 人的藩府达 9 个。各藩府宗室著作的种数也是多寡不一：宁藩 126 种，周藩 51 种，郑藩 48 种，沈藩 30 种，唐藩 22 种，鲁藩 20 种，衡藩 16 种，楚藩 15 种，秦藩 13 种，辽藩 12 种，益藩 10 种，蜀藩 8 种，庆藩 7 种，代藩 7 种，荆藩 5 种，晋藩 4 种，潞藩 4 种，兴献藩 4 种，襄藩 3 种，赵藩 3 种，徽藩 2 种，韩、汉、肃、淮、岷、齐、靖江诸藩皆各 1 种。此两种统计数据肯定都是不完全的，但都同样反映出了宗室知识状况不平衡的特征，应该说是可信的。

第五章　明代宗室群体知识状况的成因

明代宗室群体的知识状况是怎样形成的？形成的原因是什么？这是一个必须回答，也饶有兴味的问题。马克思主义经典作家在阐释历史唯物主义基本原理时曾经说过这样一段话，其大意为：物质资料的生产是人们从事历史活动的第一个前提，人们只有在解决了吃、穿、用、住等问题以后，才可能有精力和闲暇从事文学艺术的创造以及自然的探索。这是一条颠扑不破的真理，早为过往的历史所证明。对明代宗室群体知识状况的成因也应作如是观。

明代宗室系天潢贵胄，"其生也请名，长也请封，禄之终身"。由国家供养终身，常禄优于同品级的官员。此外，还有诸多赏赐。洪武朝、永乐朝前四年的赏赐情况已见上章，兹就永乐四年以后诸朝的宗室赏赐列表以示。

表 20　永乐四年以后诸朝的宗室赏赐表

时间	赏赐内容	资料出版
永乐五年三月己卯	赵王高燧还北京，赐赉甚厚，其从官赐钞有差	《明太宗实录》卷六五
永乐五年夏四月丙午	兴平王尚土舟、永寿王尚灶辞归，均赐钞币，其从官悉赐钞	《明太宗实录》卷六
永乐五年夏四月戊申	顺阳王有垣辞归，赐之钞币	《明太宗实录》卷六六
永乐五年夏四月庚戌	代世子逊煓、宁世子盘烒还国，各赐钞币等物，赐其从官如例	《明太宗实录》卷六六

续表

时间	赏赐内容	资料出版
永乐五年五月丙辰	遣使赐谷王橞纱布八十匹	《明太宗实录》卷六七
永乐五年八月庚戌	楚世子孟烷还国，赐之钞币，其从官赐钞有差	《明太宗实录》卷七〇
永乐五年九月戊辰	周世子有燉、新安王有熺、永宁王有机、汝阳王有煽辞归，各赐钞币，其从官赐钞有差	《明太宗实录》卷七一
永乐六年二月甲午	赐晋王济熺钞二千锭，彩币五十匹，彩绢百匹	《明太宗实录》卷七六
永乐六年夏四月丁酉	永寿王尚灶辞归，赐钞币，赐其从官如例	《明太宗实录》卷七八
永乐六年六月乙巳	庆王梿献马千九十匹，赐绮罗纱绢	《明太宗实录》卷八〇
永乐六年秋七月壬子	楚世子孟烷还国，赐之钞币，其从官如例	《明太宗实录》卷八一
永乐六年秋七月乙卯	以周王橚生日，遣人赐纻丝纱罗六十二匹，绢四十匹，钞一万锭，罗帕二，马十匹，鞍二副及羊酒等物	《明太宗实录》卷八一
永乐六年八月丁亥	唐王柽之国南阳，郢王栋之国安陆，伊王㰕之国洛阳，各赐米二千石并钞币等物	《明太宗实录》卷八二
永乐六年冬十月癸巳	肃王楧献马二千匹，赐楧绮罗纱绢二百六十匹，火者二十人	《明太宗实录》卷八四
永乐六年冬十月癸巳	安王楹之国平凉，赐米二千石并钞币等物	《明太宗实录》卷八四
永乐六年十一月己西	沈王模之国潞州，赐米二千石，并钞币等物	《明太宗实录》卷八五
永乐六年十一月乙卯	赐谷王橞纻丝绢各五十匹	太宗实录》卷八五
永乐十年十一月丙午	赐庆成王济炫、宁化王济焕、广昌王济熿钞各四千锭，米各百石	《明太宗实录》卷一三四
永乐十一年七月戊戌	赐庆成王济炫织金衮龙纻丝袍服表里十八匹，各色丝表里二百匹，撒哈剌二匹，兜罗绵被十，金相椰盏一，钞五万锭	《明太宗实录》卷一四一
永乐十一年九月丁亥	赐楚王桢西马四匹	《明太宗实录》卷一四三
永乐十二年十月乙未	赐谷王橞兜罗锦被	《明太宗实录》卷一五七

时间	赏赐内容	资料出版
永乐十四年二月辛卯	赐庆王㮵钞三千锭	《明太宗实录》卷一七三
永乐十四年秋七月癸丑	赐书奖答蜀王椿曰："去年谷府随侍都督张兴来言，穗潜萌异图言之至再，兄未之信。今得贤弟书具有实事，人之无良一至于此，贤弟此心，周公忠存王室之心也。仪宾顾瞻回附黄金二百两、白金千两、钞四万锭、玉带一、金织衮龙纻丝纱罗衣九袭、纻丝线、罗纱各五十匹，绒锦十匹，彩绢千匹，兜绵千条，高丽布百匹，米千石，胡椒千斤，马十匹，鞍二副，往致兄意至可领也。"	《明太宗实录》卷一七八
永乐十四年十月乙丑	车驾次济宁，先夕，梦鲁王肇煇侍立于前甚恭，既旦肇煇来谒，上甚喜，赐敕奖励，加赐彩币米千石。盖肇煇居国简静，奉法谨礼，上素重之云	《明太宗实录》卷一八一
永乐十四年十一月己酉	周王橚及镇平王有爌、宜阳王有炥等还国，宴如初至。赐周王钞二万锭，纻丝三百匹，纱罗各百匹，绢千匹，兜罗绵五十二条，火者二十八人，马百匹。镇平王等及从官赐赍各有差	《明太宗实录》卷一八二
永乐十四年十二月庚申	楚王桢还，王宴如初至。赐马百匹，鞍辔一副，钞三万锭，纻丝三百匹纱，罗各百匹，绢千匹，胡椒千斤，椰子千个，红白兜罗绵五十二条，及红撒哈剌狮子尾等物。赐其从官钞有差	《明太宗实录》卷一八三
永乐十五年春正月丁未	安王楹来朝，蜀王椿还国，赐蜀王银三千两，钞六万锭，米万石，各色纻丝五百匹，纱罗各二百五十匹，绢千匹，兜罗锦六十条，苏木五千斤，胡椒三千斤，马一百五匹，鞍二副，火者百人，其从官赐钞有差	《明太宗实录》卷一八四
永乐十五年冬十月壬寅	赐宁国长公主钞万锭，彩币六十匹	《明太宗实录》卷一九三
永乐十九年十二月乙巳	庆王㮵进马，赐钞二万锭，彩币表里各百匹	《明太宗实录》卷二四四
永乐二十二年九月甲申	赐汉王高煦、赵王高燧各黄金五百两，白金五千两，锦百匹，纻丝二百匹，罗二百匹，纱二百匹，胡椒五千斤，苏木五千斤，钞五百贯，良马百匹。赐周王橚黄金百两，白金千两，纻丝四十表里，金十匹，罗二十匹，纱二十匹，钞一万锭。庆王㮵、宁王权、代王桂、沈王模各白金千两，钞一万锭，纻丝四十表里，锦十匹，罗二十匹，纱二十匹。唐王琼烃、鲁王肇煇、晋王济熿、蜀世孙友堉、平阳美圭各白金五百两，	《仁宗实录》卷二中

时间	赏赐内容	资料出版
永乐二十二年九月甲申	钞六千锭，纻丝二十表里，锦六匹，罗十匹，纱十匹。赐晋济熺书曰："皇帝致书兄王，念昔与兄朝夕同侍皇祖，同学讲习，又同饮食起处，兄弟之怀，夙夜惓惓。兹特送翼善冠二，金相玭珺带一，龙文袍服纻丝纱罗衣材九，龙白金三百两，钞六千锭，纻丝二十表里，锦九匹，罗二十表里，纱二十匹，胡椒、苏木各三千斤，厩马二十匹，用展亲亲之情。"赐宁国长公主白金五百两，钞六千锭，纻丝二十表里，锦六匹，罗十匹，纱十匹。汝宁、怀广、南康、永嘉、含山、汝阳、宝庆七长公主各白金三百两，钞六千，锭纻丝二十表里	《仁宗实录》卷二中
永乐二十二年十月庚申	赐楚王孟烷、辽王贵烚、肃王瞻焰、伊王颙炔、秦王志均各白金五百两，钞六十锭，纻丝二十表里，锦六匹，罗十匹，纱十匹	《仁宗实录》卷三下
永乐二十二年十月乙丑	赐郑王等八府孳牧牛羊马，每府牛百二十，羊五百，马六十	《仁宗实录》卷三下
永乐二十二年十一月癸未	赐韩王冲𤊟白金五百两，钞六千锭，锦六匹，纻丝二十表里，罗十匹，纱十匹。襄陵王冲炑、乐平王冲炑各白金二百两，钞十五四千锭，锦三匹，纻丝十表里，罗十匹。命户部韩王岁禄三千石内一千五百石支本色，余折钞。襄陵王乐平王各岁禄一千石内五百石支本色，余折钞	《仁宗实录》卷四上
永乐二十二年十一月甲午	靖江王府辅国将军赞侃、赞偕辞，各赐钞二十万贯，命户部岁给靖江府辅国将军六人米各八百石，四百石支本色，余折钞	《仁宗实录》卷四下
永乐二十二年十一月丙申	特赐宁王权黄金百两，白金三百两，文锦十，彩币表里各二十，西洋布十	《仁宗实录》卷四下
永乐二十二年十一月丁酉	赐周王橚白金三百两，彩币表里各二十，钞二万贯	《仁宗实录》卷四下
永乐二十二年十二月壬寅朔	平阳王美圭陛辞，赐之钞币，并赐其父白金百两，钞十万贯，彩币表里六十，火者六人，什器香药咸备	《仁宗实录》卷五上
洪熙元年春正月庚辰	赐汉王高煦衮服、皮弁服书曰："世子至，言贤弟衮服夜皮弁服皆旧，欲易新者，今已制完，遣内使阮庶送去，相望悬切，其善调摄，以副同气之怀。世子令于此月十二日归。"并报知之	《仁宗实录》卷六上

时间	赏赐内容	资料出版
洪熙元年春正月辛巳	汉世子瞻坦、济阳王瞻垒、临淄王瞻域、昌乐王瞻埻、淄川王瞻墿、齐束王瞻坪辞归，皆厚赐遣之	《仁宗实录》卷六上
洪熙元年二月丁未	遣书赐汉王高煦已茶三百斤	《仁宗实录》卷七上
洪熙元年三月己丑	赵王高燧之国彰德陛辞，赐黄金百两，白金五百两，彩币九十表里，钞二万锭，良马十四匹，鞍二副	《仁宗实录》卷八下
洪熙元年四月己酉	汉世子瞻怛、临淄王瞻域、昌乐王瞻埻、淄州王瞻墿陛辞，赐瞻坦织金纻丝罗钞衣各三袭，文币二十表里，金一百两，白金五百两，马十匹。瞻域、瞻埻、瞻墿各织金纻丝罗纱衣二袭，文币十六表里，金八十两，白金四百两，马八匹，赐其从官钞币，军校钞有差	《仁宗实录》卷九下
洪熙元年秋七月庚辰	赐诸王黄白金、文绮、锦、纱、罗、布、钞有差。上谕行在礼部臣曰："朕初即位，诸王宗亲守藩在外，宜有赐赉，用展亲亲。"于是周、庆、代、宁、沈、汉、赵七王各白金五百两，文绮二十表里，锦五匹，纱罗各二十匹，兜罗锦五匹，西洋布十匹，钞三万贯。汉赵二王各加赐黄金百两。晋楚鲁肃辽韩唐伊秦蜀十王各白金三百两，文绮十表里，锦三匹，纱罗各十匹，兜罗锦三匹，西洋布五匹，钞二万贯。赐宁国、大名、南康、永嘉、含山、汝宝庆七大长公主及永平安成咸宁三公主各白金二百两，文绮十表里，纱罗各十匹，锦三匹，兜罗锦三匹，西洋布五匹，钞一万贯	《宣宗实录》卷三
洪熙元年七月癸未	赐赵王高燧田园八十顷有奇，以初之国故也	《宣宗实录》卷四
洪熙元年七月丁亥	靖江王佐敬遣奉国将军佐敏诣太宗皇帝几筵，行小祥祭礼毕辞归。赐钞五千贯，命兵部给驿舟	《宣宗实录》卷四
洪熙元年十月壬辰	沈王模、楚王孟烷、赵王高燧以冬至各遣官进香长陵、献陵，命赐钞人四十锭	《宣宗实录》卷一〇
宣德四年三月丙寅	赐郑越襄荆淮五王钞各五万贯，梁王十万贯，循岁例也	《宣宗实录》卷五二
宣德四年七月辛未	加赐郑襄荆淮梁五王禄米。时行在户部奏："郑王襄王荆王淮王梁王受封时岁赐禄米各三千石，钞五万贯。今各王皆之国，禄米宜仍其旧。"上曰："诸弟初之国凡百，所需未备，其禄各岁给万石。"	《宣宗实录》卷五六

时间	赏赐内容	资料出版
宣德十年正月甲午	赐亲王、宗室公主白金文绮纱罗钞锭。庆、代、宁、岷四王各白金五百两,纻丝罗各二十表里,纱二十匹,锦五匹,钞三万贯。周、楚、鲁、辽、韩五王各白金三百两,纻丝罗各十五表里,纱十五匹,锦三匹,钞二万贯。肃、唐、伊、沈、襄、荆、淮、梁、赵奏及平阳、保宁十二王各白金三百两,纻丝罗各十表里,纱十匹,锦三匹,钞二万贯。靖江王白金二百两,纻丝罗各十表里,纱十匹,锦三匹,钞一万贯。赐汝阳、含山、永嘉、南康四大长公主,咸宁长公主,安成公主各白金二百两,纻丝罗十表里,纱十匹,锦三匹,钞二万贯	《明英宗实录》卷一
宣德十年十一月甲戌	给卫王府马七十八匹,从王奏请也	《明英宗实录》卷一一
正统二年八月癸亥	给淮王余干县强山地四百二十亩,供王采薪用也	《明英宗实录》卷三三
正统二年十月辛未	楚王季埱、庆王槏、肃王赡焰各出马助给甘肃官军,上以书致谢,仍以白金文绮纱罗布钞等物酬之	《明英宗实录》卷三五
正统二年十一月丙申	以湖广襄阳府所属襄阳各县无税田地三百九十六顷,山二所,给赐襄王赡墭。仍遣书谕王曰:"耕种田地,必须戒饬下人毋侵扰细民,以全盛德。"	《明英宗实录》卷三六
正统六年八月丁亥	晋府庆成王美埥奏:"生母韦氏病故,已蒙赐祭造坟。今襄事有期,百无一备。窃念顷者先王及母妃相继薨逝,十年之间丧葬相仍,一切之费悉仰给岁禄,用度窘迫,乞赐矜恤。"上命以米百斛薪炭各千斤给之	《明英宗实录》卷八二
正统八年七月丁丑	赐庆王秩煃银五百两,纻丝纱罗百段,苏木、胡椒千斤,以王选马千匹给边用,故酬之也	《明英宗实录》卷一〇六
正统九年二月庚子	赐郿王祁钰钞一万贯	《明英宗实录》卷一一三
正统十年八月丙寅	命给太原府忻州定襄县地三十三顷有奇,与方山王美垣耕种。以其地空闲从王奏请也	《明英宗实录》卷一三二
正统十一年十一月甲戌	赐方山王美垣定襄县草场地一十一顷	《明英宗实录》卷一四一
景泰三年五月癸丑	以册立皇太子,赐亲王各白金二百两,纻丝十匹,纱十匹,罗十匹,高丽布十匹,西洋布十匹,锦五段,生熟绢二十匹。永嘉太常宫主等白金一百两,纻丝八匹,纱八匹,罗八匹,西洋布八匹,锦三段,生熟绢十六匹,遣内官范堂等分赏与之	《明英宗实录》卷二一六

续表

时间	赏赐内容	资料出版
景泰三年冬十月丙申	靖江王府奉国将军佐立薨，家眷无禄养赡。事闻，诏每岁给米二百石	《明英宗实录》卷二二二
景泰三年冬十月丙辰	秦王志壄奏："比者本府火灾，库物俱已烧毁，缘汧阳王未婚，礼仪无备。"诏陕西库藏中以锦段纻彩纱罗绫䌷各十匹钞万贯给之	《明英宗实录》卷二二二
景泰四年五月甲戌	辽府庶人贵煊妻李氏奏："旧禄米一千石内三百给本色，岁用不敷，乞照伯庶人贵烚男豪坦例，岁给五百石。"又奏："男豪垛聘荆州卫千户李洪从妹，豪埨聘荆州卫指挥朱杰从妹，经今五年，不能婚娶，乞照伯庶人贵燮例，赐与表里，首饰猪羊等物。"从之	《明英宗实录》卷二二九
景泰四年六月庚寅	安化王秩炵奏母亡乏物殡葬。诏："赐白金百两，纻丝十匹，绢倍之。"	《明英宗实录》卷二三〇
景泰四年秋七月乙丑	代王仕壥奏："女晋宁郡主卒，无以营丧葬。"诏："与米一百石，所在官库见有布绢量与五十匹。"	《明英宗实录》卷二三一
景泰四年十一月丁巳	韩王征钋奏："臣及姑南郑郡主婚礼在迩，俱缺费用。"命赐纻丝八表里，钞一万贯	《明英宗实录》卷二三五
景泰五年九月乙丑	岷王微煣奏，臣四季所有用衮服俱缺。命给纻丝纱罗衮服各一袭	《明英宗实录》卷二四五
景泰五年九月丁卯	辽王贵㸅具奏："臣长子豪墭为世子时年幼，蒙赐衮服今已短少兼且损坏。"命赐纻丝纱罗衮服各一袭	《明英宗实录》卷二四五
景泰五年十月戊子	陵川王佶熢奏："母吴氏卒，家道萧索。"命赐白金一百两，纻丝十匹，绢二十匹，以为葬祭之资	《明英宗实录》卷二四六
景泰五年十月癸巳	赐代府山阴王逊煁衮服一袭。先是，王奏衮服颁赐年远，敝坏不堪服用，乞赐新者。故有是赐	《明英宗实录》卷二四六
景泰五年十二月戊戌	命岁给宁王奠南昌府城税课钞一万五千余贯，从王请也	《明英宗实录》卷二四八
景泰六年正月戊辰	赐庆王秩煃、沈王佶焞冕服皮弁服。以先所赐服皆年久弊损，从各王请也	《明英宗实录》卷二四九
景泰六年正月乙亥	赐永寿王志埴、交城王美垸、沈世子幼学、清源王幼玗、辽山王幼壂、内丘王幼墤、广平王幼球、唐山王幼墧、永年王幼埲大红织金纻丝纱罗各一匹，从所请也	《明英宗实录》卷二四九
景泰六年二月庚寅	赐灵邱王逊烇织金衮龙四季袍服，从所请也	《明英宗实录》卷二五〇

续表

时间	赏赐内容	资料出版
景泰六年三月庚戌	宁河王美埽奏："臣幼年受封，蒙赐袍服今已短穿，乞赐大红滚龙纻丝纱罗各一匹，令臣自制袍服。"从之	《明英宗实录》卷二五一
景泰六年闰六月壬子	赐云丘王美堣织金衮龙袍服，以王奏旧颁袍服弊坏不堪用故也	《明英宗实录》卷二五五
景泰七年正月戊寅	赐大谷王钟鋐四季衮龙织金袍服，从王奏请也	《明英宗实录》卷二六一
景泰七年三月庚午	方山王美垣奏："受封之日，蒙赐袍服，今皆垢弊，乞大红织金衮龙纻丝纱罗各一匹，令臣自制。"从之	《明英宗实录》卷二六四
景泰七年三月辛卯	宜城王贵节奏："臣及妃仪仗俱未蒙颁赐，臣旧赐袍服今俱垢弊，乞赐仪仗并织衣衮龙大红纻丝纱罗各一匹，俾臣自制袍服。"从之	《明英宗实录》卷二六四
景泰七年九月辛卯	辽庶人贵烚长男豪焓奏："弟妹四人年俱长成，贫穷不能婚配。"诏："准庶人贵爕例人赐彩段四表里，首饰银二十两，猪羊各四以助之。"	《明英宗实录》卷二七〇
景泰七年十月庚申	沈府佶焞奏："第六子内江王幼土寅妃龚氏卒，本府累因丧礼费用浩繁，乞赐银帛以资丧祭。"帝命于被官库给绢布各五十匹予之，命中官谕祭有司营葬	《明英宗实录》卷二七一
景泰七年十月甲子	西河王美焞嫡长子钟鑅奏："父王既薨，本府艰窘，乞有所赐以助葬祭。"命给白金百两，纻丝十匹，绢二十匹予之。钟鑅又奏："父王禄米四百石，折色钞六斗贯，俱截日住支，乞如旧收养赡。"从之	《明英宗实录》卷二七一
景泰七年十二月庚申	楚王季埱奏："镇国将军均钿卒，禄米住支，家眷无以养赡。"命岁与米二百石	《明英宗实录》卷二七三
景泰八年正月辛巳	保安王公錬奏："臣袭爵时年幼，冕服窄短，今长成不堪服用乞再给授。"从之	《明英宗实录》卷二七三
天顺元年二月庚子	上以复位，遣书谕宗室诸王并赐金银锦纻丝纱罗绢布钞有差	《明英宗实录》卷二七五
天顺元年五月癸亥朔	赐兴平王志埠胡椒五十斤，备母妃调膳之用，从王请也	《明英宗实录》卷二七七
天顺元年五月壬申	辽府庶人贵焓次男豪坨奏："岁赐食米一百石，母子举家衣食俱仰于此，实有不足，乞量增益。"上命户部岁增米五十石与之養母，母终罢给	《明英宗实录》卷二七八

时间	赏赐内容	资料出版
天顺元年六月乙未	给乐平王冲炑、灵川盐课司盐岁五十引兴平王志堨岁三十引，俱从其请也	《明英宗实录》卷二七九
天顺元年六月辛丑	除保安王公鍊原买咸宁长安兴平等县田租税二十一石有奇，从王奏请也	《明英宗实录》卷二七九
天顺元年六月戊申	给沁源王幼埼、平遥王幼壏煤户菜户各二户，俱从王奏请也	《明英宗实录》卷二七九
天顺元年六月甲申	重赐秦府保安王弟镇国将军公镀红织金纻丝纱罗白䍐常服各一，从王请也	《明英宗实录》卷二七九
天顺元年七月丁丑	赐衡山王贵域、沅陵王贵燏菜户各一，阳曲王美垗、稷山王幼㙇、黎城王幼㙷、河东王钟镶、太谷王钟鉉菜户煤户各二，河东太谷二王并博野王成鑰、定安王美镡又各奏岁禄千石内三百石折钞，供亿不敷，请如襄垣王逊燀例折支银布，从之	《明英宗实录》卷二八〇
天顺元年八月壬辰	衡山王贵燲、洵阳王禄坤各奏旧赐袍服年久敝坏。上命赐大红织金衮龙纻丝纱罗各一匹	《明英宗实录》卷二八一
天顺元年八月乙未	稷山王幼㙷奏妹鄱阳县主卒，停丧在家，无以为葬，乞赐葬费。命赐布绢五十匹，米五十石	《明英宗实录》卷二八一
天顺元年八月壬寅	赐秦府永兴王长子诚澜冠服	《明英宗实录》卷二八一
天顺元年八月壬寅	增宁河王美埧岁禄三百石米钞兼支并窑户一户，从王请也	《明英宗实录》卷二八一
天顺元年九月丁卯	给韩王征钋、合阳王公镗、临潼王公铭食盐每岁各三十引，真宁王邃墱每岁二十引，通渭王范墅、沔阳王公鐣每岁各一十引，从其请也	《明英宗实录》卷二八二
天顺元年九月戊寅	赐陵川王佶燡潞州税课局钞一年，以给子女婚嫁	《明英宗实录》卷二八二
天顺元年十月壬寅	给昌化王仕坛菜煤户各一户，永兴王公鈲空闲草地五十一顷，增晋庶人美埧等每月食米二十石，每岁衣资绢一十匹，布二十匹，各从其请也	《明英宗实录》卷二八三
天顺元年十月庚戌	给临泉王钟镍煤户一户，并准于折色禄米内关支本色一百石。赐陵川王佶燡长子县税课局课钞一年，俱从其请	《明英宗实录》卷二八三
天顺元年十一月甲子	应山王豪坏奏求菜户，命如例与之。清源王幼㙊辽山王幼壈奏求商税钞，命于潞城屯留二县岁额内各拨一年赐之	《明英宗实录》卷二八四
天顺元年十一月戊寅	给清源王幼㙊、湘阴王贵煟、隰州王逊煐、宣宁王逊炓、襄垣王逊燀菜户煤户，从所奏也	《明英宗实录》卷二八四

时间	赏赐内容	资料出版
天顺元年十二月辛卯	平遥王幼壋奏求山西潞州黎城县岁额税钞，上命以一年之入给之	《明英宗实录》卷二八五
天顺元年十二月乙未	衡阳王贵燚火奏求菜户煤户，上以湖广地不产煤，止以菜户一人赐之	《明英宗实录》卷二八五
天顺元年十二月辛亥	灵丘王逊焀西河王钟鑅奏求菜户煤户，上命如例给赐之	《明英宗实录》卷二八五
天顺元年十二月甲寅	西河王钟鑅奏求平阳府税课局岁额课钞二年。户部言岁额太多，又为官军折俸并诸项军需支用，乞如平遥王例量给二千九百六十余贯，从之	《明英宗实录》卷二八五
天顺二年春正月己巳	赐沈府内丘王幼壿、广宗王幼坅、唐山王幼墧、永年王幼壵煤户菜户各二户	《明英宗实录》卷二八六
天顺二年二月丙午	赐辽王幼壁、怀仁王逊烆煤户菜户各二户，永寿王志埴官盐岁十引	《明英宗实录》卷二八七
天顺二年二月己酉	赐沁源王幼埼钞二千九百贯，以其祖母新丧从王奏请也	《明英宗实录》卷二八七
天顺二年闰二月癸亥	赐沁水王幼壕泽州税课局钞二千九百贯，从其请也	《明英宗实录》卷二八八
天顺二年闰二月丁亥	增给晋庶人美扎等衣资每岁绢十匹，布二十匹，从其请也	《明英宗实录》卷二八八
天顺二年三月戊子朔	给宜川王公铤食盐，益阳王豪土几菜户，安宁王成镡煤户，俱从其请也	《明英宗实录》卷二八九
天顺二年三月己丑	赐新昌王女南康县主仪宾沈懋、零都县主仪宾钟毓诰命冠服鞍马等物	《明英宗实录》卷二八九
天顺二年三月丙辰	石城王奠堵奏："臣受封之时家赐袍服原无纱罗，止有纻丝，今亦弊坏，乞赐纻丝纱罗袍料各一匹。"从之	《明英宗实录》卷二八九
天顺二年六月丁巳朔	赐周府辅国中尉同铧诰命冠服	《明英宗实录》卷二九二
天顺二年六月庚午	赐通渭王府镇国将军征铙诰命冠服	《明英宗实录》卷二九二
天顺二年七月己丑	赐湘阴王贵焵大红织金衮龙纻丝纱罗各一匹，以王奏册封时年幼未蒙给赐也	《明英宗实录》卷二九三
天顺二年七月壬寅	赐蕲水王贵熧荆州城西芦苇洲一所，枝江王豪壆枝江县芦苇洲一所，从二王请也	《明英宗实录》卷二九三

时间	赏赐内容	资料出版
天顺二年八月戊寅	赐永寿王府镇国将军公镬诰命冠服等物	《明英宗实录》卷二九四
天顺三年夏四月甲寅	临川王盘烨奏旧赐袍服，今皆污敝，乞赐纻丝纱罗各一匹自制，从之	《明英宗实录》卷三〇二
天顺三年七月甲申	赐乐安王纻丝纱罗各一匹，以王奏先赐袍服年久敝坏，求新者也	《明英宗实录》卷三〇五
天顺三年七月己丑	赐晋世子奇源金宝并仪仗等物	《明英宗实录》卷三〇五
天顺三年七月己丑	先是救庆王选马二百匹给宁夏官军骑操，有司请以上中下三等定价于陕西籴粮银内给还之。上止令勘视等第以闻，至是命中官赍书并银四百两，纻丝纱罗四十匹，彩绢二十匹，西洋布十匹，高丽布二匹，赐之	《明英宗实录》卷三〇五
天顺三年七月庚子	赐永兴王镇国将军公金冉纻丝纱罗各一匹，时公钟奏先赐常服短狭不堪服用，故有是赐	《明英宗实录》卷三〇五
天顺三年八月壬子	赐沔阳王公鐥织金纻丝纱罗衣服各一袭，以王奏袍服敝坏也	《明英宗实录》卷三〇六
天顺三年十一月壬午	赐宣城王贵㸀、湘阴王豪壃、荆州府江陵县地各三顷有奇	《明英宗实录》卷三〇九
天顺四年七月辛卯	重赐通渭王范墅冕冠等服，以王奏称年久弊坏请易之也	《明英宗实录》卷三一七
天顺六年六月戊寅	赐淮王祁铨食盐二百引，从王奏请也	《明英宗实录》卷三四一
天顺六年六月庚辰	以江西饶州府柴棚局河泊所岁课钞二年，给赐淮王祁铨，从王请也	《明英宗实录》卷三四一
天顺八年二月戊戌	上以初即位，赐亲王白金文绮。鲁王、辽王、庆王、肃王、唐王、郑王、襄王、宁王、周王、沈王、伊王、岷世子各白金三百两，纻丝罗十五表里，纱十五匹，锦三匹，钞二万贯。淮王、晋王、秦王、韩王、代蜀二世子各白金三百两，纻丝罗十表里，纱十匹，锦三匹，钞二万贯。赵悼王、荆靖王长子、靖江王各白金二百两，纻丝罗十表里，纱十四匹，棉三匹，钞一万贯	《宪宗实录》卷二
成化元年十二月辛卯	赐秀王牧马地五顷二十亩。先是王奏蒙赐马匹缺地牧养，请以朝阳门外旧竹木厂一所牧之，故有是赐	《宪宗实录》卷二四

时间	赏赐内容	资料出版
成化二年三月戊申	赐晋府西河王钟镃食盐岁三千引	《宪宗实录》卷二七
成化四年正月丁卯	以山东寿张等县闲地四千一百余顷，赐德王府。从王请也	《宪宗实录》卷五〇
成化四年三月辛巳	命以顺天府文安县退摊空地三百六十五顷有奇，赐嘉善长公主时公主已有赐地，至是凡三奏，故又给之	《宪宗实录》卷五二
成化六年七月乙巳	赐秀王汝宁府税课钞	《宪宗实录》卷八一
成化六年八月丙午朔	赐秀王食盐岁一百引，两淮运司支给，本府内官内使随王之国者许于河南汝宁府官仓每员月支米四斗，五月而止，从王请视德王初之国例也	《宪宗实录》卷八二
成化八年七月丁酉	赐秀王见澍冠服及诸药品，从王请也	《宪宗实录》卷一〇五
成化九年三月丁巳	赐伊王河南府税课司商税课钞。时王奏禄米数少，日用之不给，援例以请故也	《宪宗实录》卷一一四
成化九年七月戊戌	赐赵王见潾彰德府税课司钞岁三万贯。时王奏求税课全额计钞七万五千一百余贯，户部言本府折色俸粮及诸公用皆取给于是，故从减赐之	《宪宗实录》卷一一八
成化十年六月庚午	给肃王禄埄税课钞岁一万五千贯，不为例。王奏本府供用全倚挈畜耕种，近因房寇剽掠百需一空，且军校既被杀虏又选征戍乏人供给，故特命与之	《宪宗实录》卷一二九
成化十年十一月庚午	赐吉王河间府地土一百顷	《宪宗实录》卷一三五
成化十一年正月庚申	以河南南阳府闲地一百四十顷赐唐王芝北，从王请也	《宪宗实录》卷一三七
成化十一年五月癸丑	赐代府灵丘王逊烇绛州税课局课钞半年不为例，从其请也	《宪宗实录》卷一四一
成化十一年十二月辛巳	赐辽王豪壄等白金二百两，纻丝纱罗各八匹，锦四匹，高丽白氎丝西洋等布各十匹，绢十六匹。赐靖江王规裕白金半之，锦四段，纻丝纱罗高丽白氎丝西羊等布各六匹，绢十二匹，以册立皇太子恩也	《宪宗实录》卷一四八
成化十三年八月庚申	赐吉王淮盐岁三百引，王将之国援崇王例请，故赐之	《宪宗实录》卷一六九

时间	赏赐内容	资料出版
成化十六年正月戊子	赐晋王钟铉太原府税课钞岁一万贯。先是王累奏太原税课钞洪武间以赐其曾祖恭王后因叔祖济熿坐事而革，欲请仍旧给赐，许之	《宪宗实录》卷一九九
成化十六年三月癸巳	赐徽王见沛两淮存积盐二千引	《宪宗实录》卷二〇一
成化十八年四月甲子	赐崇王两淮存积盐一千引	《宪宗实录》卷二二六
成化十八年八月丙午	赐赵府汤阴县地七百一十一顷四十亩。并水䲜地七十顷四十二亩。徽府安阳县地七十七顷九十九亩，并彰德卫未纳粮地二百三十四顷一十一亩及荒芜地八十一顷六十八亩，其余开州内黄等处地不系河南所辖，未纳税粮子粒者，俱拨与军民照例征纳补换，并争占者俱拨给与民	《宪宗实录》卷二三〇
成化十八年十二月丙寅	命赐吉王淮盐一千引，从王奏请也	《宪宗实录》卷二三五
成化二十年四月丁丑	赐徽王见沛汝州税课局岁办课钞，从王请也	《宪宗实录》卷二五一
成化二十二年四月庚子	以汉阳府刘家隔税课局课钞给襄王三年。时局钞岁办三万五百余贯，王请给赐，永为岁用。户部覆奏，局不在王封内且汉阳官吏折俸皆取给于此，给王不便。上谓王既有奏，听与三年以后如旧	《宪宗实录》卷二七七
成化二十二年六月癸未	以江西九江府德化县料钞给荆王见潚二年，王奏岁用不足故也	《宪宗实录》卷二七九
成化二十三年七月壬寅	赐靖江王矢见裕桂林府税钞岁一万五千贯，以王累奏用度不足故也	《宪宗实录》卷二九二
成化二十三年九月戊申	以即位，贻书宗室亲王赐白金文绮钞锭。宁王、唐王、沈王、庆王、周王、襄王、郑王、岷王、肃王、辽王、蜀王、楚王、晋王、淮王、代王、伊王、鲁王各白金三百两，纻丝罗十五表里，纱十五匹，锦三匹，钞二万贯。崇王、吉王、徽王、荆王、赵王、韩王、镇安王各白金三百两，纻丝罗十表里、纱十匹、锦三匹、钞二万贯。靖江王白金二百两，纻丝罗十表里，纱十匹，锦三匹，钞一万贯	《明孝宗实录》卷二
成化二十三年十一月庚子	赐辽府镇国将军豪邦当阳县孔家湾洲地一段，从其请也	《明孝宗实录》卷六

时间	赏赐内容	资料出版
弘治元年十月丙申	增给辽王恩𬭯食盐岁十引，从其请也	《明孝宗实录》卷一九
弘治四年三月壬寅	赐兴王淮安仪真盐一万引以助婚礼之用	《明孝宗实录》卷四九
弘治六年正月丙子	赐岐王祐棆汉阳府刘家隔税课司课钞。从王请也	《明孝宗实录》卷七一
弘治六年二月戊午	命以安陆州赤马野猪湖河泊所课钞赐兴王府。从王请也	《明孝宗实录》卷七二
弘治七年五月戊戌	给晋王钟铉河东运盐司食盐岁五十引	《明孝宗实录》卷八八
弘治八年七月甲申	仁孝文皇后忌辰上祭奉先殿奉慈殿太皇太后。皇太后宫行礼毕出御，奉天殿文武群臣及四夷朝使行庆贺礼。赐各王府及天下诸司庆贺官员人等钞币有差	《明孝宗实录》卷一〇二
弘治九年六月辛卯	命加给唐王弥𬭲河东食盐岁二十引	《明孝宗实录》卷一一四
弘治九年九月庚午	赐汝王玉田县望军台庄田七百顷，从其请也	《明孝宗实录》卷一一七
弘治九年十月壬辰	赐蜀王宾瀚四川提举司食盐岁三十引，从王请也	《明孝宗实录》卷一一八
弘治十年七月壬寅	赐各王府及天下诸司庆贺官员人等钞币有差	《明孝宗实录》卷一二七
弘治十一年五月戊午	雍王祐橒复乞衡州府税课司衡阳县河泊所为业，上以王乞奏不已，重违其意，命岁赐衡州府课钞一万贯，衡阳县课钞三千贯	《明孝宗实录》卷一三七
弘治十一年六月甲午	命寿王祐楮岁支两淮食盐一千引改于四川支给，仍赐重庆府及泸州二税课司岁课钞二万贯，从其请也	《明孝宗实录》卷一三八
弘治十一年七月丁酉	赐各王府及天下诸司庆贺官员人等钞币有差	《明孝宗实录》卷一三九
弘治十一年十一月庚申	命以寿王辞还涿州等处庄田赐泾王管业	《明孝宗实录》卷一四三
弘治十二年八月丁酉	给汝王两淮食盐岁一千引	《明孝宗实录》卷一五三
弘治十二年八月癸卯	赐岷府江川王音垫药品，从其请也	《明孝宗实录》卷一五三

时间	赏赐内容	资料出版
弘治十三年 三月乙丑	赐衡王两淮盐岁一千引	《明孝宗实录》 卷一六〇
弘治十三年 七月乙卯	赐各王府及天下诸司庆贺官员人等钞币有差	《明孝宗实录》 卷一六四
弘治十四年 七月己酉	赐各王府及天下诸司庆贺官员人等钞币有差	《明孝宗实录》 卷一七六
弘治十五年 三月辛巳	赐汝王祐椁河南获嘉辉县地二十六顷，衡王祐楎山东寿光潍县地一千二百十四顷有奇，荣王岁支两淮余盐一千引，各从其请也	《明孝宗实录》 卷一八五
弘治十六年 六月甲子	赐汝王卫辉府所属税课三分之一，不为例，从王请也	《明孝宗实录》 卷二〇〇
弘治十七年 二月乙卯	赐泾王府十六年食盐价银一千二百两，从王请也	《明孝宗实录》 卷二〇八
弘治十七年 九月己丑	先是赐汝王卫辉府税课三之一，王复请所属六县税课，从之	《明孝宗实录》 卷二一六
弘治十八年 十月壬戌	赐肃王沉香片、脑木香、檀香诸药，因王请也	《明武宗实录》 卷六
弘治十八年 十二月甲寅	给汝王弘治十六年盐千引之价。初王在京邸时，岁该食盐千引，及之国犹以为请。孝宗特命复与三年，每年折银一千二百两，俱河南布政司给之。户部寻以各王府盐价累民，奏准岁支本色盐三百引，给价之例已停矣。至是，王奏先帝所赐盐价止得一年余，俱未给且援衡泾二府例以请，故有是命	《明武宗实录》 卷八
正德二年闰 正月辛酉	赐给宁王食盐岁三十引不为例	《明武宗实录》 卷二二
正德二年六 月壬辰	以济宁州税课局税钱全给泾王，从其请也	《明武宗实录》 卷二七
正德二年七 月庚申	仍以河南府税课司钱钞给赐伊王。成化弘治间，王奏岁禄止二千石，食用不足，乞税课。宪庙、孝庙皆允其请，近以内帑缺用，诸税尽取还官，王复陈乞，从之	《明武宗实录》 卷二八
正德二年七 月辛未	伊王奏旧给食盐止二十引，乞照襄王例给三百引，于两淮运司关支，从之	《明武宗实录》 卷二八
正德二年八 月乙酉	靖江王约麒奏请全赐桂林府税课司三季钞料以助，弗给。户部执奏，系近年题准还官之数，难从所请，上特命与之	《明武宗实录》 卷二九

续表

时间	赏赐内容	资料出版
正德二年九月癸丑	赐秦府西安府税课钞，从秦简王妃廖氏奏请也	《明武宗实录》卷三〇
正德二年十月丁酉	增唐王盐七十引改折钞禄米二千石为本色，从王请也	《明武宗实录》卷三一
正德二年十月戊午	赐衡王青州府税课局钞。以王请也	《明武宗实录》卷三一
正德三年二月甲戌	淮王祐榮奏在英庙时，尝赐与饶州河泊所沿城长港一曲，并税课司为业，盖已六十余年矣。近户部奏拟还官，缘非陈乞之数请，仍给与从之	《明武宗实录》卷三五
正德三年五月戊午	赐韩府陇西王旭枺岁食盐三十引	《明武宗实录》卷三八
正德三年七月戊午	赐给荣王长芦盐三百引，从王请也	《明武宗实录》卷四〇
正德六年九月丁未	淮王请增食盐令岁给五十引	《明武宗实录》卷七九
万历二年八月丙寅	郑王厚烷以病奏请药物，赐给琥珀、龙脑、犀角等物	《明神宗实录》卷二八
万历十一年三月丁酉	诏给潞王庄地工千顷，食盐一千引，两淮运司解府应用	《明神宗实录》卷一三五
万历十一年四月癸丑	赐潞王通州等处抄没庄宅照原租十分减一征收	《明神宗实录》卷一三六
万历四十七年正月丁未	命给潞王米一万石，从户部覆奏也	《明神宗实录》卷五七八
泰昌元年九月辛亥	赐瑞王、桂王、惠王各银一千两，彩段二十表里，瑞安大长公主银一百两，纻丝四表里	《熹宗实录》卷二
天启二年十二月乙酉	赐鲁王寿鋐白金百两，文绮十端，降敕奖励以其捐赀助饷除乱安民有光屏翰也	《熹宗实录》卷二九

赏赐的内容，有冠服、医药、银两、钞币、米炭、茶、马、丝织品、盐引、税课、田亩、煤户、菜户等，包罗甚广。当然，这一统计可能是不完全的，还会有不少遗漏。但，据此已知明代宗室群体的经济条件是优裕的。它构成了明代宗室群体从事知识的继承和创新的物质基础。如没有相当的经济条件，不少明代宗室购置大量图书、修建书楼、刻印书籍等是根本无法办到的。

但这仅是基础而已，我们不能将其无限夸大，因为在明朝中期以后还存在宗室中下层贫困化的事实。实际上，有雄厚经济基础的人不一定就必然从事知识的继承和创造，并取得成绩。明代宗室群知识状况形成原因的分析还应当采取多维度观察的方法。

如果说，常禄和赏赐是明代宗室群体传承和创新知识的经济基础，那么明代的宗室教育则为宗室群体传承和创新知识奠定了文化的基础。因为没有一定的文化基础是无法传承和创新知识的。明代的宗室教育与明朝相始终。洪武朝即非常重视宗室教育，采取了一系列的措施，建立了专门的宗室教育机构。然随着时间的推移，原有宗室教育机构的功能逐渐丧失。为加强对宗室的教育，至隆庆朝，复在各王府开始设置宗学。这一过程，至万历朝末方最后完成。据明实录统计，共计设置宗学 30 所。具体情况见表 21。

表 21 明代宗府设置宗学统计表

批准设置时间	王府	批准设置的基本情况	资料来源
隆庆三年八月癸亥	晋府、沈府及庆成、永和、安宁、隰川、阳曲、西河、交城、灵丘、山阴、襄垣、怀仁等王府	山西抚按官靳学颜等请如礼部议，命晋府、沈府及庆成、永和、安宁、隰川、阳曲、西河、交城、灵丘、山阴、襄垣、怀仁等王府各建立宗学，延请师儒，教督宗室子弟。从之	《明穆宗实录》卷三六
隆庆四年四月辛亥	周府、赵府、唐府、崇府	以镇平王府镇国中尉睦㰚为周府宗正，广安王载堂为赵府宗正，偃城王府镇国将军宙槙为唐府宗正，归德王载壏为崇府宗正，从河南抚按官举也。郑府及方城、万安、建德等府宗室鲜少，各以其教授领之	《明穆宗实录》卷四四
隆庆六年正月庚午	靖江王府	巡抚广西兵部右侍郎殷正茂以靖江王府多事，上议宗藩急务，……笃亲睦之情，明房长之议，饬宗学之规，伸拘禁之法，开举首之条，凡八事，礼部覆奏，多采用之	《明穆宗实录》卷六五

续表

批准设置时间	王府	批准设置的基本情况	资料来源
万历十八年十一月庚戌	宁府	给事中徐学聚奏言："江省宗室自宸濠逆诛以来，宗室久无亲王统御，骄悍难驯。近日如栱橇，因罗曰伊催租债相殴身死，情罪既真，自有正法，多烨等乃乘机谮啸，聚众劫掠，戕害良民。若不严加禁缉，其为地方隐祸非小，仍乞照周府例，设立宗学，听抚按官举学行兼优者为宗正，选教授等官为之分教，有不遵约束者许宗正参奏重处。"部覆如议	《明神宗实录》卷二二九
万历二十年十一月丁酉	蜀府	礼部言："蜀王宣圻奏举德阳王府辅国中尉宣埠温良练达，汶川王府奉国将军承博雅孝友，俱堪协理宗学。随经四川抚按具题，宜如所请。"从之	《明神宗实录》卷二五三
万历三十二年正月甲戌	楚府	礼部题覆："樊山王府镇国将军翊𪩘奏请建立宗学，欲以此藩之宗室为彼藩之宗正，略比流官之法，有裨宗教，其议可行。"得旨："王府宗学载在会典，大于宗藩有裨。今楚府尚未设立，着照周府例举行，翊𪩘既有德行，就与做宗正，着用心教习，以兴礼让之风。"	《明神宗实录》卷二九二
万历三十七年十二月甲寅	益府	益王常𤤴举浦阳王常㳆为宗正，华山王常汛、筠溪王常涞为宗副。诏可	《明神宗实录》卷四六五
万历四十年闰十一月辛酉	韩府	陕西巡抚毕懋康言："陕西亲藩有四，而秦、韩宗仪最多，泛驾则韩府为甚。谨条议约束四事以请。一设宗学，选学行兼优者为正，以掌宗教，量设廪增以示鼓舞，学俸俱于绝郡府第官员拨给……"报可	《明神宗实录》卷五〇二
万历四十一年七月己未	秦府、庆府	陕西巡抚毕懋康言："秦、庆二府，向来俱未设有宗学，亦当陆续议行。"报可	《明神宗实录》卷五一〇
万历四十六年五月壬辰	山东诸王府	山东巡抚毕懋康上陈东省急务，……东省三列藩封，其支庶贤明固多，而作奸犯科亦不少，宜创建宗学，设宗正一员，时勤训迪，仍岁录其贤否实迹以闻，随轻重而褒戒之，庶有以杜借逾而跋扈之志。……报可	《明神宗实录》卷五七〇

据表 21 所列可知，明代王府宗学设置较为普遍，分布于山西、河南、陕西、四川、湖广、江西、山东、广西等有王府的省份。其中，山西诸王府 13 所宗学批准设置的时间最早，在隆庆三年（1569）；河南周府、赵府、唐府、崇府宗学位居其次，批准设置于隆庆四年（1570）；靖江王府宗学批准设置于隆庆六年（1572）；楚府、益府、韩府、秦府、庆府、蜀府宗学及江西、山东诸王府宗学皆在万历朝批准设置。山东诸王府宗学批准设置于万历四十六年（1618），时间最晚。

明代宗学建于人口数多的王府，其主体建筑有仿照儒学而建的"先师殿、从祀廊庑及棂、戟二门"，以祭拜至圣先师孔子及其他诸圣先贤；同时，尚建有祖训堂三间，尊藏《皇明祖训》及朝廷颁布的宗室管理法规《宗藩条例》《宗藩要例》；明伦堂三间，"以肃师生瞻仰"，为宗学教学之所；明伦堂两侧，东边建有经籍所，藏有经史等类书籍，供宗学师生使用；西边建有资赡所，为宗学师生提供后勤服务；在明伦堂、经籍所、资赡所的背后，复"各建号房数连，每连或五间，或十间"，以供宗生住宿①。基础设施完备，规模较为宏大。

宗学有自己的管理机构，设有宗正一人，宗副二人。宗正"主领其事"，主持宗学全面工作；宗副协助宗正管理宗学。明代对宗学官员的选授极其慎重，有一套严格的选拔程序。宗正、宗副皆由宗室成员担任。宗正由亲、郡王及抚按官推举宗室中学问、德行兼优者，奏请任命。宗正确定后，亲、郡王会同抚按官再举宗室二位，上奏朝廷任命为宗副②。宗正、宗副直接对该府亲王及抚按官负责，受其节制。如尽忠职守，"师范克端"，宗学管理卓有成效，"听亲王及抚按疏请褒奖"；不称职者，"亦听不时疏黜，另行推选"③，毫不姑息。

办学不能无师。宗学教师编制多少取决于宗生数量。"大约宗生百人，则置一师。""若宗生众多，则分置数师。"教师选授由抚按衙门主持，令提学道会同宗正对该王府教授严加考选，选拔其中精通经书、德行堪为表率者担任师

---

① 《王国典礼》卷七，《宗学》；《明神宗实录》卷五〇，万历四年五月壬寅。
② 《王国典礼》卷七，《宗学》。
③ 《王国典礼》卷七，《宗学》。

职。若从王府教授中选不足数，"则以纪善之贤者充之"。教师每年年终考核一次，考核工作由宗正具体负责。为使考核公平、公正，以达到对教师激励与约束的目的，规定了各考核机关的职能及权力运行机制："教有成绩，岁终听宗正移文守巡提学道复核明实，转呈抚按衙门，或行奖赏，或奏加服色、俸级，以示优异；如其尸位旷职，无裨藩教，即行罢黜。"① 宗正是教师考核的基层官员，其考核结果须经守巡提学道查核属实，才能执行。教有成绩者，转呈抚按衙门，由抚按予以奖赏，或奏请朝廷增加其服色、俸级；尸位素餐、旷职废教者，立即罢黜。权力相互制衡，奖惩分明。

宗生是宗学的重要主体。嘉靖四十四年（1565）颁布的《宗藩条例》、万历十年（1582）颁布的《宗藩要例》皆规定，凡宗室子弟年满 10 岁以上者，俱由长史司"开送"名册，尽入宗学读书，不得延误。宗学"严立课程"，根据宗生入学时的不同程度及资质禀赋的差异，"分斋从师，量力授业"，颇有孔子"因材施教"之遗意！宗生学习科目大致可分为两类：一为《皇明祖训》《孝顺事实》《为善阴骘》诸书②。《皇明祖训录》即《祖训录》，洪武二年（1369）下诏由中书编修，洪武六年（1373）撰成。共分"箴戒""持守""严祭祀""谨出入""慎国政""礼仪""法律""内令""内官""职制""兵卫""营缮""供用"13个篇目。明太祖朱元璋亲为之作序③。洪武二十八年(1395)，因更定宗室禄米，复位《祖训录》，改名为《皇明祖训》，"其目仍旧，而更其'箴戒'章为祖训首章。"④《孝顺事实》10 卷，明成祖朱棣命儒臣修纂。该书辑录古今载籍所记"孝行卓然可述者二百七人"，成祖予每事皆"亲制论断及诗"，并作序冠之篇首。永乐十八年（1420）书成，下颁文武群臣、两京国子监及府、州、县、卫所等学校⑤。《为善阴骘》10 卷。成祖视朝之暇，披览载籍，遇有为善

---

① 《王国典礼》卷七，《宗学》。

② 《王国典礼》卷七，《宗学》。

③ 《太祖实录》卷八二，洪武六年五月壬寅。

④ 《太祖实录》卷二四二，洪武二十八年闰九月庚寅。

⑤ 《太宗实录》卷二二六，永乐十八年六月辛丑。

获报的记载，即命近臣辑录之，共得 165 条。成祖"各为之论断，而系诗于后"，且自制序冠之。永乐十七年（1419）书成，命赐诸王、群臣、国子监及天下学校①。二为"经书史鉴"，即《四书》《五经》及史传、通鉴之类。两者"相兼讲读"，"使知先行后文之意"②。在课程设置上体现了德行优先的原则。

宗学对宗生的考核极为严格，一为"稽行"，即对其平时道德表现的考查。宗学设有嘉善簿、矜慝簿，宗生平时的善行、过失，皆据事直书，年终呈报提学道及抚按衙门，根据宗生表现酌行赏罚。同时，宗正亦有"访其性度，时加拘检"之权力与责任。如宗生中，有行为放肆，不尊礼法，伤风败伦，不服管教者，轻则训斥、责罚，重则上奏朝廷，听候处置③。二为"稽言"，即对宗生学业的考核。为检查学生的学习情况，宗学举行频繁的考试，一年三次，分月试、季试、岁试。月试即每月考试一次，季试即一个季度考试一次，均按期举行，"从公品骘，以示惩劝"；岁试为一年之中最为规范、严格的一次考试。提学官巡历地方之时，王府长史、教授等官即向提学官开送宗生花名册籍，由提学官会同宗正共同主持对宗生的年考。考试之日清晨，宗生已请封者穿本等爵位服色，未请封者"服青儒巾圆领"服饰，进入考场，先向宗正及考试官"肃揖"，行师生礼，然后各南面鳞次就位，开始考试。考试科目为经义、策论、表判、诗文四道，"一日而毕"。主要考查学生对经书内容掌握的程度和作文的水平，即所谓"文义"。文义优长者，便动支宗学公用钱粮予以奖赏；文义疏谬者查送宗正量行戒罚。三是对宗生德行和文义的综合考查。岁试"文义"结果公布后，仍要调阅嘉善、矜慝二簿，参看其平常的德行。文义、德行俱优者，综合考核等级为一等，破格表彰、奖赏之外，仍月给米五斗，"以资养赡"；"若使文义既疏，而行尤不检者，罚治之外"，仍记录于矜慝簿内，"候本位出学之期，一并议拟施行"，待其应"出学"之时，作为决定是否让其"出学"

---

① 《太宗实录》卷二〇九，永乐十七年三月丁巳。
② 《王国典礼》卷七，《宗学》；《明神宗实录》卷五〇，万历四年五月壬寅。
③ 《王国典礼》卷七，《宗学》；《明神宗实录》卷五〇，万历四年五月壬寅。

的重要依据①。宗学学制一般为10年。宗室子弟10岁入学，俟至15岁照例请封。朝廷分封后，先给本等爵位应得禄米的三分之一，且仍需在宗学"习学五年"。待其20岁、五年期满时，"验有进益"，能记诵《皇明祖训》《孝顺事实》，且兼通文翰者，"亲王方与奏请出学，支本等全禄"。"如其学业荒疏，行义无取，即至五年，不准给禄，另候考优请给。"②对宗生的培养质量有严格的要求。

除此之外，为保证贫困宗生能顺利完成学业，且在"出学"后，能有一技之长，足以谋生自给，宗学有针对性地创设了相关的制度。首先，建立有一套贫困宗生资助制度。"宗学宗生查有贫薄不能自给及婚丧过期者，宗正移文提学道，转呈抚按，于宗学公用钱粮酌量赈恤。"使贫困宗生无后顾之忧，潜心向学。但贫困宗生要获得资助不是无条件的，而是从制度上规定了起码的品德要求，"如其性好奢侈，虽贫亦不准行。"③取消"性好奢侈"的贫困宗生享受资助的资格。只有平日俭约的贫困宗生，才能享受资助。其次，宗学还设有"医学"科目，允许贫寒宗室子弟习医。宗生愿习医者，由良医所考选本王府精通脉理者一二人为师，授以《难经》《素问》等医书，"课试之法，悉如各教授事例，医师一体奖劝"④，教授医学的教师与宗学教授其他科目的教师一同考核。使无谋身之策的贫宗通过对医学技能的掌握，在"出学"后，能业医自赡，以期达到宗室社会稳定的目的。

据《明史·诸王传》记载，明代先后建立亲王府58个，因罪及无后除封者29个，还有29个存至明末。虽仅有16个亲王府及14个郡王府设置了宗学，但皆设置于人口数多的王府。并且，对人口数少的王府宗室也未放弃教育，"其有宗人不多，不愿设立宗学者，听五年支禄，仍仿宗学之法，分别激劝。"⑤具体办法为："无宗学王府立宗约，令长史、教授群聚宗室，择有齿德

① 《王国典礼》卷七，《宗学》；《明神宗实录》卷五〇，万历四年五月壬寅。
② 《王国典礼》卷七，《宗学》；《明神宗实录》卷五〇，万历四年五月壬寅。
③ 《王国典礼》卷七，《宗学》；《明神宗实录》卷五〇，万历四年五月壬寅。
④ 《王国典礼》卷七，《宗学》；《明神宗实录》卷五〇，万历四年五月壬寅。
⑤ 《明神宗实录》卷二二四，万历十八年六月乙酉。

者为表率，每月定期讲解圣谕、《大明律》，并有关伦理诸书；宗人犯罪，重则参处，轻则启知亲郡王戒饬，仍令有司稽核长史、教授勤惰。"①将宗学教育教学制度的精髓灌注于"宗约"，普及到了未设宗学王府的宗室教育之中。可以说"宗约"既是明代宗学教育教学制度的延伸，也可视作为是对明代宗学教育教学制度的补充。因此，明代宗学教育教学制度的确立不仅仅是设置宗学王府的宗室教育改革，只具有局部的意义，而是关乎整个明代宗室教育的一项制度革新，具有全局的、战略的意义，必将对宗室群体及国家、社会产生深远的影响。关于其落实情况，史籍记载甚少，且多为只言片语。如《明史》载：万历五年(1577)，镇国中尉朱睦㮮以"文行卓异，为周藩宗正，领宗学。约宗生以三、六、九日午前讲《易》《诗》《书》，午后讲《春秋》《礼记》，虽盛寒暑不辍。"②《王国典礼》亦仅言："礼部题准同周府宗学事宜，别府宗学或举，或未举，不尽同云。"③对宗学教育教学制度在各王府宗学的实行情况多语焉不详。由于材料的缺乏，我们对各王府宗学执行教育教学管理规章的详细情况已无法确知。但，这两则材料也传递给我们这样的信息：明代宗学的教育教学制度确实是进入了操作的层面的，只是由于各王府宗学设置时间及其他情况不一，实施程度存在差别而已。

明代宗室群体知识状况的形成，还与明朝厉行"藩禁"有关。"藩禁"的出现，本为防闲，为巩固皇权而设。但严苛的限制，不仅使宗室完全失去了施展政治、军事抱负的机会，而且幽居封城，连基本的行动自由也受到极大的限制。禁锢下的宗室，有的行为异常，有的渔色逐利，更有不少宗室洁身自好，或为避免触禁，深自韬晦，或为消除内心的焦虑和烦闷，转而从事文化活动，留下了丰硕的文化成果。这方面的例子很多。周王橚，燕王同母弟，建文时被废，永乐初复爵。十九年春，奄三告其不轨，被召至京。为消除永乐帝的

----

① 《明神宗实录》卷二七〇，万历二十二年二月癸西。
② 《明史》卷一一六，《诸王一》。
③ 《王国典礼》卷七，《宗学》。

疑虑，奏还三护卫，潜心学术研究，著成《救荒本草》这一划时代的巨著①。鄢陵四辅国将军同镳，"尝读前史，览功名之会，辄抚卷慨然而叹曰：'嗟，诚使某备一官，更生普鼎，敢多吾哉！'"在其内心深处潜藏着一颗炽热的用世之心，流露出对堵塞其功名之路的"藩禁"的不满！但同时对一般"豪贵"之人以"千金饰狗马衣裘，聚名姝罔费惜"，追逐豪侈生活，又不予苟同，认为这是"速灭之道"。于是，遁入读书一途，通过熟读诗书，与士大夫交游，显示其人生存在的意义与价值②。奉国将军安河，同镳子，颇有乃父之风，以读书、交游"代狗马球博之娱"，"养志无方，购图史，作园亭，延四方之游，日夕燕嬉以为快！"③周府一系秉承此风，视之为保全之道。故有明一代，"周宗最盛，翩翩多文藻之士"。历200年至万历镇国中尉朱睦㮮之世，家学大昌。睦㮮倡明经术，稽古礼文，时人谓之明之刘向④。宁府一系亦可称典型。宁王权，太祖时封大宁。靖难兵起，袭拥入燕。永乐登极，改封南昌。经历了严酷政治斗争的宁王权，为避祸，居南昌时，"深自韬晦，所居官庭无丹彩之饰，覆殿瓴瓦，不请琉璃，构精庐一区，莳花艺竹，鼓琴著书其间。故终长陵之世不被谴责。"俨然一遁世隐者！晚年奉道，自号臞仙，与政治完全绝缘。一生著述颇丰，达数百种，"古今著述之富，无逾献王者。"成为中国历史上不多见的高产的学问家！"宸濠之乱"是宁府的重大挫折。其后，宁府一分为三，无有统属，宗室在政治的高压下，更少问津政治，"多修竹林之游，放志文酒，夜以继日。"⑤追求精神的自由和个性的抒发！故宁府一系文学家、艺术家辈出，数量之多可为各府之冠！唐恭王弥钳，"好读书"，雅尚俭素，不喜华美，"日惟与文士觞咏自乐"。"晚年，广置苑囿，杂莳花竹，构谦光诸亭，曰：'吾非耽乐，乃以待宾友，燕宗室，相与娱暮尔！'""书工草隶，诗尚气格，日广所闻，

---

① 焦竑：《国朝献征录》卷一，《宗室一·周定王橚》。
② 焦竑：《国朝献征录》卷一，《宗室一·鄢陵四辅国将军同镳》。
③ 焦竑：《国朝献征录》卷一，《宗室一·奉国将军安河》。
④ 焦竑：《国朝献征录》卷一，《宗室一·镇国中尉朱睦㮮》。
⑤ 焦竑：《国朝献征录》卷一，《宗室一·奉国将军多烡》。

顿超名辈。"① 赵康王厚煜，屏绝纷华，"嗜学博古"，"以翰墨吟讽自娱"。然还是未能躲过政治风浪的冲击。嘉靖三十九年十月，在王府与地方政府的矛盾冲突中，不甘受辱，自经而亡②。郑王厚烷，嘉靖六年嗣爵。嘉靖二十八年，以上言获罪，夺爵幽禁凤阳。穆宗即位，赦免还国。万历十九年，厚烷薨，世子载堉坚辞王爵，一意著述，著《乐律书》等，颇多创获，"识者称之"③。益端王祐槟，封江西建昌，甫离紫禁，即"厚自贬损，刻意问学，贤德称于天下。"其子益庄王厚烨实肖之。"性朴素，于外物无所嗜，顾独嗜学，鸡鸣盥漱，即洒扫。庭内陈经史于几上，危坐讽诵，恒至夜分，虽盛暑不辍。"④ 荆府富顺王厚焜，幼孤，正德九年封，潜心学问，博贯群艺，"尝读刘向《说苑》，至'臣欲事而君不用，子欲养而亲不待'，辄三复涕下"⑤。这既有对早逝父亲的沉痛追悼，更有满腹经纶，却不为君所用，无法一展怀抱的内心悲凉。此类例子并非少数，其他尚有不少，在兹不赘。总之，"藩禁"是明宗室群体知识状况形成的一个重要原因。

---

① 焦竑：《国朝献征录》卷二，《宗室二·唐恭王弥钳》。
② 焦竑：《国朝献征录》卷二，《宗室二·赵康王厚煜》。
③ 焦竑：《国朝献征录》卷二，《宗室二·郑王瞻埈》；张廷玉：《明史》卷一一九，《诸王四》。
④ 焦竑：《国朝献征录》卷二，《宗室二》，张时彻：《益庄王神道碑》。
⑤ 焦竑：《国朝献征录》卷二，《宗室二·荆端王厚烃》。

下　篇　明代宗室群体的信仰

信仰是指人类对某种思想学说、宗教及山川、风雨雷电、地方神祇等超自然力量的信服、尊崇和敬畏。同时，也是人类对生命终极意义的寻找和自身灵魂的安顿。反映了人类对自然、社会及人自身的认知程度和对美好事物的向往，也反映了人类面对不可控环境及对自身命运无法把握的无奈！信仰对认知和心态的影响不可低估。人们对某一认知领域的兴趣浓厚与否及认知动力的大小，都与信仰有关；心态类型的形成，更与信仰密切相连。故我们将其作为心智探讨的重要内容。信仰可以分为若干种类型，如宗教信仰、哲学信仰、政治信仰等。人们对信仰的选择受着多种因素的影响，既有环境的，也有人自身的，并可能多种信仰集于一身。

那么，明代宗室群体的信仰世界是一种什么样的状况呢？他们在自身境遇和明代社会文化环境的互动中，是怎样做出信仰的选择的呢？我们拟以明代宗室群体的儒学信仰、宗教信仰等为切入点，走进明代宗室群体色彩纷呈的信仰世界。

第六章　明代宗室群体的儒学信仰

儒学，即儒家学说。诞生于春秋晚期，创立者为孔子。在战国时期，儒墨并称"显学"，具有重大的社会影响。秦统一寰宇，确立法家为治国的指导思想，儒家险遭灭顶之灾。汉兴，以秦速亡为鉴，用黄老治国。直至汉武帝之时，"罢黜百家，独尊儒术"，儒家学说方成为国家的主流意识形态。然随着东汉帝国的崩溃，儒家也失去独尊的地位。魏晋南北朝，玄学兴盛，道教流行，佛教广播。进入隋唐，儒释道鼎立，价值多元。唐朝后期，韩愈肇端，掀起儒学复兴运动。历"北宋五子"精心构建，南宋朱熹集其大成，创立理学体系，儒学实现复兴。元代，理学传布。明清时期，定为官方哲学，科举取士以四书五经为出题范围，注释一以朱注为准。直到1919年的新文化运动，儒学地位才发生根本性动摇。可以说，儒学对中华民族影响至深。有西方学者称，《论语》与《道德经》是铸造中华民族灵魂的两部"圣经"。

那么，儒学究竟是一种思想学说，还是宗教？学术界认识不一。有不少学者，既有国内的，也有国外的，认为儒学是一种宗教，它具备宗教的几乎所有的组成要件。学术研究可以有不同的认识。但不论是思想学说，还是宗教，从某种程度上说，儒学精神已渗入了中华民族的血液和骨髓，这是不争的事实！

我们认为，儒学与宗教还是有诸多的不同①。从内容上看，既是一种伦理

---

① 详细理由，在此不做阐释，因为不是我们在这里要论述的主题。可参阅学术界已有相关论著。

道德学说，也是一种政治哲学。儒学思想的核心是"仁"。何谓仁？子曰："仁者，爱人。"但儒家的"爱人"，既不同于墨家的"兼爱"，也不同于近代西方的博爱，而是一种有等差的爱。所谓"有等差的爱"，即是每一个人，要从自己身边的人爱起，孝敬双亲，友爱兄弟，并把这种血缘亲情推广到整个社会：与朋友交往，讲究诚信；出仕为官，立身于朝，则应"移孝作忠"。"仁"体现在政治上，就是要"为政以德"，对老百姓要尽到教养之责，"富而教之"。到了宋明理学家那里，更唱出了如黄钟大吕般的时代强音："民，吾胞；物，吾与。""仁民而爱物。"

明代宗室群体对儒学是一种什么样的态度呢？在以往的不少著作中，由于对明代宗室群体的书写，过分地强调了其非道德性的一面，以致遮蔽了明代宗室群体"正面"的道德形象，使人难以将儒学信仰与明代宗室群体联系起来。明代宗室群体与其他社会群体一样，是一个复杂的群体。翻开尘封的载籍，有违儒家精义的现象和行为确实是存在的，且数量不在少数。但，笃信儒学并予忠实践履的宗室亦数量很多。

第一节　有违儒家精神特质的宗室行为

倡导父慈子孝，兄友弟恭，君仁臣忠，仁民而爱物，这是贯穿儒说的一条主线。无论是先秦原始儒学，还是两汉儒学、宋明理学，都是如此。走进明代宗室群体的心灵世界，宗室群体中有违儒家精神的行为、事件，是较为广泛地存在的，自明初至明末，在各王府皆不鲜见。仅张廷玉《明史·诸王传》就记述其多。

济熿，晋恭王楜第二子，"幼狠戾，失爱于父"。洪武三十一年（1398）三月，恭王楜薨，世子定王济熺嗣位。成祖时，封济熿为平阳王。济熿对幼年失欢于父的经历，不但不加反省，而且记恨于心，"并憾济熺不为解"，大搞阴谋诡计，向济熺发泄郁积已久的满腔怒火，"嗾其弟庆成王济炫等日诉济熺过于朝，又诱府中官校，文致其罪，历年不已。"无中生有，欲置济熺于死地而后快，一点也不念及父子兄弟之情。成祖受其蒙蔽，永乐十二年，"夺济熺爵"，并将济熺及世子美圭废为庶人，俾守恭王㭎坟园。济熺被废，济熿如愿以偿，立为晋王。济熿既立，一朝得志，"益横暴"，"恶"的本质进一步暴露，肆其涂毒，"进毒弒嫡母谢氏，逼烝恭王侍儿吉祥，幽济熺父子，蔬食不给。"① 刻薄寡恩。对父兄时的侍从、宫人也不放过，"多为所害"，人人自危，敢怒而不敢言。原恭王㭎宫中一老媪侠肝义胆，冒险"走诉成祖"，成祖方尽得济熿构陷济熺情状，济熺被冤真相始大白于天下。至此，济熺被幽于空室，过囚禁生活已有 10 年，健康严重受损，体弱多病。成祖封美圭平阳王，"使奉父居平阳"，并赐济熺王者冠服。济熺冤案得雪，济熿非常不满，不思悔过，"怨望"朝廷。成祖、仁宗崩逝，"不为服，使寺人代临，幕中广致妖巫为诅咒不辍。"复"密遣人结高煦谋不轨"，"擅取屯粮十万余石，欲应高煦"。高煦被擒，悉数败露。宣德二年四月，废济熿为庶人，幽凤阳②。济熿心胸狭隘，作恶多端，集不忠、不孝、不仁、不义于一身。

周府在宣德及弘治之时多次发生兄弟子侄"交构"——相互攻讦之事。周定王橚，洪熙元年薨，子宪王有燉嗣。橚次子汝南王有爋极不安分，"数讦有燉"，挑起事端。宣宗赐书晓谕方才止息。有爋复与弟有熺伪造祥符王有爝给赵王高燧的书信，"词甚悖"，"系箭上，置彰德门外"。企图诬陷有爝，引发宗室矛盾。朝廷"讯之具服，并得有熺掠食生人肝脑诸不法事"。于是，"并免为庶人"③。弘治时，世子安㶇，与平乐王安泛、义宁王安㳰以争渔利反目，矛盾激化，"置图圄刑具，集亡赖为私人"，大打出手。惠王同镳戒谕世子安㶇，安㶇不服教谕，惠王大怒。安泛乘机对安㶇展开攻势，进行倾陷，安㶇亦揭露安泛所犯不法之事。弘治十一年，惠王薨，尸骨未寒，兄弟争斗复起。安㶇奏

---

① 张廷玉：《明史》卷一一六，《诸王一》。
② 张廷玉：《明史》卷一一六，《诸王一》。
③ 张廷玉：《明史》卷一一六，《诸王一》。

安泛"私坏社稷坛，营私第"，安泛诬奏安瀗"诸阴事"，弄得满朝风雨，"下镇、巡官按验。"事隔不久，安瀗未及袭封而卒。安瀗死，其子睦榑嗣位。但仇恨仍在继续。安泛以嗣位周王年幼，肆无忌惮，"侵陵"其母——安瀗世子之妃，安浃"亦讦妃出不正，其子不可嗣"。弘治十三年（1500），孝宗命太监魏忠、刑部侍郎何鉴"按治"。安泛恐惧，害怕事情败露，狗急跳墙，"益诬世子毒杀惠王并世子妃淫乱，所连逮千人。"何鉴等"奏其妄，废安泛为庶人，幽凤阳，安浃亦革爵"[1]。安瀗兄弟以争渔利结怨，绵延数年，波及两代人，牵连达千人。在他们的心目中，物质的、实实在在的利益才是最重要的，比血缘亲情还要珍贵！

嘉靖年间，楚府的世子弑父案，更是骇人听闻。嘉靖十三年，愍王显榕嗣位，子英燿立为世子。英燿"性淫恶"，"烝显榕宫人"。显榕知之，杖杀支使者陶元儿，并未对英燿任何处罚。但，英燿不知悔改，又"使卒刘金纳妓宋幺儿于别馆"。显榕"欲罪金"，刘金遂起歹心，诱导英燿谋逆弑父。一切准备工作皆在悄然进行，而显榕毫无察觉。嘉靖二十四年正月十八日，英燿"张灯置酒"，宴请父亲显榕；同时，设宴西室，招待显榕弟武冈王显槐。酒至半酣，预先埋伏的刘金等人，从显榕座后杀出，以铜瓜猛击显榕脑袋，显榕还不知是怎么回事，即当场毙命。显槐发现情况有异，速往救援，被刘金等打伤，奔逃出府，方幸免于难。英燿毫无悲戚之感，将父亲显榕的尸体搬进宫中，命长史孙立以中风病逝上报，似乎一切都计划得很周密。但愍王忠诚的随从朱贵，在显榕出事后，即抉门而出，向抚、按官报告了事情的真相。英燿直到这时才感到了恐惧，上疏奏辩，并逼迫崇阳王显休等为其保奏，试图蒙混过关，掩盖弑父真相。通山王英炊坚决不从，"直奏英燿弑逆状"。英燿被逮至京，九月伏诛，"焚尸扬灰"，"悉诛其党"[2]。英燿贵为亲王世子，却色令智昏，为一妓女谋杀亲父，实难想象！

---

① 张廷玉：《明史》卷一一六，《诸王一》。

② 张廷玉：《明史》卷一一六，《诸王一》。

鲁端王观烷其残暴荒淫与英燿堪有一比。端王观烷，嘉靖二年嗣位。渔色无度，性心理异常，似有窥淫之癖："狎典膳秦信等，游戏无度，挟娼乐，裸男女杂坐。"对手下极端残忍，视民命如草芥，无一点尊重生命的意识："左右有忤者，锥斧立毙，或加以炮烙"[①]。可能只有残暴的夏桀才能与其相"媲美"。

辽简王植，封广宁。"靖难"兵起，奉诏渡海归朝，改封荆州。永乐登极，以其对己不忠，厌恶之极，削其护卫。辽简王植处境艰难。其庶子远安王贵燮、巴东王贵煊，面对权势的考量，对父落井下石，告植"有异谋"。永乐二十三年，植薨，贵燮、贵煊"又不奔丧"。严酷的政治环境使其背离了基本的人子之情。植死后，由长子长阳王贵焓嗣位。贵焓亦不遵人伦，凶暴不法，"不友诸弟，待庶母寡恩，捶死长史杜述"[②]。

庆定王台浤，弘治十一年嗣位，软弱无能，毫无气节，屈事造反郡王。正德五年，"安化王寘鐇反，台浤稽首行君臣礼"。失亲王之体，背叛皇室。寘鐇乱平，削其护卫，革禄米三之一。嘉靖三年，为谋求恢复禄米，参与谋害宁夏总兵官种勋、巡抚都御史张璇的事件。后两罪并发，废为庶人，以其叔父巩昌王寘鉶代理府事。寘鉶非常贪婪，裁减庆邸宫妃薪米，攫取"邸中金帛万计"，借机大肆敛财。同时，权欲熏心，费尽心机，阴谋夺取亲王之位。台浤子鼒槓幼年失爱于父，逃至寘鉶处。寘鉶心术不正，以为奇货，"造台浤谋逆谣语，使寺人诱鼒槓吟诵，图陷台浤自立。"事情败露，废为庶人，幽禁高墙[③]。

号称"多贤王"的蜀府也不乏邪恶之徒。蜀献王椿世子悦燫早卒，华阳王悦燿暗中与世孙友堉争位，"阴谋夺嫡"。蜀献王椿察觉，以他过"杖之百"，并欲械送于朝。世孙友堉仁厚，为之力解，方息献王之怒。然悦燿不知感恩，仍执迷不悟。献王椿薨，友堉正在京师，尚未归蜀，悦燿乘机偷窃"王帑"据为己有。友堉大度，归后置之不问。悦燿视友堉可欺，更加胆大妄为，诬奏友

① 张廷玉:《明史》卷一一六，《诸王一》。

② 张廷玉:《明史》卷一一七，《诸王二》。

③ 张廷玉:《明史》卷一一七，《诸王二》。

埚"怨诽"，对朝廷不满。成祖召友埚入京问讯，值成祖崩。仁宗立，察其诬，命归藩。悦爚仍不甘心，在仁宗召见他时犹执前奏。仁宗愤怒，掷其章奏于地。为维护蜀府稳定，命迁之武冈，后复命迁至澧州①。清除出蜀府。

代简王桂，封国大同。建文时，废为庶人。成祖即位复爵。性情暴戾，常"纵戮取财，国人甚苦"。至晚年仍凶性不改，"尚时时与诸子逊炓、逊焆窄衣秃帽，游行市中，袖锤斧伤人"②。心理畸形，精神异常，以杀伤平民取乐，酷似传说中的杀人魔王。

宁靖王奠培与诸郡王交恶，且私通献、惠二王宫人，逼迫内官熊璧自尽。石城王宸浮与同母弟宸浦、庶兄宸潤、庶弟宸潳亦皆淫纵杀人。弘治十二年（1499），相互讦奏，宸浮、宸浦并革为庶人，宸潳、宸潤夺爵③。亲情淡薄如同陌路之人。

岷府顺王音垔，成化十六年薨。世子膺钲在居丧期间，无悲戚之容，饮酒、赌博无度，承奉刘忠"禁制之"，膺钲不检点自己行为，反而怒杀刘忠④。

谷王橞，封宣府。"靖难"兵起，走还京师。燕师渡江，奉命守金川门，登城望见燕王"麾盖"，开门迎降。燕王德之，即位后，"赍予甚厚"，改封长沙。谷王橞居国骄横，"夺民田，侵公税，杀无罪人。"长史虞廷纲履行职责，数次谏止，谷王橞恼羞成怒，恨入骨髓，诬陷廷纲诽谤亲王，施以残酷刑罚，"磔杀之"⑤。

伊厉王㰒，封国洛阳。"好武，不乐居宫中，时时挟弹露剑，驰逐郊外。奔避不及者，手击之。髡裸男女以为笑乐。"⑥视民众生命和尊严于无物。伊简王颙炔，永乐二十二年嗣位，"纵中官扰民，洛阳人苦之。"典楔，伊敬王訏淳世子，嘉靖二十一年嗣，贪得无厌，不遵礼法，与恶棍无赖无异。"多持官吏

① 张廷玉：《明史》卷一一七，《诸王二》。
② 张廷玉：《明史》卷一一七，《诸王二》。
③ 张廷玉：《明史》卷一一七，《诸王二》。
④ 张廷玉：《明史》卷一一八，《诸王三》。
⑤ 张廷玉：《明史》卷一一八，《诸王三》。
⑥ 张廷玉：《明史》卷一一八，《诸王三》。

短长。不如指，必构之去，既去复折辱之。御史行部过其北邙山外，典楧要答之。缙绅往来，率纤途取他境。经郭外者，府中人辄追挽其车，詈其不朝，入朝者复辱以非礼。"心理极不正常，视官吏如寇仇，百般折磨，官吏畏之如虎。为实现一己私利，对百姓亦无一丝仁爱之心："府墙坏，请更筑，乃取民舍以广其宫。郎中陈大壮与邸邻，索其居不与，使数十人从大壮卧起，夺其饮食，竟至馁死。所为宫，崇台连城，拟帝阙。"为搜罗美女，满足一己淫欲，竟诈伪密诏，玩了一起"高智商"的游戏："有锦衣官校之陕者，经洛阳，典楧忽诏官属迎诏，鼓吹拥锦衣入，捧一黄卷入宫。众请开读，曰：'密诏也。'遂趣锦衣去。锦衣谓王厚待之，不知所以。其夜大张乐，至曙，府中皆呼千岁，诈谓'天子特亲我也'。闭河南府城，大选民间子女七百余，留其姝丽者九十人。不中选者，令以金赎。"打着天子的旗号抢掠美色，勒索钱财。御史弹劾，革禄米三之一，令拆除所造僭越宫城，放回所选民间女子。典楧拒不奉诏，"部牒促之，布政使持牒入见。典楧曰：'牒何为者，可用障椸耳！'"嚣张之极。嘉靖四十三年（1564）二月，禁锢高墙，削除世封，与其子俱安置开封①。

赵靖王见潘"屡贼杀人，又尝乘醉欲杀其叔父。"成化十二年（1476），事闻于朝，夺禄米三之一，"去冠服，戴民巾，读书习礼。"两年后，即成化十四年，因其母李氏之请，"得冠服如故"。然卒不能改。喜欢幼子祐枳，"遂诬长子祐楸以大逆"②，对长子寡恩。

荆靖王祁镐，天顺五年薨，子见潚嗣位。靖王有三子，长见潚，次都梁王见溥、樊山王见澋。见潚行事乖方，心胸狭隘，与见溥一奶同胞，"怨母之昵见溥，锢母，夺其衣食，竟死，出柩于窦。"活活将母亲饿死，也不为母亲举丧，而且，仍不解恨，"召见溥入后园，椎杀之。给其妃何氏入宫，逼淫之。"残杀亲弟，强奸弟妇，予以霸占。对堂弟、伯母手段更加残忍，"从弟都昌王见潭妻茹氏美，求通焉。见潭母马氏防之严，见潚凭马氏鞭之，囊土压见潭

---

① 张廷玉：《明史》卷一一八，《诸王三》。
② 张廷玉：《明史》卷一一八，《诸王三》。

死，械系茆妃入宫。"用酷刑将堂弟摧残至死，强抢弟妇入宫。其罪恶的魔爪还伸向民间，扰害地方。"尝集恶少年，轻骑微服，涉汉水，掠人妻女。"见濠惧其祸及己身，密闻于孝宗，召至京，废为庶人，"锢西内"。居二年，"异谋"事发，赐死①。见潇杀母屠弟奸淫弟妇，不孝、不仁、不悌，罪大恶极，死有余辜！

淮恭王载坚，嘉靖二十三年薨，子翊鎮嗣。翊鎮生活放荡，未嗣王位前，即与妓女王爱狎昵。后偷梁换柱，"冒妾额入宫，且令抚庶子常洪为子，陈妃与世子常清俱失爱，潜谋易嫡。"为一妓女，不惜铤而走险，违反礼法。常洪亦非正人君子，品德极差，"与宗人翊鈿等谋，夜入王宫，盗册宝、资货以出。"翊鎮欲易嫡立其为世子，他却伙同宗人偷窃王府财物，完全是个吃里爬外的东西。"守臣上其事，王爱论死，勒常洪自尽，翊鈿等削属籍永锢，夺翊鎮四岁禄"②。

福王常洵，于崇祯国家忧患之秋，"日闭阁饮醇酒，所好惟妇女娼乐"③。

在《明实录》中，也记载颇多。秦府庶人尚炌长子因醉酒"怒击多人"，有致死者。"母起劝救"，"殴伤其母"④；靖江王府辅国将军赞俨有子三人，佐忠、佐孝、佐茂。佐孝、佐茂为赞俨宠妾郭杏花所生。佐忠母死未葬，佐孝、佐茂即听母邪言，"擅分父财，佐忠不得，致有不平之言。"因分争家财不和。佐孝、佐茂遂与其母逼令赞俨"自撞头破伤"，诬告佐忠不孝，欲置佐忠于死地⑤。佐孝、佐茂不孝、不悌、不仁、不义，鬼神不容。正统时，岷王楩春秋高，身体衰迈，府中事务悉令嫡长子镇南王徽煠代管，权力更替引起府中混乱，兄弟忿争。正统十三年(1448)，阳宗王徽熠生母苏氏，累盗府库金银。"事觉，羞愧自缢。"阳宗王徽熠奏，为嫡兄镇南王徽煠逼死，"诬兄重情"⑥。正统十四年，广通王徽煤、阳宗王徽熠等复蹈前非，"擅入父宫，强开内外库，取

① 张廷玉：《明史》卷一一九，《诸王四》。
② 张廷玉：《明史》卷一一九，《诸王四》。
③ 张廷玉：《明史》卷一二〇，《诸王五》。
④ 《明英宗实录》卷七〇，正统五年八月乙亥。
⑤ 《明英宗实录》卷九〇，正统七年三月丁丑。
⑥ 《明英宗实录》卷一七三，正统十三年十二月庚午。

去金银罗缎文卷并承奉内使家财"①。所为非礼，不孝之甚。乐平王府偕涵"暴戾不孝，幽闭其母而殴毙之。"其子辅国将军旭木昂"亦淫凶相济"②。怀仁王府聪澺"先以罪发高墙，遗其母张氏及子俊悦居府，母以贫故售其府第。寻宥归，忿怨其母，幽之溷厕，损其饮食。妻窃与之食，澺益怒，操挺逐母，捶击之致毙。"③广灵王府俊橛"殴辱父母"④。和州王府奉国将军廷豪"殴死父"⑤。庆成王府辅国中尉知煜殴伤其父镇国中尉表槹⑥。嘉靖间，靖江王府辅国中尉经棤"侍母不孝，时出恶言，母含愤自经而死"⑦。河南宗室勤焜"杀嫡母及父妾"⑧。周府奉国将军朝趐"殴父成疾，并殴其母。"⑨靖江王府宗幼邦㙷"殴祖母致死"⑩。秦府奉国中尉怀趏"毒父"⑪。乐昌王府俊樱"杀母戕父，人理所无"⑫。等等。类似的例子还有不少。

这说明，在明代的宗室群体中，道德沦丧、伦理不存的现象是确实存在的，且有不少令人发指的事情发生。他们的行为似乎丝毫未受儒学伦理道德规范的约束，没有道德的底线，具有明显的反伦理性、反道德性，甚至可以说，是人类伦理道德史上不堪回首的一页！但如果以此为据，就概括出明代宗室群体没有儒学信仰的特征，则有失偏颇。因为它并不是明代宗室群体伦理道德世界的全部。在明代宗室群体的伦理道德世界中，既有体现人性的阴暗的一面，也有彰显人性光辉的精彩乐章！

---

① 《明英宗实录》卷一七七，正统十四年夏四月戊午。
② 《明世宗实录》卷四七七，嘉靖三十八年十月壬戌。
③ 《明世宗实录》卷四七八，嘉靖三十八年十一月庚寅。
④ 《明世宗实录》卷四九〇，嘉靖三十九年十一月癸亥。
⑤ 《明世宗实录》卷四九〇，嘉靖三十九年十一月乙亥。
⑥ 《明穆宗实录》卷二六，隆庆二年十一月壬子。
⑦ 《明神宗实录》卷六三，万历五年六月戊辰。
⑧ 《明神宗实录》卷一九〇，万历十五年九月壬辰。
⑨ 《明神宗实录》卷二〇八，万历十七年二月壬午。
⑩ 《明神宗实录》卷二七三，万历二十二年五月癸卯。
⑪ 《明神宗实录》卷四二九，万历三十五年正月庚寅。
⑫ 《明神宗实录》卷五二四，万历四十二年九月甲戌。

第二节　明代宗室群体对儒学信念和规范的忠实践履

儒学源远流长，内涵丰富，是中国传统文化的重要组成部分。在明代宗室群体中，有不少儒学信念和规范的忠实践履者。他们的高尚的道德行为，彰显了道德理性的无穷力量，展示了人性的光辉。

一、孝敬双亲，友爱兄弟

儒学产生于农业宗法社会，非常重视血缘亲情，家庭伦理道德是整个儒家伦理道德体系的基础和逻辑的起点。孔子讲，"孝悌者，仁之本欤"。"君子务本，本立而道生。"儒家思想的核心是仁，"仁者，爱人。"这是一种大爱，主张对人要有慈爱之心，同情、怜悯之心。但要达到仁的境界，必须从身边的亲人开始，爱父母、爱兄弟。一个连亲人都不爱的人，怎能企求他有社会责任呢？儒家讲的是一种有等差爱。所以，孟子极力抨击墨子的无差别的"兼爱"，认为是无君无父。《孝经》亦言："百行孝为先。"可见，孝悌是儒学伦理道德的基本规范。在明代宗室群体中，我们发现不少人坚守这一信念，并忠实地履行，真正地做到了"内化于心，外化于行"。

宁化王母老，"患风疾无医，求之晋府不与，欲取于军民之间不敢"，内心焦急。宣德元年三月，巡按山西监察御史祝升回京复命，向宁化王辞行，宁化王遂恳请祝升还朝后代为奏请，"乞一良医疗母疾，母若更生，不敢忘大德。"救母之心迫切，令人动容！宣德皇帝"闻之恻然"，为其孝心感动，随即命太医院"择一医士之善者，遣驰驿诣之"[1]。宁化王待母极尽孝道。

忻王见治，英宗第八子，天顺二年（1458）生，成化二年（1466）册封，

---

[1] 《明宣宗实录》卷一五，宣德元年三月壬寅。

未之国。成化八年（1472）二月薨，年仅 15 岁。虽生命短暂，但"天性孝友，不事戏弄。"因此，忻王早逝，宪宗皇帝深表哀悼，为之辍朝三日，谥曰穆①。

秀王见澍，英宗第五子。景泰三年（1452）生，天顺元年（1457）册封，天顺六年九月，"之国"河南汝宁府。为人孝友温和，"言动不苟"。成化八年九月薨，年仅 21 岁。宪宗甚为哀悼，辍朝三日，念其乏嗣，不忍弃诸遐方，缺乏香火供奉，遣中官奉迎灵柩归葬北京西山，谥曰怀②。

安昌王膽铺的父亲岷王音坖得风疾，膽铺"侍奉汤药，晨夕不离"，"岁久益无懈怠"，躬行孝道，以尽人子之责。岷王"嘉之"，请求旌表。礼部覆奏，"亲藩旌表旧未有例"。宪宗闻膽铺孝行，"叹赏再三"，特赐书奖谕③。

韩府襄陵王冲烁，宪王第二子。建文二年（1400）生，永乐二年（1404）册封。为人"素忠孝"，"以读书、乐善启迪后人"，且节俭好礼为藩辅之冠，"玺书凡六见褒嘉"。成化十三年，无疾而终，享年七十有七。讣闻，辍朝一日，赐祭葬如制，谥曰庄穆④。

襄王瞻墡，仁宗第五子。永乐四年（1406）生，永乐二十二年（1424）册封，宣德四年（1429）之国长沙。为人"小心清慎，笃于孝敬"，"能守礼法，远嫌疑"。成化十四年薨，享年 73 岁。讣闻，宪宗辍朝三日，赐祭葬，谥曰宪⑤。

晋府世子奇源，母妃患病，"躬侍汤药，徒步祷神"。母妃薨逝，"欲于安葬毕日，庐墓以终丧制。"孝宗认为，"其孝心纯至"，"良足嘉尚"。但念晋王春秋已高，不可侍养有缺，且宗藩继序，世子所系尤重，不可轻身久处于外，令世子在送葬掩圹之后，即循常道回府侍养，在府服丧，于"送死事生两得其道"，没有批准其为母庐墓守制的请求⑥。

---

① 《明宪宗实录》卷一〇一，成化八年二月辛卯。
② 《明宪宗实录》卷一〇八，成化八年九月乙卯。
③ 《明宪宗实录》卷一二五，成化十年二月己巳。
④ 《明宪宗实录》卷一六三，成化十三年闰二月丙午。
⑤ 《明宪宗实录》卷一七四，成化十四年正月己卯。
⑥ 《明孝宗实录》卷一一，弘治元年二月甲辰。

晋府西河靖恭王之子镇国将军钟铬、钟鈇，俱有孝行。幼年丧父，恸哭不食，母妃萧氏力劝乃止。事母尤孝，兄弟两人每日常侍母侧，不离左右；遇有应时食物先送母享用，不敢先尝。母亲生病，兄弟焚香吁天，乞以身代，疾病果然痊愈。十年后，母亲疾病复作，"兄弟日夜侍疾，衣不解带，汤药必亲尝乃进。"母亲逝世，哀痛异常，三日不食。其孝感动上苍："将殡，霖霖连朝，殡出而日霁，道路观者数万人，皆以为孝感所致。"葬母后，"守墓负土，日夜号哭"，经庶母王夫人百方劝慰始还，"仍敝衣草履，哭奠如初丧"①。

韩府镇国将军范阶病笃，其子辅国将军征铧"刲股和药以进"，"既而父病愈"②。

汧阳王诚洌，"孝义出于天性"，母妃马氏早薨，事父汧阳端懿王暨继母张氏极尽孝道，"问安视膳无间朝夕"。父母有疾，衣不解带，汤药必亲尝，饮食不能下咽，"每夜稽颡北辰，求以身代"。父没哀毁欲绝，居丧寝苦枕块，不饮酒食肉。将葬父，天下大雨，道路泥泞，祷之于天。葬父之日，"天果开霁"。汧阳王诚洌悲号送葬，徒步往返四十余里。葬父毕，天复大雨。次日，墓上生嘉禾一茎及穗，嘉瓜一蒂两实。又有"慈乌异禽"环集墓前柏树，日夜哀鸣，其孝感动天地。执父丧三年如一日。又以母妃早逝，"不逮养"，"追服茹素"二十七月；夫人王氏没，亦不再娶③。

楚府世子荣㳦，天性"至孝"，母妃周氏遘疾，朝夕吁天，"求以身代"。母亲去世，"居丧哀毁"，因悲痛异常而身体受到损伤。下葬之时，天阴多雨，虔诚祈天，随即放晴。既为母送终，对父亲照顾尤周，"侍寝问安，承颜养志，内外传播，人无间言"④。受到广泛赞誉。

韩府襄陵王范址，"读书守礼，笃于孝爱"：母病尝刲股和药以进，疾以此而愈；父亲庄穆王薨，思念不辍，"刻木供奉如生，忌日必哀，时新不荐不敢

① 《明孝宗实录》卷一三七，弘治十一年五月乙巳。
② 《明孝宗实录》卷一四八，弘治十二年三月乙亥。
③ 《明孝宗实录》卷一八一，弘治十四年十一月壬午。
④ 《明孝宗实录》卷一八七，弘治十五年五月丙戌。

食"；兄弟情深，待弟镇国将军范阶友爱尤笃。等等。除此，尚仁心广布，赈济贫乏军校，有军校去世贫不能举丧者，出资安葬。对皇帝更是忠心耿耿，凡遇圣寿等节，向北而拜，在已到 77 岁高龄之时，犹扶筇北拜，不肯废礼 ①。

鉅野王府镇国将军阳铢、阳𨱌，年少丧父，"即知哀慕，触地流血，几致殒生"。长大成人，事母至孝，"备甘旨，谨医药，有疾祈以身代"。母殁"哀毁"，丧葬、祭祀咸依礼而行。年近六十言及父母，犹哽咽、流泪不已。待兄弟友爱笃至，"预修同室之圹，即死亦不忍离"。山东干旱，百姓饥荒，又尝上疏请减常禄"以助赈恤"②。

阳曲王府辅国将军奇浑，荣靖王之孙，镇国将军钟镆第六子，"少失父，事母丁氏至孝。母病，朝夕侍汤药，吁天祈以身代，水浆不入口者四日，忧悴骨立。"酷爱读书，"居常积书千卷，与士大夫讲习，清澹如寒士"。每年冬天，捐粟五十石赈济饥民 ③。

鉅野恭定王阳鋆，事其继母妃李氏"孝行笃至"④。

西河王府镇国将军钟铬子奇洋，幼年丧母，"泣血哀恸"。父亲脸上生有一毒疮，亲为吸出脓血。侍父孝敬，跪进汤药，膝肿如拳，"衣不解带者踰月"。父卒，"哀毁顿绝"，悲伤昏迷，"水浆不入口者三日"。既葬父，庐墓守制三年 ⑤。

鲁府镇国将军当㵶，邹平王庶长子。父亲有疾，亲尝汤药。后虽年长出阁，"犹日问寝膳不废"。事后母，如事生母，极尽孝诚。受其影响，其子健锴"亦以孝称"⑥。

阳曲王府镇国将军钟锁"有孝行"⑦。鉅野王府镇国将军当灟，事父尽孝，

---

① 《明武宗实录》卷五，弘治十八年九月癸巳。
② 《明武宗实录》卷八，弘治十八年十二月乙亥。
③ 《明武宗实录》卷一〇，正德元年二月己未。
④ 《明武宗实录》卷二五，正德二年四月丙子。
⑤ 《明武宗实录》卷四五，正德三年十二月辛卯。
⑥ 《明武宗实录》卷四六，正德四年正月丙辰。
⑦ 《明武宗实录》卷四五，正德三年十二月辛卯。

"父没让其赀于幼弟当汗、当泞"。事后母蔡氏"曲为承顺"①。

韩府镇国将军范阶，事父庄穆王及母谢氏至孝，庄穆王为其所感，手书"孝行"二字赠之，并亲自撰写诗文以赞誉其孝行；与兄恭惠王亦极相友爱。同时，多才多艺，工诗善画，每读书见古人嘉言善行，"再三诵之，欲使子孙各勉于为善"②。

晋府西河王奇溯有孝行，其母尝患消渴症，王仰天祈祷，宅第中即甘泉涌出，母饮之病愈；又建醮祈祷，有双鹤绕坛飞鸣。后母卒，"王哀毁骨立"，宫中古柏生奇花二朵，异香袭人，人皆以为其孝行感动天地所致③。

宣宁王府辅国将军成鑺夫人李氏，事姑、王尽孝，"姑疾，斋戒祷神，祈以身代"。姑用针灸疗疾，则先以针灸刺己臂试痛；姑卧病在床，夜不解带，亲自服侍、照顾、洗脸、梳头，浣衣烹食达十年之久。姑久病不治逝世，居丧哀毁，"几绝而苏"，昏厥数次而复苏醒。李氏孝敬公、婆，尽心尽力，一片赤诚。宣宁王为其所感，请求旌表李氏孝行为。世宗赐坊名："旌孝"④。

灵丘王府镇国将军成鏦有孝行，"亲没，结庐墓侧，负土叠冢，晨夕号泣不绝"。世宗闻悉，"深加叹赏"，赐敕谕奖，赏赐银币等贵重物品，且谕礼部："自今宗室中有孝行卓异如成鏦者，令抚按官奏闻奖励"⑤。

汝源王见淇等上疏颂扬赵王厚煜"孝行"，请求建坊旌表。世宗下诏：赐予敕书"奖谕如例"⑥。

伊王吁淳，读书好礼，天性纯孝。生母魏氏身体有疾，衣不解带，亲尝汤药。及生命终，构建庐舍于神主殿侧，三年如一日⑦。

晋王知烊，天性至孝。侍奉嫡母郝妃及生母彭氏恭敬有加，母妃薨逝，

---

① 《明武宗实录》卷一一六，正德九年九月壬戌。
② 《明武宗实录》卷一二四，正德十年闰四月庚申。
③ 《明世宗实录》卷四二，嘉靖三年八月丙午。
④ 《明世宗实录》卷七二，嘉靖六年正月癸卯。
⑤ 《明世宗实录》卷八三，嘉靖六年十二月甲子。
⑥ 《明世宗实录》卷八九，嘉靖七年四月庚午。
⑦ 《明世宗实录》卷一二四，嘉靖十年四月己卯。

"号痛几绝"，营葬丧事尽礼，孝感天地，素芝生于寝室，白鹤盘旋祭所①。

韩府襄陵王征钤重视人伦，孝敬长辈，五世同居，世宗赞赏其对父、祖、兄弟、子侄亲爱和睦，"遣使赍敕奖谕，仍赉以羊酒文币"②。

周府镇平王府奉国将军安河孝敬父母，世宗赐敕褒奖其孝行③。

鲁王颐坦"贤孝"，父亲端王生病，亲尝汤药，祷告神灵，"请以身代"。端王去世，居丧尽礼，"卧苦醶粥者期月"。父亲下葬，扶丧车赤脚行走百里。又捐千金及湖数顷以赈济饥民④。

晋府西河王长子表相有孝行，父母有疾，衣不解带者足足一月，感动上苍，出现双鹤祥瑞之物⑤。

巡抚山西右副都御史靳学颜奏，晋王新㙓"孝慈俭素"；沈王恬炫"好学敦伦"；镇康王恬焯、陵川王府辅国将军勋让、庆成王府辅国中尉表祈"俱孝义纯良"⑥。

黎山王府辅国将军定炯，为镇国将军誉楳之子。"幼失怙，事母霍氏孝。母病危，割股。"岷王上奏朝廷，请求予以旌表⑦。

周王在铤、益王翊鈏"忠敬孝友"⑧。德阳王府辅国中尉宣㙊"温良练达"，汶川王府奉国将军承㴑"博雅孝友"⑨。韩王朗锜，"孝思纯笃，乐善施仁，懿行著闻"。⑩衡王常㳅，"仁孝素著"⑪。唐王硕熿，"勤学励行，德孝著闻。"⑫周

---

① 《明世宗实录》卷一三一，嘉靖十年十月丁酉。
② 《明世宗实录》卷一三七，嘉靖十一年四月乙酉。
③ 《明世宗实录》卷一四六，嘉靖十二年正月己巳。
④ 《明世宗实录》卷四〇〇，嘉靖三十二年七月癸亥。
⑤ 《明世宗实录》卷四〇一，嘉靖三十二年八月己酉。
⑥ 《明穆宗实录》卷二七，隆庆三年九月丁亥。
⑦ 《明神宗实录》卷一二，万历元年四月辛亥。
⑧ 《明神宗实录》卷一三六，万历十一年四月庚申。
⑨ 《明神宗实录》卷二五三，万历二十年十月丁酉。
⑩ 《明神宗实录》卷三〇二，万历二十四年九月壬子。
⑪ 《明神宗实录》卷三四五，万历二十八年三月丁巳。
⑫ 《明神宗实录》卷三八一，万历三十一年二月甲辰。

世子恭枒、柘城王肃濠、原武嫡长子在錦、汤阴王府奉国将军载熿、汝阳王府辅国中尉勤觳、镇平王府镇国中尉睦梁等，"皆贤明仁孝，博古崇儒"① 等等。

透过上述这些材料，我们可以清晰地发现，这些材料对明代宗室孝行的书写，无疑是未脱历史上《孝义传》的书写窠臼，具有较强的模式化特征。如，为建构宗室孝亲的形象，大多使用了"亲侍汤药""衣不解带""乞以身代""刲股和药""庐墓终制"等套路化的描述，以致淹没了各孝亲主体行为和心理的个性与差异。但这并不妨碍我们认知其孝亲的真实性，因为这些模式化的描述是传统时代的书写习惯使然，其表象背后包含了孝亲的客观内容。

二、忠于帝室，实心谋国，为朝廷分忧

孝悌是儒学伦理道德的基础和根本，为人伦之始。但仅仅局限于此，尚不能完全体现人的伦理道德责任，也无法实现对社会、国家现实人际关系的调适。因此，儒家倡导"移孝作忠"，要人们担负起社会、国家的责任，把血缘的亲情之爱拓展为对朝廷、民族、国家的"大爱"。明代虽自中叶始，即有防闲过峻的"藩禁"的束缚，但宗室忠心谋国的行为和声音一直不绝如缕！在明代载籍中，记载了众多的宗室成员对皇帝忠心耿耿、为国家安全和政局稳定尽心尽力的"故事"。

首先，他们对皇帝表现出了极大的忠诚。这集中体现在对皇帝兴建工程的捐助上。明代皇帝兴建宫殿、陵寝等工程，无代无之。至嘉靖、万历时，又面临新的情况：世宗崇信道教，设斋建醮，再加上宫殿多次火灾，宫殿重建花费巨大的人力物力。有的宫殿兴建时间长，历时数十年，至天启年间方才告竣，成为皇宫一笔巨大的开销。"营建繁兴，府藏告匮。"为解决因兴建大工而让皇帝头疼的经费问题，不少宗室踊跃捐资捐物，竭诚以表忠悃。这方面的记载是大量的。

---

① 《明神宗实录》卷四八五，万历三十七年五月甲辰。

　　嘉靖三十六年（1557），辽王献大木七根、银二千两，襄王献大木十二根、银三千两①；三十九年，蜀世子宣坼进黄金一千两、白金一万两，以助大工②。如果说，在嘉靖时宗室捐助大工尚少，进入万历二十四年以后则明显增多。万历二十四年七月，潞王捐银一万两助工，神宗"嘉其忠爱"，"自是王府捐助之请"累至③：蜀王进献助工银六千两④，赵王进献助工银一千两⑤，楚王进献助工银二万两⑥。至天启年间，宗室捐助大工更加普遍：天启五年八月，鲁王捐禄助大工⑦；十一月，各藩府进献助工银两：福王一万两、唐王一万两、潞王三千两、襄王二千两、韩王一千两、德昌王一千五百两，其余诸王各进献有差⑧。天启六年四月，各王府进献助工银：秦王一万两、周王一万一千五百余两、晋王四千两、郑王二千两、宁化王两千两⑨。对于宗室的无偿捐助行为，无论是嘉靖帝、万历帝，还是天启帝，都无一例外地"笑纳"，并予以赞赏，"俱慰嘉之""嘉其意""皆赐书褒之"，视为宗室对他们的忠心的诚实表达。毋庸置疑，在当时的"语境"下和氛围中，绝大多数宗室是发自内心的、诚恳的，希望以此报答"天恩"。但当一种行为普遍化以后，便会有人把它当作谋取机会和现实利益的工具，产生机会主义的行为。在对皇帝的捐助中也存在着这种掺杂有不良动机的很不纯粹的宗室。如，天启时的秦王以中尉进封，按例其诸子应仍袭中尉，然心有不足，觊觎郡王爵位，"展转渎扰"，致使其子年届三十而婚配未举。天启六年四月，秦王子存机等又进献白银五千两助工，"希如初请"，欲以此邀封王爵。但投机未成，其意图被礼部识破，礼部"据例其

---

① 《明世宗实录》卷四五二，嘉靖三十六年十月丁酉。

② 《明世宗实录》卷四八四，嘉靖三十九年五月丙寅。

③ 《明神宗实录》卷二九九，万历二十四年七月庚寅。

④ 《明神宗实录》卷三〇四，万历二十四年十一月丙申。

⑤ 《明神宗实录》卷三〇四，万历二十四年十一月庚子。

⑥ 《明神宗实录》卷三〇五，万历二十四年十二月庚辰。

⑦ 《明熹宗实录》卷六二，天启五年八月己亥。

⑧ 《明熹宗实录》卷六五，天启五年十一月戊申。

⑨ 《明熹宗实录》卷七〇，天启六年四月乙亥。

覆"，熹宗批复："存机等俱照例封奉国中尉，准令选婚，不得复有他觊。"① 这当然是一个捐助投机失败的例子。唐王硕爌捐资助工也附着有个人的目的。天启六年（1626），"唐王硕爌捐赀以助殿工"，熹宗"赐敕褒嘉，仍命建坊旌表"。硕爌乘机疏言其父顺王仁孝，委婉且巧妙地表达了为顺王建坊的诉求："臣捐金仰助，自是臣分应然，何敢过徼圣恩？顾先臣微行未扬，泯泯地下，为子若孙者中心实有未安。臣父顺王赋性仁孝，事臣祖敬王晨昏定省，敬养无方，及至笃疾，躬为尝粪，中夜焚香，愿以身代。迨祖薨，悲思成疾，奄奄数年，遂至不起。臣祖母妃丁氏奉敕监国，臣甫三岁，伶仃多病，国势危疑，臣祖母竭力保护，使得有今日，伏望皇上嘉惠宗盟，乞将敕赐臣坊移及臣父并臣祖母以旌孝慈。"这份奏疏语言得体，表达清楚，合情合理，理所当然地得到了批准："览奏知王父顺王孝德著闻，王祖母丁氏抚孤保国，具合旌表之例。王捐赀助建，忠悃蔼然，遵例移恩，孝思克笃，这奖敕建坊准移于顺王并丁氏，以昭朝廷风励亲藩至意。"② 顺理成章地达到了目的。我们如此叙述，并不是要否定唐王硕爌忠于君主、心系君主的赤诚，而是想说明人的行为动机不像一般客观事物发展过程那样单纯，它具有异常复杂的特性。

其次，不少宗室对明代国家的安危、社会的稳定与动荡也多有关心，并以实际行动担负起对国家、社会的责任，不避斧钺，不吝资财，甚至不惜献出宝贵的生命。这方面的事例也非常多。在明朝所遇到的特别重大的危机事件的处理中，我们几乎都可以见到宗室的身影。

明代是中国古代历史上的一个统一王朝，对边境、边疆的妥善治理事关王朝的盛衰。明朝历代帝王对此都特别经心。明代宗室中的不少人对这一战略思想具有高度的自觉意识，对明朝的稳边、安边发挥有积极的作用。宣德二年（1427），四川松潘"叛寇"作乱，边境不靖，朝廷调军剿捕。蜀王友堉奉敕委派指挥李瑾等官率领精兵四千前往松潘"听征"，予以讨伐。宣宗对蜀王

---

① 《明熹宗实录》卷七〇，天启六年四月乙亥。
② 《明熹宗实录》卷七九，天启六年十二月乙卯。

的"体国之意"深加赞许，并复书蜀王："朕已遣人招谕，若其顺服，可免用兵；如其冥顽不悛，朕别于陕西调精兵由他道进。贤弟府中再量调人马与前所调者会合，齐心并力，殄灭此寇，庶几永息边患。"①蜀王友堉悉皆遵命，忠实执行宣宗的戡边旨意。韩王封国平凉，地接"边徼"，"间谍充斥"。韩恭王冲𤊹，永乐十年嗣位，"习边鄙利弊"，研究边境"敌我"态势。正统元年，上书"极言边事"，为巩固边疆建言献策，英宗"赐书褒答"②。庆王秩煃为缓解战马不足的问题，捐马助边：正统八年，西北边境战马缺乏，庆王秩煃选马千匹以"给边用"，急国家之急。英宗赐银五百两、纻丝纱罗百段、苏木胡椒千斤③。冲𤊹，韩恭王冲𤊹弟，对边事特别关注。正统十四年，"土木之变"遽发，也先兵围北京，明朝危急。冲𤊹赴京勤王，"会解严"，"下书慰劳"。成化六年，蒙古进入河套，冲𤊹"请率子婿击贼"，收复失地。宪宗"止之"④。虽因藩禁森严而未被用，然其心可表。类似这样的例子还有不少。弘治时，周府辅国将军同𨨏"念及民贫边虚"，"请辞禄米三之二，以助边饷或留为赈贫之用。"户部覆议：同𨨏"欲辞常禄，志节可嘉，比之他府，常禄之外累乞增赐者大有不侔。但班禄定制，岁有常禄，义不当辞，宜赐敕旌奖，用彰令誉，关支禄米如故，更通行各王府俾互相劝勉以励廉退之节，长清俭之风。"孝宗"从之"⑤。弘治之世，号称"中兴"，是继"仁宣之治"后明朝较好的一个时期。同𨨏辞禄米助边饷虽未获同意，但反映出了同𨨏作为一个宗室对边疆重要性的准确认知。世宗时，蒙古鞑靼部兴，屡犯明边，形势严峻，对明构成严重威胁。神宗时，北边虽趋于宁静，但后金势力勃兴东北，与明激烈争夺辽东。两朝边费开支浩大，军事战略物资匮乏。宗室中不少人着眼于国家需要，捐银、献马、还田助边，形成了一个不小的高潮。嘉靖三十年（1551）四月，代王廷埼献银

---

①　《明宣宗实录》卷二九，宣德二年秋七月癸巳。

②　张廷玉：《明史》卷一一八，《诸王三》。

③　《明英宗实录》卷一〇六，正统八年七月丁丑。

④　张廷玉：《明史》卷一一八，《诸王三》。

⑤　《明孝宗实录》卷二二二，弘治十八年三月庚子。

五千两,汝王祐椁献银三千两,德王戴燈献战马八匹、银一千两,徽王载埨、宁化王府辅国中尉知矣各献银一千两助边①;五月,唐王宇温、衡王厚矫各献战马助边②;六月,寿王祐耆、楚王英焌各进银三千两,赵王厚煜进马十匹、银一千两,襄府管理府事阳山王厚颏进银二千两,益王厚烨、吉王载垍、崇王载境各进银一千两助边③。万历四十三年,肃王绅尧"奏还五所屯田一千余顷,资助新边兵食"④;四十七年四月,唐王捐禄五千两饷边⑤;五月,周王捐禄三千两饷边⑥;八月,衡王捐禄二千两饷边⑦。崇祯十七年,"代王捐输固围,降敕褒美。"⑧等等。

军队是明代国家的柱石和捍卫国家政权的重要力量。明中叶后,国家日渐衰微,各类战争频兴,财政紧张,军费不充,宗室中慷慨解囊相助者大有人在,尤以嘉靖、万历、天启、崇祯时为多。嘉靖二十一年(1542)十月,赵王厚煜"请以应征禄米及以前见征未完者,愿输官以备军饷,并辞免新加禄米三百石。"世宗"嘉其忠诚,下玺书慰劳,新加禄米准辞免,余者王自给如故"⑨。二十九年十二月,晋王新㻕"输银三十两助募兵。有司以闻。"世宗"嘉其体国恤民,赐敕奖之"⑩。除世宗朝外,其他尚多,《明神宗实录》《明熹宗实录》《崇祯长编》中留下了一长串的记录:万历十九年(1591),蜀王捐银一千两助充军需⑪;二十八年,蜀王捐禄犒军⑫;三十二年,蜀王宣圻累捐禄

---

① 《明世宗实录》卷三七二,嘉靖三十年四月辛未。

② 《明世宗实录》卷三七三,嘉靖三十年五月甲午。

③ 《明世宗实录》卷三七四,嘉靖三十年六月丙辰。

④ 《明神宗实录》卷五二九,万历四十三年二月丙午。

⑤ 《明神宗实录》卷五八一,万历四十七年四月壬申。

⑥ 《明神宗实录》卷五八二,万历四十七年五月庚子。

⑦ 《明神宗实录》卷五八五,万历四十七年八月乙卯。

⑧ 痛史本;《崇祯长编》卷二,崇祯十七年甲申二月戊子。

⑨ 《明世宗实录》卷二六七,嘉靖二十一年十月乙未。

⑩ 《明世宗实录》卷三六八,嘉靖二十九年十二月壬午。

⑪ 《明神宗实录》卷二四一,万历十九年十月庚子。

⑫ 《明神宗实录》卷三四九,万历二十八年七月壬戌。

助饷，命于蜀府端礼门外建坊，御赐"忠贤懋著"四字①；四十七年三月，沈王捐禄一千两助饷②；四月，鲁王捐禄一千两助饷③；六月，福王捐禄三千两助饷④；七月，晋王捐禄三千两助饷⑤；八月，秦王捐禄三千两、德王捐禄一千两各助饷⑥，赵王、襄王各捐禄一千两助饷⑦；十月，唐王捐禄三千五百两、韩王一千两、华阳王三千两、崇王二千两各助饷⑧，荆王捐禄二千两助饷⑨，周藩各郡王及宗正等捐禄三千两助饷⑩；天启二年，鲁王捐资作为军士给养，以守卫兖州城池⑪；崇祯三年三月，鲁王捐禄佐军，优旨核收⑫；四月，沈王"捐禄犒师，优旨命银到核收"⑬；五月，唐王世孙朱聿键"捐银助饷，帝以其体承先志，输助军兴，纯孝急公，深可嘉尚，命银到核收"⑭。六月，瑞王进节"捐银助饷，优旨核收"⑮。七月，荣王"输资助军，优旨核收"⑯。晋王"以大兵未撤，输资佐犒，优旨到日核收。"⑰十二月，瑞王"捐资助饷，优旨核收"⑱。四年十月，"以韩王助饷，严约诸宗，优旨嘉其贤明，赐敕奖励"⑲。十六年十一月，

① 《明神宗实录》卷三九三，万历三十二年二月丁酉。
② 《明神宗实录》卷五八〇，万历四十七年三月乙巳。
③ 《明神宗实录》卷五八一，万历四十七年四月癸酉。
④ 《明神宗实录》卷五八三，万历四十七年六月壬申。
⑤ 《明神宗实录》卷五八三，万历四十七年七月甲申。
⑥ 《明神宗实录》卷五八五，万历四十七年八月己未。
⑦ 《明神宗实录》卷五八五，万历四十七年八月甲子。
⑧ 《明神宗实录》卷五八七，万历四十七年十月甲寅。
⑨ 《明神宗实录》卷五八七，万历四十七年十月乙卯。
⑩ 《明神宗实录》卷五八七，万历四十七年十月丙子。
⑪ 《明熹宗实录》卷二二，天启二年五月己未。
⑫ 《崇祯长编》卷三二，崇祯三年庚午三月己酉。
⑬ 《崇祯长编》卷三二，崇祯三年庚午四月己未。
⑭ 《崇祯长编》卷三四，崇祯三年庚午五月戊戌。
⑮ 《崇祯长编》卷三五，崇祯三年庚午六月庚申。
⑯ 《崇祯长编》卷三六，崇祯三年庚午七月壬辰。
⑰ 《崇祯长编》卷三六，崇祯三年庚午七月庚子。
⑱ 《崇祯长编》卷四一，崇祯三年庚午十二月乙卯。
⑲ 《崇祯长编》卷五一，崇祯四年辛未十月己未。

瑞王"捐禄助饷，帝以急公嘉之"①。十二月，瑞王"捐银二千两助饷，鞍马银一千两，请以藩禄支除。帝嘉其急公"②。宗室每次捐助的物资、粮饷绝对数都不是很大，有白银几十两的，有一千、二千两的，最多的也仅三千余两，也许对明朝的军饷缺口来说，只是杯水车薪，但宗室们的这一行为反映出了国家在他们心中的分量，也反映出了他们对朝廷与自身的荣辱与共、存亡一体的"唇齿"关系的真切认知。

宗室辞禄以赈济贫宗，或弥补财政开支的窘境也是较为常见的现象。正、嘉以后，财政吃紧，国用不足，加之水旱频仍、宗室人口猛增，宗禄不继成为常态，经常不能按时发放，导致宗室中下层贫困化，严重影响宗室社会稳定。不少宗室诸王或辞禄以补国用，或辞禄赈恤贫宗。《明实录》等载籍中有不少这方面的记载。

辽王宪㸎"以岁歉辞禄一年，上允其请，赐敕褒谕"③。

衡府岁禄万石，衡王厚燆遵奉《宗藩条例》，上奏愿减五千石，"辞禄米之半，以补宗禄不敷之用"，"为诸宗倡"。世宗下诏准辞二千石，并赐敕褒奖④。

吉王翊镇、沈王活炶、晋王新㙉、秦王怀埢、庆王塿枋"各奏辞禄米一千石，以补宗禄。诏各赐敕褒奖"⑤。

荣王载墐奏减禄米一千石，崇王翊镨奏减五百石，以补宗禄之不足。世宗"从之，仍俱赐敕褒之。"⑥

秦宣王怀埢，嘉靖二十三年由中尉嗣，"奏以本禄千石赡诸宗，赐敕奖谕"。⑦

蜀王宣圻辞常禄一千石，荆王翊钜辞常禄五百石，"许之，仍各赐敕

① 痛史本：《崇祯长编》卷一，崇祯十六年癸未十一月甲午。
② 痛史本：《崇祯长编》卷一，崇祯十六年癸未十二月丁卯。
③ 《明世宗实录》卷五四五，嘉靖三十六十二月癸未。
④ 《明世宗实录》卷五四六，嘉靖四十四年五月庚戌。
⑤ 《明世宗实录》卷五五一，嘉靖四十四年十月甲申。
⑥ 《明世宗实录》卷五五三，嘉靖四十四年十二月己亥。
⑦ 张廷玉：《明史》卷一一六，《诸王一》。

褒奖"①。

鲁阳王府忻州郡君仪宾周全"请辞常禄以赡王府之贫者，周王在铤以闻，上命河南守臣奖励之"②。

鲁王颐垣奏辞禄米二千石、德王载墱奏辞禄米一千石"以给宗粮"。穆宗"嘉其尚义，许之，仍各赐敕奖谕"③。

周王在铤"奏辞禄米一千石以补宗粮，许之"④。

赵王常清"请损禄米岁千石以济贫宗，上允之，赐敕褒奖"⑤。

周王肃凑奏，"鲁阳王勤灰因水旱时闻，皇泽覃敷，愿将岁支禄米一千石自本年起至终身止，俱扣留京师，以资公用。"以水旱辞禄米。神宗赐敕嘉奖⑥。

楚王华奎"以千金赈恤贫宗"，神宗命"写敕奖励"⑦。

周王肃溱及母妃袁氏捐银一千两，原武王朝埳、永宁府宗室睦檤各捐银一百两，镇平府宗室睦㭋捐谷三百石，"散赈贫宗"，"各分别褒励"⑧。

周王潇奏称，"镇国中尉睦樖以岁歉计诎，愿捐禄米四百石以助国用。"神宗下诏命抚按官"备礼旌奖，仍敕褒嘉，以示优劝"⑨。

潞王"进献子粒银两"，神宗命"赐银五百两、衣三袭，以隆优眷"⑩。

宗室对君主、国家的忠诚，除了体现在捐献银钱、禄米、马匹等以分君主之忧、解国家之急外，还表现在多个方面。

如，亲临战阵，不避矢石，保卫地方城池，并提出军事布防建议。正德

① 《明世宗实录》卷五六三，嘉靖四十五年十月丙子。

② 《明穆宗实录》卷二四，隆庆二年九月辛亥。

③ 《明穆宗实录》卷二七，隆庆二年十二月己亥。

④ 《明穆宗实录》卷二七，隆庆二年十二月辛丑。

⑤ 《明穆宗实录》卷二九，隆庆三年二月壬辰。

⑥ 《明神宗实录》卷二〇一，万历十六年七月辛未。

⑦ 《明神宗实录》卷二一八，万历十七年十二月己亥。

⑧ 《明神宗实录》卷二七二，万历二十二年四月丁卯。

⑨ 《明神宗实录》卷二三一，万历十九年正月乙丑。

⑩ 《明神宗实录》卷二四〇，万历十九年九月癸酉。

时，社会矛盾激化，农民起义不断，"盗"攻山西霍州，怀仁王聪淑"亲督将军成型、仪宾孔凤等御之，贼乃退。"并奏请如潞、蒲二州例，"添设守御官军，及修筑城池"，且绘图进献。武宗下旨："怀仁王保卫城池，其功可嘉，写敕奖励"，关于添设守御官军一事，命镇巡官商议奏闻①。"贼"攻兖州，鲁王阳铸率宗室"分守诸门，射退之。"因守御有功，武宗赐敕奖励。然鲁王阳铸"虑其复至"，请求添设兵备官。恰在此时，提督侍郎陆完亦请"改临清兵备于济宁"，兵部议覆，"命调临清守备指挥宗敏于济宁，兼援兖州"。建议得到部分采纳②。

又如，忧虑国事，指陈政治得失，规讽君主，或直接提出国家、地方的治理之策，供政府决策参考。襄宪王瞻墡，仁宗第五子，正统十四年，英宗"北狩"，也先兵围北京，明朝统治陷入空前危机，瞻墡忧心国事，上书请立皇长子见深为帝，因其年幼，可"令郕王监国，募勇智士迎车驾"。然由襄阳至京，路途迢迢，书至之时，景帝已立数日。虽未达成政治愿望，但所提出的这一权力交接方案无疑最能降低明朝政治的震荡，这可为后来不久发生的一系列政变和混乱所证实。足见其政治眼光。英宗复辟，蒙恩召见至京，在英宗为其举办的、设于便殿的宴会上，巧妙地为河南按察使王槩雪冤，说："臣过汴，汴父老遮道，言按察使王槩贤，以诬逮诏狱，愿皇上加察。"英宗立即采纳，将其释放出狱，并任命为大理卿。离开北京返回襄阳时，英宗送至午门外，"握手泣别"之际，复进言："万方望治如饥渴，愿省刑薄敛。"③时时以国事为念。唐成王弥鍗，成化二十一年嗣位，嘉靖二年薨，历经四朝。武宗荒淫，"喜游幸"，朝政荒废，危机重重，山雨欲来。弥鍗作为一位敏感的、时刻关注明朝这艘巨船航向的藩王，内心焦急，作《忧国诗》以抒发对巨轮倾覆的担心，且上疏武宗力劝其用贤图治④。

---

① 《明武宗实录》卷七七，正德六年七月辛未。
② 《明武宗实录》卷八〇，正德六年十月庚辰。
③ 张廷玉：《明史》卷一一九，《诸王四》。
④ 张廷玉：《明史》卷一一八，《诸王三》。

当然，这不可能起到什么作用，但由此可感受到严酷藩禁下唐王弥鍗内心忧君忧民的热血奔涌。嘉靖中，世宗沉溺道教，导致朝政浊乱，社会危机重重。周府镇国中尉勤熨忧心如焚，不顾安危，上书对嘉靖朝政治予以批评，希望世宗改弦易辙，整顿朝纲，致天下以太平："陛下躬上圣之资，不法古帝王兢业万几，择政任人，乃溺意长生，屡修斋醮，兴作频仍。数年来朝仪久旷，委任非人，遂至贿赂公行，刑罚倒置，奔竞成风，公私殚竭，脱有意外变，臣不知所终。"语言激愤，心情沉痛，乃宗室中之海瑞！世宗览疏大怒，判以诽谤罪，降为庶人，幽于凤阳高墙。其子朝埍亦一热血男儿，父亲获罪时已得赐名，然以罪人子无人敢为他请封。但朝埍毫不畏惧，上书世宗"请释父罪"，并陈"中兴四事"，继续予以规谏，世宗余怒未消，"诏并禁锢"，父子一同被关押①。郑恭王厚烷也对世宗"修斋醮"，沉溺道教，表示担忧，不予认同。时诸王逢迎世宗，"争遣使进香，厚烷独不遣。"并于嘉靖二十七年七月上书，"请帝修德讲学"，进呈《居敬》《穷理》《克己》《存诚》四箴及《演连珠》十章启沃帝心，以求神仙虚无缥缈、兴土木劳民伤财相规谏。诚恳直率，切中要害。世宗以其诽谤，大怒，"下其使者于狱"。厚烷也以他事获罪。但究其由，与厚烷谏帝修德，反对世宗一意追求长生有关②。

嘉靖时，宗禄开支浩大，成为政府沉重负担，引起有识之士的忧虑。嘉靖四十一年，御史林润上言："天下财赋，岁供京师米四百万一，而各藩禄岁至八百五十三万石。山西、河南存留米二百三十六万三千石，宗室禄米五百四万石。即无灾伤蠲免，岁输亦不足供禄米之半。年复一年，愈加蕃衍，势穷弊极，将何以支。"世宗非常重视，下诸王讨论，发表意见，商量解决办法。藩王多取沉默态度。四十二年，周府南陵王睦楧打破沉寂，"条上七议"，"请立宗学以崇德教，设科选以励人才，严保勘以杜冒滥，革冗职以除素餐，戒奔竞以息饕贪，制拜扫以广孝思，立忧制以省禄费"。世宗命廷臣参酌之。"其后诸

① 张廷玉：《明史》卷一一六，《诸王一》。
② 张廷玉：《明史》卷一一九，《诸王四》。

藩遂稍稍陈说利弊",起到了一定的引领作用。"及颁《宗藩条例》,多采睦楗议云。"其建议多有采纳①。楚府武冈王显槐于嘉靖四十三年上书条陈藩政,虽晚睦楗一年,但亦有卓识:"设宗学,择立宗正、宗表,督课亲郡王以下子弟。十岁入学,月饩米一石,三载督学使者考绩,陟其中程序者全禄之,五试不中课则黜之,给以本禄三之二。其庶人暨妻女,月饩六石,庶女勿加恩。""其后廷臣集议,多采其意。"他们超越宗室阶层,站在国家立场提出改进办法,为明代中后期宗室管理制度的改革起到了较大的推动作用。

枣阳王祐楒,襄宪王瞻墡曾孙,较早地认识到了"藩禁"的弊端,在嘉靖初年,即请求"除宗人禄,使以四民业自为生,贤者用射策应科第。"虽"寝不行",未能得到世宗的同意,但此观点显示了其认识的前瞻性和深刻性②。

载堉,郑恭王厚烷世子,亦瞩目宗室社会问题的解决。万历二十二年(1594)正月,上疏"请宗室皆得儒服就试,毋论中外职,中式者视才品器使。"主张要从根本上解决宗室问题,必须让宗室参加科举考试,中式者根据才能和品行,任以朝官或地方官员。神宗下诏"允行"③。对明代宗室开科起到了较大的推动作用。

弋阳王拱樻关心江西地方治理,"江西控吴接楚引越跨淮,桃源、彭蠡之间盗常出入,且民繁讼滋,赋通役重",弋阳王拱樻请复设江西巡抚都御史。经掌都察院右都御史汪鋐"咨访",认为"王之是请,良亦有见!"下吏部议,吏部请复设江西巡抚,世宗"可其奏"④。

代府地处塞上,嘉、万之世,诸宗室"洊经祸乱,其言皆忧深思远,有中朝大夫所不及者。"成鑢,隰川王诸孙,"好学,有志慨"。嘉靖十三年上言:"云中叛卒之变幸获消弭。究其衅端,实贪酷官吏激成之。臣虑天下之祸隐于民

---

① 张廷玉:《明史》卷一一六,《诸王一》。
② 张廷玉:《明史》卷一一九,《诸王四》。
③ 张廷玉:《明史》卷一一九,《诸王四》。
④ 《明世宗实录》卷一二四,嘉靖十年四月乙丑。

心，异日不独云中而已。"认为，嘉靖初发生的大同兵变，是因官吏贪酷所造成的。官吏贪酷离散民心，是天下祸乱的根源。大同兵变只是天下不安的一个缩影。言外之意显然，要保天下太平，必须整肃官场。世宗虽表示认同，但只是做做样子而已，"下廷臣饬行"，轻描淡写，实效可知。万历二十年（1592），"西夏弗宁"，山阴王俊栅"奏诗八章，寓规讽之旨"，委婉地指出西北边疆治理的失策①。

再如，当明朝大厦将倾，处于灭亡前夜之际，不少宗室大义凛然，将生死置之度外，不愿苟且偷生，誓与明朝共存亡，杀身以成仁。新堞，晋恭王㭎七世孙，家汾州。崇祯十四年，由宗贡生授官中部知县。因有事往他邑，"土寇"乘机攻陷中部县城，以此被免官，然不久即复任。李自成破潼关，兵锋甚锐，传檄陕西诸县投顺。檄至中部，新堞正在巡城，"怒而碎之"，欲据城死守。然邑人屡经战乱，饱受战争之苦，不予响应。乃召集父老，令"各为计"，逃生自存，己则誓死以尽臣节。李自成义军至，其妻卢氏，妾薛氏、冯氏，先自缢死。有女仅数岁，"拊其背而勉之缢"。妻、妾、小女已死，含悲从容书表封印，派人驰送京师。复整齐冠带，向北望阙而拜，又遥拜慈母，后乃自经而死②。这是多么悲壮的一幕！

朱廷彰，晋藩宗室，明末任巩昌府通判，署秦州事。廉介刚直，颇有政声。崇祯十六年冬，李自成军陷秦州，被起义军所俘，起义军首领喝令下跪，廷彰正义凛然，毫不畏惧，曰："我天朝宗室，可拜贼乎！头可断，膝不可屈！"起义军"犹欲生之"，大呼曰："今日此来，只须一死！"正襟危坐，神色自若，遂见杀③。

朱呈瓘，宗室，明末知秦安县，县邑"处边冲，城守无具"。城陷，被起义军俘获，押至伏羌，胁令赚开城门。呈瓘呼告伏羌令曰："诸君宜坚守勿降，吾忍辱至此，盖欲知死所耳！"言讫，骂不停嘴，连呼"速杀我！"遂被杀。伏

---

① 张廷玉：《明史》卷一一七，《诸王二》。
② 张廷玉：《明史》卷一一六，《诸王一》；《陕西通志》卷五三。
③ 《甘肃通志》卷三二。

羌军民受其鼓舞，严守城防，没能为起义军攻破①。

周王恭枵在开封保卫战中的表现也足可称道。崇祯十四年冬，李自成军包围开封，战事惨烈。恭枵"出库金五十万，饷守陴者，悬赏格，殪一贼予五十金。"重赏以激发守城明军的斗志。起义军正面进攻受阻，遂挖地道陷城，守城明军投火于地道中，起义军被烧、熏致死者不可胜计，遭受重大损失，不得已，撤围而去。十五年四月，自成军再围开封，"筑长围，城中樵采路绝。"九月，自成军决河灌城，城墙倒塌。恭枵"从后山登城楼，率宫妃及宁乡、安乡、永寿、仁和诸王露栖雨中数日"，驻守黄河北岸的明军才"以舟来迎"，将其接走，免于罹难②。

郑府庐江王载堙，在怀庆陷落后，誓死殉节。崇祯十七年二月，起义军攻下怀庆，载堙临危不乱、不惧，"整冠服，端坐堂上"。被俘后，起义军招之降，厉声曰："吾天朝藩王，肯降汝逆贼耶！""诟骂不屈"，被杀③。

其他面临危难、"杀身取义"的宗室还有不少。回洤，沈府宗室，"由宗贡生知白水，习法律，吏不敢欺。贼入城，犹手弓射贼，与学官魏箴、典史刘进并被难"④。朱谊㴑，藩宗室也，字明远，"丙子乡荐，闻变投井死"⑤。朱续川，汝州人，明宗室，"流贼破城，举家缢死"⑥。朱蕴钺，字希周，楚藩宗室，"博学工文，力辞中尉禄，会怀宗诏：宗室有文武才者，许照品俸换职，直指汪特疏荐之，后城陷于流寇，不屈死"⑦。朱华奎，字德心，楚藩宗室，"明末乱，尝寝处一剑，曰：'将来必与此终始。'又于屋后掘一深池。及鄂城破，驱妻子入池中，率家丁巷战，杀流贼三十余人。贼大至，伏剑而死"⑧。

---

① 《甘肃通志》卷三二。
② 张廷玉：《明史》卷一一六，《诸王一》。
③ 张廷玉：《明史》卷一一九，《诸王四》。
④ 《陕西通志》卷五三。
⑤ 《陕西通志》卷六一。
⑥ 《河南通志》卷六三。
⑦ 《湖广通志》卷六四。
⑧ 《湖广通志》卷六四。

朱蕴鈐，楚藩宗室，"怀宗癸未，献贼之乱，不屈死之"①。朱慎镂，晋府宗室，摄灵邱郡王府事。崇祯十七年，"贼陷太原，冠带祀家庙，驱家人入庙中焚之，己亦投火死"②。全家殉明。宝丰知县朱由械，新建人，由宗贡为县令。崇祯十四年，"闯贼陷城，骂贼死"③。朱统鎙，"庚辰特用，御寇阵亡"④。等等。

当然，也有见明朝大势已去，受求生本能驱使而投降农民起义军和清军的。如，秦王存枢，当李自成攻破西安时投降，李自成授以权将军之职⑤。潞王常淓，明亡后，流寓杭州，顺治二年六月，降于清⑥。等等。

三、仁民利物，赈贫济乏

"民为邦本"是中国传统政治文化的重要内容。历代开明的政治家、思想家无不以安民为要务。这对明代宗室有深刻的影响，不少宗室有深深的民众情怀。

周王橚，为燕王朱棣胞弟，太祖封开封。建文时被废，永乐登极复爵。永乐二年，以汴梁有河患，准备将其改封洛阳。橚上言："汴堤固，无重劳民力。""靖难之役"硝烟刚刚散去，民生疾苦，不愿以改封洛阳，增加民众负担。改封之事方告停止。永乐十四年，复"疏辞所赐在城税课。"其学术研究也有强烈的民生取向："以国土夷旷，庶草蕃庑，考核其可佐饥馑者四百余种，绘图疏之。名《救荒本草》。"⑦试图以自己的研究，使百姓在饥荒年景可采撷野菜充腹，渡过难关，不致辗转沟壑，饿毙道路。

---

① 《湖广通志》卷六四。
② 《山西通志》卷一〇七。
③ 《钦定胜朝殉节诸臣录》卷五。
④ 《广东通志》卷四一。
⑤ 张廷玉：《明史》卷一一六，《诸王一》。
⑥ 张廷玉：《明史》卷一二〇，《诸王五》。
⑦ 张廷玉：《明史》卷一一六，《诸王一》。

秦简王诚泳,生活于成、弘之世,孝友仁爱,对关中民众、军校怀有怜悯恻隐之心。"秦川多赐地,军民佃以为业,供租税,岁歉辄蠲之。"保障军民最低限度的生活。对王府军校子弟的教育也颇费心力:"长安有鲁斋书院,久废,故址半为民居,诚泳别易地建正学书院。又旁建小学,择军校子弟秀慧者,延儒生教之,亲临课试。王府护卫得入学,自诚泳始。"①

辅国将军当渍,巨野王泰墱诸孙,"慷慨有志节",以民困为忧。嘉靖三年(1524),上书"请停郡县主、郡县君恤典,以苏民困"。七年,"奏辞辅国将军并子奉国将军禄,佐疏运河。"同年又上书:"各藩郡县主、郡县君先仪宾没者,故事仪宾得支半禄。今四方灾伤,边陲多事,民穷财尽,而各仪宾暴横侈肆,多不法,请勿论品级,减其月给。"八年,又请"以父子应得禄米佐振。"同时,劝谏嘉靖帝"法祖宗,重国本,裁不急之费,息土木之工。"以缓民力。帝嘉其意,"不听辞禄"②。

鲁府东众瓯王健楸,与辅国将军当渍大致同时,无子,上书言:"宗室所以蕃,由诈以媵子为嫡,糜费县官。今臣无嫡嗣,请以所受府第屯厂尽归鲁府,待给新封,省民财万一,乞着为例。"得到世宗批准③。

赵王厚煜,"奏辞岁禄一千石,以赈境内饥民。上深嘉之,不允所辞,令守臣发仓赈济。"但其心可嘉,其情可表④。

蜀王多贤王,蜀成王让栩,正德三年嗣,嘉靖二十六年(1547)薨。"尤贤明,喜儒雅,不迩声会,创义学,修水利,振灾恤荒。"⑤泽被蜀民。鲁恭王颐坦,嘉靖二十八年嗣,"有孝行,损邸中田湖赡贫民,辞常禄给贫宗"⑥。

鲁阳王勤灰、睦橘等"以输谷救荒"⑦。

---

① 张廷玉:《明史》卷一一六,《诸王一》。
② 张廷玉:《明史》卷一一六,《诸王一》。
③ 张廷玉:《明史》卷一一六,《诸王一》。
④ 《明世宗实录》卷一〇五,嘉靖八年九月丙申。
⑤ 张廷玉:《明史》卷一一七,《诸王二》。
⑥ 张廷玉:《明史》卷一一六,《诸王一》。
⑦ 《明神宗实录》卷一八四,万历十五年三月丁巳。

福王捐禄三千两助赈①。

沈王珵尧输银千两，为辽左助边，米千石发赈两河②。

唐王硕熿捐银赈贫宗、贫民及府县师生之贫者③。

万历二十七年，山西饥，沈王埕尧、晋王敏淳、辅国中尉充蕾、庆成王慎钟、永和王长子敏窪、辅国中尉新堤等各捐金助赈④。

德王常耩捐米千石赈饥，全活者众⑤。

阳曲王府辅国中尉新堤谷八百石、银六十两，隰川王府奉国中尉廷圭谷八百石。山西宗藩输粟助赈者，还有庆成王敏滗、永和王敏窪、中尉廷崖、充营，庶宗鼎汜等⑥。

德王常耩、鲁王寿铉、衡王常㳍各捐禄救荒⑦。

上述的这些例证都说明，在明代宗室群体中，服膺儒学，并身体力行者，不是个别现象，而是较为广泛的存在的，儒学信仰深深地扎根于不少宗室的内心深处，成为其灵魂安顿的精神家园。

① 《明神宗实录》卷二七三,万历二十二年五月己卯。
② 《明神宗实录》卷二七三,万历二十二年五月己丑。
③ 《明神宗实录》卷二七八,万历二十二年十月戊申。
④ 《明神宗实录》卷三四〇,万历二十七年十月丙戌。
⑤ 《明神宗实录》卷四七四,万历三十八年八月壬午。
⑥ 《明神宗实录》卷四八二,万历三十九年四月乙未。
⑦ 《明神宗实录》卷五五六,万历四十五年四月甲辰。

第七章　明代宗室群体的佛教信仰

佛教在两汉之际传入中国，经过与中国本土文化漫长的冲突、融合过程，至唐代已完全中国化，成为中国文化的一个重要部分。信佛者遍及各个阶层，寺庙广布于大江南北。在明代宗室群体中，多有信仰佛教者，佛教信仰较为普遍地存在。信仰是通过一系列的活动来体现的。搜诸史料，明代宗室群体的佛教活动主要表现在以下几个方面：

第一节　修建佛寺

在明代宗室群体中，不少成员对修建佛寺表现出了极大的热情。不论是富庶如蜀藩，还是贫困如韩藩，都不同程度地在藩国所在地或者周边地区营建或者修缮佛寺。

一、太祖所封诸藩修建的佛寺

秦府秦王樉为太祖第二子，于洪武十一年就藩西安，先后历经 11 代，共有 14 位秦王。秦藩诸王多信奉佛教，在长安修建了多处寺庙。洪武初，秦愍王楸建有普光寺。据《陕西通志》载，"普光寺……旧为龙池寺。洪武初，西印土乌萨罗国僧无壤住锡于此，屡著灵异，秦愍王为建上下寺二，庄严冠长安。"但秦藩宗室大规模修建寺庙，是在天顺以后。"大崇仁寺，在城西五里……明天顺八年，秦藩创修，治地得古白玉佛像及钟磬、碑刻之属。至成化十二年毕工，明年额曰大崇仁寺……寺为秦邸香火院，缔构丹碧，长安城诸寺不及也"。"慈恩寺，在城南一十里曲江池北……明天顺间秦藩宗室重修"；"千佛寺，一名竹林寺。在城南七十里，即圆光寺下院，明洪武时建，万历十二年秦藩重修，崇祯元年继修"；"百塔寺……明万历十九年秦藩捐赀增修"①。从搜集到的这些材料看，秦藩共修建寺庙 4 所。其中，大崇仁寺的修建，历时 10 余年，方才竣工，是专供秦府宗室诵经祈福的香火院。说明在秦府宗室中，信佛者是不少的。

晋府晋恭王楒，太祖第三子，洪武三年（1370）封。十一年，就藩太原②。晋藩宗室所修建的佛寺较多，分布在太原府阳曲县的即有 4 座："崇善寺，在城东南隅，旧名白马寺（又名延寿寺）"，是晋恭王为马皇后祈福而建。洪武十四年，"就故址辟地，南北袤三百四十四步，东西广一百七十六步，建大雄殿九间……建大悲殿七间……经阁法堂、方丈僧舍、厨房、禅室、井亭藏轮具备，南阴有膳寺地四十顷……"至成化十六年（1480），复予增修，"晋庄王撰记"记载了修葺的过程。此次增修，晋府只是参与者。"普光寺，在七府营街……明初，西域神僧板特达从晋恭王之国，住寺中，……永乐间重修。嘉靖三十四年，晋简王修；万历甲寅，晋裕王修影堂而移板特达于后；崇祯五年，晋王撰碑铭"③。报恩寺，"一在前所街，旧名鸿佑……明正德间，河东王重建，改今名，崇祯间增修，河东王撰记"④；文殊寺，"明万历丁巳，僧如安

---

① （清）刘于义，沈青崖纂修：《陕西通志》卷二八，《祠祀一》，文渊阁《四库全书》本史部册552，（台北）台湾商务印书馆1983年版。

② （清）张廷玉：《明史》卷一一六，《诸王一》。

③ 《山西通志》卷一六八，《寺观一》，文渊阁《四库全书》本史部册548，（台北）台湾商务印书馆1983年版（版本下同，不注），第196页。

④ 《山西通志》卷一六八，《寺观一》，文渊阁《四库全书》本史部册548，第195页。

重修……崇祯七年，晋王重修并建白衣殿"[1]。晋藩还在太原县及其他周边地区修建佛寺。例如，法华寺，位于太原县西，始建于宋代，"明洪武十八年，晋恭王重建"[2]。甚至还到五台山修建寺庙："般若寺，在楼观谷……明成化间，晋王为释立禅重建"[3]。从上述记载可以看出，晋藩修建寺宇多集中于晋恭王时期，其后的几代晋王只是对这些已建的寺庙加以修葺而已。晋藩频繁的寺庙修建活动有力地证明了在晋藩宗室中佛教信仰是较为普遍地存在的。

楚府从《湖广通志》的相关记载看，楚藩亦多次修建寺庙。楚昭王桢，为明太祖第六子，洪武十四年"之藩"[4]。宝通寺，位于洪山之下，地点在楚王藩封以内。楚昭王桢"之藩"后，"益扩旧制"[5]，扩大其规模。《湖广通志》还有楚府营建佛寺、佛塔的记载。"铁炉寺，在中和乡，明楚府建"；又有方广寺，"在金铺山北，金鼎山下，前后二塔，明楚府建"[6]。楚藩诸王信奉佛教、兴修佛寺，还一度惊动了天子。嘉靖六年，楚王荣㳆，"重修修静寺，疏请赐额"。礼部言："祖制，各王府不许私创寺观，楚王之请，不可许。辅导官不能以礼匡王，并宜逮治。"世宗"然其言"，采纳了礼部的意见，但赦免了辅导官，不予问罪[7]。实际上，宗室违背"祖制"，私建寺庙的事情，时有发生，但像楚端王荣㳆那样，明知违制，仍上疏奏请皇帝赐额的例子则较少见。由此来看，禁止王府私创寺观的规定在后期并未能得到严格遵守，甚至已逐步沦为具文。

蜀府蜀王椿，为太祖第十一子。洪武十一年封[8]，二十三年正月，之藩成都[9]。

---

[1] 《山西通志》卷一六八，《寺观一》，文渊阁《四库全书》本史部册548，第195页。

[2] 《山西通志》卷一六八，《寺观一》，文渊阁《四库全书》本史部册548，第203—204页。

[3] 《山西通志》，卷一七一，《寺观四》，文渊阁《四库全书》本册史部548，第308页。

[4] （清）张廷玉：《明史》卷一一六，《诸王一》。

[5] 《湖广通志》，卷七八，《古迹治·寺观》，文渊阁《四库全书》本册史部534，（台北）台湾商务印书馆1983年版（版本下同，不注），第50页。

[6] （清）迈柱修，（清）夏力恕纂：《湖广通志》，卷七八，《古迹志·寺观》，第60页。

[7] 《明世宗实录》卷八二，嘉靖六年十一月己亥条。

[8] 《明太祖实录》卷一一七，洪武十一年春正月甲戌。

[9] 《明太祖实录》卷一九九，洪武二十三年春正月丙寅。

终明一代，蜀王历经十三代，有六十个郡王①。其中，修建佛寺最多的，当首
蜀献王椿。他修建的佛寺有大悲阁②、金像寺、净居寺、金沙寺③。还修建有佛
塔。僧大佑《栖贤山道场禅寺石塔记》载："蜀王殿下莅国之若干年，首新寺
之众宇。既乃召匠伐石，累塔于寺之后……又别造大塔一，冠其顶，顶塔高逾
丈。正前一面刻'释迦多宝塔'名号……大佑窃惟贤王受封以来，输忠布德……
载念佛乘……"④该《塔记》由僧录司左善世大佑于洪武三十一年五月奉敕撰写，
日本沙门东升奉敕书并篆额。文中的"蜀王殿下"，从时间看，即献王。⑤除
献王椿外，蜀府其他诸王宗室亦建有寺、庵。永清庵，位于成都县东，"明蜀
府建"；⑥成都县治以东，西顺城街的安乐寺、鼓楼街的太平寺，亦均为蜀藩修
建，为蜀藩燕息之所，"明末毁于献贼"⑦。灵音寺，后改名为天成寺。景泰五
年，蜀定王出重金增修寺庙，饰金添彩，更新正殿，又陆续增建了罗汉堂、东
岳殿，观音殿、燃灯殿等。诸殿完工之后，主持楚山和尚将灵音寺改名天成
寺，将狮子山改名天成山，寓意为天（皇家）成之意。⑧这里的定王，当为友
垓。然景泰年间，他尚未嗣定王位，应是以世子身份出资修建。此段材料记载
不确。至天顺六年，定王又下令重建天成寺。⑨定王友垓多次增修、续修、重

①　据陈世松：《明代蜀藩宗室考》，载《西华大学学报》2011年第4期；成都市文物考古研究所：
　　《成都明代蜀僖王陵发掘简报》，载《文物》2002年第4期。
②　（清）黄廷桂修，（清）张晋生等纂：《四川通志·寺观》卷二八下，文渊阁《四库全书》本
　　史部册560，（台北）台湾商务印书馆1983年版（版本下同，不注），第554页。
③　（清）罗廷权等修，衷兴鉴纂：(同治)《重修成都县志》卷二，（台北）台湾学生书局，据清
　　同治十二年刊本影印本，1971年（版本下同，不注），第257页。
④　嘉庆三年：《金堂县志》卷三，转引自龙显昭：《巴蜀佛教碑文集成》，巴蜀书社2004年（版
　　本下同，不注）第226页。
⑤　薛玉树：《造型奇特的古浮图——三学寺的释尊无量宝塔》，载《四川文物》1986年第4期。
⑥　（清）黄廷桂修，（清）张晋生等纂：《四川通志·寺观》卷二八下，第554页。
⑦　（清）罗廷权德国修衷兴鉴纂：《重修成都县志》卷二，第234—240页。
⑧　向世山、释演东：《石经寺临济始祖楚山绍琦年谱》，载《禅心映天成显密照石经：纪念楚山
　　禅师诞辰600周年、能海上师诞辰120周年学术研讨会论文集》，宗教文化出版社2007年版，
　　后简为《禅山映天成显密照石经》，第4—5页。
⑨　向世山、释演东：《石经寺临济始祖楚山绍琦年谱》，《禅心映天成显密照石经》，第5页。

建灵音寺，由此可以想见，定王对佛教是怀有极大的热忱的。

代府代简王桂，为太祖第十三子。洪武十一年封豫王，二十五年改封为代。是年就藩大同①。代藩自简王至懿王，封郡王者凡二十有三，"而外徙者十王"②。据现存于五台山普济禅寺的两方碑刻可知，代府宗室多有信佛者。其一为《皇明五台山敕赐普济禅寺太空满禅师重修功德记》，此碑由圆真立于嘉靖四年七月二十九日。其中记载："（太空满）嘉靖二年春，广募众赍还山，大作胜会毕。惟我本寺开山第一代师祖翁名胜、知识孤月大和尚，德感代王建寺、请额之缘。盖年深日远，殿社倾颓而生不忍，乃为之叹。……"③其二为《敕赐普济禅寺重修记》，由藩府伴读刘需撰，沙门圆玉书。现摘录碑文如下：

> 东台之下一舍许，有寺曰普济。历代贤王所建之寺，多历年所。我藩世子殿下遣内典宝王奉、陶义赍香烛诣寺，上以祝君亲之永泰，下以佑宗室之繁昌。使回之日，具启寺宇圮毁，佛像尘污，不堪瞻礼。我贤殿下诱诸宗室暨承奉等官先出内藏之币，其各官捐赆相助，复遣王奉等往，仍旧贯而修饰之。……因佛之道足以鼓动天下，亦必我贤殿下仁孝之心，以致夫多助之力也。……观斯胜概，莫不美慕具念，夫我贤殿下所以用心而图不泯者焉。肇工于弘治壬子，讫工于正德壬申。……是为记。④

这两则碑记给我们透露了两个方面的信息：第一，五台山普济禅寺是由代王修建并上疏请额的，虽未言明修建时间，但可推定至少应是在明宪宗时，不然就不能说是"多历年所"；第二，普济禅寺建成后，因年深日久，殿宇倾圮，

---

① （清）张廷玉：《明史》卷一一七，《诸王二》。

② （清）张廷玉：《明史》卷一一七，《诸王二》。

③ ［英］张正明、科大卫主编：《明清山西碑刻资料选》，山西人民出版社2005年版（版本下同，不注），第305页。

④ ［英］张正明、科大卫主编：《明清山西碑刻资料选》，第296—297页。

"历代贤王"多次重修。规模较大的一次，肇始于弘治五年，竣工于正德七年，历时近 20 年。其后，在嘉靖时，还续有修缮。

其他相关记载还有。延祚寺，修建于宋，明嘉靖三十四年（1555）倾圮。万历二十五年修复，山阴王朱俊栅撰"记"，记叙了延祚寺修复的缘由、经过。事隔近 40 年后，在崇祯十一年再次重修，"吴阿衡撰记，山阴王朱廷理端居道人立石"①。这一则史料虽只记载了代府山阴王"撰记""立石"，未明载是否由其修复重建，但从其"撰记""立石"的事实可以明确，山阴王朱俊栅、朱廷理至少是先后参与了万历、崇祯年间两次修建的过程。

肃府　肃王楧，为太祖第十四子。洪武二十六年"之国"。初驻平凉，后迁居甘州。建文元年，移至兰州，此后世居于此。据不完全统计，肃藩修建的寺庙有 6 处。普照寺，俗名大佛寺，在城内东南隅，唐贞观年间，奉敕修建；金代重修；明永乐中，肃藩再修。嘉福寺，旧名宝塔寺，俗名木塔寺，在城内西北隅，唐贞观九年，高昌王修建；元至元年间重修，赐名嘉福；明永乐中，再次重建；肃藩于宣德六年、成化三年、嘉靖三十五年"屡修"。崇庆寺，旧名五泉寺，明洪武五年，建于五泉山；永乐中，肃藩重修。华林寺，在古峰山麓，旧为平远堂，后改建为古峰寺。明正统年间，肃藩重修，改名华林②。明代肃藩所建的寺院还有：萃英寺，在岭西峰之阳；萃灵寺，地处买子堡③。

庆府　庆靖王封于宁夏，之藩初期居韦州，后迁宁夏。庆藩先后修建了多处寺庙。据《宁夏新志》载：承天寺，在洪武初，仅一塔独存，庆靖王重修之，"增创殿宇"。成化年间，怀王复增修昆庐阁④，规模不断扩大。康济寺，天顺年间，庆康王府修建⑤；高台，为西夏废寺，寺台高三丈，弘治年间，庆恭王重修之。⑥

---

① 《山西通志》，卷一七〇，《寺观二》，史部册 548，第 280 页。

② 昌浚修，张国常纂：《甘肃重修皋兰县志》卷一九，《古迹（下）》，民国六年石印本影印本，台湾学生书局 1967 年版，第 919—923 页。

③ （清）杨昌浚修、张国常纂：《甘肃重修皋兰县志》卷十九，《古迹（下）》，第 925 页。

④ （明）胡汝砺纂修：《嘉靖宁夏新志》卷一，宁夏人民出版社 1986 年版，第 101 页。

⑤ （明）胡汝砺纂修：《宁夏新志》卷三，第 236 页。

⑥ 同上。

沈府　沈简王模于永乐六年"之藩"潞州，由此沈藩世居山西。沈藩信奉佛教，其证据有二，一是兴修佛塔尊藏舍利。梵境寺，在长治城东北，修建于隋朝。唐仪凤三年，唐皇赐潞州刺史贺拔正舍利四十九粒及青白二色流瓶转匣，贺拔正与长史崔承休、司马戴安业将其藏之于寺内旧塔下，并为立碑刻石。至明，因年代久远，风雨侵蚀，寺塔早已成为废墟。万历年间，居民取土挖出舍利及石刻，沈定王朱珵尧出于对佛教的虔诚，为保护舍利，在昭觉寺的东面建塔藏之①。二是奏留地方官欲拆毁的佛寺为"家佛堂"。顺治《潞安府志》记载了一个近于神异的故事。弘治初年，"马知州毁淫祠，郡北关有刹当毁，缁流皆为去计。"此时，不知来自何方的一"癫僧"笑曰："勿去，此荣靖家佛堂也，与国同休。""众莫知所谓。未几，沁源王奏留为家佛堂，敕赐额曰'普惠'。及王薨，谥'荣靖'，与僧言若左券。"②此则材料亦见于《山西通志》。可见，这一故事在当时流传较广，甚至到清代还在流传。由此亦可想见，作为荣靖家佛堂的普惠寺在当地的影响力。也许神秘的癫僧并不存在，他只是地方政府在强力毁佛之时，地方反毁佛势力欲借宗室与官府抗衡的幻想的产物，其真实性值得怀疑，但沁源王奏留佛寺为家佛堂，且获皇帝恩准，赐额"普惠"，事实上庇护了当地的佛教，反映了宗藩、地方官府、佛寺在区域社会演进中的互动关系，也说明佛教必须依附于王权才能存在的基本事实，更反映了宗藩对佛教的信奉状况。

韩府　韩王松，为明太祖第二十子，洪武二十四年，封于开原。第二代韩王冲㦤于永乐十年之藩，洪熙元年改封平凉③。至崇祯十六年，末代韩王遇害，

---

① （清）觉罗石麟修，（清）储大文：《山西通志》卷一六九，《寺观二》，史部册548，第235页。

② （清）杨暎修，（清）李中白，周再勋纂：《（顺治）潞安府志》卷一四，（台北）台湾学生书局1968年版，第907页。

③ 《明史·诸王三》韩藩世系载"（永乐）二十二年改封平凉"，《明史·诸王三·安王》载"洪熙初，韩恭王改封平凉。"《明仁宗实录》永乐二十二年十二月乙丑条载"命韩王冲㦤偕其弟襄陵王冲炊、乐平王冲烌之国平凉"；洪熙元年三月乙未"赐书韩王冲㦤曰别来怀思不忘，想同二弟到家安适。兄初意欲贤弟及秋之国，今思若俟秋行迨冬始达，西图冰寒百事难为殆非初到者所便，不若以四月下旬起程，虽道途触热，若从容行可以无虑，而及秋至彼天时人事皆得便利。"又韩端王所撰：《主山云崖寺成碑记》载"国初，为安王属土……及王故绝，洪熙初元敕赐韩藩"，因此，韩王之藩平凉当在洪熙元年。

韩藩在平凉传十一世，九位亲王。与众王府一样，韩藩也有修建佛寺的记载。段家寺，在府城外东北，民段氏为之，以市王府，遂大起寺像；"同五台寺，去府城三十里，空同山上。元亡废坏，林木茂尉。嘉靖初，陕西延安游僧稍砍垦，市薪以自资。西德王掩有之，稍建寺"①，对其加以修茸。韩王府督造的佛寺、佛塔还有不少，如崇福寺、南庄寺、韩二府寺、韩六府寺、褒四府寺以及东关的宝塔、蝗蜮山的凌空塔等，这些佛教建筑现存者多，可见于平凉②。

靖江王府　靖江王府在广西桂林修建了多处寺庙。据包裕所撰的《安仁寺碑》载：广西有观音阁，原名观音堂。正统十二年（1447），靖江庄简王"令工开拓地址，甃石为堤"，在其上新建安仁寺，并重修观音堂，更名为观音阁。这项工程十分浩大，历六十余年，至正德二年（1507），方由王府承奉正潘洋奉靖江王之命"修茸甫完"。正德三年，不幸毁于火。正德四年，靖江王命重新建造，潘洋"奉行惟谨，乃鸠工庀材而鼎新之"。同年九月落成，规模宏大，雄丽壮观，"高深广狭俱仍旧址像貌，雕绘视前有加，黝垩相映，金碧交辉，诚城东伟观也。"③《广西通志》亦载："安仁寺，在府城东江门外。明正统十四年，靖江王建。"④只是时间略有误差。靖江王先后几次修建安仁寺，充分印证了靖江诸王对佛教的信仰。

其他诸王府藩　无疑，上述诸王府为修建佛寺较多者，但其他藩府，也不乏修建佛寺的热情。周府博平王"建寺请额"，遭到礼部尚书的反对："宗藩读书守祖训，何忽屋民地以舍异端，力请格止以塞他请。"⑤虽"建寺请额"未被获准，但表达了对修建佛寺的强烈愿望。周藩修建佛寺的记载虽仅此一条，且

---

① （明）赵时春纂：《嘉靖平凉府志》卷三，《中国西北稀见方志续集（八）》，北京：全国图书馆文献微缩复制中心，1996年，第101页。

② 杨富学、程晓钟：《明代庄浪石窟及其艺术价值》，第291页，载《佛学研究》2000年第6期。

③ （清）汪森编：《粤西文载》卷四一，广西人民出版社1999年版。

④ （清）金鉷等修，（清）钱元昌纂：《广西通志》，文渊阁《四库全书》本史部册566，（台北）台湾商务印书馆1983年版，第262页。

⑤ （清）罗瓦：《圭峰集》卷一七，文渊阁《四库全书》本集部册1259，（台北）台湾商务印书馆1983年版，第239页。

未获批准，但不能认为周藩宗室，尤其是亲王们不信仰佛教，因为早在明成祖即位之始，在他厚赏胞弟朱橚的物品中，便有"玉观音、金铜佛各一"①。当时，蜀王等人也获得丰厚赏赐，而周王独有玉观音和佛像，这不仅是成祖出于对胞弟的优待，更与周王信奉佛教有关。此外，周王也曾向嵩山少林、会善和法王寺布施佛像三尊，其对佛的笃信，可见一斑。

唐定王桱，明太祖第二十三子，永乐六年之藩南阳，历九代而终。亦留下建寺的记载。河南南阳有崇善寺，"县治北，明唐藩建"。

湖广宗藩也有修建佛寺的记载。观音寺，"在沙市，地名白船套"，由前、后二刹构成，后寺建于唐，前寺由明湘献王修建。前寺内有一高七层的接引塔，亦由献王修造，此塔前又有一小塔，为湘藩国师无方之塔②。湘献王柏，于洪武十八年之藩荆州，建文初阖宫焚死，无子封除③。湘献王在位之时，修有观音寺前寺，以无方和尚为国师，足见湘献王对佛教的信仰。但湘藩存国时间较短，故涉及其修建佛刹的记载较少。岷藩居武冈，修建有万寿寺。万寿寺，位于武冈城东十里的托坪，"中有胜云峰"，形家谓此地"为州境关键"④，明岷藩即建寺于此。

二、仁宗诸子所建佛寺

襄府襄宪王瞻墡，仁宗第五子，宣德四年，就藩长沙。正统元年，徙襄阳⑤。迁至襄阳后，襄王先后修建了万寿寺、象国寺。据《襄阳府志》载："万寿寺，今名塔里寺，在（宜城县）城南四十五里。明天顺八年，襄王重建，

① 《明成祖实录》卷十上，洪武三十五年七月三十五庚寅条。
② （清）倪文蔚蒋铭勋修，顾嘉蘅、李廷鉽纂：（光绪）《荆州府志》卷二八，第287—288页。《中国地方志集成》，《湖北省府县志辑》据清光绪六年（一八八〇）刻本影印。
③ （清）张廷玉：《明史》卷一一七，《诸王二》。
④ （同治）《武冈州志》卷三一，《工作志》，第122页。
⑤ （清）张廷玉：《明史》卷一一九，《诸王四》。

巨碑屹立"①；象国寺，在南漳县磨坪山，建于宋，"明襄藩重建"②。另有广德寺（今存），在隆中山以北三里许，唐代名为云居寺。明景泰中，僧大云重建；成化中，僧了隆撰记；弘治中，襄王奏请改为广德寺③。虽未明言广德寺为襄王所建，但从其奏请改名可以想见，他和这座寺庙应该有着很深的渊源。

荆府 荆宪王为仁宗第六子。宣德四年，之藩建昌。正统十年，迁至蕲州④。自此世居于此，修建的佛寺颇多。铁佛寺，"在北门内，佛像皆铁。谓三铁镇蕲，此其一也。"明洪武元年，邱永明创修；嘉靖十九年，荆府重修。干明寺，即观音阁。嘉靖五年，荆府"撤而新之"⑤。嘉靖五年、十九年荆府在位的是端王厚烃，但因厚烃患病，先由其弟富顺王厚焜代管府事，及厚烃子永定王载墭年长，嘉靖十六年（1537）厚焜辞去摄政权，由载墭执掌府事⑥。故而，重修铁佛寺的决策人应为富顺王厚焜，拆修干明寺的决策人应为永定王载墭。五祖真惠寺，在蕲州东。嘉靖四年，永定王增建藏经楼五檐。嘉靖二十五年（1546），荆府"撤而新之"⑦。又有国正庵，在瓦屑坝口。明万历年间，荆府修建⑧。据荆藩末代王朱慈烟《重修石鼓寺记》载："梵宫名刹称名境者，多借灵江山形胜，而其完缺修举实资人力成之……予藩先世自建昌迁国于蕲，览兹形胜，爰议修举，乃不靳重资，命承奉阮古督其役，鼎新殿庑，庄严佛像，一切钟磬炉瓶之属咸为铸造，……而兹寺日渐颓朽，郡中贤士大夫慨然有修葺

---

① （清）恩联修，王万芳纂：（光绪）《襄阳府志》卷五，《古迹》，《中国方志丛书·华中地方》第 362 号，第 453 页。

② （清）恩联修，王万芳纂：（光绪）《襄阳府志》卷五，《古迹》第 459 页。

③ （清）恩联修，王万芳纂：（光绪）《襄阳府志》卷五，《古迹》，第 417 页。

④ （清）张廷玉：《明史》卷一一九，《诸王四》。

⑤ （清）王宗尧、卢紘纂：（康熙）《蕲州志》卷四，清康熙三年（1664）刻本，第 173 页。

⑥ （清）张廷玉：《明史》卷一一九，《诸王四》。按：《明史》仅称嘉靖中厚焜摄朝谒，嘉靖十六年载：《明世宗实录》卷一九六，嘉靖十六年正月癸巳。

⑦ （清）王宗尧、卢紘纂：《（康熙）蕲州志》卷四，清康熙三年（1664）刻本（版本下同，不注），第 172 页。

⑧ （清）王宗尧、卢紘纂：《（康熙）蕲州志》卷四，第 176 页。

之议，予遂嘉与维新，捐资助役，共襄盛举。殿循旧宇，规制稍更，缭以周垣，可御风雨，而后殿居奉接引大士则向来有僧载，……殿宇落成，命镌诸石，俾后之览兹刹者与江山形胜共垂不朽云。"① 由此可知，荆藩首次修葺石鼓寺应是荆藩全额出资，由王府官亲自督办，不但更新殿宇，庄严佛像，还布施了钟磬、炉瓶之属。第二次"维新"之时，则与士人共同捐资。尤其值得注意的是，即便在嘉靖时期，世宗崇道，藩王亦多信道教，而荆府仍旧修建佛寺，足见荆藩信仰佛教的热情。

三、英宗诸子所建佛寺

吉府 湖广长沙在明代可谓藩封重地，先后四位藩王分封于此，即洪武间的潭王、谷王，又有仁宗之子襄王瞻墡（于宣德四年之国长沙，后迁襄阳），英宗第七子吉简王见浚。吉藩传八代，多笃信佛教。长沙县有开福寺，创建于五代，在明代多次重修，除第一次重修为彻堂和尚独力承担外，其他几次重修或由吉府单独完成，或由吉府与当地缙绅联合修竣。"明初，僧彻堂暨简藩相继重修。嘉靖时倾圮，吉藩同绅庶鼎建。"② 这条材料记载了吉藩多次重修开福寺的史实，但由于太过简略，我们无法知道更多的细节。康熙六年，胡景会所撰《重修紫微山开福寺碑记》则记载稍为详细一些："先朝洪武辛亥岁，有彻堂禅师复崇庙貌，大阐宗风，四方缁素景从，乡慕又一时之烈也。其后简藩膺封、定王继统，重加修葺。迨至嘉靖，栋宇摧颓，墙垣倾圮，时则吉王与通郡缙绅人等合力鼎建……"③ 从这则材料可知，洪武四年（1371），经彻堂禅师重修后的开福寺，僧侣众多，香火鼎盛。这是开福寺在明代的第一次重修。第二次重修在吉简王在位之时，第三次重修在吉定王在位期间，第四次重修为嘉靖

---

① （清）封蔚礽修，陈廷扬纂：(光绪)《蕲州志》卷二五，《中国地方志集成》，江苏古籍出版社 2001 年版，第 526 页。

② （清）赵文在等修，易文基等纂：(嘉庆)《长沙县志》，台北成文出版社 1976 年版，第 2280 页。

③ （清）赵文在等修，易文基等纂：(嘉庆)《长沙县志》，第 2283—2284 页。

时吉王与通郡缙绅合力建成。那么，嘉靖时的吉王指的是谁呢？吉简王见浚，生于南宫，天顺二年封，此时年甫两岁。成化十三年（1477），就藩长沙，嘉靖六年薨。孙吉定王厚熪嗣位，在位十二年，嘉靖十八年薨。子吉端王载均嗣，在位二十二年，嘉靖四十年薨。子庄王翊镇嗣，隆庆四年（1570）薨。据此，这则记载是不甚严谨的，因为简王、定王、端王、庄王或在嘉靖朝生活过，或全部生活在嘉靖朝，都可以称为嘉靖时的吉王，特别是定王、庄王更是如此。但按此则记载的叙事逻辑，当不是指的简王和定王。那么，究竟是端王还是庄王呢？由于记载得笼统，一时无法确定，但吉藩曾几次对开福寺加以修建的事实是明确的。

崇府　崇简王见泽，英宗第六子，封国汝宁，成化十年之藩。崇府建有观音阁。据清人毛奇龄所撰《观音阁种柳记》载："汝南城南有观音阁，故明崇庄王奉敕之所建也。……当庄王建阁时，在嘉靖二十四年。其时太平久，争以奢靡相矜夸，亦既奉敕建阁，敞博闳丽。而庄王世子，于万历甲申岁重为请敕，得太皇太后懿旨，增恢阿蓝，颁赉金铜器物并珠幡画像等。"[1]可知，观音阁由崇庄王奉敕建于嘉靖二十四年，万历十二年由庄王世子请敕增修，庙宇宏伟壮观。

徽府　徽庄王见沛，英宗第九子，封于河南钧州。修建的佛寺也见诸记载。一是广通禅寺，在州治东南隅，明徽庄王见沛创建[2]。二是徽王载埨，别号首阳子，尝重修少林寺。首阳子于嘉靖三十二年孟春所撰《重修少林寺记》云："予尝闻少林寺之胜也，盖嵩阳第一观云……岁壬子，予承天子显休，命嗣封国王，乃惟祖考之德郁焉思存而请于朝，得展谒松楸。盖庶乎礼隆追远，恩酬罔极云尔已矣。礼成，因取道嵩山，求所谓少林寺者而缔游焉……既乃读庄简恭碑，泫然曰：懿哉！斯予祖考之志，手泽存焉。凡以赍胜表观也，可无

---

① （清）毛奇龄：《西河集》卷六三，《翰林院检讨毛奇龄撰碑记二》，文渊阁《四库全书》本集部册1320，（台北）台湾商务印书馆1983年版，第569页。

② （清）田文镜，王士俊修：《河南通志》卷五十，文渊阁《四库全书》本史部册537，（台北）台湾商务印书馆1983年版（版本下同，不注），第102页。

继诸？于是，捐若千金，命住持僧悟万董役，重修甘露台、藏殿，我朝颁降藏经、金铜圣像丽焉……凡厥殿宇、亭台、门径、阶墀颓者翼焉，敝者饰焉。越明年春万来告成……"①这段材料大意说，载埨于嘉靖三十一年（1552）嗣徽王位，为报偿父、祖之德，请求拜谒父、祖坟墓，隆礼追远。在拜谒礼成之后，取道嵩山，游览少林寺。时维仲春，风日融和，纵目胜景，有逐青云而超自然之慨。少林之壮观，远胜所闻。既而读父恭王、祖父简王、祖庄王所撰碑文，知祖考之志，遂捐金数千，命住持僧悟万"董役"，重修少林寺，历时一年而成。世宗痴迷道教，徽王厚爝、载埨父子均以"奉道"见宠，得封"真人"。嘉靖三十五年（1556），载埨以得罪自缢，其二子亦被革爵，"至此封除"②。以"奉道"得宠的载埨重修少林寺，其意图何在？其一是为了实现"祖考之志"；其二是少林寺文化遗存丰厚，在佛教史上具有相当地位和影响力，出于对少林的仰慕。明代宗藩既信奉佛教又信道教的情形，反映了其宗教信仰的复杂性和功利性。

四、宪宗诸子所建佛寺

益府　益端王祐槟，宪宗第六子，封于江西建昌，弘治八年"之藩"。自益端王至于明亡，凡历六代③。益府在建昌修有尼姑庵两座："广度庵，在府城凤凰山下；芯蒻庵，在芙蓉山下，俱明益藩建"④。

寿府　寿定王，为宪宗第九子。弘治四年封，十四年，"之藩"保宁。正德元年，改封德安。由于寿王无子，故寿藩仅一代而终，嘉靖二十四年

① 《嵩山、少林寺石刻艺术大全》，第236页。"岁壬子予承天子显休，命嗣封国王"此处壬子为嘉靖三十一年。据《明世宗实录》嘉靖二十九年十二月癸未条、《明史》卷一一九，徽王载埨袭封时间为嘉靖二十九年。《明世宗实录》嘉靖三十二年闰三月载"徽王载埨以修坟茔请"。

② （清）张廷玉：《明史》卷一一九，《诸王四》。

③ （清）张廷玉：《明史》卷一一九，《诸王四》。

④ （清）谢旻修，（清）陶成纂：《江西通志》卷一一二，《寺观二》，文渊阁《四库全书》本史部册516，（台北）台湾商务印书馆1983年版，第694页。

封除①。寿藩维系时间虽短，但亦修建有佛寺。圆觉寺，"明时寿藩重建，名郁台，圆觉寺俗曰上庵寺"②；药师寺，"府东南半里许……明时寿藩重建，名繁邱药师寺，俗呼下庵寺"③。

汝府　汝安王祐梈，宪宗第十一子。弘治十四年，"之藩"河南卫辉。汝藩仅一世而终④。但安王在位时，亦修建有佛刹。"汝王祐梈自修佛刹，援弘治中赐崇府清戒寺额例请名，上不许，曰：'寺额近未有赐，崇府例未可拟，王自名之'"⑤。这一事件发生在嘉靖时，世宗皇帝虽未同意汝王为自修佛寺请名的要求，但也未予申斥，命其自取寺名。这说明世宗皇帝对藩王修建佛寺的政策与弘治时相比已有一些明显的差别，虽不予鼓励，但总体上持一种宽容的态度。

荣府　荣庄王祐枢，宪宗第十三子。正德三年"之藩"，历六代亲王⑥。荣藩在常德亦有建寺。"迎恩寺，县北七里桥，明嘉靖间荣恭王建……寺有清净禅林，一尘不染，二额皆荣藩手书"；"洪林寺，俗呼荣王寺，县北七里桥。明洪武间建，正德间荣藩重修，称为祈报祠"；又有观音寺，"县北阳山东侧，晋白鹿和尚建，明改为荣怀王墓茔，其寺移置七里桥，为荣藩香火。"⑦荣藩不仅修建佛寺，还手书寺额，且以迁建县北七里桥的观音寺为荣藩香火院，足见荣藩佛教信仰之虔诚。而洪林寺则是荣藩宗室祈福、还愿的集中场所，因此俗称荣王寺，这说明荣藩与洪林寺的关系又较迎恩寺、观音寺深一层。

---

① （清）张廷玉：《明史》卷一一九，《诸王四》。
② （清）赓音布修，刘国光、李春泽纂：《光绪德安府志》卷五，据清光绪十四年（1888）刻本影印，《中国地方志集成》，江苏古籍出版社2001年版，第145页。
③ （清）赓音布修，刘国光、李春泽纂：《光绪德安府志》卷五，版本同上，第147页。
④ （清）张廷玉：《明史》卷一一九，《诸王四》。
⑤ 《明世宗实录》卷二四八，嘉靖二十年四月己卯。
⑥ （清）张廷玉：《明史》卷一一九，《诸王四》。
⑦ （清）应先烈，修陈楷礼纂：《嘉庆常德府志》卷一二，第182页。

五、穆宗之子所建佛寺

潞府　潞简王翊镠，明穆宗第四子。万历十七年，"之藩"河南卫辉。至崇祯中，民乱蔓延，潞王常淓流寓杭州，潞藩历经两代亲王。潞藩所存时间虽短，但所建佛寺在卫辉府汲县多有分布。"朝阳寺，在城西南，明潞藩建；千佛寺，在府东门外，潞藩建；北十方院，在德胜关北，明潞藩建；南三里堡十方院，在府通汴门外，明潞藩建；北三里堡十方院，在府德胜关外，明潞藩建；青龙庵，在德胜关东北，明潞藩建。"① 潞王翊镠、常淓广修佛寺，笃信佛教，应与翊镠之母李太后信佛有关。

六、神宗诸子所建佛寺

福府　福恭王常洵，神宗第三子。万历四十二年（1614），"之藩"洛阳。常洵在位之时，创建了迎恩寺。据《河南通志》载：河南府"迎恩寺，在府城东北，明万历间福藩创建"②。李自成围攻洛阳城时，"常洵缒城出，匿迎恩寺"。第二天，农民军循迹而至，随即被发现，最终遇害。在危急时刻，迎恩寺冒险给予福王短暂庇护，应与福王创寺有着深厚的渊源关系。

瑞府　瑞王常浩，神宗第五子。天启七年，"之藩"汉中。《明史·诸王五》称，"常浩在宫中，衣服礼秩降等，好佛，不近女色。"③ 崇祯十七年（1644），在重庆遇害。关于瑞藩修建佛寺的记载较少，仅见有一座：睡佛寺，"府治西北隅，崇祯间瑞藩建"④。

① （清）程启朱修，苏文枢纂：(顺治)《卫辉府志》卷七，《祀祠志·寺观》，顺治十六年（1659）刻本；国家图书馆地方志家谱文献中心，郝瑞平编：《孤本旧方志选编》第十册，线装书局2004年版，第370页。

② （清）田文镜，王士俊修：《河南通志》卷五〇，史部册537，第91页。

③ （清）张廷玉：《明史》卷一二〇，《诸王五》。

④ （清）严如熤修，郑炳然等纂：(嘉庆)《汉中续修府志》卷一四，(台北)台湾学生书局1968年版，第812页。

　　惠府　惠王常润，神宗第六子。天启七年，"之藩"荆州。崇祯十五年十二月，李自成攻破荆门，惠王出逃。由此颠沛流离，直至去世①。惠藩在荆州所存时间虽短，但亦有修建佛寺的记载。光绪《荆州府志》载，"护国寺，在府治东。明崇祯中惠藩建。"②"观音寺，一在县北二十里，一在县东六十里，唐贞观间建，明惠藩重建。"③ 其修建护国寺的动机、目的甚明，"惠殿下……册封蕲水王妃礼毕，因迎谓曰：'不谷自戴天子命，得食租衣税于兹，历十三载矣。静念受国恩深，未报塞万一。'因拓地为寺，名曰：'护国'。"即修建护国寺是为了报答朝廷十三年的恩养，"以迓神庥为上，为民助流德化臣之义"，为国祈福，消弭乱萌，维护国家社会的稳定，并使无业游民"既糊其口以遏其邪萌，复胼胝手足以励惰气"。在护国寺的殿宇中，凝结的不仅是惠王的宗教情结，更有其现实关怀和期望——"人心安，则兵不以战"。当然，惠王捐金建寺，还有祈求子嗣之意在其中，"荆人言，多男之祝，华封之遗意也"④。深刻地体现了在明代宗藩的宗教信仰中所具有的现实性和功利性。

　　桂府　桂端王常瀛，神宗第七子。天启七年，"之藩"衡州。"崇祯十六年，衡州陷……走广西"⑤，顺治三年去世。桂王居国衡州，即今衡阳期间，亦建有佛寺。"香水庵，在城北，明桂王建。""大护国寺，明桂王建，香田甚富。"⑥ 可见，规模是不小的。

　　值得注意的是，藩王在"之藩"前，亦有修建佛刹的情况。据明人谢迁《重修潭柘嘉福寺碑略》载，岫云寺"距都城西二舍许……我朝宣宗章皇帝即位二年，特命高僧观宗师住持于此。孝诚皇后首赐内帑之储肇造殿宇，越靖王又建

① （清）张廷玉：《明史》卷一二〇，《诸王五》。
② （清）倪文蔚、蒋铭勋修，顾嘉蘅、李廷鈇纂：(光绪)《荆州府志》卷二八，《寺观》，《中国地方志集成》，江苏古籍出版社2001年版（版本下同，不注），第290页。
③ （清）倪文蔚、蒋铭勋修，顾嘉蘅、李廷鈇纂：(光绪)《荆州府志》卷二八，《寺观》，第301页。
④ （清）倪文蔚、蒋铭勋修，顾嘉蘅、李廷鈇纂：(光绪)《荆州府志》卷二八，《寺观》，第290页。
⑤ （清）张廷玉：《明史》卷一二〇，《诸王五》。
⑥ （清）彭玉麟、殷家儁等纂修：(同治)《衡阳县志》卷九，《中国方志丛书·华中地方志》第113号，据清同治十一年刊本影印，(台北)成文出版社有限公司1975年版，第1247、1251页。

延寿塔。"① 越靖王在都城以西约六十里的岫云寺修建延寿塔，显然是在其"之藩"以前。但这种情况不是太普遍，所见记载不多。

第二节　佛教布施

明代宗藩多信奉佛教，然修建佛寺者主要是亲王和郡王。究其原因，一方面，当是出于财力物力的缘故，因为亲王、郡王是宗室中的上层，经济实力雄厚；另一方面，则是明代有不得私创寺观的禁令，能够置禁令于不顾、敢于以身试法，而且可以免受处罚者，恐怕只有亲王、郡王了。这无异于对亲王、郡王修建佛寺的默认。这两方面原因的共同作用，使明代宗藩修建了不少的寺庙。但由于佛寺的修建者主要为亲王、郡王，所以，在宗室中修建佛寺的宗教行为远不及向寺院布施普遍。明代宗藩的佛教布施，主要包括捐赠财物，布施佛像、佛经，布施寺僧用度、香火等。

一、布施财物

蜀府　明蜀藩宗室向寺院捐赠财物肇始于蜀献王朱椿。《重建万福寺碑记》记载：万福寺，在明初称竹林寺。洪武年间，蜀献王朱椿"就国"成都，"多游其地"。时殿宇未竣，"日本僧中选者，禅焉。蜀王感其诚，以承运殿副材施奉金像，并置法藏，庄严冠圭里"②。圭里，在今何处，具体地址不详，应在成都及其附近地区。宝顶寺，位于大足。《重修宝顶事实》记载：永乐十六年八

---

① （清）于敏中、朱筠等：《钦定日下旧闻考》卷一五〇，《郊坰》西一五，北京古籍出版社1985年版。
② 龙显昭主编：《巴蜀佛教碑文集成》，第439页。

月一日，蜀府特命僧慧妙住持宝顶寺①。《恩荣圣寿寺记》亦载："重庆府大足县，为祈恩事……先，永乐十年，敬奉蜀献祖驾临本寺，见得石像俨然，殿宇倾颓，缺僧修理。至永乐十六年四月内，奉令旨差百户彭善新送本司慧妙住持。"②此两则材料皆未明载蜀献王朱椿捐赠财物，但其何以能够干预寺院管理、任命寺庙住持呢？可以推想，一是蜀王椿凌驾于地方官员之上，滥用权力；二是与蜀王椿对该寺庙的物质方面的持续支持有关。

蜀献王之后，蜀府尚有捐资寺庙者。金沙寺，在成都南郭万里桥傍③。据谷睿撰《重修金沙寺碑阴跋》记载：嘉靖七年（1528），金沙寺重修工程启动，"修葺观音殿宇，塑装无量寿佛"。至嘉靖三十三年（1554），康王朱承爝捐资并遣官率领工匠"建立龙神祖师殿堂，暨修桥梁，装严佛像"④。杨复和《天马山福兴寺功德记》载："嘉靖中，象教尤繁，天下皆奉，县公薛仿上请于蜀藩府，命大修大雄宝殿，扁其门曰佛国，殿堂三间。"⑤佛教以形象教人，故称象教。福兴寺的大修不仅得到了蜀藩的令旨，想必应有一定数量的资金捐赠。

韩府　韩藩居平凉，历代韩王多信奉佛教，积极扶持当地佛教事业。清代进士王源瀚《平凉竹枝词》载："东观浮图起七层，禅房罗列夜传灯。韩藩好佛人多化，处处经声处处僧。"韩藩信佛并化及封内，除捐资修建佛寺外，还布施助修了云崖寺石窟。云崖寺石窟位于今甘肃省庄浪县城之东，石窟内藏有韩端王朱朗锜所撰《主山云崖寺成碑记》和署名修平者所撰的《云崖刊石撰书碑》。现将两道碑文摘录如下：

主山云崖寺成碑记：

国初，为安王属土，厥田亦为所有。及王故绝，洪熙初元，敕赐

---

① 龙显昭主编：《巴蜀佛教碑文集成》，第232页。
② 龙显昭主编：《巴蜀佛教碑文集成》，第261页。
③ 龙显昭主编：《巴蜀佛教碑文集成》，第365页。
④ 龙显昭主编：《巴蜀佛教碑文集成》，第364页。
⑤ 龙显昭主编：《巴蜀佛教碑文集成》，第469页。

韩藩，钦遵恒业，迄今二百余年。然古刹虽远，葺理未竟。主持释子真晓，仰承德意，多方募化，鸠工集资，凿石为洞。佛像、伽蓝、护法诸身，咸以石为质，彩饰刻画，各极工巧，视厥初时，重修气象，巍然一大备矣。①

云崖刊石撰书碑：

庄头胡邦其、刘五宗见得本寺倾慕，诚恐坍塌，具启韩王，赐给令旨帖文，招住持真晓、徒众满在寺住持，焚修香火，祝延圣寿，修补殿宇，看守禅林树株、常住田地、香台一所，上下具完备矣。②

这两道碑均勒立于万历十二年（1584），碑文末均刻有施主姓名，其中包括王府承奉以及地方官员等，没有韩藩宗室捐资的明确记载。但从碑文的内容看，不论是云崖寺石窟的开凿，还是云崖寺殿宇的修补，韩王都有较高的参与度：住持真晓开凿石窟是"仰承德意"，即秉韩王之命而行；云崖寺殿宇的修补是由韩府庄头胡邦其、刘五宗"具启韩王"，并由韩王"赐给令旨"，而最终使云崖寺"上下具完备"的。可以肯定，在"多方募化"的修建资金中是一定有韩藩的布施的。

崇府　崇府捐资寺庙亦见诸记载，永泰寺得以重建即是崇府布施资金结出的硕果。《重建嵩山永泰寺碑记》曰："中岳永泰寺，乃后魏明帝为其妹永泰公主所建也。……比丘尼圆敬，字肃然者……数往来嵩山、御寨间，经永泰寺故址，怅然心动，若有故土往因之感，欲加重创，以为栖息之所。乃诣我崇国，具疏启化，国主大发美唐助之，庀材鸠工，十余年而寺工告竣……至我崇国，

---

① 碑高 2.8 米，宽 1.1 米，碑首雕蟠龙。篆额"大明重建"，雕工精致，署"韩王别号云岩撰书"。转引自杨富学、程晓钟：《明代庄浪石窟及其艺术价值》，《佛学研究》2000 年第 10 期。

② 形制与《主山云崖寺成碑记》同，与之相向而立。转引自杨富学、程晓钟：《明代庄浪石窟及其艺术价值》，《佛学研究》2000 年第 10 期。

世好施予，黄金布地，檀施山积，与熊耳山齐。是后也，自成太国母以至三遗孤，供忆四世，而工始成，意成者……不然以孑然比丘尼之身，相距数百里之远，而有请必通，有求必应，青玉之钵，如取诸寄，而始终不厌，若构第宅于比邻如此哉。今国主静摄，世孙冲幼，我世妃国母，忧劳哀毁，净素自持，玄善所修，必多玄感。即中岳之灵，共昭鉴之矣。值此寺像一新，其朝夕焚诵，为国祝厘，俾福祚与嵩高俱峻，殆与寺名共永泰乎。是在灵山寺主矣。余以国勋起家，乐观盛事，遂奉王命序工成年月，书于嵩山片石，……万历三十五年十二月□日重建永泰寺。住持比丘尼圆敬同徒明宗立石。石匠岳时学、董大本镌。"[1] 该碑记详述了嵩山永泰寺肇兴的时间、重建的缘起和经过，以及崇府慷慨捐资的情况。崇府捐资助修永泰寺一事，在怀安王府镇国将军臣翊键撰《肃然大士七十寿序》中亦有提及："（肃然）一日经魏明帝与其妹所建永泰寺故址……欲加修建，以为栖息之所。乃入我崇国，敕疏启化内帑金资，往复营造，上下二十余年之间，而寺工始迄矣。"[2]

潞府潞王未"之藩"居京时，也曾捐资助建佛寺。其一为千佛寺，千佛寺建于明万历初年。杨守鲁《千佛寺碑记略》曰："西蜀僧偏融自庐山来游京师，御马太监杨君用以其名荐之司礼监冯公保……将建梵刹，迎偏融主佛事，闻于圣母皇太后，捐膏沐资，潞王、公主亦佐钱若干缗，即委杨君董其役"，辛巳年，即万历九年（1581）秋落成[3]。其二为慈寿寺，于慎行《敕建慈寿寺碑略》曰："圣母慈圣皇太后与皇上永怀穆考在天之灵，思创福地以荐冥祉，潞王、公主、宫眷、内侍各捐汤沐，经始于万历四年，至六年仲秋既望落成，赐名曰慈寿，盖以为圣母祝也。"[4] 在李太后的影响下，潞王先后捐资助建千佛寺、慈寿寺。由此可见，潞王信佛在很大程度上是受到了其母李

① 米贞祥主编，王雪宝编著：《嵩山、少林寺石刻艺术大全》，光明日报出版社 2004 年版（版本下同，不注），第 241—242 页。

② 米贞祥主编，王雪宝编著：《嵩山、少林寺石刻艺术大全》，第 242 页。

③ （清）于敏中、朱筠等：《日下旧闻考》卷五四，北京古籍出版社 1985 年版。

④ （清）于敏中、朱筠等：《日下旧闻考》卷九七。

太后的影响的。

二、布施寺僧用度和香火之费

明代藩王的佛教布施还包括布施寺僧用度和香火之费。崇善寺，为太原名刹，创建于唐。洪武十四年，晋恭王㭎为纪念其母孝慈高皇后马氏，在旧址大事扩建。建成后，"拨施地土二十九顷，永远与寺里焚修供佛香灯"；晋定王朱济熿也于永乐十二年（1414）九月，"施拨地土玖顷，与崇善寺永远供佛香灯"。① 湖广九峰寺僧众用度，在楚昭王时，全由楚府供给。据《湖广通志》载："九峰寺，在县东六十里。高僧无念开山，明楚昭王供之"②。多宝寺，在四川华阳县。天顺七年（1463），"敬蒙蜀王赐水田六十丘，在寺栽种，供给僧徒"③。丘，在这里是量词，指田塍隔开的水田。一丘大约为十亩的水田。由此计算，蜀王捐赐给多宝寺的水田达 600 亩。以亩产 300 斤计，则每年可收稻谷相当可观；河南嵩山少林寺，为天下名寺。据立于景泰六年十一月的《凝然禅师道行碑》记载，凝然禅师于洪武二十三年住持少林，为嵩山祖庭少林禅寺的第二十五代住持，"平日行止端庄，褒谪中直"，德高望重，"致感王侯敬仰，士庶拥随。其若周、蜀、伊三殿下，登山供养，厚赠琛贝，略不介怀。"永乐十九年圆寂④。从时间上推定，"周、蜀、伊三殿下"，即周定王橚、蜀献王椿、伊厉王㰘。由此则碑记可以看出，少林寺名满天下，凝然禅师德行高标，赢得了不少王侯、士庶的尊敬与信赖，周、蜀、伊三王亦仰慕已久，对其"登山供养"，"略不介怀"，没有丝毫的吝惜之心。

---

① 转引自张纪仲、安笈编著：《太原崇善寺文物图录》，山西人民出版社 1987 年版，第 8 页。

② （清）迈柱修，夏力恕纂：《湖广通志》卷七八，文渊阁《四库全书》本，（台北）台湾商务印书馆 1983 年版。

③ 龙显昭主编：《巴蜀佛教碑文集成》，第 271 页。

④ 米贞祥主编，王雪宝编著：《嵩山、少林寺石刻艺术大全》，第 238 页。

三、施佛像、置法藏

布施佛像、佛经，是明代宗藩中信仰佛教者表达宗教感情的重要形式。明代宗藩多有"庄严佛像、置法藏"之举。永乐七年（1409），周定王朱橚向嵩山少林寺、会善寺、法王寺各布施玉雕佛像一尊。布施少林寺的玉雕阿弥陀佛，雕造于明永乐七年，"像和座通高150厘米、腰围180厘米。原置于嵩山少林寺千佛殿东山壁佛座。现移于该寺普贤殿北山壁佛座。汉白玉雕像，盘膝端坐，双臂下垂，双手并拢，掌心向上，姿态安详，虔诚温顺。佛像左肩下部有'周王为生男造南无阿弥陀佛'和造像纪年题记。"[1] 布施会善寺的玉雕阿弥陀佛，"供置会善寺山门内正中佛龛内。从佛像上的题字看，是明成祖永乐七年(1409)周王为生男特送的玉制南无阿弥陀佛"[2]。布施法王寺的玉雕南无阿弥陀佛，"通高150厘米、腰围182厘米，其中须弥座高40厘米、长100厘米、宽66厘米。左臂胳膊肘处刻'周王为生男，佛宝造像一尊，供报佛恩，□佛光与万载。永乐七年九月吉日'……形制同周王同时送到少林寺、会善寺的玉佛一样"[3]。非常明确，周定王造佛像是为生男报答佛恩。据《明太宗实录》载，在永乐七年，周王橚生有两个男孩：三月，"周王橚第十二子生，赐名有煿"[4]；五月，"周王橚第十三子生，赐名有炯"[5]。《明实录》的记载与石刻文献的记载相互印证。除周定王橚外，在明代宗藩中还有不少布施佛像者。如辽藩，"广元王捐金造渗金大士三尊，奉师供养"[6]。又如荆藩，"清净井……又名浴佛井。明正德间，双峰真身自焚感梦，荆王铸铜像送寺，道经井前，井涸数十年，至

---

[1]　米贞祥主编，王雪宝编著：《嵩山、少林寺石刻艺术大全》，第141页。
[2]　米贞祥主编，王雪宝编著：《嵩山、少林寺石刻艺术大全》，第151页。
[3]　米贞祥主编，王雪宝编著：《嵩山、少林寺石刻艺术大全》，第152页。
[4]　《明太宗实录》卷八九，永乐七年三月戊辰。
[5]　《明太宗实录》卷九四，永乐七年七月乙酉。
[6]　《峨眉山志》卷五，江苏广陵古籍刻印社1997年版，第236页。

是，泉涌如旧"①。关于清净井泉水复涌以及"感梦"的记载，无不带有传奇色彩，可能是文本作者的附会、渲染，但透过其神异的迷雾，荆王虔诚向佛及向双峰布施铜像的事实得到了完全的呈现。

代藩也造有佛像。明人蒋应奎所撰《山西五台山重建金阁寺造立大佛五丈三尺金身行实记》详细记载了嘉靖年间金阁寺造像的缘由和经过，现将原文摘录如下：

> 有衍法寺比丘了用来礼五台，……至嘉靖四年春，抵金阁寺，见其丘墟，愁然曰：余刻意事佛，而缁庐毁迹，释辈之罪也。……于是，竭力募化。遥闻代藩睿主圣智慈贤，容物纳谏，三教同尊。由是，敬诣代国，启上贤王，译次梵言，欣悦其善，有所感发，同植良因，共结胜果，命奉正王相督功兼造，备启完寺之由与墟塌之故，遂捐天禄若干金，谕诸戚里各出己资，坌铜造三头四十二臂大佛一躯，高五丈三尺，渗以金汁，俨然一新，壮观辉煌，晃若金鼎。工既完毕，复来恭启贤王，佛宇俱成，远近瞻仰。……呜呼！自汉唐以来，佛传于中国，佛寺虽多，罕闻淘冶铜像五丈三尺者，鲜矣！……是役也，始于嘉靖二十三年春，成于嘉靖三十四年秋，始为是记相传，乃为铭曰：贤王睿智，积善有馀。下谕国戚，各出己资。造佛金身，五丈三尺。端祝皇图，福及黎庶。
>
> ……
>
> 大明嘉靖三十七年八月吉日代番恒山立石，永存不朽。
>
> （碑存五台山金阁寺）②

这段材料大意为：嘉靖初，金阁寺丘墟，一片荒凉景象。比丘了用至，愁

---

① （清）迈柱修，夏力恕纂：《湖广通志》卷八，文渊阁《四库全书》本册531，（台北）台湾商务印书馆1983年版，第251页。

② 张正明、[英]科大卫主编：《明清山西碑刻资料选》，第314—315页。

然不乐，以重振金阁寺为己任，竭尽全力募集修缮资金。后闻代王"三教同尊"，虚怀纳谏，遂诣代府游说代王出资，代王为其所感，捐禄若干金，并谕代府成员各出己资，命奉正王相监督修造。这项工程开始于嘉靖二十三年（1544），嘉靖三十四年竣工，耗时11年之久。不仅"佛宇俱成"，而且还垒铜铸造了一尊高五丈三尺，有三头四十二臂的大佛，涂以金粉，气势宏大，壮观辉煌，为汉唐以来所罕见。该佛像现存于五台山金阁寺内，是"五台山第一大佛像……塑像有典型的藏式佛教造像的风格。"[①] 代王为金阁寺铸造佛像，工程浩大，所费财力、物力颇多，耗时亦长，在明代宗藩布施佛像的记载中具有代表性。

此外，还有布施佛经的记载。明人万安撰《开化寺碑》记载："成化年，道先焚住，竭众进香，启奏蜀府贤主，思赐大经三藏，永为镇矣。"[②] 成化年间，道先住持开化寺，奏请蜀王赐予经、律、论三藏，永为开化寺镇寺之宝。三藏是佛教文献之大全，既载佛教的教义，也是佛教弟子修行的指南。此段材料虽未明确表述蜀王是否应允，但开化寺碑既载此事，其目的不外有二：一是表彰道先主持开化寺尽心尽力弘扬佛教事业，二是颂扬蜀王对佛教的功德。由此推断，蜀王应该是支持了道先的请求的。否则，就是在寺碑中爆蜀王之短。这是万安所不愿，也不敢为的。

第三节　与僧人交游唱和

礼待僧尼，并与之交游，诗歌酬唱，是明代宗藩信仰佛教的又一突出表现。这方面的记载常见于史籍。

---

① 王一菁:《漫谈山西省千手观音的造像》,《文物世界》2008 年第 2 期。

② 龙显昭主编:《巴蜀佛教碑文集成》,巴蜀书社 2004 年版,第 275 页。

　　秦府　秦愍王樉与佛有缘，虔诚信仰，曾拜无坏禅师为师，执弟子礼："无坏禅师，西域人。与秦愍王有宿缘，卓锡默川南普光寺，夜击木鱼声达王宫。王异之，遂往见，师与语，恍然悟前生事，命席礼师。"①此记载具有玄妙的色彩，但反映了秦愍王樉的信佛程度及其对无坏禅师的尊敬和礼遇。秦简王诚泳《小鸣稿》载，诚泳多与僧人交游、诗歌唱和。《寄暹日华上人》云："浮屠几许栖京师，白足登坛惟阿师。落纸争求怀素字，逢人多诵贯休诗。大颠曾致昌黎老，参寥更与坡翁好。文章蔬笋气全无，论到阿师每倾倒。……金色界中曾结缘，于今烈火生红莲。能来更为住三宿，慈海期登般若船。……因缘早现国王身，有发何妨持五戒。"②诗中充满激情，不吝以怀素、贯休、韩愈、苏轼来称赞日华上人，同时也表达了自己对佛的信仰和"有发何妨持五戒"的修行决心。《柬暹上人》云："千里劳师远入秦，久闻医术妙通神。坐中不问三生话，指下求痊一病身。早使惠风苏草木，要令幽谷变阳春。慈悲最是僧家事，况是僧家最上人。"③《寄日华上人》云："秦城分手一年过，眼底流光逐逝波。冷澹情怀交去久，平安消息寄来多。宝炉香烬同谁话，白雪诗成想自哦。偏倚阑干思无限，西风又老半塘荷。"④又有《和韵寄日华上人》二首，第一首道出了秦简王自己信佛的部分原因："西土重来思有道，亲藩分守愧无能。曾闻心印传诸祖，更喜诗坛续九僧。料得山居无个事，蒲团终日课莲经。"作为一方守土亲王直言无事念经，其中不无牢骚！而将此一一说与日华上人，足见二人交情颇深。第二首则向日华上人传达了自己的思念之情："当年曾会景隆池，千里难禁别后思。……何日重来寻旧约，相逢一笑话襟期。"⑤

---

① （清）刘于义，沈青崖纂修：《陕西通志》卷六八，文渊阁《四库全书》本，（台北）台湾商务印书馆1983年版，第956页。

② （明）朱诚泳：《小鸣稿》卷三，文渊阁《四库全书》本集部册1260，（台北）台湾商务印书馆1983年版（版本下同，不注），第227页。

③ （明）朱诚泳：《小鸣稿》卷五，第257页。

④ （明）朱诚泳：《小鸣稿》卷五，第263页。

⑤ （明）朱诚泳：《小鸣稿》卷五，第270页。

除了日华上人外，秦简王也曾多次为性空和尚作诗。《游仰天池留别性空和尚》云："三千世界红尘外，十二楼台宝镜中。琪树影长留晚照，昙花香暖递春风。我来自有三生约，最喜高人得远公。"①仰天池在华山南峰绝顶。秦简王诚泳这一次游览仰天池，可能是与性空的第一次见面。诗中描绘了仰天池的宜人风景：花香风暖，林木葱葱，宛如仙境一般！游历此地，心灵得到了净化，心情远离了尘世的烦扰！但更令他高兴的是，好像三生有约一样，遇到了知音性空！多年后，性空已登极乐，秦简王故地重游，却已物是人非，慨然作《再游天池普光寺忆僧性空》："不到禅关二十年，无边风景尚依然。……独怜惠远今何在，孤冢斜阳带晚烟。"②二十年的光阴过去了，风景依旧迷人，然人事则经历了诸多变迁，惠远（性空）去了哪里了呢？只有夕阳下的孤冢表征着这个生命曾经存在过！对惠远充满了无限的思念！《寄僧》一诗也抒发了对惠远的怀念："长安楼外见归鸿，几度登临忆远公。飞锡何时能过我，焚香相对夜谈空。"③看见长安城楼上空，鸿雁高飞北归，勾起了对惠远的思念，几度登临长安城楼对空遥望。幻想着惠远能持锡杖飞空而来，焚香相对，作彻夜之谈！这当然只是诗人的想象，但说明了诚泳与惠远（性空）的友谊之真挚及相知之深！

秦愍王九世孙朱谊㳫也与僧人多有交游。其《冬日开元寺访子新茂之不遇》云："变僧犹在，城崩寺尚存。终伤游客少，益信法王尊。欲雪天垂暮，重霾地转昏。无缘逢二妙，惝怳返荒邨。"④此诗虽然在艺术性上没有多少可值得称道地方，但同样反映出了作者对僧人的眷顾及访之不遇后的失落心情。

宁府　宁藩宗室诗人众多，其中亦不乏与僧人吟咏者。朱谋玮，宁献王七世孙，其《送僧游紫盖后入西粤》云："桂岭行踪远，东归定几年。破头山下寺，

---

① （明）朱诚泳：《小鸣稿》卷五，第249页。
② （明）朱诚泳：《小鸣稿》卷五，第263页。
③ （明）朱诚泳：《小鸣稿》卷七，第304页。
④ （清）朱彝尊编：《明诗综》卷八三，文渊阁《四库全书》本集部，（台北）台湾商务印书馆1983年版，第751页。

断臂雪中禅。"① 这是一首送别僧人的诗作。僧人将由江西到广西，作者恋恋不舍，依依惜别，此去粤西路途遥远，山重水复，不知几年才能东归江西，再次见面！诗歌充满深情，反映了作者与僧人情感的深度和此前交往的密切。

晋府　晋恭王与僧人杨魔头多有往来，并极为推重。《山西通志》卷一百五十九载，"杨魔头，太谷人，出家资福寺，散发蓬头似疯癫。洪武时，晋恭王数召见，有事叩问，辄先知。"② 资福寺僧人杨魔头不修边幅，疯疯癫癫，但似具有"特异功能"，可预知未来之事，颇受晋恭王重视与信赖。同书卷一百六十八载，"资福寺，在县东南，金大定二十五年建。明洪武间，置僧会司，杨魔头栖此，能前知，晋恭王甚重之。"受恭王礼遇的还有班第达。班第达，为西域僧人，"洪武初，从晋恭王之国，居普光寺，能驱雷雨、役鬼神"③，恭王尊之为大国师。班第达能扈从恭王"之国"太原，说明其在京时就有频繁的交往。晋府与僧人有往来的，当然不只是恭王。下面叙述的这件事情可以作为佐证。《明宪宗实录》载，成化年间，"晋府永和王奇湤母妃张氏，与太原卫卒王锐，并一僧为淫乱"④。郡王妃与僧人淫乱，这是晋府一件极不光彩的事情。在这里，不欲对王妃张氏或僧人做伦理道德上的谴责。我们更关心的是，王妃居于"深宫"，怎么能够与僧人淫乱呢？王妃外出机会不多，僧人与王妃淫乱，自然是与僧人频繁出入王府有关。僧人能频频出入王府，说明王府成员多信佛教，与僧人有经常性的往来。

周府　周府宗室与僧人往来也应是较为频繁。《明武宗实录》载，"周府镇国将军安潢、奉国将军安汝私出尼僧寺饮酒，与仪宾阎镗忿争，率群下殴之，镗遂死。抚巡官以闻，诏革安潢禄米十之八，安潘、安汝十之五，仍敕周王切责之，群下发戍边卫者六人"⑤。在明代中叶以后，宗藩是不能擅自出府的。周

---

① （清）张豫章等：《御选明诗》卷二，文渊阁《四库全书》本集部册1442，（台北）台湾商务印书馆1983年版（版本下同，不注），第174页。
② （清）觉罗石麟修，储大文：《山西通志》卷一五九，史部册547，第480页。
③ （清）觉罗石麟修，储大文：《山西通志》卷一六八，史部册548，第208页。
④ 《明宪宗实录》卷二〇四，成化十六年六月。
⑤ 《明武宗实录》卷一五〇，正德十二年六月丙辰。

府镇国将军安溳等私出王府，群至尼僧寺饮酒，发生纠纷，殴打仪宾阎鏸致死，酿成了命案。佛门为清净之地，周府将军竟率群下到寺庙饮酒作乐，一定是与寺中僧人熟稔，多有往还。这一方面说明在信佛的宗藩中亦有桀骜难驯、不守礼法者；另一方面也说明明中叶的僧人多不守佛教戒律，素质参差，良莠不齐。

楚府　楚昭王桢与无念和尚关系密切。武昌府僧人释胜学，号无念，"往参荆州阙无闻和尚，豁然有悟……洪武中，楚昭王迎至洪山，寻迁九峰。奏闻，召见优赐还山"①。无念和尚修佛有成，名闻荆楚。洪武年间，楚昭王桢对其礼遇有加，迎至洪山、九峰供奉，并将此事奏闻太祖朱元璋，太祖召见，并予丰厚赏赐。

潭府　潭王梓与僧人释宗泐关系不浅。宗泐《全室外集》中有《潭府四畅亭》诗曰："读古书弹古琴，一亭风月开清襟。……修身治国，上顺君父，足以大畅吾王之心"。此诗中的"吾王"，即太祖第八子潭王梓。此诗虽属赞颂之词，但反映了潭王与宗泐确有交往，而且是极为愉快的。潭王梓后因胡惟庸案受到牵连，畏惧自焚。

鲁府　鲁王亦曾与僧人宗泐交往。宗泐《鲁王登泰山奉令旨作》："宫漏声沉天欲晓，严车整队东郊道。……东封古来天子事，石壁千寻刻文字。吾王祗欲穷冥搜，飒飒冷风引飞骑。……乐不可极下山去，羽盖霓幢拥归路……。"从诗的内容来看，此次鲁王登祭泰山，宗泐应是作为佛教人士参与其中。

蜀府　在明代蜀藩成员中，与僧人交往密切、诗歌唱和最多者，当首推蜀献王椿。宝昙和尚，洪武二十五年十月初十日辞世。此即献王"之藩"后的第三年。蜀献王非常悲痛，派纪善张安伯前往，"以素羞之奠，祭于宝昙和尚之灵"，并亲自撰写祭文《谕祭宝昙和尚文》，其中有云："呜呼！尔之有生，异事竞传……光明境里，生西游焉，……故兹谕祭，尔其听之。"②蜀献王椿对此

---

①　（清）迈柱修，夏力恕纂：《湖广通志》卷七四，《仙释志》，文渊阁《四库全书》本，（台北）台湾商务印书馆 1983 年版。

②　龙显昭主编：《巴蜀佛教碑文集成》，第 225 页。

事如此重视，在宝昙和尚生前应与其有频繁地交往，并交情不浅。玄极，别号圆庵，曾任南京灵谷寺住持。"为释氏之学，其才智有余，研极宗旨之外，往往从事于儒而与文人游，亦时作为文章泄其抱负，写其性情"，出释入儒，释儒双修，诗文甚富，与宗泐诸老"先后有闻于四方"。蜀献王"首遣币聘之，且寓诗有僧中班马之褒"①，对其推崇备至，礼遇有加，誉为僧侣中的班固、司马迁。玄极去世后，其徒崇远搜集师父遗存诗赋杂文，编为《圆庵集》十卷，杨士奇为之作序，名《圆庵集序》，收入《东里文集》。息庵禅师，庐陵人，名慧观，息庵为其别号，幼祝发，自童子而学，释儒并进。既壮出游，拜谒名师巨老，以求佛学精进，久之沛然有所悟，入力清修得道。尝游湖南及两浙，所到之处，"善信归礼如云"，"遂泝岷江，登峨眉，居蜀二十年。蜀献王嘉礼之甚厚，曰'此实真道人也。'时府中官僚多老成名士，皆折辈行与之交。"② 后离蜀入闽。正统初，至北京，"敬礼者加众"。化去后，其徒圆震辑师平素与求道者问答之言为《息庵禅师语录》，杨士奇为之作序，收入《东里文集续集》。一宗和尚，天台人，成都大慈寺禅师，与方孝孺同乡。在一宗将"暂还故山"，回天台之时，方孝孺作《送一宗和尚次蜀王诗韵》一诗以送别，在该诗的序言中说："成都大慈禅师钦公一宗，与余皆天台人，虽所趋殊途，而相见万里之外有足乐者。今将暂还故山，谨次贤王殿下赐草堂长老诗韵以寓别情，里中故人有相问者幸为谢之。"③ 方孝孺送别同乡一宗和尚，为什么要按蜀献王赐草堂长老诗的韵来和诗呢？个中滋味，颇可玩味：第一，既然是和诗，则一宗先有诗赠方孝孺；第二，方孝孺以蜀献王诗韵来和一宗和尚诗，必然蜀献王与一宗和尚颇有交情。不然，这样做就显得没有道理。来复，为明初名僧，佛教界领袖，深受明太祖朱元璋宠信，命其辅导蜀王，一起讨论过经学、史学问题。来复作有《蜀府命题所藏唐十八学士瀛洲图》诗："十八学士瀛洲仙，文彩照世

---

① （明）杨士奇撰：《东里文集·方外》卷二五。
② （明）杨士奇撰：《东里文集续集》卷一五。
③ （明）方孝孺：《逊志斋集》卷二三，集部册1235，第683—684页。

皆貂蝉。庙堂论道豁胸臆，作藩开辟神尧天。"①这首诗当是僧人来复奉献王椿之命所作的题画诗，后两名无疑是称颂蜀献王椿的。来复奉命所作的题画诗还有《蜀府命题所藏宣和瑞鹤图》。《十八学士瀛洲图》《宣和瑞鹤图》为古代绘画艺术之珍品，蜀献王命就画题诗，必是一起鉴赏把玩，可见关系之亲密。与蜀献王交往较多的僧人还有大圭、宗泐等。释大圭受蜀王之命作有题画诗《峨眉高一首奉蜀王令旨题峨眉山图》题画诗："峨眉高，……十崖阴雾见玉佛，……吾王此地受封国，大法付嘱从灵山。愿忆灵山当日语，五十四州均化雨。化雨慈云满锦城，佛刹王宫同按堵。峨眉高，高万古。"②僧人宗泐作有《蜀王江汉朝宗图》题画诗："江汉朝宗名益重，大哉金陵天子都，万方臣子争奔趋。有如百川到溟渤，混茫无际涵空虚。贤王受命封蜀土，忠孝为藩奉君父。"③

蜀和王、蜀定王等都与僧人交往密切，其中最频繁的当非楚山绍琦禅师莫属。楚山绍琦，祖籍湖北，生于成都，天资聪颖，8岁入学，9岁而孤，弃学出家，从玄极通禅师学法，授经成诵。正统七年（1442），38岁的楚山来到了成都龙泉山的灵音寺（后更名天成寺），受到了蜀和王的召见和礼遇，楚山进呈《进谢蜀和王殿下》，以诗表谢，对蜀和王支持佛教事业的发展大加赞誉："召见彤庭沐宠光，衲衣何幸近天香。……藩屏圣明齐日月，赞扬佛化固金汤。"④此后，蜀府与楚山联系日益密切。天顺五年（1461），蜀和王朱悦燫薨，时年65岁，在位26年。楚山作《蜀和王殿下薨世》诗，其中有诗句云："草木悲风六合秋，忽惊鹤架赴仙游"⑤。对蜀和王的薨逝表示了沉痛的哀悼！天顺七年，蜀定王友垓薨，楚山和尚受嗣位的怀王申鈘之命，为定王大作法事。朱友垓早在做世子期间，就与楚山来往，情谊深厚。楚山作有《蜀主定王薨世》诗："久沐恩光感遇深，重来五复耳纶音。佛天已悟无生体，人世空怀不尽心。

---

① （清）陈邦彦等编：《御定历代题画石诗类》卷三八，册1435，第476页。

② （明）曹学佺：《石仓历代诗选》卷三六六，文渊阁《四库全书》本集部册1391，第924页。

③ （明）释宗泐：《全室外集》卷四，上海古籍出版社1990年，第1234页。

④ 文豪：《楚山绍琦禅诗蠡测》，载《禅心映天成显密照石经》，第180页。

⑤ 文豪：《楚山绍琦禅诗蠡测》，载《禅心映天成显密照石经》，第180页。

睿哲贤明超往古，慈祥盛德重当今。载瞻主器承鸿业，早晚天庭册宝临。"①在诗中对蜀定王的贤明盛德大加称赞，并抒发了对久沐定王照拂的感恩之情。成化九年（1473）三月，时年69岁的楚山出现病相，自觉不久于人世，手书《进辞蜀贤王殿下》，与蜀惠王申鑿作别。

代府惠王成炼师事孤月禅师。史料记载："碧山寺，在华严谷（五台县）。明孤月禅师戒行精严，天顺间，代王师事之，建刹榜曰：普济，后坐脱于此。"②另据《明代五台山佛教史（续）》："孤月禅师，俗姓张，……易其名曰净澄。……天顺改元（1465），还五台山。因师道声远振，禅行闻于代王成炼，遂于成化年间，在五台山华严谷建普济寺（即今碧山寺）。"③详述了代府第三代亲王——惠王成炼师事孤月禅师，并为之创建普济寺的经过、缘起。

山西代府山阴王与福登的交游情况，见于山西监察御史苏惟霖万历四十一年（1613）所撰的《御赐真正佛子妙峰祖师行实记》。福登，别号妙峰，12岁至蒲州万固寺出家，"年十六岁，偶山阴王至寺，因而异之，策进以恭，生苑诵顶，备此知向经路"。自此，福登"关闭立禅三年"，"忽然有省，作偈呈山阴王。王令寺禅将汝鞋底洗净，以纸封送于大师。师开，见王亲所赐这片臭鞋底，特令寄寺栋编，不为别事，专以作偈嘴。师惊惶，怡然将□赐穿此鞋底，挂在胸前。一日王亲视之，慨然赞曰：'汝能如是，可称释子。'"此后，福登和尚继续苦修。至万历初年，刺舌血书华严大典，事闻于慈圣太后和万历皇帝。万历十九年（1591），福登"送藏至鸡足山回"④，"受山阴王精修万固寺殿塔"。山阴王与福登的交往达数十年之久。

沈府　沈府宗室多有与僧人唱和，交往密切者，且亦有诗作传世。沈宪王胤栘，沈府的第五代亲王，有《和懒云上人韵》诗："幽径断行踪，浮图对远峰。结冰坚碧沼，凝雪老青松。双树下开讲，千灯中现容。天空雨花遍，门有白云

① 文豪：《楚山绍琦禅诗蠡测》，载《禅心映天成显密照石经》，第181页。
② （清）觉罗石麟修，储大文：《山西通志》卷一七一，第307页。
③ 崔正森：《明代五台山佛教史（续）》，山西人民出版社2000年版。
④ 张正明、[英]科大卫主编：《明清山西碑刻资料选》，第339—341页。

封。"宪王之弟德平王胤榿有《赠别素愚上人》诗："释子来何处，庐山复太行。翻经淹岁月，补衲犯冰霜。浩劫尘缘尽，弥天觉路长。智珠元不染，好去照殊方。"沈宪王第七子安庆王恬爌有《赠别玉峰上人》诗："关山去迢递，飞锡有谁同。行苦三乘里，心开万法中。定回云满榻，偈后月低空。相忆听钟磬，冷然度晓风。"① 诗句洗练，情意殷殷，足见交往之深。

沈府宗室与僧人交往的记载还有一些。"让大师，号衲空，一号罕峰，相传为陕右人，筮仕长吏，后弃官云游，得佛法于五台山达观禅师，遂栖狮子窟，与憨山、海印、妙峰辈五十三人为净友。达观示寂，乃卓锡方山之昭化院。戒行精严，工吟咏，晋、沈二藩雅敬之。"② 衲空先出仕为官，后弃官学佛，恪守戒律，德行出众，擅长吟咏，晋、沈二位藩王对其极为敬重。在《五台山凤林寺彻天和尚行实记》碑文中，亦有沈藩宗室成员与僧人交往、礼待僧人的记载。该碑为传世佛教碑刻，立于隆庆三年（1569）四月，现存于五台山凤林寺。现将碑文摘录如下：

> 今彻天师之兴教……其禅悟怡然，默予乃，涉游三晋，杖锡我国。吾亦同弟安庆王，遂招致于祇园。而余慕道，因差官侍次，秋尽冬临，延款朝夕，每寓日清言，辄形诸同道，日谈玄旨，夜讲禅寂，祝报皇度，利安群品。历世以来，尊崇其教，言出于示，灿然道华，可拘捧读。移步特行，神佑八极。因会而惚成集，序入梓石，以永其传。窃计远公陶令结社东林，至今以为胜事。然吾于斯遇，其盖东林千载之继乎！曰："今在祇园下，相遇释老裔。我来请谈道，自觉离尘网。敌面胜耳闻，朔风来相访。不观经偈云，尝原常瞻仰。"此赋以坚他日之志。西严居士序……时大明隆庆三年岁次己巳四月吉日立。③

---

①　（清）张豫章等：《御选明诗》卷二，文渊阁《四库全书》本集部册 1442。

②　（清）觉罗石麟修，储大文：《山西通志》卷一六〇，《仙释二》，史部册 547，第 525 页。

③　张正明、[英]科大卫主编：《明清山西碑刻资料选》，第 321—323 页。

这道碑文署名为"山西潞安府镇康西黄玉"所撰。那么，作者究竟是谁呢？根据碑文提供的信息有二：一是安庆郡王为作者的弟弟；二是作者号西严居士。考安庆王恬爌，沈宪王胤栘第七子，嘉靖三十一年封，万历二十二年薨①。其兄中有号西岩者，为镇康王恬焯，沈宪王胤栘第五子，自号西岩道人，嘉靖二十四年封，著有《西岩漫稿》②，万历八年薨，无子国除③。西岩与西严，音相同。再看作者署名"山西潞安府镇康西黄玉"即可明了：沈王封地在潞州，后改潞安；镇康，即镇康郡王；西则其自号的前一字；黄即天潢；玉，当为王的隐称。于此可见，镇康王恬焯笃信佛教之深，及与安庆王恬爌对天彻和尚的礼遇之高，交谊之厚。

郑府　明代郑藩宗室与僧人交游也有碑刻资料可以佐证。《少林寺小山禅师行实碑记》立于嘉靖四十四年春三月朔日。此碑所记为"钦依主持少林寺嗣曹洞正宗第二十四世当代传法小山禅师行实"，碑文由郑藩德庆王撰，文称：小山，"名宗书，字大章，小山其别号也。……师之门人诣予备陈实行，请为记焉，因笔其事。面铭之曰：'诸佛出世，惟一大事；少林宗源，与佛同致。……曹洞宗风，远而弥炽。……于是为记'。"该碑由自称"三教中人狂仙"的郑世子朱载堉书丹篆刻。《少林寺小山禅师塔铭并序》勒立于隆庆六年孟夏，由"德庆王体易居士撰，应行居士成吉祥书。"文称："是岁孟春，愉庭上人至，言乃祖小山禅师之逝，建塔工完，乞铭于吾兄应行居士，兄以乙丑之岁春，曾为小山作'行实碑记'，颇祥其事，当为之铭。……一往行实及丁巳年至乙丑年以前行实，具载前行实之碑，此不繁叙也。"④小山禅师圆寂于隆庆元年腊月十六，作为少林寺住持，其佛法精深，颇具影响力。两次撰文都是由小山禅师的门人登门请求，这或许是出于对地方宗藩权贵的尊重。但值得注意的是，郑藩德庆王以居士自居，为之撰写碑记和塔铭，甚至连朱载堉也为之篆刻碑记。

① （清）张豫章等：《御选明诗》卷二〇八。
② （清）黄虞：《千倾堂书目翟》卷一七，上海古籍出版社2001年版。
③ 《续文献通考》。
④ 米贞祥主编，王雪宝编著：《嵩山、少林石刻艺术大全》，第366—367页。

这说明郑藩信佛颇为虔诚，并且与少林寺僧人的来往是较为频繁的。

第四节　游谒佛寺与题写匾额、撰写碑文

一、游谒佛寺

明代中叶以后，虽对宗藩擅出封城多有禁令，但宗藩出游，前往佛寺烧香、游览的情况一直存在。

秦府　秦简王诚泳游谒佛寺，留下了不少与佛教题材相关的作品。如《早起》："枕上春梦惊，远寺疎钟歇。起坐默无言，青灯半明灭。"春日黎明，远山寺庙传来的悠扬钟声把作者从梦中唤醒，默默无言地在床上坐着，观青灯摇曳，半明半灭。又如《游兴善寺》："兴善古名刹，僻居城南陬。……乐哉二三子，闲暇从我游。"[①] 笔调轻松，抒发了与二三友朋游览城南名刹的愉快心情。《经横渠镇废寺》："石鼎香烟断，崖碑字刻昏。异僧回月下，扫石忆精魂。"描写了横渠镇废寺的破败与落寞。《宿山寺》："胜游心未竟，日暮泊禅房。月转回廊白，风清法界香。"[②]游兴正浓，不觉天色向晚，宿于山寺禅房。静谧的山寺真美，清风吹拂，月光如水，遍洒清辉，如同白昼一般，作者在这样的环境中体会到了佛学带给人世间的温度。《题山寺亭壁》："野鹤依云宿，山泉带雨流。禅心忘世虑，终日自悠悠。"[③]野鹤像天空的云朵一样自由来去，山泉带雨欢快流淌！远离尘嚣，悠然自得是多么美好！反映了作者对禅心的追求！类似作品还有《题荐福寺塔》："浮图逾百尺，突兀倚层空。……宝轮朝炫日，金铎

---

①　朱诚泳：《小鸣稿》卷二，第 204—205 页。

②　朱诚泳：《小鸣稿》卷四，第 240 页。

③　朱诚泳：《小鸣稿》卷四，第 241 页。

夜鸣风。"①《荐福僧房》："老僧长日无尘事，一炷清香一过经。"《游兴善寺》："丈室老禅忘色相，庭前红杏自东风。"② 上述诗歌不仅反映了诚泳热衷佛教旅游的事实，还反映了他希望领悟禅心、忘掉"世虑"的内心向往。

秦藩游谒佛寺并题诗者，并不仅限于秦简王。据简王诚泳《小鸣稿》载："予祖康王尝游翠微山，留《题永庆寺壁》，迄今四十载。寺僧录诗来谒求和。予三复展诵，感慕不觉泣下，因再拜追和。时成化庚子九月一日也。"由此可知，秦康王曾游永庆寺并有题诗。现录简王"追和"康王的诗歌如下："当年仙驾到禅宫，回首春花几度红。剩有诗篇笼壁上，漫劳神物护山中。腾蛟起凤奎光在，流水浮云世事空。一捧骊珠双泪落，九原衰草正秋风。"③ 诗文中不仅表达了对先人的追思怀念之情，也流露出了"流水浮云世事空"的淡淡的哀伤。

此外，秦府的永寿王也曾多次前往五台观音寺。正统五年，明英宗书谕永寿王志埴曰："得奏，因疾尝许三年皆以六月十五日往南五台观音寺行香，听王如期诣彼。但境内之民灾荒艰窭，又当禾稼长育之时，须戒饬从行者勿扰民伤农，则于贤德有光矣。"④ 永寿王因得疾病，奏请前往观音寺烧香，英宗允其所请，但要求约束随从，不得扰民伤农。然英宗皇帝的劝诫并未起到多大的作用，永寿王行香队伍浩大，招摇过市，惹得物议沸腾。第二年，英宗皇帝不得不再次贻书永寿王志埴："比闻王偕弟以行香故，引火者官校四十余人于南山五台寺观游览，三宿方回而防闲甚疏。万一为小人所侮，非惟亏损令德，其如先王遗体何？凡今诸王之出在礼有不可已者，亦必先期遣人驰奏。今叔以游览轻出露宿，不知自爱，是皆惑于左右小人之邪说，继今宜谨自防，非亲亲之厚不致此言，叔其亮之"⑤。

秦藩不仅亲王、郡王游览佛寺，力图通过游谒佛寺获得心灵寄托，下层宗

---

① 朱诚泳：《小鸣稿》卷四，第 240 页。
② 朱诚泳：《小鸣稿》卷七，第 296 页。
③ 朱诚泳：《小鸣稿》卷五，第 265 页。
④ 《明英宗实录》卷六七，正统五年五月壬子。
⑤ 《明英宗实录》卷八一，正统六年七月丁未。

室亦有游谒佛寺者。奉国中尉朱敬镠，秦王第八世孙，著有《梅雪轩诗稿》，其中就不乏诗篇记叙其频繁游谒佛寺。《和纯卿宿竹林寺》云："均向中南第几峰，暂投萧寺一从容。……云满虚堂传静梵，月明空谷度疏钟。"[1]《宿竹林寺十韵》云："清时多暇日，山寺暂寻游。朱栱开金殿……万累息尘劫难，三生忆海沤。因志参后果，应尔契前修。何莫结镠誓，依稀远爱忧。"[2]《秋日兴善寺次佑之韵》云："法堂风度名香细，静院云深落木稠。更向碑间看半偈，斜易钟梵尚淹留。"[3] 又有《雪霁郊行暮过慈恩寺小饮》："仲冬廿后雪初霁，晴晓寒光望目明。……为说慈恩萧寺畔，典衣还可问诗盟。"[4]《四库全书总目提要》评论曰："诗格浅弱，敷衍成篇而已"。诗歌艺术不为清人所肯定，但从这些诗歌可知其游谒过竹林寺、兴善寺、慈恩寺等佛寺。

晋府　晋藩成员出游佛寺，并予题诗，亦见诸记载。《重造空王古佛寺金身石殿踊路记》载："(空王古佛寺殿内塑像)年久坏，大宋重修。至我圣朝辛巳岁八月，晋恭王游谒参礼，睹视前朝大宰张天觉蜂房泉赞，谒往古名□诣斯无不留题。……至正德十二年□□□□乙巳月，……熔造铜空王古佛像三次无成……"。《抱腹岩重建空王佛正殿记》载："逮我国朝洪武三十四年岁次辛巳秋八月，晋恭王亦来游谒，曾经重修，住宿留题。……阴翊皇明，千岁万岁。(后加刻：庆成王殿下，其永和王殿下)时年大明正德十三年岁次戊寅秋重九日。"[5] 上述两则碑刻存于介休市抱腹岩云峰寺，均记述建文三年(岁辛巳，1401年)晋恭王游谒空王古佛寺。然晋恭王棡于洪武三十一年三月已离世[6]，故两碑所载晋恭王游谒时间有误。但不能遽然否定这两段史料所载事实的真实性。据《山西通志》载："(介休县)云峰寺在县西南五十里……晋恭王有诗"[7]，说恭王棡曾

---

① (明)朱敬镠：《梅抱轩诗稿》卷三，四库存目·集部册158，第287页。

② (明)朱敬镠：《梅抱轩诗稿》卷四，四库存目·集部册158，第305—306页。

③ (明)朱敬镠：《梅抱轩诗稿》卷三，四库存目·集部册158，第289页。

④ (明)朱敬镠：《梅抱轩诗稿》卷三，四库存目·集部册158，第296页。

⑤ 张正明、[英]科大卫主编：《明清山西碑刻资料选》，第299—303页。

⑥ 《明太祖实录》卷二五六，洪武三十一年三月辛巳。

⑦ (清)觉罗石麟修，储大文：《山西通志》卷一六九，册548，第233页。

游谒云峰寺，并题诗于寺。与上两段史料所载事实基本一致，这说明恭王棡确有游谒云峰寺，时间的错讹应系碑刻的误记所致。除晋恭王外，还寻找到晋府其他宗室游谒佛寺的蛛丝马迹，如《山西通志》载，"（汾阳县）实际寺，在城西北二十里秋谷里，谷中寺为最胜，明庆成王朱新堤有诗"①。庆成王应曾游谒该寺。

蜀府　据《清一统志·嘉定府》载："华严寺，蜀献王改归云寺。华严南为玉女峰，……又上至中峰寺，献王改集云寺，前为三望桥……渡桥三而南，溯流里许，为牛心寺，献王改卧云寺……。"②蜀献王椿将华严寺改名归云寺，中峰寺改名集云寺，牛心寺改名卧云寺。此则材料虽未记蜀献王椿改寺名的缘由和过程，但应是在游谒时心有所感而为。

沈府　沈藩居潞安，其宗室游览佛寺多有吟咏诗歌传世。据《山西通志》载，"（长治县）昭觉寺，在城内西南隅，……沈宣王朱恬烄有和诗"；"五龙山寺，在县西二十五里五龙山上，……明沈定王携世子同弟保定、德化二王游山寺有诗"；百谷寺，"在县东北十三里百谷山，……明万历间，知县方有度重修，内有百谷泉，明沈宣王朱恬烄、定王朱珵尧……有诗"③。"百谷山，在县东北十三里，……峡上栢谷寺，一名柏谷"④。由此可知，百谷寺即栢谷寺，亦作柏谷寺。沈定王珵尧及其弟保定王珵坦二人均曾游柏谷寺，并留有诗作。沈定王作有《春日游柏谷山寺》（二首），其一以写景为主："蜡屐堪乘兴，徘徊扪薜萝……天临丹岭近，山入白云多。"其二则以景见情："天外闻清梵，晨光满翠微。……一僧能话古，去住转忘机。"保定王珵坦作《春日游柏谷寺》："晓雾危岩合，烟萝仄径悬。浮图开佛日，沙界接人天。……逃禅如可醉，莫负杖头钱。"诗中无不透露出作者的禅悟。沁水王珵阶有咏彰法寺诗《彰法寺》："岳势何穹窿，跻攀竟日至。……日晏憺忘归，暂远尘烦累。"沈府镇国将军恬烷作《过柏谷山英上人旧居》诗："袈裟挂壁锡依台，寂寞空门生碧苔。坐久

① （清）觉罗石麟修，储大文：《山西通志》卷一六九，册548，第234—236页。
② （清）和珅等撰：《钦定大清一统志》卷三〇七，嘉定山川峨眉山条，册481，第298—299页。
③ （清）和珅等撰：《钦定大清一统志》卷三〇七，嘉定山川峨眉山条，册481，第298—299页。
④ （清）觉罗石麟修，储大文：《山西通志》卷一九，文渊阁《四库全书》本册548，第600页。

不闻钟磬响，满庭残月杏花开。"①诗言志，这些诗歌反映了宗室欲远离尘世烦累，获得精神解脱的内心诉求。

宁府　朱谋㙔（宁献王七世孙）出游名山，夜宿山寺，作有《冬日同胡实美宿铭公禅室》："门稀车马迹，林隐木鱼声。……转经窗自明，寒云常借榻。"②弋阳王孙奉国将军朱多炡游谒过多所佛寺，作有《智公在永宁寺检藏》一诗："玄度翻经后，支郎卓锡余。莲花重结社，蕉叶与供书。半偈参香象，千函校鲁鱼。此中如断酒，那得住蓝舆。"③又《江西通志》载，南安契真寺，"在赣县长兴乡田村，有罗汉经十八卷藏阁上，后经被窃去复归，经上有水火痕，里人供之以御灾旱，明南昌朱多炡作瑞经记"④。据史书称，"多炡……诗才警敏，尝轻装游览吴越"⑤，并到了当时杭州的胜果禅寺，《武林梵志》载有朱多炡作《登胜果诗》，其中有云："诸天欲雪藤萝紫，净土非春草木香。"⑥

其他宗藩　除上面所述以外，明代其他宗藩也有出游佛寺者。楚庄王孟烷《九峰寺》："细路千盘回，高峰九迭奇。……云锁禅栖室，岩镌御制碑。"⑦周府汝南王居云南期间亦曾游谒佛寺。据《云南通志》载，"汝南王有勋……罪于父，文皇遣至云南居大理，能诗文，所著有《无为寺记》。"⑧杨慎在《游点苍山记》中也提到此事："癸巳，北度两涧，至无为寺，寺有汝南王碑。"⑨徽王载埨嗣位之初，"取道嵩山，求所谓少林寺者而缔游焉。"⑩又据《嘉庆长沙县志》

---

① （清）张豫章等：《御选明诗》卷二，文渊阁《四库全书》本集部册 1442，第 162 页。

② （清）张豫章等：《御选明诗》卷二，文渊阁《四库全书》本集部册 1442，第 162 页。

③ （清）张豫章等：《御选明诗》卷二，文渊阁《四库全书》本集部册 1442，第 162 页。

④ （清）谢旻修，陶成纂：《江西通志》卷一〇三，文渊阁《四库全书》本史部册 516，第 720 页。

⑤ （明）朱谋㙔撰：《续书史会要》，文渊阁《四库全书》本，（台北）台湾商务印书馆 1983 年版。

⑥ （明）吴之鲸：《武林梵志》卷二，文渊阁《四库全书》本史部册 588，（台北）台湾商务印书馆 1983 年版（版本下同，不注），第 30 页。

⑦ （明）吴之鲸：《武林梵志》卷二，文渊阁《四库全书》本史部册 588，第 30 页。

⑧ 《云南通志》卷二三，文渊阁《四库全书》本史部册 569，（台北）台湾商务印书馆 1983 年版，第 215 页。

⑨ 《云南通志》卷二九，文渊阁《四库全书》本史部册 569，第 482 页。

⑩ 米贞祥主编，王雪宝编著：《嵩山、少林寺石刻艺术大全》，第 236 页。

载："大安山福昌寺，建自唐贞观元年，……寺外竹树阴翳。明吉藩天柱尝游憩于此，题句云：'只向此中成小隐，更从何处问长生'。至今墨迹犹存寺中，上有印章四，一曰皇明宗胄，一曰钦赐崇德书院，一曰天柱之宝，一曰吉国之章。僧梵声摹刻石上，嵌佛殿东壁。"① 可惜资料有限，"吉藩天柱"事迹已无考，但从 4 个印章的内容看，该题款属明吉藩宗人无疑。

明代宗藩游谒佛寺的记载以及吟咏作品，一方面印证了明代宗藩中存在佛教旅游的情况；另一方面，在相关诗歌中无不透露着他们试图在王府生活之外寻求远离尘世、获得心灵归属的精神诉求，进而证明宗藩游谒佛寺不是出于简单的玩乐，而是带着一种寻求在宗教层次上有所归属的目的，即以信徒的情怀拜谒佛寺。

二、题写匾额、撰写碑文

明代宗藩题写佛寺匾额和撰写碑文的例子，在史籍中有不少记载，这也是他们热衷佛教事业的明证。明人杨慎《游点苍山记》载："（无为寺）有汝南王碑，声如玉磬，清越可听。"② 此外，在杨慎《观汝南王玉磬碑引》中亦道："汝南帝子真天人，冰壶玉树凌风尘。心源早契空门地，意象远寄荒岑滨。"③汝南王居云南大理期间，曾撰有佛寺碑文，即前文曾提到的《无为寺记》，又称玉磬碑。杨慎多次提到此事，想必自有其打动人之处。靖江王府第五代王庄简王佐敬，擅长楷书，桂林庙宇匾额多为其所手书。据明人黄佐所撰《西藩封志》载，桂林靖江王府"五世庄简王，讳佐敬，悼僖王长子，永乐九年袭封。天性孝友，书史无所不读，善楷书，颇得钟王体，国中诸寺观扁额多出佐书。（出长史康奎碑文）"④另外，江西益王、山西潞王、湖广岷藩宗室也都有

---

① （清）赵文在等修，易文基等纂：《嘉庆长沙县志》卷二四，成文出版社有限公司 1976 年版，第 2301—2302 页。
② 《云南通志·艺文》卷二九，文渊阁《四库全书》本史部册 569，第 482 页。
③ 《云南通志·艺文》卷二九，文渊阁《四库全书》本史部册 569，第 482 页。
④ 《粤西文载》卷一六，文渊阁《四库全书》本集部册 1465，（台北）台湾商务印书馆 1983 年版。

为寺院题写匾额的记录。"（新城县）东白院，距县一里许，在鸡鸣山，昔为唐给事中昭谏罗隐公宅。溪流绕前，山峦环后。邑人共建为东白禅院，江西益王赐额"①；"永庆寺二，一在州北郊，旧名大悲庵，明万历三十六年潞王易今额"②。据《邵阳县志》载，岷藩江川王和宗人朱禋黎均有题款存于佛寺中，其一，"兴泉庵，有明江川王（岷府）题赠悟道上人'道德超群'四字匾"；其二，"石隐庵，在城南二里许，僧文函建有车大任、彭济二记，岷藩朱禋黎铭均存"③。

第五节　佛事活动与带有佛教色彩的丧葬

一、佛事活动

明代宗藩的佛教信仰还表现在举行水陆功德会等法事活动和定期"瞻拜"佛教偶像等相关佛事活动上。《少林寺寒灰喜公禅师碑》载："（寒灰喜公禅师）越十三年壬戌，朝廷起师为僧纲，特颁符印，掌教河南。……是年冬，周王殿下敬为国母孝慈皇后资悼冥福，命师升座说法，赐僧伽黎衣以旌异之光。"④孝慈皇后薨世之后，周定王命寒灰喜公禅师"升座说法"，为其"资悼冥福"，这一方面跟孝慈皇后生前信仰佛教有关，另一方面也反映了周定王的佛教信仰。

通过僧人修斋，为先人"资悼冥福"的，还有秦藩隐王。据《明太宗实录》记载，永乐十六年（1418），成祖赐秦王尚炳书曰："朝廷制礼各有定分，无敢

① 《武林梵志》卷六，文渊阁《四库全书》本史部册588，（台北）台湾商务印书馆1983年版，第149页。

② （清）觉罗石麟修，储大文：《山西通志》卷一七一，文渊阁《四库全书》本册548，第296页。

③ （清）黄文琛纂修：《邵阳县志》卷二，清光绪二年刊本影印，（台北）成文出版社有限公司1975年版，第97页。

④ 米贞祥主编，王雪宝编著：《嵩山、少林寺石刻艺术大全》，第235页。

僭逾，尔令僧人修斋，资荐考妣，盖欲以报劬劳之恩，而于文字称皇考皇妣，又称愍烈妃。皇考皇妣是朝廷尊称，藩国岂得僭用？"[1] 传统社会重人伦，讲孝悌，秦隐王不惜僭用"朝廷尊称"，冒着巨大的政治风险，令"僧人修斋资荐考妣"，即通过法事活动为其父母祈福，超度亡灵，这一方面可能是反映了其内心的某种异动，另一方面也说明尚炳确实是信仰佛教的，认为这是一种为亡故的父母祈福的最好的方式。

蜀府的佛事活动亦不少见。天顺七年，"由于蜀主敕赐大智文殊菩萨像一尊，内相檀越信官范正岩等发起举行水陆功德会，因此在岁首吉辰在成都大慈寺启建千盘大会，作大法事，楚山被命在会上作表扬语，以报德酬恩"[2]。天顺七年岁首，以蜀定王赐大慈寺大智文殊菩萨像一尊，举行水陆功德会。同年，蜀定王友垓薨，楚山受怀王之命，"在寺内大修道场"，为定王大作法事，并作《蜀主定王薨世》一诗。[3]

另据《浙江通志》循吏传载，高瑛任四川按察副使兼巡川西道时，"蜀王袭位，遍谒郡神，欲先大慈寺，瑛抗言曰：'殿下崇儒重道，宜先文庙。'王悦而从之，擢本司按察使。"[4] 高瑛，字廷璧，黄岩人。正统十三年（1448）进士，"除工部主事，改南刑部郎中，出为四川按察副使兼巡川西道。"考《明宪宗实录》，高瑛于成化二年正月出任四川按察副使，成化八年十月，升为按察使，成化十一年正月致仕。据蜀藩世系，高瑛任四川按察副使时嗣位的蜀王为蜀怀王申鈘。明代自洪武始，即确立程朱理学为官方哲学，以儒家思想为治国的指导思想，蜀怀王嗣位遍祭郡神，欲先往佛寺而后文庙，虽因高瑛谏言"悦而从之"，先祭文庙，但这段记载在无意间使我们窥探到了蜀怀王对佛教信仰的热忱。

---

① 《明太宗实录》卷八十六，永乐六年十二月戊午。

② 向世山、释演东：《石经寺临济始祖楚山绍琦年谱》，《禅心映天成显密照石经》第5页。

③ 向世山、释演东：《石经寺临济始祖楚山绍琦年谱》，《禅心映天成显密照石经》第5页。

④ （清）嵇曾筠等：《浙江通志·人物循吏》卷一六九，文渊阁《四库全书》本史部册523，（台北）台湾商务印书馆1983年版，第473页。

陈纲撰《重修金安寺记》载，"资阳县西南，在县治四十里许，有寺名曰金安……先已经缺蜀藩而每二朔瞻拜，则所以祝国厘者有其地矣……国厘祝，则忠款尽……大而梁栋，次而砖瓦，次而涂抹，莫不备当□□□嘉靖丙申之孟冬，事竣于丁酉之季秋。"[1] 从这则记录可知，金安寺位于资阳县西南，建于嘉靖，规模不小，是蜀藩为表达对朝廷的忠诚而为国祈福的场所，定期瞻拜，每年的二月朔日举行。蜀藩应对金安寺有长期的资金支持。

当然，举行佛事活动的藩府，应不会仅限于以上所列的周府、秦府、蜀府，但由于资料太过分散，搜集难度不小，目前所获还较为有限。如进一步搜寻，想必一定会有大的斩获。只有留待来日再进一步充实和完善了。

二、带有佛教色彩的丧葬

在古代，人们对生死的观念往往是"事死如事生"，相信灵魂不灭。因此，明代宗藩对他们死后的居所——陵墓特别重视，往往投入大量的人力和物力加以修建。在其墓葬中，也发现有不少带有佛教色彩的葬俗和随葬品。

1. 墓室壁画

明代宗藩带有佛教色彩的葬俗多种多样，其中之一便是墓室中的佛教题材的壁画。1979 年，在成都市龙泉驿区十陵镇大梁村，发掘的明蜀僖王墓颇具代表性："中室顶部为长方形盝顶，长 5.97 米、宽 2.56 米，四周边框 0.22 米。边框上饰浅浮雕的荷花、莲蓬纹。盝顶中间有一个直径 2.1 米的圆形曼陀罗图。图中心刻一直径 0.54 米的小圆圈，内刻一'昙'形的梵字。圆心外刻双层莲瓣，外围则刻以宝瓶、双鱼等佛教八吉祥纹。"[2] 这个莲瓣花轮直径 3 米，"每片莲瓣各镌佛教八宝一件，依次分别为鱼、罐、轮、花、螺、盖、月、辰、伞、莲

---

[1]　龙显昭主编：《巴蜀佛教碑文集成》，第 342 页。
[2]　成都市文物考古研究所：《成都明代蜀僖王陵发掘简报》，《文物》2002 年第 4 期，第 41—54 页。

心刻日月星云山川乾坤吉祥图语"①。这些带有鲜明宗教色彩的墓葬装饰的发现，进一步证明了僖王对佛教的信仰。

在明代周藩王陵调查中，亦发现佛教题材的壁画。墓主周府温穆王朱朝埨，系周定王朱橚的七代孙。"该墓的壁画内容非常丰富，墓室顶部绘天空景象，……北壁绘宝殿佛龛，龛中一佛站于莲坐之上，结手印作迎接势。佛像端庄，背光四射。佛左立双面玉女，右立羽童，……左下方画一麒麟，右下方画一头大象。座前有宝鼎熏香，……东壁前绘一座佛，手持钵盂，头顶有一道仙气，气中一列五人"。从衣冠看，前二人应为墓主朱朝埨和张太妃，其余三人则为墓主亡故的亲友。壁画中还有"依次为两排前来赴会的菩萨、天女、罗汉、比丘尼、比丘僧、优婆塞和优婆夷等"。壁画描述的是朱朝埨与人为善，感动天地，死后由菩萨、仙女等迎接其升天的场面。"西壁画面的布局和画意，与东壁同类，前面的佛作诵经状，似在为死者超度。"②其佛教色彩鲜明，反映了墓主人生前对佛教的信仰。

2. 葬具

除了墓室的壁画外，在明代宗藩的墓葬中，葬具也往往带有鲜明的佛教色彩，反映了墓主对佛教的信仰。在秦藩辅国将军朱秉橘家族墓中，"M24室内发现一副棺椁，……木棺头挡板正中绘一佛，头梳连峰式髻，脑后有圆形背光，双目微闭，上唇八字须，颌下有髭，身披袈裟，双手合十，结跏趺坐于莲花座上。佛两侧各侍立一童子，身穿长袍，双手执幡，面朝佛像，立于云头（图一）"③，而木棺的脚挡板则绘有佛教绘画中常见的莲花。不论是结跏趺坐的佛像，还是莲花，都反映了M24号墓主人对佛教的信仰。在同时发现的M26号墓室中，"西棺头挡板在红色漆地上，描金彩绘一佛，其纹饰与M24木棺头挡

---

① 薛登、方明：《明蜀王和明蜀王陵》，《四川文物》2000年第5期。
② 苏德荣：《明代宗室出土文物的历史价值》，《南方文物》1993年第1期，第57—58页。
③ 陕西省考古研究所、西北大学文博学院：《秦藩辅国将军朱秉橘家族墓》，《文物》2007年第2期。

板相似，但佛像的莲花座下是束腰宝座"①。M26号墓主为奉国将军朱惟熠及其两位夫人，M24号墓主人身份不明确，但系秦藩辅国将军朱秉橘家族无疑。

图1　M24木棺头挡板绘画②　　　图2　M24木棺脚挡板绘画③

3.随葬品

在明代宗藩墓葬中，带有鲜明佛教色彩的随葬品也有发现，这些物品有的是死者生前使用过的，有的则是为死者在另一个世界使用而专门准备的。在明蜀僖王的墓中，发现了僧人、道士等陶俑④。而在湖北钟祥市明梁庄王墓中，则出土了"金佛像2件，一大一小，大的圭（龟背）形，小的圆形。大的佛像，正面图案为一尊佛像，头上有火焰状的头冠，一手持着'髅器'，一只手捧着'除杂棒'，双足踩住一个平躺着的人（神），佛四周饰火焰纹。它是藏传佛教的护法神马哈嘎拉，也就是大黑天神。小的佛像正面的塑像与之相同，而在背面铸铭阴文梵字"，并且还发现有"大鹏金翅鸟像，……大鹏金翅鸟是佛教天龙八部之一，是密教五方佛中的北方羯摩不空成就佛之坐骑，其寓意就是法王摄引一切，无不归者"。在江西益庄王妃王氏棺内的随葬品中，发现佛像玉牌1件

---

① 陕西省考古研究所、西北大学文博学院：《秦藩辅国将军朱秉橘家族墓》，《文物》2007年第2期。

② 陕西省考古研究所、西北大学文博学院：《秦藩辅国将军朱秉橘家族墓》，《文物》2007年第2期。

③ 陕西省考古研究所、西北大学文博学院：《秦藩辅国将军朱秉橘家族墓》，《文物》2007年第2期。

④ 薛登、方明：《明蜀王和明蜀王陵》，《四川文物》2000年第5期。

（7506），以白玉雕琢成一瓣荷花状，"正中琢观音一尊，趺坐于莲台之上。观音头戴宝冠，直鼻小口，大耳垂下，两侧飘带打肩，披帛绕臂下飘，双手合于胸前，背光为透雕火焰纹"[1]；在益庄王继妃万氏的棺内则发现了玉佛一件[2]。

---

[1] 江西省博物馆等编：《明代江西藩王墓》，文物出版社 2010 年版（版本下同，不注），第 125 页。

[2] 江西省博物馆等编：《明代江西藩王墓》，第 130 页。

第八章 明代宗室群体的道教信仰

道教是中国唯一土生土长的宗教。道教信仰在明代宗藩中较为普遍。总的来看，主要表现为修建宫观与布施，烧丹修炼与斋醮、与道士交往、游谒道观、道教题咏以及墓葬道教色彩浓厚等多个方面。下面逐一论述。

第一节 修建宫观与布施

一、修建宫观

明代宗藩信仰道教，首先表现为大量修建宫观。从相关记载看，各宗藩中修建宫观较多的是晋藩、肃藩、蜀藩。此外，还涉及宁藩、岷藩、沈藩等多个藩府。

晋府 晋藩所修建的宫观，主要分布在太原府、汾州府。晋恭王崇佛，多修佛寺，但相关史料证明，该藩亦修建有宫观："元通观，在（延庆）城东南铁匠巷，旧名天庆宫……明洪武初，晋恭王建五祖七真殿；十五年，殿后建道祖法堂；正统十年，晋宪王、左布政石璞、都指挥金事陈亨，于阁前建三清殿。"① 晋宪王薨于正统六年（1441），正统十年在位者为晋庄王，此段史料小有讹误。但由此可以了解到，晋藩与元通观颇有渊源，晋恭王于洪武初建五祖七真殿；洪武十五年，在七真殿后建道祖法堂；正统十年，庄王与地方大员左布政石璞、都指挥佥事陈亨共同修建三清殿。元通观正是有晋藩的支持下，不断扩建，规模才日益宏大。晋王还建有普济观，《山西通志》载，"普济观，在城北郭。土人名柏树园，明晋王建"②。晋府郡王修建宫观也见诸记载。汾州府汾阳县有元贞观，"在县南，元初武略将军监郡赤盏德安公建，……明万历二十四年，永和王重建"③；"神清观，在（延庆）城东十五里涿马村，元延祐六年建，明永乐初修。弘治六年，寿官王钦病中梦神梦语，疾瘳，倡修三清殿，宁化、河东二王伙佐之地。"④ 这里的宁化王即钟锅⑤，河东王即奇淮⑥，他们积极响应修建神清观三清殿的倡议，资助修建三清殿的土地。在晋藩宗人中，亦有修建宫观者：平阳府临汾县，有崇圣宫，"在城北二里，初名乾元观，元渊静大师杨道源建……明宗朱新堨重修"⑦。

　　肃府　肃藩修建佛寺颇多，但从相关史料看，亦尊崇道教，修建了大量的宫观。肃藩修建宫观自第一代亲王庄王楧始。根据收集到的材料，主要有如下

---

① （清）觉罗石麟修，储大文：《山西通志》卷一六八，《寺观一》，史部册 548，第 200 页。按：据《明英宗实录》晋宪王在位时间为宣德十年至正统六年，据《明史》卷一六〇载，石璞于"（正统）七年迁山西布政使"至正统十三年升工部尚书，故，于正统十年建三清殿修建三清殿可信，而参与修建的晋王应为晋庄王锺铉。

② （清）觉罗石麟修，储大文：《山西通志》卷一六八，《寺观一》，史部册 548，第 200 页。

③ （清）查郎阿，许容等纂修：《甘肃重修皋兰县志》卷一九，《古迹下》，文渊阁《四库全书》本，（台北）台湾商务印书馆 1983 年版，第 928—929 页。

④ （清）觉罗石麟修，储大文：《山西通志》卷一六八，史部册 548，第 201 页。

⑤ 《明孝宗实录》，弘治六年四月丁未，"晋府革爵宁化王锺锅及镇国将军锺钜锺钀锺鉢等互争其先王所遗庄地二十二顷"。

⑥ 《明宪宗实录》成化二十年十月戊午，"晋府河东王钟𬭭薨，王宪王之子也……谥曰：昭靖。"《明武宗实录》正德九年八月壬辰。"晋府河东王奇淮薨昭靖王长子"，故弘治间在位者当属奇淮。

⑦ （清）觉罗石麟修，储大文：《山西通志》卷一六八，《寺观一》，史部册 548，第 219 页。

一些："金天观，在兰州西三里。永乐四年，肃王建并记。"①"嘉靖三十一年重修"②，在肃藩的道教信仰中影响很大。"凝熙观，在兰州东北隅，内有假山台榭，旧为明肃藩凝熙园，因改为观"。又据《甘肃重修皋兰县志》载，"凝熙观，一名雷祖殿，在城东大街，明肃藩建。"③肃藩将自家的花园——凝熙园改为道观，对道教的痴迷可见一斑。除此之外，肃藩修建的宫观还有："斗母宫二，一在山子石，明肃藩建"；"北斗宫，在龙尾山。明延长王长孙熠熧建"；"东华观，一名元妙观，在城东大街，宋建，……明宣德五年、嘉靖十六年，肃藩屡修"④。

蜀府　蜀藩曾多次出资修建道观，据《四川通志》载："青羊宫，在县西南十里……明蜀府重修……"⑤蒋夔《重修平都山景德观记》载："平都山……当大明永乐元年癸未，繇钦差道士李进道启奏蜀王令旨，住持是山领焚修事……至是，奉教以供乃职，务……以重创三清殿为先务。于是，广募檀施……"

蜀府不仅出资修建道观，还有蜀王为之作记者。《蟆颐山新修殿宇记》载："前岁春，吾命承奉智良诣于观祷请，回言仙翁灵感有征，急于接物。但观之殿宇颓毁岁久，因命工鸠材，去碑陋，恢故址，重构之，装严神像……始作于成化十三年正月二十二日，成于是年三月十五日也……"⑥此文原署名蜀藩王，按时段应为成化七年嗣、弘治六年薨的惠王⑦。万安《重修云台观碑记》载："第年岁浸久，不无倾圮之弊。蜀藩承奉正杨旭尝赍香诣殿，睹兹废坠，有感于中。是夕，圣灯现于圣母山，大如车轮，光耀迥异。还以备闻，睿情欣可，赐以白金，俾葺理之……"⑧文中虽有夸张之词，但明确了蜀府在得到杨旭的报告之后出资修建云台观的事实。

---

① （明）李贤等：《明一统志》卷三六，（台北）台湾商务印书馆 1985 年版。
② 龙显昭，黄海德主编：《巴蜀道教碑文集成》，第 194—195 页。
③ 龙显昭，黄海德主编：《巴蜀道教碑文集成》，第 188—189 页。
④ （清）查郎阿，许容等纂修：《甘肃重修皋兰县志》卷一九，《古迹下》，第 928—929 页。
⑤ （清）黄廷桂修，张晋生等纂：《四川通志》卷二八下，集部册 560，第 554 页。
⑥ 龙显昭，黄海德主编：《巴蜀道教碑文集成》，第 194—195 页。
⑦ 龙显昭，黄海德主编：《巴蜀道教碑文集成》，第 188—189 页。
⑧ 龙显昭，黄海德主编：《巴蜀道教碑文集成》，第 202—203 页。

其他宗藩　除上述三个修建宫观较多的宗藩外，其他宗藩亦有修建宫观的记载。岷藩在武冈修建有宫观，如"迎仙观，在王宫岭，一名王宫观，明江川王建"①。唐藩在南阳修建了玄妙观："玄妙观，城西北二里许，元至正时建，明正统二年唐藩重修。"② 楚藩封于武昌，据《湖广通志》载，"真武观，在九峰第一峰下，明楚昭王世子巴陵王卒葬此山，掘坎未及三尺，雷雨大作，从坎中得石刻真武二将，绿苔斑剥，王异之，命建为观。"③ 楚府巴陵王卒，葬于九峰山，建陵掘坎不足三尺，雷雨大作，从坎中掘出"真武二将"石像，楚昭王以为神异之兆，遂命修建道观于此。由此可见，楚昭王对真武大帝这一道家神仙的敬畏之情！庆藩居宁夏，亦有修建宫观。第一代庆王在位时，修建了三清观。据《宁夏志笺证》载："三清观，居城外巽方。予（庆靖王）因病而建立者，上闻于朝。长陵恩旨，度道士周晨辉等居之，以奉香火。"④ 沈藩居山西潞安，有"白鹤观，在（潞城）县东一里，唐垂拱二年建。……明洪武间，置道会司并崇仙、元真二观入焉，万历壬子，沈藩重修……"⑤ 广西靖江王府亦修建有宫观。"佑圣观，在文昌门外刘仙岩，明靖江王建。"⑥ 襄藩居襄阳，修建有宏庆宫、会仙楼。"宏庆宫，在隆庆寺东，旧为元都观。明宣德中，自县治西迁此。成化中，襄藩重建，改今名"；"会仙楼，在襄王府东。嘉靖中，襄庄王建"⑦。直至明末崇祯年间，宗藩仍有修建宫观者。瑞王常浩居汉中，修有洞

① （清）黄宅中等修，邓显鹤等纂：(道光)《宝庆府志》，卷二，《建置下》，《中国方志丛书》第三〇二号，（台北）成文出版社有限公司 1975 年版，第 101 页。

② （清）朱璘纂修：(康熙)《南阳府志》，建置卷二，《秩祀附》，台湾学生书局 1968 年版，第 277 页。

③ （清）迈柱修，夏力恕纂：《湖广通志》卷七八，《古迹志·寺观》，文渊阁《四库全书》本，（台北）台湾商务印书馆 1983 年版。

④ （明）朱栴：《宁夏志笺证》卷上，《寺观》，宁夏人民出版社 1996 年版，第 106 页。

⑤ （清）觉罗石麟修，储大文：《山西通志》卷一六九。

⑥ （清）金鉷等修，钱元昌纂：《广西通志》卷四三，文渊阁《四库全书》本史部册 566，（台北）台湾商务印书馆 1983 年版，第 262 页。

⑦ （清）恩联修，王万芳纂：(光绪)《襄阳府志》卷五，《古迹》，（台北）台湾学生书局 1976 年版，第 411 页。

宾庵、五云宫："洞宾庵，府治西北隅即雷祖庙，明崇祯间瑞藩建"；"五云宫，府治西北，明崇祯间瑞王修建。"①

宁藩、吉藩修建宫观的数量相对较少，但其记载颇为详细，一定程度上展现了宗藩修建宫观的情景。宁藩献王崇道，并修建了颇具盛名的南极长生宫。宁王权"于遐龄山陵所创屋五间，祀南极真人"，蒙皇帝赐名"南极长生宫"。正统七年奏请："乞于附近宫观内，择道重克修戒行者，给度牒住持。"英宗"命从之，后不为例。"②宁献王在陵墓之前修建宫观以祀南极仙翁，并挑选克修戒行的道士住持，以奉祀仙人，是希望在死后的世界里仍能得到南极仙翁的庇护，可见其对道教的信仰之深！

吉藩居长沙，寿星观由其重修。据《嘉庆长沙县志》记载："寿星观，初在驿步门内。洪武初，移建通货门；永乐辛卯（永乐九年，1411年）被焚，……正德壬申（正德七年，1512），吉藩发内资重修，后殿曰'玉皇'，前殿曰'四圣'，次山门及廊庑。"③正德十一年，黄宝所撰《重修寿星观记》详细记载了此次修建的过程："长沙寿星观，……逮岁历寖久，风雨浸渍，垣颓栋桡，岌焉。……幸际吉王殿下有屏藩之寄，多历年所，习知地方事情，闻而叹曰：'寿星为观，迹肇前古，且为国家祝釐之所，弊而弗修，岁时称庆习礼，何以从人之观视？'乃发内资若干，命承奉李献总其纲，典宝正江宏董其功。于是，伐材于山，运甓于陶，川淮山积，遂简材召工，以正德壬申岁傲工经制施为，……明年乙亥四月告成"④。吉简王对此次寿星观的重修颇为重视，一方面由藩府发内帑出资，另一方面令王府官"总其纲""董其功"。

郑藩、周藩也均修建有宫观。明人何瑭所撰《白斋张先生修建碑记》和《白斋张先生墓表》所载较详，现摘录如下：

---

① （清）严如熠修，郑炳然等纂：(嘉庆)《汉中续修府志》卷一四，（台北）台湾学生书局1968年版，第813—814页。

② 《明英宗实录》卷九六，正统七年九月壬午。

③ （清）赵文在等修，易文基等纂：(嘉庆)《长沙县志》，《中国方志丛书》第三一一号，（台北）成文出版社有限公司1976年版（版本下同，不注），第2225页。

④ （清）赵文在等修，易文基等纂：(嘉庆)《长沙县志》，第2227页。

白斋张先生修建碑记

　　山西白斋张先生，弘治六年癸丑，来游天坛，乐其山水，遂结庐隐居。至十一年戊午岁，发心募缘，于坛顶修建玉皇殿……至正德改元丙寅，始讫功。四年己巳，奉郑懿王令旨，修本府玉清宫、虚皇阁，功完复回天坛隐居。十年乙亥，省城周府胙城王孙辅国将军因疾祷于天坛有感，遣使赍书币，命先生崇修天坛鼎之三清殿，铁瓦铜脊五间，元君殿、王母殿各三间，俱南向，左右列南北斗殿各五间，东西向。中修轩辕授道三级瑶台一座，台下又建玄帝殿、三官殿、救苦殿各三间，四圣殿一间、左右云堂共六间，东西向，各殿凡铸塑圣像凡一百三十四尊，坛丁道院。又建仙官殿三间、廊庑二十间，道院门徒所居方丈四十余间，至明年讫功。①

白斋张先生墓表

　　先生姓张氏，讳太素，山西万泉县绵上乡下樊村人也。……年四十余，慨然弃妻子，出家为道士，礼邵真人弟子程守然为师……（正德）己巳，奉郑懿王令旨，召修本城玉清宫、虚皇阁五间，功完复回天坛西七十里许西阳山结庐修道。乙亥，省城周府胙城王孙辅国将军因有疾祷于天坛有感，遣使赍书币，命太素崇修天坛顶之三清等殿，明年讫工②。

　　从以上两则史料可知，道士张太素在天坛隐居修行期间，先后受郑懿王和周藩胙城王府辅国将军之命，修建了怀庆府的玉清宫、虚皇阁以及天坛顶的三

---

①　（明）何瑭：《柏斋集》卷八，文渊阁《四库全书》本集部册 1266，（台北）台湾商务印书馆 1983 年版，第 581—582 页。

②　（明）何瑭：《柏斋集》卷八，文渊阁《四库全书》本集部册 1266，第 581—582 页。

清、元君等殿。两者倡导修建宫观，与其道教信仰紧密相连。尤其是周藩胙城王孙辅国将军，因在此祈祷后病愈，故以还愿感恩的动机命令张白斋修建天坛顶，包括三清殿在内的系列殿宇。足见其对道教信仰的虔诚，同时也反映了在他的道教信仰里，带有对神酬谢的功利性色彩。

由上述郑王府和周藩胙城王府的两个案例可以发现，修建宫观虽有宗藩倡导，但是并未以王府官员参与监修，而是委托具有信誉的道士负责，最终以出资的方式完成对宫观神殿的修建。这或许与明代严格的藩禁相关。同样是正德年间的一条史料为此提供了证据："（正德八年十一月）丁卯，鲁府东瓯王当泚以父疾祷于天仙，既愈，为立庙，因请额。礼部言：'王府例不得假古迹奏请额名及私立寺观，东瓯王为亲而祷，孝固可嘉，但非事亲之道，且于例有违，宜切责之，并治辅导官罪。'诏赐庙额曰：'灵应'，不为例，并宥其辅导官罪。"① 可见，按明代律例，当时各宗藩王府是不得"假古迹奏请额名及私立寺观"的，故明代宗藩中信仰道教者多通过捐赠来表达宗教感情。

二、道教布施

从明代宗藩的道教信仰的基本情况看，道教捐赠应较多，但因其影响不如直接倡导修建宫观大，故相关的记载有限，在此不可能一一重现各王府捐赠的情况，仅举几例以资证明。正一道第四十三代天师张宇初曾作《谢蜀府赐□衲歌》："西蜀雄藩势尤壮，贤王久著忠孝名。……儒玄沐恩麻，解衣每下士，道义非尘侔。嗟予疎野曷侍游，渺漠万里，何乃远惠五彩之重裘。……拯济群黎冻馁除，国社安隆仰明哲，……千金裘，世稀有，宫锦袍，仰君寿。……"② 从诗文内容看，蜀藩应赐予了张宇初衣物。山东青州博物馆藏有一道教铜钟，

---

① 《明武宗实录》卷一〇六，正德八年十一月丁卯。
② （明）张宇初：《岘泉集》卷四，文渊阁《四库全书》本集册 1236，（台北）台湾商务印书馆 1983 年版，第 511 页。

"为八卦纹铜钟，高161厘米，底口直径123厘米。……钟翅上分别铸饰八卦图形。由铭文可知，此钟于明崇祯十二年（1639）衡王铸造。从衡王世系推断，铸此钟的衡王为朱由棷。"[1] 据现存《大明宗室隰川王令旨》碑，正德元年（1506），代府多位王妃、各级夫人及县主曾向陕西高平县万寿宫施与财物，众女眷以功德主身份附于碑文末，现摘录如下：

> 大功德主
>
> 懿安王妃袁氏夫人贺氏郝氏
>
> 恭僖王妃霍氏夫人梁氏赵氏魏氏
>
> 庄隐王妃李氏夫人刘氏王氏栗氏
>
> 隰川王妃宋氏县主王宝
>
> 镇国将军成□夫人郝氏
>
> 镇国将军□□夫人杨氏
>
> 镇国将军□庚夫人李氏
>
> 大明正德元年岁次丙寅夏四月朔日 [2]

从这则史料记载看，这次向万寿宫捐赠的功德主包括了代藩四个郡王府的王妃、夫人十二人，郡主一人。此外，还有镇国将军夫人三人。这则碑刻信息比较完整，是明代宗藩中女性成员信奉道教的有力证据。同时说明当时各宗藩中对道教的信仰一定程度上是具有家传性的。综合上述几个颇具代表性的例子，可以肯定向宫观或道士（姑）捐赠财物是明代宗藩成员表达宗教感情的重要内容，在严禁宗藩私创宫观和部分宗藩财力有限的前提下，捐赠成为了宗藩表达宗教善意的有效途径，是其道教信仰的重要表现。

---

[1] 李宝垒、陈磊、徐清华：《青州记忆：湮没在历史迷雾中的明衡王府》，《东方收藏》2011年第1期。

[2] 张正明、科大卫主编：《明清山西碑刻资料选》，第435页。

第二节　修炼烧丹与斋醮

一、修炼烧丹

道教一方面讲究清净无为，另一方面则极力追求长生，故而信奉道教者往往试图通过修炼、烧丹等方式实现长生的目的。和其他社会群体一样，明代宗藩也有着长生的欲求。在明代宗藩群体中，修炼、烧丹的现象并不乏见，且成为其道教信仰的重要表征。

洪武年间，在明太祖分封的第一代藩王中，就有热衷服食丹药者。"庚戌，鲁王檀薨，上第十子也。生两月而受封，幼聪慧好文学，善歌诗，年十五之国。服金石药，致毒伤目。至是，疾作而薨。"[①]引文中的"金石"，即是丹药。鲁荒王于洪武十八年"之藩"兖州，因服金石药，毒发伤目，最终导致疾作而薨，年仅19岁。丹药不但未使鲁王檀长生，反而变成了催命符，使之青年而逝。

唐端王为求长生，无所不用其极，乃至走入歧途，残害孕妇。《甘肃通志》载："张国纲，字与立，安定人。举万历二十八年乡试，知顺义县，以卓异擢南阳推官，摄南阳县，……唐端王好长生术，残孕妇，国纲发于两台，王请罪乃已，以终养归。"[②]唐端王修炼长生之术，残害孕妇，祸害百姓，南阳推官张国纲痛恨之至极，将其告发，唐端王上奏请罪悔过，乃将事件平息。

世宗崇道，周府鄢陵王府镇国将军安㵒"潜诣阙下，献修炼还丹之书，且乞择名山立坛以试其术"。世宗将安㵒的奏请，交礼部讨论，礼部"以安㵒说

---

① 《明太祖实录》卷一九八，洪武二十二年十二月庚戌。

② （清）查郎阿，许容等纂修：《甘肃通志》卷三四，文渊阁《四库全书》本集部册558，（台北）台湾商务印书馆1983年版，第317页。

幻，不可妄信，顾其意犹以永圣寿为言，宜免罪。而以该府辅导官及关津司察者下所在抚按官逮治之。"世宗"报可"①。安湎热衷修炼、烧丹之术，献书世宗，并请立坛名山，如法烧炼。礼部以其说荒诞虚幻，然念其本意为"永圣寿"，即为世宗长生着想，姑免其罪。而王府辅导官及各关津官吏未能尽心职守，拘押治罪。世宗批准了礼部的请求。看来世宗并未领情，安湎热脸贴了冷屁股，自己也差点受罚。但由此可看出，安湎对修炼、炼丹等长生之术是颇费了些心思的，为之乐此不疲。

二、斋醮

斋醮是明代宗藩道教信仰的另一表现。据《明世宗实录》记载："晋府西河王奇溯有孝行，其母尝病渴，王仰祝天，第中甘泉涌出，饮之病愈。又建醮祈祷，有双鹤飞鸣绕坛。后母卒，王哀毁骨立。宫壥古柏生奇花二朵，异香袭人，人以为孝感。至是，晋王上其事，下所司勘实，命敕奖谕。"②这些关于晋府西河王奇溯孝行感动上苍的记载，如祝天而甘泉涌出、双鹤绕坛、古柏生花，无疑缺乏科学的根据，很难经得起推敲，在很大程度上是穿凿附会的。但"祈祷的落脚点是人们相信他（她）可以直达上帝"③，西河王在其母生病之时祝天、建醮祈祷，说明西河王本身是相信道家斋醮祈祷的，即认为他的祈祷是可以达于天上的神仙，且神仙会为他的孝心所感动。

嘉靖年间，宗藩斋醮活动的记载还有："赵王厚煜以汝源王厚焆等建醮祈祝奏闻，上曰：'诸王修建清醮，保安朕躬，其各赐金币'。"④世宗崇信道，汝源王厚焆等诸王建醮祈祝世宗身体安康，世宗龙颜大悦，下令嘉奖，赐予金币。不排除这里面有迎合世宗好恶的功利性的成分，带有投机的色彩。但

---

① 《明世宗实录》卷二三二，嘉靖十八年十二月己丑。
② 《明世宗实录》卷四二，嘉靖三年八月丙午。
③ 陈昌文主编：《宗教与社会心理》，四川人民出版社2003年版，第289页。
④ 《明世宗实录》卷二七四，嘉靖二十二年五月癸亥。

也不能就此否定汝源王厚焆等诸王对道教信仰的真实性。因为能投世宗所好的方式当不止这一种，如他们真不喜欢道教，还有其他的方式可供选择。如果说，对汝源王厚焆等诸王建醮祈祝的动机尚有存疑的话，那么，岷康王向天祷告的动机则完全是出于无私："嘉靖四年，宝庆大旱；二十九年七月，武冈旱。岷康王祷于集福观，三日而雨。"①岷康王因宝庆府、武冈大旱，先后至集福观祈祷求雨。作为坐享宗室厚禄的亲藩，大旱之年，亲自祷告祈雨，所求当不是个人或者宗族的福祉，而是风调雨顺、百姓安康和地方社会稳定。

第三节　礼待道士并与之交游

礼待道士并与之交游，是明代宗藩信仰道教的另一种表现形式。史籍中有不少关于明代宗藩礼待道士，与之交游的记载。循着这些记载，我们可以初步地呈现出明代宗藩与道士交游的历史场景。

一、秦府

《小鸣稿》，秦简王诚泳撰②。在这部书中，收集了诚泳所作的大量的诗歌。通过对其所作诗歌的梳理，可以得知诚泳与道士交游唱和的情况。《步虚词赠印炼师》："逍遥一仙侣，灵胎宝元阳。天风振环佩，凭虚朝帝乡。驾以苍精虬，酌以青霞浆。朝游华山颠，暮飞东海洋。去来无定踪，玄鹤同翱翔。"③这

---

①　（清）黄宅中等修，邓显鹤等纂：(道光)《宝庆府志》卷九九，《中国方志丛书》第三〇二号，（台北）成文出版社有限公司1975年版，第1478页。

②　（明）朱诚泳：《小鸣稿》卷七，文渊阁《四库全书》本集部册1260。

③　（明）朱诚泳：《小鸣稿》卷二。

是一首秦简王诚泳赠印炼师的诗歌，诗中称印炼师为"逍遥一仙侣"，字里行间充满了诚泳对印炼潇洒、自由、无拘无束的艳羡，自然也抒发了"藩禁"桎梏下藩王摇手触禁的哀怨！《印湛然炼师道院》："五铢霞帔七星冠，洞府朝元礼数宽。一榻白云香篆袅，半窗灵籁竹声寒。瑶坛鹤占千年树，金鼎龙蟠九转丹。物外红尘浑不到，碧桃花老任春残。"① 秦简王曾出游至道院，诗中描绘了远离红尘的道院景色，表现出了希望远离尘嚣的超世情怀。《访印炼师不遇》中有云："隔涧泠泠磬远闻，寻君惆怅未逢君。"② 这两句诗抒发了诚泳寻访印炼师不遇的失落心境。明制，宗室藩王出城须请而后行，有严格的限制。诚泳为何有如此的自由呢？据《明实录》载："秦王诚泳奏，有风疾，欲求本城外温泉浴，许之。"③ 风疾，指风痹、半身不遂等症。由此可以确知，诚泳因病获批出城，至温泉疗养，上述诗歌应该是创作于这一时期。秦简王还有一首为印湛然画像所题的诗歌，其《题印湛然炼师画像》云："画史丹青妙入神，毫端应怪写来真。松风萝月闲中趣，野鹤孤云物外身。脉脉灵源清似水，溶溶生意蔼如春。风雷叱咤寻常事，信是人间有道人。"④ 画像上的印湛然满面春风，和蔼亲切，处处都透露着印湛然超然世外的仙风道骨。这首诗不吝赞美之词，盛称这幅肖像画清新脱俗，精妙如神！

除了与印湛然交游外，秦简王诚泳还与一些我们今天已无法考知其姓名的道士交游。《小鸣稿》中收入的诗歌透露不少这方面的信息。《送道士还山》云："山人只在山中醉，醉爱白云深处睡。偶然卖药入城闉，手抱瑶琴见清致。猗兰古调竟何之，当轩为我鸣朱丝。曲终狂笑天地窄，三斗自吸宁能辞。虚名抛掷如敝屣，只说终南多石髓。一匕入口甘如饴，辟谷于今若干纪。拂袖携囊归旧巢，天风满路轻飘飘。凌空一跃仙人杖，拄倒来时旧铁桥。"⑤ 这位道士修道

---

① （明）朱诚泳：《小鸣稿》卷五。
② （明）朱诚泳：《小鸣稿》卷七。
③ 《明孝宗实录》卷六七，弘治五年九月癸酉条。
④ （明）朱诚泳：《小鸣稿》卷五。
⑤ （明）朱诚泳：《小鸣稿》卷五。

深山，因卖药偶尔入城，遂与诗人相遇。从诗中可看出，道士情致高雅、狂放不羁、不慕红尘。也正是因为这一点，诚泳受到了深深的触动，在其归山之际，情从中发，咏诗送别。《次韵访道不遇》云："春林通一径，野色此中分。鹤迹松阴见，泉声竹里闻。草青经宿雨，山紫带斜曛。采药知何处，柴门掩白云。"① 这是一首绝美的五言诗，诗中有画，画中有诗：作者春季出游，造访深山道观，沿路景色宜人，鹤迹、泉声、松阴及春雨洗涤后的青山，无不令人陶醉！作者此行收获了回归自然的惬意！然亦有美中不足和令人略感遗憾之处，修道的高士不知何处采药去了，不得一见，只有悠悠白云下虚掩的柴门恭迎他的光临！《赠山中道士》《怀道士》二诗也下笔不凡，抒发了对山中道士的钦羡与怀念。《赠山中道士》云："炼就金丹不出山，世人那得见童颜。他年冲举归蓬岛，华表应看一鹤还。"②《怀道士》云："筇竹投来已化龙，世人何地蹑高踪。想应暂憩莲峰下，空听云间半夜钟。"③ 秦简王诚泳以诗歌的语言记录下了他与道士的交游，丰富了明代道教史料的内涵。但同时，诗以言志，诗歌是对内心情感的摹写。这些诗歌也反映了秦简王诚泳对道家清净、逍遥以及超凡脱俗的追求与向往。

二、其他诸藩

与道士交游的宗藩，当然并非只有秦简王诚泳一人。在其他诸藩中还能找到一些。首先，我们从宗藩创作的诗歌中做一梳理。沈定王曾作《寄题林虑山赵炼师精舍》："壶关跨天党，中有地仙乡。曲磴垂星斗，危峰度石梁。泉声当户落，药气入云香。何日同真隐，来寻出世方。"④ 从"寄题"二字看，沈定王与赵炼师原有交往，故以诗相寄。汉王朱高煦以骁勇善战著称，在靖难之役

① （明）朱诚泳：《小鸣稿》卷四。
② （明）朱诚泳：《小鸣稿》卷五。
③ （明）朱诚泳：《小鸣稿》卷五。
④ 《御选明诗·宗藩诗》卷二。

中，朱棣数历险境，高煦保驾有功。他与道士周元初有着不浅的交情，这从其赐周元初的两首诗中即可看出。其一为《怀仙歌赐周元初》："我怀蓬岛之仙人，骖驾朱凤骑紫麟。瑶池清宴接谈笑，误落尘寰经几春。青童昨夜传书至，中有琅函洞章字。洞口桃花似旧时，门外孤松发新翠。械书欲报碧云远，薜叶女萝若正眼。方平倘会蔡经家，为报扶桑水清浅。"其二为《洞天秋望赐周元初》："蓬莱宫阙涵清秋，羽客临风闲倚楼。海天一碧湛杯水，尘埃九野分中州。云里仙归鸣佩玉，紫凤琪园自栖宿。遥瞻西极半林青，知是瑶池桃未熟。"①汉王朱高煦所赐周元初的这两首诗，从内容看属于不同时段所赐，但字里行间透露出了对这位道士礼遇。

除了宗藩所作诗歌外，在其他载籍中也有不少记载。据《陕西通志》载，明代陕西有道人名刘宗道，三原人，"为元通观道士，能役使鬼神，祈祷雨泽。又能以数知人生死……其日，惟宗道一坛在焉，庆王以为神，以金冠馈之"。②这段史料记载，刘宗道为元通观道士，神通广大，祈雨、役鬼、知人生死等，无所不能，庆王奉以为神灵，赠以金冠。这一对刘宗道神异之事的记载，当然不能视为事实，但所透露的庆王对道士的礼遇和尊重，则是可以相信的。肃藩庄王对道士孙碧云亦颇为礼待："孙碧云……幼即慕道，年十三入华山。明太祖召赴京，与语甚悦，所赐之物辞不受，肃庄王迎居金天观。"③金天观在前文中亦有提及，为肃藩修建。由此可见，肃庄王对道人孙碧云的重视。

刘节所撰《(明)清狂郭君墓志铭》载："君名诩，字仁弘，姓郭氏。自称于人曰：清狂，人称之亦曰清狂，志其素也……先，宁康王、荆和王好术学，招致宾客，独以方外服见，风度逸旷，王望之，类有道术者，呼曰清狂道人，

① （明）沈季友编：《槜李诗系·明》卷三九。
② （清）刘于义，沈青崖纂修：《陕西通志·释道》卷六五，文渊阁《四库全书》本，（台北）台湾商务印书馆1983年版。
③ （清）查郎阿，许容等纂修：《甘肃通志·仙释方技》卷四一。

厚赠金，为饮食费……"①宁康王朱觐钧、荆和王祐楎两位藩王喜好道术学识，广招宾客，道人郭诩以方外之人成为座上之客，给予厚赠，以为其饮食之费。宁、荆二王溺于道术何其深也！

《湖广通志》有荆藩永定王礼聘麸子李的记载。麸子李，"正德间，太和山得道者，以其辟谷，但啖麦麸，故名"。后"至寓蕲武当宫，衣破衲，不食。屡迎入宫，祈长生诀，不对，……辞归，王遣十校送之"②。麸子李修辟谷之术，为得道高士，只食麦麸以苟延性命。寓居武当，衣破衲，不食五谷，俨然为出世之高人，深得永定王朱载墭敬重，多次迎入王府，祈求传授长生秘诀，麸子李态度傲慢，不予理会。永定王非但没有生气，而且在其辞归之时，派军士护送。可见永定王之信奉道教，尤其是道家的长生之术达到了何等程度。

《江西通志·仙释》载：在明代江西饶州府，有位名叫卓小仙的人，原本蜀人，"善画，好吟咏，举止异常。嘉靖中，寓鄱，士大夫喜与之游，或纳片石于口，须臾成银。永丰王召小仙，书其屏曰：披衣兼跣足，开口笑王侯，千年浑是醉"③。永丰王系淮藩郡王，他召见卓小仙，究竟是因其善画、好吟咏，还是因其"纳片石于口，须臾成银"，史无明载。但举止怪诞的卓小仙属于道教中人，永丰王召见他，想必与道教有关。因为善画、好吟咏者，在士大夫中多有，何必一定非要与道教中人切磋不可。因此，可以推测，永丰王可能是信奉道教的，或许其召见卓小仙与修炼烧丹相关。

相关的例子还有。"南阳人梁高辅，自言能导引服食，载墭用其术和药，命高辅因仲文以进帝。"④载墭为封于河南的徽藩亲王，因南阳人梁高辅擅长导

---

① （清）黄宗羲编：《明文海·墓文》卷四六六，中华书局1987年版。
② （清）迈柱修，夏力恕纂：《湖广通志·仙释志》卷七四，文渊阁《四库全书》本，上海古籍出版社1987年版（版本下同，不注）。
③ （清）谢旻修，陶成纂：《江西通志·仙释》卷一〇四，文渊阁《四库全书》本，上海古籍出版社1987年版。
④ （清）张廷玉：《明史》卷一一九，《诸王四》。

引、服食之术，"厚遇之"①，并用其术制成长生之药，进献于嘉靖皇帝，得到嘉靖帝赏识，梁高辅拜为散人，载堉亦得封真人。载堉向嘉靖帝进献长生药丸，也许或出于对皇帝的忠心，或出于其他的图谋，但其此举说明他对导引服食之术有利于长生至少是相信的。

广西靖江王府亦有与道人往来者。"柴道人，……师事麸子李，传其炼气之法。尝访范小仙，适靖江王以金施范，纳之。道人叹曰：'尚须人豢养耶?'遂去。"② 柴道人造访范小仙，正好遇见靖江王馈赠范小仙钱财，范欣然接受。柴道人颇不以为然，对同道范小仙之行为不满，因而离去。靖江王赠予范小仙钱财，范泰然接受，证明他们多有往来，且关系融洽。

第四节　游谒宫观、道教题咏及著述

一、游谒宫观

明代中后期虽严禁宗藩出城，但从相关记载看，仍有宗藩前往道观游谒、参拜。

秦府　秦藩成员多有造访道院、游谒道观者。秦简王春日出游玄都观，唐诗浮现脑海，有感而作《游玄都观》："扰扰游人去又来，乘闲也踏软红回。刘郎道士俱尘土，纵有桃花亦浪栽。"③玄都观游人如织，热闹非凡，刘郎在历史的风烟中已化为了尘土，纵然种下的桃树在春风里枝头绚烂，又有什么意义呢！人就是一个历史的过客啊！冬日游道院，院中红梅正傲雪怒放，作《道院见红梅》："姑射仙人着绛纱，冰霜满面绚红霞。丹成紫府应谁识，不比玄都观

---

① （清）朱璘纂修：（康熙）《南阳府志》卷五，《仙释》，（台北）台湾学生书局 1968 年版，第 1308 页。

② （清）迈柱修，夏力恕纂：《湖广通志·仙释志》卷七四。

③ （明）朱诚泳：《小鸣稿》卷四。

里花。"①盛开着的红梅一如身着绛纱的姑射仙子，冰清玉洁，面若红霞，超凡脱俗。其《先天观》一诗亦当是出游时所作："路入无尘境，琳宫日月长。紫芝生白石，绿竹荫丹房。……先天参透处，斟水醮虚皇。"②诗中的先天观，远离尘世，环境清幽，灵芝、白石遍布，炼丹房边翠竹掩映，真是一个修道、设坛做法事的胜境。秦府永寿恭和王东檽出游道教圣地楼观台，作有《正德己卯九日登说经台》一诗："隐隐楼台云外重，一溪活水过仙宫。上师已化青牛老，万木惊秋坠晚风。"诗后附编者按语："顾炎武曰：'是诗刻石草楼'"③。顾炎武《求古录》收录了永寿王的题记："正德己卯仲秋下旬九日，予蒙圣上准奏，容浴温泉，便道楼观。既出，乃登说经台，但见白鹤飞空，苍松夹道，予喜不胜。又睹钦差镇陕刘内辅公佳制，不揣借鄙，强和一绝，以发一时之兴耳。永寿王题并书（后有印文曰永寿王章）。"④详述了《登说经台》一诗撰写的缘由。楼观台位于终南山北麓中部，号称"天下第一福地"。其中的说经台，相传老子曾传道于此。秦藩永寿王到此出游，自与其对道家圣地的景仰不无关系。

其他宗藩　湘献王柏"善道家言，尝自号紫虚子"，曾前往太和山，瞻仰张三丰故居，作《太和山寻张三丰故居》："张玄玄，朝饮九渡之清流，暮宿南岩之紫烟。好山浩劫知几度，不与景物同推迁，我来不见徒凄然！孤庐高出古松顶，第有老猿接臂相攀缘。"⑤这里的太和山，即是指武当山；张玄玄，即是张三丰。张三丰朝饮清流、暮宿紫烟，充满传奇色彩，湘献王柏对其是多么的崇敬啊！特从荆州趋赴武当瞻仰其故居。时事推移，张三丰是无法见到了，徒见基故居兀然屹立武当之巅，与古松相伴，内心陡然升起凄凉之感。朱载垍，赵康王厚煜庶四子。嘉靖三十九年，封成皋王，曾游太虚观。明卢楠所作《陪

---

① （明）朱诚泳：《小鸣稿》卷七。
② （明）朱诚泳：《小鸣稿》卷七。
③ （清）朱彝尊编：《明诗综》卷二。
④ （清）顾炎武：《求古录》，《丛书集成续编》第97册，（台北）新文丰出版公司1988年版，第29页。
⑤ （清）朱彝尊编：《明诗综》卷二。

成皋王太虚观斋居感鹤至》诗曰："夏后骑两龙，上下扶桑津。青阳登帝台，俛仰殇百神。张乐岂洞庭，感召即精禋。玄鹤西南来，盘舞紫霞宸。清响落云间，指顾环河滨。重华未云邈，大孝方此伦。"①鲁靖王肇煇到南京朝见天子时，曾游览当时南京最大的道观—朝天宫。《明诗综》载："《鲁藩别乘》首载靖王诗，但著集名。诗有过甓社湖及游朝天宫、登钟山、谒孝陵作，知是王朝南京时所赋诗。"②

二、道教题咏及著作

1.道教题咏

明代宗藩成员的有关道教题材的题咏，或充满对神仙的艳羡，或企求丰年，或感慨人世短暂，对长生之道心有神往。秦藩康王所作《华山》曰："华山乃西镇，巍然峙金天。……仰看仙掌日，亦有玉井莲。我欲梯其上，呼吸通帝前。守藩叩典祀，所愿惟丰年。丰年何所召，试问希夷仙。"③希夷仙，为道教中著名神仙。此诗表现出了秦康王希望道家神仙保佑风调雨顺的愿望。秦简王留心服食之术，追求道家养生之道，有诗云："至理妙不测，岂容私智观。春风草木荣，秋霜忽凋残。达人契斯理，所遇常自安。如何抱阳人，能成紫火丹。念彼穆天子，瑶池往复还。"④其《拟古》一诗亦云："南山有高士，……白石煮为食，丹砂驻其颜。我欲求其人，举头隔云烟。苍崖千万仞，可望不可攀。昨宵梦见之，忽然登其巅。知我苦辛志，念我跋涉艰。欲授长生诀，鸡鸣夜已阑。起坐长叹息，终焉老尘寰。"⑤梦寻道人，登南山之巅，求长生之道。忽然，鸡鸣夜尽，长生诀不得，惆怅若有所失，坐床长叹，有终老尘寰之悲。

---

① （明）卢柟撰：《蠛蠓集》卷四，文渊阁《四库全书》本，(台北) 台湾商务印书馆 1983 年版。
② （清）朱彝尊编：《明诗综》卷二。
③ （清）刘于义，沈青崖纂修：《陕西通志》卷九五，文渊阁《四库全书》本集史部册 554，(台北) 台湾商务印书馆 1983 年版，第 566 页。
④ （明）朱诚泳：《小鸣稿》卷二。
⑤ （明）朱诚泳：《小鸣稿》卷二。

蜀献王曾作《张三丰像赞》，称张三丰"奇骨森立，美髯戟张。……吾不知其甲子几何，但见其毛发之苍苍……"①据《明史》方伎传记载："张三丰……后居宝鸡之金台观，一日自言当死，留颂而逝。县人具棺殓之。及葬，闻棺内有声，启视则复活。乃游四川，见蜀献王。复入武当，历襄汉，踪迹益奇幻……"②明人李贤所作《明一统志》亦曰："三丰复生。后入蜀见蜀王，又入武当……"③张三丰生活于元末明初，蜀献王是否见过张三丰其人不可考，但从其《张三丰像赞》来看，蜀王对这位颇具名望的道士是满怀景仰的。

宁献王权好道，自号臞仙，亦有相关题咏，其中无不透露出其信仰道教的事实。在《宫词》系列中，宁献王描绘了道家神仙体系下的天宫场景。其一："阊阖云深锁建章，曈昽旭日射神光。紫宸肃肃开黄道，万岁声声拜玉皇。"其二："楼阁崔巍起碧霄，微闻仙乐奏箫韶。天风吹落宫人耳，知是彤庭正早朝。"献王还作有《囊云》一诗："蒸入琴书润，黏来几榻寒。小斋非岭上，弘景坐相看。"④

肃藩世子真淤作有《步虚词二首》，咏叹道家神话体系中的瑶台。其一曰："瑶坛深处磬声微，羽客朝元午夜归。杳杳三山青鸟过，翩翩双鸟彩凫飞。岛间月色明珠树，洞里丹光透玉扉。佩剑几回翔碧落，天风吹冷六铢衣。"其二曰："彩霞琪树共氤氲，七色斑虬驾鹤群。玉佩冷摇沧海月，霓裳晴带绛霄云。碧桃花绽春方永，金鼎丹成火自焚。清夜朝元向天阙，空歌声在始清闻。"⑤晋府庆成王朱慎钟曾于山西汾阳县城西的长春观题诗⑥，惜其诗已不存。

除诗歌外，明代宗藩所撰与道教相关的碑刻和题款亦有传世者。以秦藩为例，汧阳王撰有《重修正阳洞记》，"碑身最上部中央摹刻篆文印章'汧阳王府

---

① 龙显昭，黄海德主编：《巴蜀道教碑文集成》，第 187 页。
② （清）张廷玉：《明史》卷二九九，《方伎》。
③ （明）李贤等：《明一统志·仙释》卷三四，册 472，（台北）台湾商务印书馆 1985 年版，第 854 页。
④ （清）张豫等：《御选明诗》卷二。
⑤ （清）张豫等：《御选明诗》卷二。
⑥ （清）觉罗石麟修，储大文：《山西通志·寺观二》卷一六九，第 246 页。

图书',碑文最左侧呈上下顺序排列3枚印章,依次为:'志斋'、'敕旌孝义王堂'、'宗小子佳城'"①。现将碑文摘录如下:

重修正阳洞记

道士蒋明阳捧币拜予,敕旌孝义堂稽道启曰:明阳栖居之所古正阳洞,才以修成讫工,秦府施一巨碑,□乞为文以志永远。予嘉明阳诚意感人,且喜文辞,故不辞而记之曰:……而其地临水面山,迹远尘世,似非凡境也……经营于正德八年十月,落成于正德十年十月,其用心亦难哉!且致处秦藩宗主之赐以碑,其尤难哉!明阳诚意感人可征矣。夫今天下以儒教而治,若释与道者固非可尚,然或善或恶,乡里常人每于是劝戒,而道又窃老子《道德经》之言为清心寡欲之资,是亦不可少也。矧明阳至诚恳乞请为记,亦可嘉也,予因之为记。

正德十年岁在乙亥中秋吉日

住持道士吴崇会徒刘教弘马教清

大明汧阳王撰……②

正阳洞,位于咸阳境内。相传为汉钟离权修道之处。其处宫观修建于元,至明正德间,已历百数十年,殿宇倾颓,仅正阳洞巍然独存。道士蒋明阳慨然以修葺为己任,四方募化财木,夙夜不惮其劳,越二年而成,规模恢恢可观。此次重修正阳洞宫观,秦定王惟焯施巨碑一方,汧阳王秉楼应蒋明阳之请为其撰写碑文,对道教在当时国家、社会治理中的作用高度认同和肯定。

肃庄王楧曾为道观撰写碑记,作《修建金天观记铭》。现摘录如下:

---

① 赵超、李媛:《咸阳杨家湾明〈重修正阳洞记〉碑考略》,《中国道教》2012年第6期,第34—37页。

② 赵超、李媛:《咸阳杨家湾明〈重修正阳洞记〉碑考略》,《中国道教》2012年第6期,第34—37页。

修建金天观记铭

大道相传始由黄帝，历代继承爰及于兹。洪惟皇考奉天受命以定海宇，肆类上帝宜于冢土，禋于六宗，望于山川，享于宗社。……岁己卯仲夏，余自甘州以及于兰邑，仰观俯察于城之西南，山环三面，有仙人舞袖之形……启作仙林，金以为可。至庚辰，遂得其地，既来相卜之，经之，营之。壬午孟春肇举其事，仲夏乃兴爰作神像。癸未季夏，亲督厥工。梓人告成于秋。其观之制，东有望仙之桥，西上迆外之垣周三里，东有大门，左右列……余自深宫周游，洪武开国建封，历事多艰□知道与用□□元祖教于□为民祈福，使雨阳时若而五谷登，家给丰而人用足，体天地之好生，布雷霆之法律，庸作铭曰：……稽首，金天永保国封 ①。

金天观，位于兰州。肃庄王楧所撰碑记记叙了修建的经过：该观筹建于建文元年（1399），建文四年（1402）正式开始修建，永乐元年（1403）秋竣工。从酝酿到建成，历时5年。还明确地昭示了修建的目的：永保国封，为民祈福，五谷丰登，家给人足。

为道观撰写碑记的明代宗藩，见诸记载的，还有晋藩河东王锺鐩。山西永宁州有凤山道院，"在州北二里三阳云凤山上……洪武甲子，天真观道人王混然与道者张仲谦建，许孟和撰记。正统六年修，河东王撰记。" ②河东王锺鐩生于宣德十年（1435），正统十三年（1448）正月册封 ③。凤山道院首建于洪武十七年（1384），正统六年系重修。遗憾的是，未能找到河东王锺鐩所撰碑记，详细内容无法确知。

① （清）郑明经、陈家穆：（康熙）《兰州志》卷四，中国西北方志续集（六），第488—489页。
② （清）觉罗石麟修，储大文：《山西通志·寺观二》卷一六九，第254页。
③ 《明英宗实录》卷一六二，正统十三年正月乙未条。河东王册封时间有出入，另见《明宪宗实录》成化二十年十月戊午条载"正统己巳册封为河东王"，己巳岁为正统十四年，以《明英宗实录》为是。

2.道教著作

除上述道教题咏外，明代宗藩成员还撰有与道教相关的著作。沈定王珵尧作《道德经摘解》①。宁献王权好道，撰有与道教相关的著作达 20 余种：《造化钳锤》《神隐》《太清玉册》《庚辛玉册》《乾坤生意》《寿域神方》《洞天秘典》《净明奥论》《阴符性命集解》《道德性命全集》《救命索》《命宗大乘五字诀》《肘后奇方》《吉星便览》《肘后神枢》《运化玄枢》《内丹节要》《臞仙斗经》《洞天清录》《原始秘书》《三教本末》《注解道德经》《阴符经》《清静经》等②。在这些著述中，有的论证对"道"的认识，认为道教之道为正道，"以天为主，故曰奉天之道，名曰道教"③；有的论及道教养生之术，主张在日常生活中"大概勿要损精、耗气、伤神，此三者，道家谓全精、全气、全神是也"④。怎样才能做到呢？他倡导注重保健、重视饮食以及炼制、服食丹药⑤。此外，还有论及道家隐逸思想的。宁王朱权常常自谓"神隐"，"放生于黄屋之中，而心在于白云之外；身列彤庭之上，而志不忘乎紫霞之想……浑浑沦沦，而与道为一。若是者，身虽不能避地，而心能自洁，谓之神隐"⑥。从其撰写大量的道教著作可以看出，朱权热衷道教，对道教文化研究颇深，并欲通过这些著作弘扬道教思想文化。

道士生活及道家思想也常常成为明代宗室进行文学创作的重要题材。宁献王朱权撰有杂剧《冲漠子独步大罗天》，该杂剧中塑造的主人公冲漠子，一心向道，后得吕洞宾、张三丰点化，服食金丹，被封为"丹丘真人"。生动地讲述了一个与道教密切相关的励志的故事。周宪王朱有炖在神仙道化剧创作方面

---

① （清）觉罗石麟修，储大文：《山西通志·经籍》卷一七五，第 427 页。
② 据《明史艺文志》《千顷堂书目》《续书史会要》辑录；曾召南：《试论明宁献王朱权的道教思想》汇集出 20 种，载《宗教学研究》，1998 年第 4 期，第 12 页。
③ （明）朱权：《天皇至道太清玉册》卷一，《正统道藏》第 60 册，第 48518 页，台湾艺文印书馆 1967 年版（版本同下，不注）。
④ （明）朱权：《神隐》卷上，《道外全书》第 18 册，第 277 页。
⑤ （明）朱权：《神隐》卷上，《道外全书》第 18 册，第 277—278 页。
⑥ （明）朱权：《神隐》卷上，《道外全书》第 18 册，第 310 页。

所取得的成就，在宗室中无人能望其项背。"神仙道化剧"一词，首见于宁献王朱权《太和正音谱》，它是一种以元代杂剧为基础，内涵逐渐向崇道、济世方面转变的杂剧。据相关研究，朱有炖《诚斋乐府》收入 31 种杂剧。其中，神仙道化剧最多。如《福禄寿仙官庆会》《群仙庆寿蟠桃会》《瑶池会八仙庆寿》《韩湘子九度韩退之》《吕洞宾岳阳楼》《蓝采和心猿意马》《紫阳仙三度长椿寿》《东华仙三度十长生》《南极星度脱海棠仙》《小天香半夜朝元》《吕洞宾花月神仙会》等。在这些杂剧中，周宪王朱有炖构建了一个欢乐、祥和的仙境，道家神仙所度化的对象扩展到了花木鸟兽以及社会地位低下的倡优。作者在《小天香半夜朝元》中道："仙姑能守辅导，虽出倡优之门，而节义俱全，比之良家妇女不能守志者为何如耳，于世教无补哉？"不难看出，其中蕴含着以教化补世、奉道导世的精神。

明代宗藩所撰的道教著作，内容涵盖道教哲学、道教文学、道教养生等方面。但从数量上看，并不是很多，而且分布极不均衡。根据已知材料，当以宁王权最具代表性，所撰著作最多。朱权的著作也颇见功力，对道的体悟和认知远远超出了简单的祈福的诉求，在道教史上占有重要的地位。

第五节　带有道教色彩的墓葬

目前，在已发掘的明代宗藩墓中，墓葬形制、随葬物品具有道教葬俗者并不乏见。如在武汉江夏二妃山发掘的楚藩景陵王朱孟炤夫妻墓中，发现有木制冥钱 1 件（见前文 M24），"圆形，中部有一近方形孔"[1]。冥钱上的纹饰虽不清晰，但冥钱明显是糅合了道教和原始宗教的死亡观念。此外，在四川蜀藩僖

---

[1] 《武汉江夏二妃山明景陵王朱孟炤夫妻墓发掘简报》，《江汉考古》2010 年第 2 期。

王、昭王墓中，均发现有道士俑①。等等。但具有道教葬俗的明代宗藩墓多分布于江西，如宁献王朱权墓、益庄王朱厚烨墓、益宣王朱翊鈏墓、益定王朱由木墓等。

一、宁献王朱权墓

明宁献王朱权墓，在今江西省新建县西山遏龄峰下，1958 年发掘。墓依山而建，坐西朝东，高五层，正面阔约 42 米，余三面周围约 202 米，形制雄伟。"墓丘前为南极长生宫，再前为醉仙亭，亭前为小桥，桥前左右为华表，最前端有相对的碑座。"② 宁献王权于正统三年即在其生圹前修建南极长生宫，宫观与坟墓连为一体。这既反映了宁王权企求长生的愿望，也反映了宁王权对自然规律难以超越的无奈。桥前左右的华表每一面都有阴刻的道教符箓，"在北的一座，正东一面刻有'紫清降幅天尊永劫宝符'。符形下有文云：'此宫之作，因极降灵，今建是宫为生民祈祷，于是奉闻于大廷，敕封南极长生宫，上祝圣寿万年，宗支悠久。'东南面刻有'太平护国，天尊护世符'。正南面刻有'火命人制，金气令长生久视符'。西北面刻有'天老帝君护世镇国符'。正北面刻有'龙玄犬种护世保祚真符'。东北面刻有'告真君护世伏魔真符'。在南的一座，正东面刻有'青华丈人护世长生真符'。符形之下有文曰：'皇明天历正统柒年岁在壬戌贰月拾陆日，南极冲虚妙道真君立，永镇是宫，与天地长存'。"③ 桥前左右华表所刻符箓及铭文，道教色彩鲜明，"永劫宝符""长生久视符""护世镇国符"以及"护世长生真符"等，无不体现出"为生民祈祷"，"上祝圣寿万年，宗支悠久"的现实关怀。

在宁献王权的棺材中，道教色彩更加明显："（朱权）口内含一小金钱。尸

---

① 薛登、方明：《明蜀王和明蜀王陵》，《四川文物》2000 年第 5 期，第 25、34 页。

② 江西省博物馆等编：《江西明代藩王墓·宁藩王系墓》，文物出版社 2010 年版（版本下同，不注），第 7 页。

③ 江西省博物馆等编：《江西明代藩王墓·宁藩王系墓》，第 8—9 页。

体下垫有木栅，栅下有木屑，似为檀木或柏木屑。栅上铺有布帛，帛上排有大金钱2行，每行6枚。……胸部有两顶道冠，头部亦戴漆制道冠，身穿金钱云纹道袍。"①宁王朱权入殓时，一身道士装束，头戴道冠，身着道袍，且在其胸部还放有两顶道冠。这是宁王权的临终遗嘱，还是家人的特意安排，已不得而知。大概是希望宁王权来世别生帝王之家，没有基于权位的猜忌和争斗，去做一位自由自在的真正的道士吧！

二、益藩王系墓

益藩分封于江西建昌，第二代亲王为益庄王朱厚烨，嘉靖二十年（1541）袭封，三十五年薨，葬于江西南城县东金华山。其棺中有"八卦纹鎏金银钱7枚，共重183克。正面内部方弧上用0.1厘米见方的鎏金丝焊成七种卦象：各钱嵌于棺内一木板上，木板厚3厘米，其大小与棺底内洞相同，并置于棺底之上，板上凿小窝7个。窝中有与金钱方孔大小的木质突起，分置金钱，状如北斗，斗柄在死者下肢之处。此板俗称七星板，此钱为七星钱，亦称垫背钱。"②益庄王棺中的垫背钱为7枚，且摆放作北斗状，嵌入棺底，置于死者尸身之下。在益庄王妃王氏棺内的随葬品中，亦有八卦纹鎏金银钱，"形状及出土情况与朱氏同，唯卦象有别"③。

益宣王朱翊鈏，益藩第四代亲王。万历八年（1580）嗣位，三十一年（1603）薨，葬于南城县十都七宝山。其棺木内亦发现了八卦纹鎏金银钱，"项挂念珠……尸身下垫有丝绵褥和草席，下为笭板，板上透雕七个圆孔，孔内镶嵌金钱、银钱，排成北斗星座形"④。其棺中垫背钱的摆放与益庄王棺中七星钱的摆放是一样的。益宣王妃李英姑墓中也有冥钱发现，"尸下垫织锦绵褥，褥上散放

① 江西省博物馆等编：《江西明代藩王墓·宁藩王系墓》，第10页。

② 江西省博物馆等编：《江西明代藩王墓·益藩王系墓》，第123页。

③ 江西省博物馆等编：《江西明代藩王墓·益藩王系墓》，第124页。

④ 江西省博物馆等编：《江西明代藩王墓·益藩王系墓》，第134页。

银钱和银箔钱"①，虽出土时银钱散置，且不能明确数量，但亦可推定为垫背钱。

在益定王朱由木与其王妃的合葬墓中也发现冥钱。益定王朱由木，益藩第六代亲王。万历四十五年（1617）袭封益王，崇祯七年（1634）薨，葬南城县十都五龙山。在朱由木圹穴中发现金钱一枚，钱文为"金光接引"②。而在其次妃王氏圹穴中，则发掘出金钱7枚，其中"3枚上下、左右分别捶压出'金光接引'四字，另4枚上下、左右分别捶压出'径上西天'四字"③。冥钱数为七枚，可能是垫背钱。

上述藩第二代、第四代、第六代亲王及王妃墓中均有冥钱发现。其中，益庄王及其元妃王氏、益宣王棺内所发现的冥钱，可以明确为垫背钱，钱上有专门的卦象，应是为随葬而特制的。

在益藩墓葬中，除发现有冥钱之外，还发现有具有道教色彩的其他随葬品。在益宣王朱翊鈏元妃李英姑墓中，发现了一个葛布小袋，置于盖被上，袋内存有烧纸灰和李英姑的冥途路引。路引系"木板黑墨印刷……用墨书填写'李英姑'等死者姓名、籍贯、出生年月和填发路引日期。引文后左上方印有太上老君坐像，……引文右下方印有集中道教杂宝符号"④。"从路引的内容得知，凡信奉道教的男女，不分官民，死后均填发路引，作为前往阴司冥途的通行证。可见，墓中置放路引是道教信徒的一种葬俗。"⑤在益宣王次妃继妃孙氏墓中，发现"尸下垫丝绵褥，下垫草席，再下为木笭板"⑥，旨在透气和引导死者的灵魂进出。除此，还发现了两件道教文化色彩鲜明的金器随葬品：其一为王母驾鸾镶宝石金凤钗，"凤尾中间镶嵌一尊……背有一轮金圈的王母坐像"⑦；

---

① 江西省博物馆等编：《江西明代藩王墓·益藩王系墓》，第134页。
② 江西省博物馆等编：《江西明代藩王墓·益藩王系墓》，第157页。
③ 江西省博物馆等编：《江西明代藩王墓·益藩王系墓》，第162页。
④ 江西省博物馆等编：《江西明代藩王墓·益藩王系墓》，第139页。
⑤ 许智范：《江西明代藩王墓考古收获》，《中国历史文物》2003年第4期。
⑥ 江西省博物馆等编：《江西明代藩王墓·益藩王系墓》，第134页。
⑦ 江西省博物馆等编：《江西明代藩王墓·益藩王系墓》，第140页。

其二为镶玉金发箍，名"嵌玉佛镶宝石金钿"①。前一件随葬金器，道教色彩鲜明，昭示着墓主人虔诚的道教信仰。

在益藩郡王的墓葬中，冥钱以及道教色彩鲜明的随葬品亦有发现。益藩淳河王朱常泗，号丹霞子，在其夫妇墓中，发现有八卦纹鎏金银钱7枚，"一枚上下为'太极'2字"②。此外，还发现铭文银钱7枚，钱文依次为"魍""魅"等③。在益藩罗川王族墓中，还发现了一份墨书的随葬品清单，其中有"白云布道袍一件……冥途路引一张"④。

上面的考察主要集中于江西的宁藩、益藩。可以看到，在宁、益二藩的墓葬中，宗教性（道教）随葬品不少，有的是其生前生活的重现，有的则是希望灵魂得到庇佑，冥途顺畅，早登彼岸。颇引人注意的是，益藩第二代、第四代、第六代亲王及王妃，乃至郡王墓中均发现有道教色彩的随葬品，可见益藩宗室对道教的信仰具有家传性和广泛性。但由于时间和篇幅的原因，未能对出土的其他各藩的墓葬逐一考察，想必在江西之外，具有道教色彩的宗室墓葬一定会有不少。因为道教信仰在中国传统社会中，是具有相当的普遍性的，也一定会反映在墓葬当中。

---

① 江西省博物馆等编：《江西明代藩王墓·益藩王系墓》，第141页。
② 江西省博物馆等编：《江西明代藩王墓·益藩王系墓》，第149页。
③ 江西省博物馆等编：《江西明代藩王墓·益藩王系墓》，第149页。
④ 江西省博物馆等编：《江西明代藩王墓·益藩王系墓》，第154页。

第九章　国家祀典、民间神灵与明代
宗室群体的信仰世界

　　儒、释、道是构成中国传统文化的主体，无疑对传统社会居民的思想与行为的影响是巨大的。但，儒、释、道并不是中国传统文化的全部，还有其他的文化要素在人们思想与行为的塑造中发挥着作用。明代宗室这一群体自然也不例外。在明代宗室群体的信仰世界中，自然儒、释、道占有重要位置，但别的"宗教板块"也应有一席之地，如对明代列入国家祀典的神灵、民间神灵的信仰。正是各个不同"宗教板块"的挤压、整合，才构成了明代宗室群体完整的信仰图景。

第一节　王国祀典与明代宗室群体的信仰世界

　　明太祖朱元璋初定天下，他务未遑，即首开礼、乐二局，征召耆儒，命儒臣编修礼书，厘正祀典。"凡祀事皆领于太常而属于礼部。"明代的国家祭祀主要由三个层面构成。中央层面，分大祀、中祀和小祀。大祀主要祭祀天地、太庙、社稷等；中祀主要祭祀风云雷雨、岳镇、海渎、山川、城隍、历代帝王、先师、旗纛；小祀主要祭祀司户、司灶、中霤、司门、司井、司马等神。天地、太庙、社稷须天子亲祀，中祀、小祀"皆遣官致祭"。王国层面，所祀主要有宗庙、社稷、风云雷雨、封内山川、城隍、旗纛、五祀、厉坛；府州县层面，所祀有社稷、风云雷雨、山川、厉坛、先师庙及所在帝王陵庙。此为每年"常行"祭祀之大要，以国家立法的形式明确规定了各藩王祭祀的范围。明初，对祭祀有非常严格的要求：祭祀前，主祭人须沐浴更衣，"处于斋宫"，"致斋"数日方可行祭；祭祀时，"当极其精诚，不可稍有怠慢"①。对待宗庙、社稷及风云雷雨等神的敬慎态度不逊宗教，应是其信仰的一部分。下面仅据所得史料的记载，对各宗藩的祭祀制度及活动做一简要梳理。

宗庙，立于王国宫城前左侧，与朝廷太庙位置相同。明初，定王国宗庙形制，正殿五间，寝殿五间，门屋三间。至晚明，正殿增为七间，门屋增为五间。王国宗庙所祀以始封亲王为始祖，始封居中，"百世不迁"，以下四世，二昭二穆，"亲尽而祧"，祧主祔于始祖之室。祭祀一年五次，即孟春、孟夏、孟秋、孟冬上旬举行的四时之祭以及除夕之祭。祭仪分四个环节：斋戒、省牲、陈设、正祭，牲用少牢，羊豕各一，笾豆各八。祭祀礼乐用"清"字曲②。

祭祀肃穆、庄严而隆重，反映了祖宗崇拜的社会心理传统，体现了亲亲之义，设五庙，祭五世，更体现了政治的等级性，始封之王不能祭祀其父皇、母后。因为只有天子才享有对历朝先皇祭祀权。王国宗庙祭祀的礼乐规格、标准也较天子祭祀太庙要低。

社稷坛，立于王国宫城前右侧，与朝廷太社稷位置同。王府祭社稷分四个环节：一为斋戒。正祭前四日，奉祀所"具本启闻"藩王，于午后沐浴更衣，处于斋宫，自次日始，斋戒三日。斋戒期间，不饮酒，不茹荤，不吊丧、问疾，不听乐，不行刑，不判署刑杀文书，不预秽恶事。二为省牲。正祭前一日清晨，设香案于宰牲房外，藩王穿常服前往省牲，执事者牵牲走过香案，即省牲仪式完毕，宰牲房开始宰牲。三为陈设，包括前期扫除坛场和正祭之期掌祭官率执事陈设笾豆、簠簋、酒尊等物。四为正祭。其日昧爽，藩王具皮弁服，

---

① （明）朱元璋：《皇明祖训·严祭祀》，四库存目，史部 264 册，第 171 页。

② 张廷玉：《明史》卷五二，《礼志六·王国宗庙》；（明）朱勤：《王国典礼》卷四，《祀礼》，《续修四库全书》第 824 册，第 371—372 页；吴恩荣、赵克生：《明代王国庙制的演进及礼制特点》，《江海学刊》2014 年第 5 期。

文武官着祭服，到达社稷坛，典礼由典仪主持。乐舞生首先就位，执事官各司其事。然后，由导引官引导藩王至拜位，文武官就位，典礼正式开始。内容主要有瘞毛血、行三献礼、饮福受胙等①。仪式盛大，程序严格、规范。

风云雷雨山川神坛，立于社稷坛西，祭山川仪式与祭社稷基本相同，但不瘞毛血，乐歌也不同。旗纛庙，立于风云雷雨山川坛西，遣武官戎服行礼，仪式与祭山川同，但乐用大乐。五祀者，即司户之神，于宫门左设香案，正月初四日，门官致祭；司灶之神，于厨舍设香案，四月初一日，典膳官致祭；中霤之神，于宫前丹墀内靠东设香案，六月上旺戊日，承奉司官致祭；司门之神，于承运门稍东设香案，七月初一日，门官致祭；司井之神，于井边设香案，十月初一日，典膳官致祭。乐用大乐，行三献礼，但不用饮福受胙②。厉坛，设于城北，祭祀王国无祀鬼神，清明及十月朔遣官致祭，一年二祭。城隍之神为地方的保护神，王国内之城隍庙，由藩王亲自祭祀③。

王国祭祀为国家祭祀制度的重要组成部分，是传统社会中的祖先崇拜、自然崇拜及万物有灵论等观念在国家宗教信仰领域的反映，体现了国家对王国的治理理念和宗旨，即藩王屏藩朝廷、保一方平安，不得僭越等级，觊觎非分。其实行带有国家的强制性和王国本身的不可选择性。但在史料中有不少记载表明，宗室藩王对王国祭祀的态度是积极的。谷王穗，洪武二十四年封，二十八年三月"就藩"宣府④。早在洪武二十七年，谷王即"命所司"建立"本镇社稷坛"⑤。洪武二十八年，复命所司"立本镇风云雷雨、山川、城隍坛"⑥。荣庄王祐枢，宪宗第十三子，正德三年"之藩"常德⑦。常德府下辖4县，府治在武陵。武陵县有社稷坛，在县城西一里处。明洪武二年，由知府张子俊建，正德四年，

①　万历朝重修本，申时行等修：《明会典》卷五六，《王国礼二．祭祀》，第353—354页。
②　万历朝重修本，申时行等修：《明会典》卷五六，《王国礼二．祭祀》，第353—354页。
③　张廷玉：《明史》卷五〇，《礼志四》；同书卷四九，《礼三》。
④　（清）张廷玉：《明史》卷一一八，《诸王三》。
⑤　（明）孙世芳等纂修：《宣府镇志》，第657页。
⑥　（明）孙世芳等纂修：《宣府镇志》，第657页。
⑦　（清）张廷玉：《明史》卷一一九，《诸王四》。

荣庄王祐枢"迁于城内"①，似是与武陵县合祀。建昌府社稷坛，宋代建置。弘治年间，宪宗第四子祐槟封益王，国建昌，"坛在益府中"，建昌府遂"与王合祀"②，直至益藩国除；云雷雨山川亦与益王府合祀，由益王主祭，"风云雷雨山川坛……弘治间，合祀于益府，益除坛毁"③。安陆县社稷坛，原在县治西二里许的洗足石。弘治间，宪宗第二子朱祐杬封兴王，封国安陆。兴王弘治七年之藩，遂将社稷坛"收入藩第"④，成为兴王府专属的社稷坛。其他记载还有不少。《兰州志》云："社稷坛、风、云、雷、雨坛俱在南郭，皆肃藩致祭"⑤，肃藩主持兰州社稷、风、云、雷、雨之祀。《皋兰县志》载，肃藩世子嘉靖二十五年（1546）撰《重修城隍庙记》⑥："城隍有庙，所以祠城隍之神也。我圣朝奄有区夏，敬天勤民，删定祀典，于天下府州县……嘉靖丙午夏四月，乡耆臣吴泰辈矢志重葺，施财募众，上自宗室，下至士庶，各捐锱粟……"⑦皋兰县城隍庙，在鼓楼北。嘉靖二十五年重修，宗室、士庶各捐金粟。建成后，肃藩世子还亲撰《重修城隍庙作记》，体现了肃藩对城隍神的崇重。《宁夏新志》载："山川、社稷坛，每年仲春上戊、己二日，庆王主祭，乐舞、牲品咸依时制"⑧。庆王于每年的仲春，主祭山川、社稷之神。庆靖王朱㮵还作有《永乐二年春祭社稷山川礼成后作》一诗："受命分茅土，万里藩西疆。韦州夏州路，移徙不少康。封内群山川，八载祀典荒。社稷祈报废，余非独敢忘。但为移徙中，以致久不遑……念兹群神祀，春秋事有常。理固不可阙，敕命筑坛场。修举久

---

① （清）恽世临、孙翘泽修，陈启迈纂：(同治)《武陵县志·建置志》卷一二，《秩祀》，第258页。

② （清）邵子彝修、鲁琪光纂：(同治)《建昌府志·建置志》卷二之二，《坛庙》，第72页。

③ （清）邵子彝修、鲁琪光纂：(同治)《建昌府志·建置志》卷二之二，《坛庙》，第72页。

④ （清）蒋炯等纂修，李廷锡增修：(道光)《安陆县志·坛庙》卷一二，江苏古籍出版社1990年版，第127页。

⑤ （清）郑明经、陈家稷：《兰州志·祀典》卷一，第429页。

⑥ （清）杨昌浚修、张国常纂：(民国)《重修皋兰县志》卷一六，《祀典》，(台北)台湾学生书局1967年版，第972页。

⑦ （清）杨昌浚修、张国常纂：(民国)《重修皋兰县志》卷一六，《祀典》，第746页。

⑧ （明）王珣、胡如砺纂：(弘治)《宁夏新志》卷二，宁夏人民出版社1986年版，第192页。

废礼，为民祈福祥。……"①祭祀社稷、山川等神灵，是国家赋予藩王的职责，也是为民众祈福祉的需要。但由于多种原因，庆王栴往来迁徙于韦州、宁夏之间，不得稍获安宁，致使王国祀典荒废，达八载之久，内心充满了不安。永乐二年（1404），祭社稷、山川礼成后，心情舒畅，作此长诗以抒怀。《续修汉中府志》载：陕西汉中府城隍庙，在府治西南，"明洪武五年，知府费震建；万历二十八年，知府李有宝重修；三十一年，知府崔应科增修后殿；崇祯间，瑞王大加修葺"②。从这则材料看，有明一代，汉中府对城隍庙屡加修葺。在瑞王之藩前，均由知府主持修葺。崇祯年间，对城隍庙的修葺由瑞王主持。

第二节　民间神灵与明代宗室群体的信仰世界

所谓民间神灵，即是指民间奉祀的神灵。我国民间信仰的神灵多种多样，有的来自佛教，有的来自道教，有的源自对自然的崇拜，有的则是历史人物的神化，等等。无一不反映出民间社会的现实需要。需要说明的是，这里的民间神灵，特指明代国家祀典以外的神灵。明代宗室群体植根于传统社会的土壤，在其信仰中，自然有着民间神灵的影响。

一、修建、修缮神庙

神庙的修建、修缮，可以视为明代宗藩对民间神灵信仰的表征之一。明代

---

① （明）王珣、胡如砺纂：（弘治）《宁夏新志》卷二，宁夏人民出版社1986年版，卷八，第459页。按：《永乐二年春祭社稷山川礼成》题名凝真，凝真为庆靖王朱栴别号。

② （清）严如熤修，郑炳然等纂：（嘉庆）《续修汉中府志》，卷一四，（台北）台湾学生书局1967年版，第809页。

的民间神灵种类繁多，宗藩为诸神修建、修缮的神庙也颇不少见。兹据收集到的材料，简述于后。

泰山神庙，是供奉泰山山神的地方，明鲁王建于滋阳县城南的泗水之滨[1]。

鲁府宗室还修建有三官庙。三官者，天官、地官、水官是也，分别管辖日月星辰、山地平原、江河湖海，为一方保护神，信徒颇众。滋阳县有两座三官庙皆为鲁府所建，一为鲁恭王所建，一为鲁府郡王滋阳王所建："三官庙，在东阙，明滋阳王建；又在金日坝，明鲁恭王建。"[2]

江渎庙，为祭祀江神的庙宇，在成都县南。以岁久寝殿神像"倾垫"，"罔称具瞻"。成化六年冬，为"皇图巩固，藩屏永康，凡在臣民悉祈神佑"，蜀怀王申铉命承奉正宋景"总其务"，予以修缮[3]。

天医庙，在滋阳县西北隅，明鲁恭王朱颐坦建[4]。鲁恭王朱颐坦为鲁藩第六代亲王，自嘉靖二十八年（1549）嗣位，万历二十二年（1594）薨。天医是掌管疾病之事的星神，源于远古民间对星辰的崇拜。天医元女庙，明万历十七年，鲁王创建。《滋阳县志》叙述了鲁王创建该庙的原因。鲁王第五子泰兴王"幼有痼疾，百医莫能疗，已濒危矣"。鲁王无计可施，"虔诚默祷及于九天元女之神"，泰兴王之病遂愈。鲁王为感九天元女之恩，"乃立庙以祀之，民间病者往祷辄应"[5]。非常灵验。九天元女，亦称九天玄女。相传，为中国上古女神，曾为黄帝传授过兵法，是一位镇恶除暴的正义之神。后进入道教神仙系统，在道

---

① （清）黄恩彤原本，李兆霖续纂：（光绪）《（山东）滋阳县志》卷四，《秩祀志祠宇附》，（台北）台湾学生书局1968年版，《滋阳县志》卷四，《秩祀志祠宇附》，第244页。

② （清）黄恩彤原本，李兆霖续纂：（光绪）《（山东）滋阳县志》卷四，《秩祀志祠宇附》，第243页。

③ 龙显昭、黄海德主编：《巴蜀道教碑文集成》，第194页。

④ （清）黄恩彤原本，李兆霖续纂：（光绪）《（山东）滋阳县志》卷四，《秩祀志祠宇附》，第245页。

⑤ （清）黄恩彤原本，李兆霖续纂：（光绪）《（山东）滋阳县志》卷四，《秩祀志祠宇附》，卷一四，《杂记志》，第1232页。

教中有着重要的地位。

元帝庙，在滋阳县署东，明鲁府邹平王建①。元帝，即玄帝，玄天上帝。其职责为把守北天门。相传，能驱妖治病，道教尊为真武大帝。

五龙庙，在蜀王府东，蜀献王椿建。《四川通志》记载了蜀献王椿修建五龙庙的传奇故事。相传，蜀献王椿入蜀，行至成都西南的嘉州（今乐山地区），此处岷江、青衣江、大渡河三江交汇，时值江水暴涨，"舟不得上，祷于神，得济，乃庙祀焉"②。五龙掌管兴云布雨之事。

关帝庙，在怀庆府城西北街中，建于何时？史未明载。《怀庆府志》云：庙有明郑藩所铸大钟一口，"镌年天启，想即尔时所建"。由此可知，怀庆府城西北街中的关帝庙为郑敬王朱载墿所建。庙中供奉的关帝石像，相传为大水漂至，"祈雨辄应"③。

射洪祠，蜀献王椿修建。《益部谈资》载："射洪祠，在北门外驿旁。传云，蜀献王初之国，梦有神冠冕来谒者，王问为谁？对曰：'陈子昂也，为射洪土神，王驾过，护送至此。'王问其地，立祠祀之，世因谓子昂为蜀土神。"④《四川通志》亦记载了蜀王夜梦陈子昂的故事⑤。陈子昂为唐初诗人，蜀献王夜梦子昂，并为建祠祭祀，实反映了蜀献王对这位蜀地才子的推崇。

二郎神祠，蜀成王让栩重建。范时偶《重修灌口二郎神祠碑》曰："按地志，江水发源岷山，……秦蜀守李冰凿离堆……考厥成功，实其子二郎以神力佐之也。……立祀遍境内。历代因之，遂封为主崇仁之神……灌口旧有祠，毁于火，蜀王为民轸念焉，出内帑重建之。……工始嘉靖癸巳之冬，甲午之秋即告成。

---

① （清）黄恩彤原本，李兆霖续纂：（光绪）《（山东）滋阳县志》卷四，《秩祀志祠宇附》，第244页。

② （清）黄廷桂修，（清）张晋生等纂：《四川通志·祠庙》卷二八上，文渊阁《四库全书》本，上海古籍出版社1987年版。

③ 《怀庆府志》卷五，《建置·祠庙》，（台北）台湾学生书局，第387页。

④ （明）何宇度撰：《益部谈资》卷中，册592，第750页。

⑤ （清）黄廷桂修，张晋生等纂：《四川通志·艺文杂著》卷四五，文渊阁《四库全书》本史部册561，（台北）台湾商务印书馆1983年版，第536页。

其采绘华饰，越岁庚子始大备。……"① 二郎，传说为秦国蜀守李冰的第二子，佐父凿离堆山，开渠引水，兴灌溉之利，功勋卓著，被尊为道教神灵。灌口原有二郎祠，被火烧毁。第九代蜀王成王让栩怀念这位为民造福的二郎，于嘉靖十二年（1533）冬兴工，重建二郎神祠，至嘉靖十三年（1534）秋，不到一年即基本告竣。然其采绘华饰，至嘉靖十九年（1540）方才完备。前后历时达 7年之久。

二、祈祷、祭祀

明代宗藩信仰民间神灵，还表现在祈祷福祉、祭祀等活动中。他们相信神具有怜悯之心，只要怀有一颗虔诚、善意的心，就能够感动神，神就会满足其愿望。文献中记载有不少宗藩祈祷、祭祀的案例。

楚庄王，"孝友仁厚，根诸天性。成祖入靖内难，王辞护卫、原赐西安名马，深自贬抑。筑书堂招文学管时敏、贝翱、雷贯辈，昕夕讨论。永乐癸巳，岁旱，躬祷仰山，澍雨随应。宣德甲寅，大饥，发廪为糜粥以济，多所全活……"② 楚庄王孟烷，为第二代楚王。永乐登极，小心谨慎，"深自贬抑"，醉心诗文。同时，心系苍生，仁德宽厚，体恤百姓。永乐十一年（1413）楚地大旱，庄王孟烷亲到仰山庙祷告，随即大雨滂沱。

荆端王，"谦和温粹，锐情经史，礼贤下士，恤困轸灾。以内隙地为田，岁耕种以观旱涝。旱则躬自斋被，为民祈祷，……尝力辞常禄，被温旨。正德十年，以疾辞爵，不允"③。荆端王厚烇为第四代荆王④，谦逊温和，锐意经史，赈灾恤困，宅心仁厚，亲与稼穑，每遇旱情，即沐浴斋戒，为民祈祷。

① 龙显昭，黄海德主编：《巴蜀道教碑文集成》，第 215—216 页。
② （清）迈柱修，夏力恕纂：《湖广通志·藩封》卷二七，文渊阁《四库全书》本史部册 532，（台北）台湾商务印书馆 1983 年版，第 111 页。
③ （清）迈柱修，夏力恕纂：《湖广通志·藩封》卷一七，文渊阁《四库全书》本史部册 532，第 113 页。
④ （清）张廷玉：《明史》卷一一九，《诸王四》。

蜀端王宣圻，康王子，嘉靖四十年嗣位。"天资敦厚，敬神恤民。每遇旱旸，步祷辄雨"①。蜀端王宣圻天性纯朴宽厚，爱民敬神，每遇亢旱，"步祷辄雨"。

楚世子荣㳠，"天性至孝，母妃周氏遘疾，朝夕吁天，求以身代。居丧哀毁，葬时多雨，祈晴即应"②。世子荣㳠，即是后来嗣位的楚端王。楚端王为世子时，母亲生病，早晚祈求上天，愿以身代。母亲病逝，下葬时多雨，祈求天晴，随即应验。

靖江端懿王与妃杨氏患疾，其子安肃王事父母尽孝，"昼夜躬侍汤药，未尝离侧，或中夜焚香吁天，诚意恳到"；及其薨世，"旦夕哀毁，几无以为生"③。

韩府镇国将军范埁生母周氏患"风疾"，范埁"昼夜扶持，不离左右二十余日。母病积危，范埁焚香吁天，刲左股肉调羹，启母口灌，苏，逾数日病愈"④。

景恭王朱载圳，世宗第四子，嘉靖十八年封，三十九年"之藩"德安，"沿途告祀直沽天妃之神，淮河之神，扬子江之神，小孤山之神，汉江之神"⑤。

---

① (清)黄廷桂修，张晋生等纂：《四川通志·帝王》卷二九下，文渊阁《四库全书》本集部册560，第596页。

② 《明孝宗实录》卷一八七，弘治十五年五月丙戌条。

③ (清)汪森编：《粤西文载》卷七四，《墓志》，广西人民出版社1999年版。

④ 《明英宗实录》卷一九七，《景帝附录》，己丑。

⑤ (清)张英：《御定渊鉴类涵》卷一六二，《礼仪部》，文渊阁《四库全书》本，(台北)台湾商务印书馆1983年版。

第十章　明代宗室群体信仰的成因及影响

在本篇的前四章，我们分述了明代宗室群体的信仰状况，罗列了一系列宗室群体的信仰活动，对宗室群体的信仰有了一个基本的了解：明代宗室群体的信仰种类繁多，包罗甚广，既有儒学，又有佛教、道教，还有明代国家祭祀体系中的神灵、民间诸神等，囊括了中国传统文化主体的各个部分，也涵盖了民间文化的相当一部分内容。那么，明代宗室群体信仰形成的原因是什么呢？影响如何？这便是在本章要着力解决的问题。

第一节　明代宗室群体儒学信仰的成因

明代宗室群体的儒学信仰不会凭空产生，自有其出现的多种原因。这首先要从明代文化的大背景谈起。人不可能不受到他所生活的大环境的影响。明代自太祖朱元璋始，即选择程朱理学作为国家的主流意识形态，大加倡导。朱棣时期，更组织编撰《四书大全》《五经大全》《性理大全》诸书，颁行天下。且儒学教育制度完善，中央设国子学，地方设有府、州、县学，乡村设有社学、义学等，甚至卫所所辖地区和一些边疆地区也设有儒学，如卫所儒学、土司儒学。科举考试也以儒家经义为主。生活在这样一个大环境中的明代宗室，不可能不受到儒学的巨大影响。

前面已经谈到过的明代宗室教育对明代宗室群体儒学信仰的形成也有不小的作用。明代的宗室教育可分为明代中前期、明代后期两个阶段。虽然在教育方式和途径上略有不同，如太祖朱元璋先设大本堂教育诸皇子，后于各王府设长史司，任命王府官辅导诸王，而隆庆以后主要以设置宗学的形式教育宗室子弟；内容也前后不太一致，明初诸王宗室不仅要讲说经史，还要历练兵事，而隆庆以后则有职业化的特点，教授宗室医学。但综观明代的整个宗室教育都是以儒家经典《四书》《五经》为主，而且考核严格。宗室教育对儒学的强化在明代宗室群体儒学信仰的形成中所起的作用不容低估。

明代大环境的影响、宗室教育的强化所起的作用是明显的。但还应该注意到制度的导向对明代宗室群体儒学信仰形成的重要性。明政府为有效管理宗室这一特殊群体，除对之加强教育，法律惩治外，还借鉴对其他社会群体的管理方式，对宗室成员践行儒家规范的行为，即善行，进行表彰，建立宗室奖谕旌表制度。明代对宗室善行的奖谕旌表始于成化。成化以前，未有奖谕旌表宗藩的制度。如，成化十年，岷王音埕得风疾，其子膺铺侍奉汤药，晨夕不离。岷王"嘉之"，请求旌表。礼部覆奏："亲藩旌表，旧未有例。""上特赐书奖谕之"①，算是开了一个特例，也是明代奖谕旌表宗室之始。此例一开，弘治之世遂续有对宗室的奖谕旌表。但作为一项朝廷制度，至正德朝方正式形成。正德八年，武宗下诏："自今王府有卓异行者，以敕褒之"②。此后成为定例，终明之世而不改。明代奖谕旌表的宗室甚多，仅根据《明实录》所载列表以示。（见表22）

表22 明代奖谕旌表宗室善行统计表

被奖谕、旌表者	奖谕、旌表时间	奖谕、旌表事由	资料来源
安昌王膺铺	成化十年二月己巳	安昌王膺铺父岷王音埕得风疾，膺铺侍汤药，晨夕不离。岷王嘉之，乞如例旌表，……上特赐书奖谕	《明宪宗实录》卷一二五

① 《明宪宗实录》卷一二五，成化十年二月己巳。
② 《明武宗实录》卷一〇一，正德八年六月戊戌。万历十年方许建立牌坊。

被奖谕、旌表者	奖谕、旌表时间	奖谕、旌表事由	资料来源
汧阳王诚洌	弘治十四年十一月壬午	事父汧阳端懿王暨继母张氏极尽孝道，问安视膳，无问朝夕。父母有疾，汤药必亲尝。赐敕奖谕	《明孝宗实录》卷一八一
楚府世子荣㴖	弘治十五年五月丙戌	天性至孝，母妃周氏遘疾，朝夕吁天以求身代，居丧哀毁。生事尤厚，侍寝问安，承颜养志，内外传播，人无间言。重加褒奖	《明孝宗实录》一八七
周府辅国将军同鉍	弘治十八年三月庚子	请辞禄三之二以助边饷或留为赈贫之用。赐敕特励	《明孝宗实录》卷二二二
襄陵王范址	弘治十八年九月癸巳	笃于孝爱。尝割股愈母，父庄王薨，刻木俱奉如生，忌日必衰时新，不荐不敢食。待其弟镇国将军范堦友爱尤笃，赈军校贫乏，葬其不能举者若干。致书奖谕	《明武宗实录》卷五
钜野王府镇国将军阳铢、阳𬬿	弘治十八年十二月乙亥	少丧父即知哀慕，触地流血，几致殒生。长能事母，备甘旨，谨医药，有疾祈以身代。兄弟友爱笃至，预修同室之圹，即死亦不忍离。山东旱饥，又尝疏减常禄，以助赈恤。赐坊褒扬	《明武宗实录》卷八
阳曲王府辅国将军奇浑	正德元年二月己未	少失父，事母丁氏至孝，母病，朝夕侍汤药，忧悴骨立。每冬，出粟五十石赈饥。赐书奖谕	《明武宗实录》卷一〇
钜野恭定王阳銍	正德二年夏四月甲申	王事其继母妃李氏孝行笃至，王弟阳镏等于其葬所自为立碑，表之以名请。上特赐"旌孝"	《明武宗实录》卷二五
西河王府镇国将军钟铬子奇洋	正德三年十二月辛卯	幼丧母，泣血哀恸，父有疽发于面，亲为吮之，跪进汤药，膝肿如拳，衣不角带者逾月。及卒，哀毁顿绝，水浆不入口者三日，既葬，庐墓誓终丧制焉。旌表其门	《明武宗实录》卷四五
鲁府镇国将军当渼、其子健铛	正德四年春正月丙辰	父有疾，汤药亲尝，后虽出阁，犹日问寝膳不废。事后母如所生。其子健铛亦以孝称。赐敕建坊，用表其父子孝行	《明武宗实录》卷四六

被奖谕、旌表者	奖谕、旌表时间	奖谕、旌表事由	资料来源
东阿王、其女临城县主	正德四年三月己未	凡县主出阁,例给房屋价银,而临城县主独不领。心存廉洁,事异寻常,致书褒奖	《明武宗实录》卷四八
怀仁王聪淑	正德四年七月辛未	盗攻霍州,亲督将军成型、仪宾孔凤等御之,贼乃退。保卫城池,其功可喜,写敕奖励	《明武宗实录》卷七七
鲁王阳铸	正德六年冬十月庚辰	贼攻兖州,率宗室公守诸门,射退之。以守御功,赐敕奖励	《明武宗实录》卷八〇
阳曲王府镇国军钟锁	正德八年六月戊戌	有孝行,赐坊曰"嘉善"	《明武宗实录》卷一〇一
钜野王府镇国将军当灢	正德九年九月癸巳	事父孝,父没让其赀于弟当汗、当淽,事后母蔡氏曲为承顺。如例赐敕奖励	《明武宗实录》卷一一六
秦府保安王诚㵾	正德九年十一月癸酉	事母至孝,其母以闻,赐敕奖励	《明武宗实录》卷一一八
韩府镇国将军范堦	正德十年闰四月庚申	事父庄穆王及母谢氏至孝,与兄恭惠王相友爱。特隆敕奖励	《明武宗实录》卷一二四
晋府西河王奇溯	嘉靖三年八月丙午	有孝行,母卒,哀毁骨立。命敕奖谕	《明世宗实录》卷四二
镇国将军成鐬	嘉靖六年十二月甲子	有孝行,亲没,结庐墓侧,负土叠冢,辰夕号泣不绝。赐敕谕奖	《明世宗实录》卷八三
赵王厚煜	嘉靖七年六月己未	孝行,诏赐奖谕如例	《明世宗实录》卷八九
伊王訏淳	嘉靖十年四月己卯	天性纯孝,生母魏氏疾,衣不解带,汤药亲尝,及终,庐墓神主殿侧,三年如一日。赐银币、羊酒奖劝	《明世宗实录》卷一二四
晋王知烊	嘉靖十年十月丁酉	性至孝,事嫡母郝氏及生母彭氏甚谨。母妃薨,号痛凡绝。赐敕奖谕	《明世宗实录》卷一三一
韩府襄陵王征钤	嘉靖十一年四月庚子	五世同居,上嘉其亲睦,遣使赍敕奖谕,仍赍以羊酒	《明世宗实录》卷一三七
镇平王府奉国将军安河	嘉靖十二年正月己巳	孝行,从周王睦㰪奏也	《明世宗实录》卷一四六

续表

被奖谕、旌表者	奖谕、旌表时间	奖谕、旌表事由	资料来源
赵王厚煜	嘉靖二十一年十月乙未	请以应征禄米及以前见征未完者愿输官以备军饷，并辞免新加禄米三百石。上嘉其忠诚，下玺书慰劳，新加禄米准辞免，余者王自给如故	《明世宗实录》卷二六七
晋王新㙉	嘉靖二十九年十二月壬午	输银三千两助募兵，有司以闻，上嘉其体国恤民，赐敕奖之	《明世宗实录》卷三六八
代王廷埼、汝王祐樟、德王载墱、徽王载埨、宁化王府辅国将军知㞆	嘉靖三十年四月辛未	代王廷埼献五千两，汝王祐樟献银三千两，德王载墱献战马八匹、银一千两，徽王载埨、宁化王府辅国将军知㞆各献银一千两助边。俱赐敕奖谕	《明世宗实录》卷三七二
唐王宇温、衡王厚燆	嘉靖三十年五月甲午	各献战马助边，赐敕奖谕	《明世宗实录》卷三七三
寿王祐耆、楚王英㷷、赵王厚煜、襄府阳山王厚颍、益王厚烨、吉王载圳、崇王载境	嘉靖三十年六月丙辰	寿王祐耆、楚王英㷷各进银三千两，赵王厚煜进马十匹、银一千两，襄府管理府事阳山王厚颍进银二千两，益王厚烨、吉王载圳、崇王载境各进银一千两助边。俱赐敕奖谕	《明世宗实录》卷三七四
鲁王颐坦	嘉靖三十二年七月癸亥	赐敕奖谕鲁王颐坦贤孝。王父端王病，尝乐祷神，请以身代；居丧卧苫，醋粥者期月，徒跣扶辐百里，衰绖三年；又捐千金及湖数顷以赈饥。有司以闻，故有是命	《明世宗实录》卷四〇〇
西河王长子表相	嘉靖三十二年八月癸卯	有孝行，父母有疾，弥月不解带。诏赐敕奖谕	《明世宗实录》卷四〇一
唐王宇温	嘉靖三十上三年三月乙卯	年七十有行谊，赐敕奖谕	《明世宗实录》卷四〇八
庆王鼒枋	嘉靖四十年五月乙亥	读书好善，敦尚俭朴，宁夏修筑边城，出金谷犒赏，其居家孝友。遣官奖谕，仍命有司具彩币、羊酒并给坊扁旌之	《明世宗实录》卷四九六
奉国将军安河	嘉靖四十二年六月己酉	有孝行	《明世宗实录》卷五二二
衡王厚燆	嘉靖四十四年五月庚戌	奏辞禄米之半，以补宗禄不敷之用	《明世宗实录》卷五四六

被奖谕、旌表者	奖谕、旌表时间	奖谕、旌表事由	资料来源
吉王翊镇、沈王恬烄、晋王新㙉、秦王怀埢、庆王鼒枋	嘉靖四十四年十月甲申	各奏辞禄米一千石，以补宗禄	《明世宗实录》卷五五一
荣王载墀、崇王翊鐯	嘉靖四十四年十二月己亥	荣王载墀奏减禄米一千石、崇王翊鐯奏减五百石，各补充宗禄	《明世宗实录》卷五五三
蜀王宣圻、荆王翊钜	嘉靖四十五年十月丙子	蜀王宣圻辞常禄一千石、荆王翊钜辞常禄五百石	《明世宗实录》卷五六三
鲁王颐坦、德王载墱	隆庆二年十二月己亥	各奏辞禄米以给宗粮，鲁王二千石，德王千石	《明穆宗实录》卷二七
赵王常清	隆庆三年二月壬辰	请损禄米岁千石，以济贫宗	《明穆宗实录》卷二九
晋王新㙉、沈王恬烄、镇康王恬焯、陵川王府辅国将军勋让、庆成王府辅国中尉表析	隆庆三年九月丁亥	俱孝义纯良	《明穆宗实录》卷二七
鲁王颐坦、新乐王载玺、钜野王府奉国将军健根、安丘王府镇国中尉观烚	万历元年四月辛亥	颐坦忠孝敬义，居丧守礼，孝行久著；健根文行迈俗，乐善亲贤；观烚重义好施	《明神宗实录》卷一二
黎山王府辅国将军定焖	万历元年四月辛亥	有孝行	《明神宗实录》卷一二
周王在铤、益王翊鈏	万历十一年四月庚申	二王忠敬孝友	《明神宗实录》卷一三六
鲁王颐坦	万历十一年七月甲午	仁孝懿行	《明神宗实录》卷一三九
岷王定燿	万历十三年八月庚申	忠孝性成，恭俭凤著，捐己禄以赈乏，置学田以崇儒	《明神宗实录》卷一六四
鲁阳王勤灰、睦橘	万历十五年三月丁巳	以输谷救荒	《明神宗实录》卷一八四
赵王常清	万历十五年八月戊午	善行表著	《明神宗实录》卷一八九

被奖谕、旌表者	奖谕、旌表时间	奖谕、旌表事由	资料来源
鲁阳王勤灰	万历十六年七月辛未	因水旱时闻，皇泽覃敷，愿将岁支禄米一千石，自本年至终身，俱扣留京师以资公用	《明神宗实录》卷二〇一
楚王华煃	万历十七年十二月己亥	以千金赈恤贫宗	《明神宗实录》卷二一八
镇国中尉睦㮨	万历十九年正月乙丑	以岁歉计诎，愿捐禄米四百石以助国用	《明神宗实录》卷二三一
蜀王宣圻	万历十九年十月庚子	捐银一千两助充军需	《明神宗实录》卷二四〇
周王萧凑、原武王朝埈、永宁王府宗室睦橘、镇平王府宗室睦采安昌王在鋮	万历二十二年四月丁卯	周王萧凑暨母妃袁氏捐银一千两，原武王朝埈、永宁府宗室睦㮨各捐银一百两，镇平府宗室睦采谷三百石，散赈贫宗；又，安昌王在鋮及睦橘孝义著闻	《明神宗实录》卷二七二
福王常润	万历二十二年五月己卯	捐禄三千两助赈	《明神宗实录》卷二七三
沈王珵尧	万历二十二年五月己丑	输银千两为辽左助边，米千石发赈两河	《明神宗实录》卷二七三
唐王硕熿	万历二十二年十月戊申	捐银赈贫宗贫民及府县师生之贫者	《明神宗实录》卷二七八
山东富平王寿铮	万历二十四年四月甲寅	孝行	《明神宗实录》卷二九六
楚府通山王府奉国将军华墤	万历二十四五月乙未	孝行	《明神宗实录》卷二九七
韩王朗錡	万历二十四年九月壬子	孝思纯笃，乐善施仁，懿行著闻，写敕奖励，并给予坊扁	《明神宗实录》卷三〇二
蜀王宣圻	万历二十四年十一月丙申	进助工银六千两	《明神宗实录》卷三〇四
赵王常清	万历二十四年十一月庚子	进助工银一千两	《明神宗实录》卷三〇四
沈王珵尧、晋王敏淳、辅国中尉充茜、庆成王慎钟、永和王长子敏注、辅国中尉新堤	万历二十七年十月丙戌	各捐金助赈，赐敕给扁。以沈王所捐独多，命竖坊备礼，以彰优异	《明神宗实录》卷三四〇

续表

被奖谕、旌表者	奖谕、旌表时间	奖谕、旌表事由	资料来源
鲁王寿鏳	万历二十七年十月壬辰	捐银一千五百余两修建学宫	《明神宗实录》卷三四〇
蜀王	万历二十八年七月壬戌	捐禄犒军	《明神宗实录》卷三四九
唐王硕熿、周世子恭枵、柘城王肃濠、原武嫡长子在锦、汤阴王府奉国将军载坲、汝阳王府辅国中尉勤熬、镇平王府镇国中尉睦梁等	万历三十七年五月甲辰	皆贤明仁孝，博古崇儒。各赐敕书旌奖	《明神宗实录》卷四八五
肃王	万历三十七年十二月己卯	进马五十匹	《明神宗实录》卷四五六
德王常潪	万历三十八年八月壬午	捐米千石赈饥，全活者众	《明神宗实录》卷四七四
阳曲王府辅国中尉新堤、隰川王府奉国中尉廷珪、庆成王敏窐、永和王敏洼、中尉廷崖、充营，庶宗鼎汜	万历三十九年四月乙未	旌山西宗藩输粟助赈者，阳曲王府辅国中尉新堤谷八百石，银六十两，隰川王府奉国中尉廷珪谷八百石，俱建坊。庆成王敏窐、永和王敏洼、中尉廷崖、充营、庶宗鼎汜俱旌其门。鼎汜此义民给冠带	《明神宗实录》卷四八二
德王常潪、鲁王寿铉、衡王常㳛	万历四十年四月甲辰	各捐禄救荒	《明神宗实录》卷五五六
沈王	万历四十七年三月乙巳	捐禄一千两助饷	《明神宗实录》卷五八〇
唐王	万历四十七年四月壬申	捐禄五千两饷边	《明神宗实录》卷五八一
鲁王	万历四十七年四月癸酉	捐禄一千两助饷	《明神宗实录》卷五八一
周王	万历四十七年五月庚子	捐禄三千两饷边	《明神宗实录》卷五八二
福王	万历四十七年六月壬申	捐禄三千两助饷	《明神宗实录》卷五八三

被奖谕、旌表者	奖谕、旌表时间	奖谕、旌表事由	资料来源
晋王	万历四十七年七月甲申	捐禄三千两助饷	《明神宗实录》卷五八四
代王、潞王	万历四十七年七月丙戌	代王捐禄一千两、潞王捐禄三千两各饷边	《明神宗实录》卷五八四
衡王	万历四十七年八月乙卯	捐禄二千两饷边	《明神宗实录》卷五八五
秦王、德王	万历四十七年八月己未	秦王捐禄三千两、德王捐禄一千两各助饷	《明神宗实录》卷五八五
赵王、襄王	万历四十七年八月甲子	各捐禄一千两助饷	《明神宗实录》卷五八五
唐王、华阳王、崇王	万历四十七年十月甲寅	唐王捐禄三千五百两，华阳王三千两，崇王二千两各助饷	《明神宗实录》卷五八七
荆王	万历四十七年十月乙卯	捐禄二千两助饷	《明神宗实录》卷五八七
周藩各郡王及宗正	万历四十七年十月丙子	捐禄三千两助饷	《明神宗实录》卷五八七
鲁王寿鋐	天启二年十二月乙酉	以其捐资助饷、除乱安民	《明熹宗实录》卷二九
鲁王	天启五年八月己亥	捐禄助大工	《明熹宗实录》卷六二
福王、唐王、潞王、襄王、韩王、德昌王	天启五年十一月戊申	各藩府进助工银：福王一万两，唐王一万两，潞王三千两，襄王二千两，韩王一千两，德昌王一千五百两，余各进有差。赐书褒之	《明熹宗实录》卷六五
秦王、周王、晋王、郑王、宁化王	天启六年四月乙亥	各王府进助工银。秦王一万两，周王一万一千五百余两，晋王四千两，郑王二千两，宁化王二千两	《明熹宗实录》卷七〇
唐王硕熿	天启六年十二月乙卯	捐资以助殿工，赐敕褒嘉，仍命建坊旌表	《明熹宗实录》卷七九
鲁王	崇祯三年三月己酉	捐禄佐军	《崇祯长编》卷三二

被奖谕、旌表者	奖谕、旌表时间	奖谕、旌表事由	资料来源
沈王	崇祯三年四月己巳	捐禄犒师	《崇祯长编》卷三三
唐世孙聿键	崇祯三年五月戊戌	捐银助饷	《崇祯长编》卷三四
瑞王	崇祯三年六月庚申	捐银助饷	《崇祯长编》卷三五
荣王	崇祯三年七月壬辰	输资助军	《崇祯长编》卷三六
晋王	崇祯三年七月庚子	以大兵未撤，输资佐军	《崇祯长编》卷三六
瑞王	崇祯三年十二月乙卯	捐资助饷	《崇祯长编》卷四一
韩王	崇祯四年十月己未	助饷银	《崇祯长编》卷五一
瑞王	崇祯十六年十一月甲午	捐禄助饷	痛史本《崇祯长编》卷一
瑞王	崇祯十六年十二月丁卯	捐银二千两助饷，鞍马银一千两，请以藩禄支除	痛史本《崇祯长编》卷一
代王	崇祯十七年二月甲申	捐输固圉	痛史本《崇祯长编》卷二

据表 22 可知，明代奖谕旌表的宗室善行包罗甚广，可细分为多种类型。第一，孝友。百行孝为先。孝敬双亲、友爱兄弟，为传统伦理道德之本。明朝标榜以孝治天下，对宗室孝友表彰奖励尤多。成化 1 人次，弘治 2 人次，正德 12 人次，嘉靖 11 人次，隆庆 5 人次，万历 18 人次，共 49 人次。第二，忠君恤国，为国分忧，是朝廷对宗室的殷切希望。朝廷对捐禄佐军、助饷、犒师及保卫城池、进献马匹以加强国家军事力量的宗室亦大加奖谕、旌表。弘治 1 人次，正德 2 人次，嘉靖 17 人次，万历 22 人次，天启 1 人次，崇祯 11 人次，共 52 人次。第三，捐助大工，为修建宫殿不吝解囊。万历 2 人次，天启 13 人次。第四，奏辞房价、禄米以缓解因宗禄不足造成的政府财政压力。正德 1 人

次，嘉靖 10 人次，隆庆 2 人次，万历 2 人次。第五，捐禄赈济贫宗、救济灾荒、购置学田、修建学宫。隆庆 1 人次，万历 30 人次。明代共奖谕旌表宗室 164 人次。成化至崇祯朝奖谕旌表宗室各类善行人次的绝对数虽有明显的起伏，年奖谕旌表率也有升降，但总体呈上升趋势。（见表 23）

表 23　明代奖谕旌表宗室善行人次及年奖谕旌表率统计表

	成化	弘治	正德	嘉靖	隆庆	万历	天启	崇祯
奖谕旌表人次	1	3	15	38	8	74	14	11
年奖谕旌表率	0.06	0.17	0.93	0.84	1.33	1.54	2.00	0.65

　　明政府对宗室忠、孝、仁、义者的奖谕旌表，提高了他们在本群体及当地社会中的声望，也起到了从社会制度方面引导宗室群体认同儒家学说，从而信仰儒家学说的作用。

第二节　明代宗室群体信仰佛道及国家祀典、民间神灵的原因

　　如前所述，儒家学说虽有人认为是一种宗教，但应该说，其主要是一种政治哲学和伦理道德学说。与佛、道以自我净化、提升为主的宗教及其他超自然的神秘力量有很大的不同。因此，在探索明代宗室群体信仰的原因时，将其分开论述。

　　特定时期某一社会群体信仰的形成，系多方面因素所致。明代宗室群体不可能例外。其信仰佛道、国家祭祀体系中的神灵及民间诸神的原因也应该是多方面的。下面主要对明代宗室群体佛道信仰的成因做一分析。

一、明朝社会信仰管理的政策因素

明朝自建国之初始，就确立了佛教、道教的合法地位。同时，对民间非组织化的诸神信仰实行宽容的政策①。洪武元年春正月，"立善世院，以僧慧昙领释教事，又立玄教院，以道士经善悦为真人，领道教事"②。至洪武十五年，除善世、玄教两院外，更设两司，"在京曰僧录司、道录司，掌天下僧道"，同时确立了度牒管理制度③。虽然对寺观的规模和僧道数量有一定限制，但明朝给予佛教、道教以及不具威胁性的民间信仰以合法的存在空间。终明之世，这一制度安排少有变革。世宗时期，虽一度打击佛教，对明初奠定的宗教管理政策有一定的冲击。但总体而言，对社会信仰的管理呈现出"听任自流"的态势。宽松的社会信仰管理的政策环境，是明代宗室群体的佛道信仰及对其他超自然神秘力量信仰形成的基础。因为它既为明代宗室群体的信仰活动规定了选择的空间，也为明代宗室群体的信仰选择提供了框架性的合法性依据。

二、区域文化环境因素

人的信仰行为选择无疑要受到国家政策、制度的规范，但区域文化环境的影响也是非常重要的。因为人不可能不受到所处环境的文化的熏染。明代宗室群体的信仰也是如此。我们如把明代各藩府宗室信仰的差异与所处区域的文化环境联系起来，就可非常明显地看到这一点。

秦府宗室多信仰佛教，也有信仰道者。秦府宗室这一佛道信仰的状况，与长安及其附近地区的文化环境密切相关。据史料明确记载，佛教传入中国内地，首先到达长安。长安作为多个王朝的都城，会聚了大批僧尼和信仰佛教的皇室勋贵。因此，古代长安佛教兴盛，六个宗派的祖庭齐聚于此。大量佛寺分

---

① 赵轶峰：《明代国家宗教管理制度与政策研究》，中国社会科学出版社 2008 年版，第 28 页。
② 《明太祖实录》卷二九，洪武元年春正月庚子。
③ 《明太祖实录》卷一四四，洪武十五年夏四月辛巳。

布其中，香火旺盛，更有高僧处于其间，佛教文化氛围浓厚。但，在长安及其周边地区，道教也较兴盛。终南山是道教名山，楼观台、重阳宫等颇具影响力的道家宫观汇集于此。这对秦府宗室信仰以佛教为主、佛道兼信有直接的影响。

蜀府宗室的信仰，则与其所处的巴蜀区域文化环境密切相关。蜀藩封国成都，地近峨眉。峨眉山本是仙家圣地。随着佛教进入蜀地，佛道论争不断。宋代以后，道教在峨眉山逐渐衰落，大量佛寺分布其中，香火旺盛，不乏高僧聚处于此。同时，大量现存碑刻显示，巴蜀地区道教仍旧兴盛，峨眉山道教在整个明代还都有保留。生活在这样一个文化环境里的蜀府宗室，其宗教信仰取向不可能不受到影响。可以说，蜀府宗室多信奉佛教，同时兼信道教及与佛、道二教有关的民间诸神，是较为自然的事情，是本区域文化濡染的必然结果。

居于江西的宁府、益府宗室，多信仰道教，也不是偶然的。明代正一道张天师家族居于江西，江西的道教氛围浓厚，佛寺修建较其他省份要少。江西道教兴盛的文化环境对宁府、益府宗室的信仰影响较大。发掘的江西宗室墓葬，尤其是益藩多代藩王的墓葬，均具有鲜明的道教色彩。可见，江西宗室信仰道教具有一定的普遍性，其与秦府、蜀府宗室的信仰差异是不同的文化环境因素使然。

三、宗室政策因素

明代的宗室政策内容繁多，体现在《皇明祖训》及其他先后颁定的各项法规和制度当中。但总括起来不外乎两个大的方面：一方面，待宗室以"亲亲之义"，给予较高的政治地位和优厚的经济待遇；另一方面，又贯穿以"防闲"之意，防止其谋权篡位，攘夺最高统治权，破坏统治秩序。这一宗室政策的框架与其背后的理念，自明太祖朱元璋统治的洪武时期就已确立。但洪武以后，这一宗室政策在不变之中也有变化，即政策框架未变，与明朝相始终。但，"防闲"之意却进一步强化。至中叶，更形成严厉的"藩禁"。不仅宗室的政治权力、军事权力被剥夺，人身自由也受到极大的限制，成为"囚笼"中的贵族。明代的宗室政策对宗室群体信仰佛道及其他超自然神秘力量的影响是多方面的。

第一，朝廷给予的大量赏赐与丰厚的岁禄，为其信仰佛道及其他超自然的神秘力量奠定了物质基础，使其具有较为雄厚的财力修建寺观庙宇，进行宗教捐赠，表达宗教感情；不农、不工、不士、不商，不得习四民之业，又使这一群体拥有大量闲暇，得以优游佛教、道教圣地，与僧人、道士相唱和。

第二，"藩禁"政策导致的宗室群体生存状态的改变，是其信仰佛道二教及其他超自然神秘力量的内生动力。"藩禁"的形成和实施，彻底改变了宗室群体的生存方式：政治军事舞台丧失，无法施展才干，幽居封城，无所事事，找不到生存的意义，内心压抑、空虚、苦闷；不唯如此，鉴于宗室在政治上的影响力，朝廷的防闲猜忌，犹如幽灵一般，徘徊不去，如影随形，不少宗室因此内心忧惧，虽辞掉护卫，放弃"硕果仅存"的一点军事力量，但仍无法获得安全感。这种境遇遂使宗室一方面转向宗教寻求精神的慰藉和寄托，另一方面则为避免引起猜疑，多热心佛老，遁世避祸，寻求自保。应该说，这是明代宗室群体信仰佛道二教及其他超自然神秘力量的主要原因。

心理学在诠释宗教时，"强调宗教信仰者个人内在的心理活动在宗教生活中的意义，并把信仰者个人的主观性宗教感受和宗教体验视为宗教之最本质的东西和宗教之真正秘密所在"[1]。心理学家弗洛姆亦认为，宗教给予信仰群体中的个人以方向的范围和信仰的对象[2]。宗教信仰所带来的认同感和皈依感，是信仰者在宗教体验中获得的最有效的精神依托。明代宗藩在不同的宗教信仰中，亦极力寻求并获得了精神和心理上的慰藉。甚至在某种程度上，依托其宗教信仰获得了现实的庇护。

---

[1] 梁丽萍：《中国人的宗教心理：宗教认同的理论分析与施政研究》，社会科学文献出版社 2004年版，第 7 页。

[2] Fromm, Erich. *Psychoanalysis and Religion*. New Haven: Yale University Press, 1950.Cited from Bantam edition.1967.

明代宗藩"列爵而不临民，食禄而不治事"，而且有严格的藩禁政策，"出城省墓，请而后许"①。洪武年间，亲王尚得率兵作战，施展其军事才能。但自建文帝始，即以剥夺诸王之兵权和治事权，大力削弱宗藩。藩封北平的燕王朱棣"靖难"称帝后，虽有意一改建文的作风，以彰显其"亲亲"之意来稳定宗室人心。但面对拥兵自重的藩王，始终如坐针毡。随后，即禁止藩王干涉地方事务、迫使各个王府献辞护卫以及改封有实力的亲王，继续削弱各王府势力。永乐以后，对宗藩的限制愈演愈烈，"藩禁"形成，以至宗藩不能习四民之业，只能坐食宗禄，困于府邸，以至"二王不得相见"。在这样严格的藩禁之下，宗藩"动辄得咎"，始终见疑于天家。虽享有大额宗禄坐享富贵，待遇优渥。但却处处受限，必须小心谨慎。有才华者，无处施展个人抱负，有报国无门之慨。正如明人张岱所言："在诸王中，乐善好书者，固百不得一；而即有好饮醇酒、近妇人，便称贤王。"②唯纵情酒色，方能让皇帝放心。在这样苦闷的生活状态下，宗教信仰正有效地填补了天潢贵胄们空虚的精神世界，使之获得了精神的依托。同时，宗藩尤其是亲王为了避嫌，便醉心佛老以韬光养晦，求得一府的平安。

宁王朱权即颇具代表性。宁王初封大宁，"带甲八万，革车六千，所属朵颜三卫骑兵皆骁勇善战"，军事力量强大。而朱权本人亦"以善谋称"，"数会诸王出塞"作战。燕王起兵，建文帝使人召权入京不至，遂削其三护卫。后燕王兵袭大宁，拥权入燕，宁王精锐尽归燕王旗下。而朱权亦"时时为燕王草檄"，燕王一度谓之曰："事成，当中分天下。"③然而成祖即位后，改封宁王权于南昌，且以布政司府衙为王府，并下诏不改瓴甋规制，甚至一度遭人告发其行巫蛊诽谤之事，后经密探查验无实方止。自此，益发韬光养晦，构精庐读书其间，沉湎道家清修，方得安度成祖之世。仁宣期间，法禁稍解，一度请求徙国，又因言宗室不应定品级而被斥责，不得不上疏请罪。政治的失意以及人生

---

① （清）张廷玉：《明史》卷一二〇，《诸王五》。
② （明）张岱：《石匮书后集》卷五，《明末无王世家总论》，《续修四库全书》第320册，第450页。
③ （清）张廷玉：《明史》卷一一七，《诸王二》。

的其他不如意，使宁王权极力避嫌，韬光养晦，将精力投注于道教信仰和读书著述之中。

除了以上所述三方面的因素外，经世的人生取向的驱动，是明代宗室群体崇信佛道及其他超自然神秘力量的又一原因。根据宗教人类学的研究，宗教具有支撑和调节的功能，在一定条件下它可以把人们的不满情绪缩小到最低限度，有利于维护社会和谐发展。同时，宗教借助对社会规范和价值观念的神化，还可以控制信仰人群的个人欲望和不利于群体的利益冲动[1]。在这方面，不少明代宗室具有高度的自觉。从前引明代宗室所作的宗教碑铭中，可以清楚地感受到这一点。他们修建寺观庙宇，布施财物，其目的就是力图通过构建区域宗教信仰系统，引导一方民风，以实现地方秩序的和谐、稳定。他们之所以会如此，是因为"藩禁"堵塞了宗室通往政治、军事权力的道路，使他们不能在政治、军事上一显身手。但中国传统文化的主体赋予他们的经世的价值观念未曾一日去怀。于是，便采取了曲折的形式实现心底的这一愿望，即通过信仰宗教，特别是佛道，维护地方社会秩序的稳定。

第三节　明代宗室群体信仰佛道、民间诸神等超自然神秘力量的影响

明代宗室群体信仰佛道、民间诸神等超自然神秘力量较为普遍。就目前所见到的材料来看，信仰佛道，或民间诸神，或术士的亲王不少于明代亲王总数的1/3。那么，这样一个坐食宗禄、享有特权，且人数众多的群体信仰佛道、民间诸神等超自然神秘力量产生了怎样的影响呢？下面仅简要言之。

首先，就积极方面看，明代宗室群体通过对佛道二教及其他超自然神秘力

① 金泽：《宗教人类学导论》，宗教文化出版社2001年版，第345—346页。

量的信仰，心灵得到了慰藉，不满的情绪得到了较为有效的平复，自身也在一定的程度上得到了保护，免除了朝廷的无端犯忌！同时，在地方社会秩序的稳定中，也起到了一定的作用。就稳定地方秩序而言，寺观庙宇的修建有两个方面的意义：一方面，通过宗教场所的修建，加强了宗教对地方民众的影响，以及区域内的宗教认同感，使人心有所依附、有所敬畏，故而从心理上、精神上形成一股凝聚力；另一方面，修建寺观庙宇使得穷苦大众尤其是无业游民可以获得工作，或许劳动报酬极低甚至仅提供饭食，但也有效避免了游离之众因无所依归而聚众闹事；再者，寺观一类宗教场所往往会给无家可归的穷人提供居所，使之免于风霜，这亦是造福民众，维系人心之所在。

佛道等多提倡行善积德，皈依宗教的宗室除了修建宗教场所、布施供养僧道（含女尼、道姑）外，亦修建了一些地方公共基础设施，如桥梁的修建。天柱桥，在桂林府城东，旧名花桥，又名嘉熙。"桥东崖有小山平坡突起，高约五六丈，大可五十围，形如础柱，故名天柱。明景泰间，太守何永全建，嘉靖十八年倾圮，靖江安肃王妃重建。"① 崛山桥，在济南城东南三十五里，"明德藩创建"②。等等。这些桥梁的修建方便了往来商旅和当地百姓，弥补了地方公共基础设施的不足。

明代宗藩对佛道等宗教及其他超自然神秘力量的信仰，丰富该群体的文艺创作内涵。一方面，与宗教相关的诗歌大量出现，且因其受宗教情感的影响而内涵有所提升；另一方面，宗教成为明代宗藩书画、音乐、戏剧乃至著述的主题之一。

明代宗藩不习四民之业，困于一城之内，坐食宗禄，大量的闲暇使得一些宗藩成员沉浸在诗书之中。明代宗藩所撰诗文集颇多，遗憾的是已多散佚，传世者较少，较为完整的有秦简王诚泳《小鸣稿》、晋藩庆成王朱慎钟《宝善堂稿》以及秦藩宗人朱敬鎇《梅雪轩诗稿》。除了上述三部诗稿外，《明诗综》等亦

① （清）汪森编：《粤西文载》卷一八，《关梁》，广西人民出版社1999年版。
② （清）岳濬、法敏修、杜诏等纂：《山东通志》卷二二，《桥梁志》，台湾商务印书馆1985年版。

收录一些宗藩的诗歌。在这些诗歌中，不乏充斥着敷衍应酬之作，或表现出纸醉金迷的腐化气息。但也有不少超脱尘世、体悟深透的清雅之作。宗教信仰不仅丰富了明代宗藩的诗文创作题材，同时在一定程度上提升了其诗文的内涵。

除了诗文外，一些宗藩成员将宗教的情感投注到了书画之中。"先子讳多燨，字垣佐，号崇谦，乐安靖庄王孙，天性和粹谨逊，生世七十八年，于人绝无忤色。精于史传，好友诗文君子，与之扬扢唱和，家有清晖楼，北眺龙沙，旁窥鹤岭，法书名画盈积几架，春秋晴雨，苍润满帘，披卷临玩，怡然自适，善写墨菊，亦喜作仙道人物"①。"宁献王权高皇帝第十六子也，始封大宁，徙南昌，神姿秀朗，慧心天悟，始能言自称奇士，好古博学，旁通释老，著述甚富，兼善书法，著《书评》一卷。"② 此外，蜀献王椿也曾为张三丰画像题款。佛道讲究清净，使他们获得更纯粹的创作心境。

此外，明代宗藩在音乐、戏曲以及其他著述方面也深受其宗教信仰的影响。以宁献王朱权为例，其道教著述达 20 多种。如《庚辛玉册》，明人李时珍言："宣德中，宁献王取崔昉《外丹本草》、土宿真君《造化指南》、独孤滔《丹房鉴源》、轩辕述《宝藏论》、青霞子《丹台录》诸书所载金石草木可备丹炉者以成此书。"③ 由此可见，宁献王大量的道教著述与其对道家炼丹、养生之术的崇奉紧密相关。在乐律方面，宁献王朱权所作《太和正音谱》，首次提出"神仙道化剧"。同时，还创作了有"神仙道化剧"。当然，创作神仙道化剧最多的，当推周宪王朱有炖莫属，其《诚斋乐府》收入有 31 种杂剧，其中，"神仙道化剧"的数量最大。

其次，明代宗藩信奉佛道等宗教也带来了消极影响。与宗教有关的违法犯罪活动破坏了明代的法制，更有甚者，宗教在一定程度上成为明代宗藩中几次谋逆出现的诱因。

---

① （明）朱谋垔：《画史会要》卷四。
② （清）孙岳颁等：《御定佩文斋书画谱》卷二〇，《历代帝王书下后妃诸王附》，文渊阁《四库全书》本，上海古籍出版社 1987 年版。
③ （明）李时珍：《本草纲目》卷一上，《历代诸家本草》，中国书店 1988 年版。

　　明初对寺观庙宇和僧道数量进行严格的控制，明确规定：不得私创寺观。洪武六年，明太祖朱元璋"以释老二教，近代崇尚太过，徒众日盛，安坐而食，蠹财耗民，莫甚于此。乃令府州县止存大寺观一所，并其徒而处之，择有戒行者领其事。若请给度牒，必考试精通经典者方许。又以民间多女子为尼姑女冠，自今年四十以上者听，未及者不许，著为令"①。但是，纵观有明一代，宗藩私自创建佛寺者仍可见诸典籍，更有甚者，明目张胆上疏请求皇帝赐额。还有的宗藩私度寺僧。对于宗藩的这些行为，碍于亲亲之义和宗藩的特殊身份，皇帝一般不会给予很重的惩罚，或予斥责，或予默许，不予追究，无形中起到了纵容的作用，严重破坏了明代的法制，使明初的法律成为具文。

　　僧尼道士女冠巫祝之流出入王府，早在洪武年间即被明太祖斥责。明太祖朱元璋在《御制纪非录》中，列举了分封各地藩王的不法之举，要藩王们认真阅读，改过自新。在明太祖批评秦王㭎的恶行中，有两条涉及与僧尼道士往来："一、容留二仪人观音堂尼姑，在宫看病住了十日以致为非。""一、唤林通山华先生入宫，于各宫门上画门神，又于正宫门上画符。"②可见，明太祖朱元璋对藩王宗室与僧尼道士往来是持反对态度的。但在明代，藩王宗室与僧道往来并未断绝，且有酿成命案者。"周府镇国将军安渍、奉国将军安汝私出尼僧寺饮酒，与仪宾阎鐳忿争，率群下殴之，鐳遂死。抚巡官以闻，诏革安渍禄米十之八，安濡、安汝十之五，仍敕周王切责之，群下发戍边卫者六人"③。后面的这一例虽系诬告，但反映了类似事件并非偶然。盘烨，宁献王第二子，上奏宁静王奠培不法事。奠培遂"买串"访事校尉捏奏，盘烨与四尼姑通奸。天顺五年十二月初四日，英宗下诏：盘烨革爵，送凤阳幽禁；其子奠堉以不能谏阻，送西山祖陵烧香④。此事虽后经查证，实无此情，但说明宗藩与僧道尼姑

①　《明太祖实录》卷八六，洪武六年十一月戊戌。
②　（明）朱元璋：《御制纪非录》微缩胶卷，全国图书馆文献缩微中心 1986 年版。
③　《明武宗实录》卷一五〇，正德十二年六月丙辰。
④　（明）俞汝楫：《礼部志稿》卷七四，《宗藩备考·藩爵》，文渊阁《四库全书》本，上海古籍出版社 1987 年版。

往来具有一定的普遍性。

明代宗藩的几次谋逆乃至叛乱，与宗教也有着某种关联。伊王典楧，嘉靖二十三年袭封，不遵祖训，"志欲更张，事多违制。妄信堪舆之术，顿萌图大之心，驾言葺修，擅行展拓，城连百雉。俄惊府第之峥嵘，门建三重，敢拟天庭之峻伟"①。堪舆之术属道家的范围。伊王萌生"图大之心"，由"妄信堪舆之术"而起的。谷王之异谋、宸濠之乱、寘鐇之叛以及广通王之乱，也都有僧道巫祝参与其中。

谷王橞，洪武二十四年封，二十六年就藩宣府。靖难兵起，奉命返京。永乐登极，改封长沙，骄横霸道，图谋不轨，"招匿亡命，习兵法战阵，造战舰弓弩器械。大创佛寺，度僧千人为咒诅。……谋于元夕献灯，选壮士教之音乐，同入禁中，伺隙为变"②。谷王橞对朱棣不满，私创佛寺，度僧千人，念咒语诅咒朱棣，求神降祸于他。度僧咒诅为共谋逆的重要组成部分。永乐十四年七月，蜀王椿密奏谷王不轨③；十五年，谷王被废为庶人。

景泰二年，岷王府广通王朱徽煠发起叛乱，拉开了持续五六年之久的湖广苗民起义的序幕。摈诸史料，广通王之乱与其道教信仰不无关系，可谓是诱使其发动叛乱的重要原因。广通王徽煠，"有勇力"，家人段友洪"导王不法"，复进以妖术，并引荐善相术的于利与广通王相见，利宾言："王有异相，当主天下。"广通王大喜，遂生反谋。景泰二年十月，以金造"轰王"之宝，银饰"灵武侯""钦武侯"印二，改元"玄武"，"作伪敕，分遣段友洪及蒙能、陈添行入苗中，诱诸苗以银印金币，使发兵攻武冈"④。段友洪招诱苗首未果，返回武冈时被执。都御史李实上奏广通王谋乱，景泰帝遣驸马都尉焦敬、中官李琮"征徽煠入京"。随后，又证实阳宗王徽炡"实与广通王共谋"⑤。广通王、阳宗

---

① （明）张永明：《张庄僖文集》卷三，文渊阁《四库全书》本，（台北）台湾商务印书馆 1983年版。

② （清）张廷玉：《明史》卷一一八，《诸王三》。

③ 《明太宗实录》卷一七八，永乐十四年秋七月辛亥。

④ （清）张廷玉：《明史》卷一一八，《诸王三》。

⑤ 《明英宗实录》卷二九〇，景泰二年冬十月丁卯。

王俱削王爵，降为庶人①。值得注意的是，广通王所建年号"玄武"，又称元武、玄武。玄武是中国古代神话中法力无边的四灵之一，后被尊为道教的护法神，称玄天上帝、真武大帝②。广通王朱徽煠信仰道教，与术士交往，听信术士之言，以道家玄武为年号，实欲借以蛊惑人心，为其叛逆披上君权神授的合法外衣。

正德五年四月五日，安化王寘鐇杀害总兵官姜汉等，反叛朝廷。这场叛乱仅 18 日就被平定，如昙花之一现。寘鐇之乱发生的原因较多，但与道教的相术、巫术也有一定的关联。史载，寘鐇为庆靖王第四世孙，"性狂诞"，相面者言其当大贵。又有女巫王九儿训练鹦鹉，每见寘鐇辄呼："老天子"。由此，寘鐇遂生非分之望，益怀不轨之心③。可见，对相术、巫术的偏信是导致寘鐇野心膨胀的重要诱因。

正德十四年，宁王宸濠叛乱。此次叛乱持续 40 余天，王守仁即以围魏救赵之计，迅速将其平定。此次叛乱与方士数术不无关系。《明史》载，"宸濠善以文行自饰。术士李自然、李日芳妄言其有异表，又谓城东南有天子气。宸濠喜……"④ 据《明史纪事本末》也载，宸濠叛乱与他结交术士有关。"（正德）六年冬十月，宁王宸濠葬母于西山青岚，乃先朝革禁旧穴也。八年夏四月，宁王宸濠建阳春书院，僭号离宫。宸濠怀不轨，术士李自然等妄称天命，谓濠当为天子。又招术士李日芳等谓城东南隅有天子气，遂建书院当之"⑤。不论是张廷玉，还是谷应泰，都将相术、堪舆之术与宸濠之叛联系到一起。事实上，朱宸濠叛乱有着深刻的历史原因，尤其与他的个人野心紧密相关。但从相关文献记载来看，其野心实由结交术士、信奉堪舆术而诱发。

明代宗藩信奉宗教的又一负面影响，即是损耗了大量的财力与物力。明代

---

① 《明英宗实录》卷二一一，景泰二年十二月丙寅。

② 李崇智：《中国历代年号考》，中华书局 2001 年版，第 213—214 页。

③ （清）张廷玉：《明史》卷一一七，《诸王二》；（清）谷应泰：《明史纪事本末》卷四四七，《寘鐇之叛》，中华书局 1977 年版，第 659 页。

④ （清）张廷玉：《明史》卷一一七，《诸王二》。

⑤ （清）谷应泰：《明史纪事本末》卷四七，《宸濠之叛》，第 689 页。

宗藩群体坐食宗禄，不事生产，从亲王至奉国将军，各级宗室均享受着朝廷赐予的宗禄，尤其是亲王还有颇丰的赏赐。可以说，明代宗藩尤其是亲王、郡王雄厚的经济实力是其大额宗教布施的前提和优势条件，但也带来大量的财力、物力的损耗。修建佛寺、宫观、坛庙，是宗藩为其宗教信仰而花费财力最多的一项支出。据不完全统计，由明代宗藩创建、修葺、增修的佛寺、宫观，多达112座。修建这些宗教建筑或由宗藩全额出资，或出大部分资金，或带动王府官、地方士绅捐资。值得注意的是，出资的形式具有多样性，既包括货币、实物，也包括土地和人力。除了修建活动外，宗教布施是明代宗藩宗教性支出的另一重要内容。他们的宗教布施包括捐献财物助修寺宇、供养寺僧、赠佛像、置法藏等。有的布施数额巨大，如现存于五台山金阁寺内的一尊大佛，高五丈三尺，为代藩布施。据称，耗时达十年有余，是自汉唐至明嘉靖间少有的佛像，迄今仍是五台山第一大佛像，财力物力损耗之惊人可以想见。

除上述宗教布施外，明代宗藩的其他宗教活动花销、损耗也不少。一是与寺僧道士往来：明代多有宗藩与僧道往来唱和、结交觋巫术士者，在交往过程中，常有物质馈赠。二是宗藩在游谒佛寺、宫观时，除了出行队伍本身的花费外，还常践踏百姓庄稼，给百姓财产造成损失。三是宗藩举办的水陆道场、斋醮、祈祷等活动，无不需要一定数量的资财和耗费一定的人力。四是厚葬对财力、物力的消耗。一方面，修建陵墓需要花费巨大的财富，如宁王朱权其墓葬形制雄伟，还在墓前修建了南极长生宫；另一方面，大量的随葬品造成了社会财富的浪费，如梁庄王墓中，发现有金佛像2件，再加上其他金器，所出土黄金制品达10多千克。

总之，明代宗藩的宗教行为对明代社会的影响是多方面的。我们既要看到它所具有的积极的作用，也要对其消极的作用予以冷静、客观的分析和评估。

结　语

　　通过本书的论述可知，明代宗室群体的心智是由明代宗室群体心态、知识状况及信仰所构成的，这三个构成部分既相对独立，又相互联系，共同组成明代宗室群体心智的有机整体。那么，明代宗室群体心智有什么特点呢？这是我们在即将结束对该论题的论证的时候，必须予以回答的问题，虽然要圆满回答这一问题颇为不易。下面，我们拟从几个不同的维度做一尝试性的探讨。

　　1. 变易性。明代宗室群体心智是一个动态的范畴。在明朝276年波澜壮阔的历史中，随着历史环境的变化及明政府对宗室管理政策的调整而发生相应的变化。在这方面，心态的表现最为明显。洪武时期，朱元璋分封诸王，欲其上安皇室，下卫百姓，对宗室诸王倾心相任，付以统兵治政之权，且待遇优渥，地位崇高。宗室诸王多策马扬鞭，驰骋疆场。蜀王虽不娴武事，亦以文教守西南，志在经国。这是多么的意气风发！建文即位，诸王多为其叔父辈，藐视新主，"以己意行国中"。建文君臣见诸王有尾大不掉之势，即用齐、黄削藩之策，诸王恐惧，人人自危，遂有"靖难之役"遽兴。永乐登极，在恢复"祖制"的名义下，一方面保证其经济特权和政治地位，另一方面则渐夺诸王统兵治政之权，恩威并举，禁锢亦日渐增多。至明中叶，"藩禁"全面形成，防闲过峻，即使是出城扫墓，也须请而后行。诸王宗室身居封地，形同幽禁。在强大的国家权力的挤压下，政治空间越来越狭窄，几近于无。生存环境的改变必然要求生存方式的重新选择和对新的生存环境的适应。由于各宗室成员所处具体环境及个性禀赋的差异，遂在宗室群体中出现了多样的心态反应，大致可划分为5种心态。第一种为"希得大位"的政治心态：一部分人不甘心政治军事权力的丧失，欲侥幸一搏，以"武器的批判"摧毁禁锢他们的制度，"希得大位"；第二种为渔色逐利的享乐心态：一部分人则在经过理性地审时度势后，选择远离政治，放纵本能，渔色逐利，在感官的快乐和对物质的疯狂享受中消蚀生命；第三种是专心文教的尚文心态：这部分人为求自保，一意韬晦，厚自贬损，不屑于声色犬马的糜烂生活，或埋首读书、著述，或交游文士、酬酢唱和，或建书院、书室、藏书、刻书等；第四种为殴辱官吏、围攻衙署的仇官心态：这部分宗室把对体制的不满情绪一股脑儿地向地方官员发泄；第五种即是草菅人命、视百姓生命如儿戏的侵犯心态：面对强大的体制无可奈何，即把人生的挫折感转化为对弱势平民的无端侵犯，以发泄内心的怨气。至启祯时期，"藩禁"松动，宗室开科得到切实执行，一些宗室由贡生一途进入明朝官僚队伍，一批宗室高中举人、进士，换授官职，新的制度安排导致宗室群体心态再一次发生转变，迸发出巨大的政治热情。他们由建文至天启初与明朝的若即若离，反叛、对抗，变为奋进科场、汲汲仕途、忠心谋国，对明朝的向心力增强。由上可见，明代宗室群体心态凡经三变，走过了一个否定之否定的历程，但启祯时的宗室群体心态又不完全是洪武时期宗室群体心态的全面回归，因为"藩禁"尚未完全解除，防闲心理在最高统治集团的大脑中也未完全褪去，宗室任官仍有诸多限制，宗室出任的大多是中下级官员，发挥的作用有限，难以与洪武时期宗室诸王的"纵横捭阖"相比肩！在明代宗室群体的知识状况及信仰方面，我们也可看到变易性这一特点。明代宗室群体的知识状况从纵向看，不论是属于人文社会科学与自然科学融通型、人文社会科学兼通型的宗室，还是属于单一学科专门型的宗室，虽在明初及启祯时期皆不乏其人，但总体而言，以正统至嘉万时期为最多。信仰儒学、佛道、明代国家祭祀体系及民间诸神的宗室人数在各个不同的时期也不完全相同。

2. 开放性。明代宗室是一个特殊的社会群体，不仅与皇室血脉一系，为天潢贵胄，而且明政府对宗室群体的管理也自成系统，其生存方式、生存状态与其他社会阶层迥异，形成了一个名副其实的"宗室社会"。宗室成员在洪武时期没有太多的限制。永乐以后，为防闲的需要，"藩禁"渐起，禁锢日多，行动极不自由。"藩禁"对明代宗室群体心智的影响是很大的。但，明政府对宗室封闭性的管理政策和制度，不仅未导致其心智的封闭性，而是恰恰相反，明代宗室群体的心智具有相当的开放性。首先，明代宗室群体心智的开放性表现在对知识的汲取、探索中，既贵传承，又喜创新。如，有的酷爱藏书、刊刻书籍，做着传承文化的最基础性的工作；有的好读书，手不释卷，经史百家无不涉猎，广泛汲取着各类文化知识；有的博采汉、唐以来众诗家之长，文采风流，形成自己的风格，不论是思想性，还是艺术性，都远超明代的馆阁体诗派；有的喜欢书法，集古法帖临摹研习，其作品多有能自成一体、为世所珍者；有的精绘事，兼具各家之长，肆笔挥洒，作品清新脱俗；有的覃精经学，深研汉以来传注，不拘师说，以求是为旨归；有的长于戏曲，革新艺术形式，成为著名的戏曲家；有的在植物学研究方面成绩卓著，影响深远；有的在历法、音乐领域做出了世界性的贡献；等等。具体事例已见前述，此处不赘。其次，明代宗室群体心智的开放性表现为好交游，与缙绅士大夫诗酒唱和。在传统社会各阶层中，缙绅士大夫是一个素养很高的阶层，承载着传统的精英文化。社会政治地位也很高。出仕入朝，参与国家治理；乡居故里，影响一方。宗室诸王与缙绅士大夫交往自洪武时期就已开始。蜀王椿在凤阳即开府聘请名流商榷文史；至蜀，聘名士为世子傅等。至明中叶，不少宗室与士子交游频繁，乃至参加文人结社，诗酒唱和，留下了数量不菲的诗篇，且不全是酬酢之作，有的饱含浓情，真挚感人，广为传诵。宗室诸王与缙绅士子交游的动因，在明初和明中叶不完全相同。在明初，多为提升自身素养、商讨学问、教育子弟。至中叶，虽不能完全排除这些因素，但可能更多的是逃避政治和自娱的需要。不论其动机如何，结果是值得肯定的。因为他们在与缙绅士子的交游与思想的碰撞中，结出了文化的硕果。在明代宗室中，之所以能涌现出如此众多的经学家、史学家、科学家、戏曲家、诗人和书画家，与缙绅士子的交游唱和、切磋琢磨应是一个不可忽视的因素。再次，明代宗室群体心智的开放性表现为对新鲜事物不拒斥和勇于接纳。16 世纪以后，中西交通开辟，西方传教士东来，中西文化开始了第一次大规模的交流和碰撞。宗室诸王对传教士表现出了较为积极的态度，并有接受洗礼成为天主教徒者。根据夏伯嘉的研究，利玛窦至南昌，为建安王府、乐安王府的常客；衡王朱常□邀龙华民游访青州，接待仪礼隆重，"好像不是一个外教人，而是一个天主教徒对待神父的热诚。"宗室诸王也有领洗入教者。信奉天主教的宗室，最早为"1604—1605 年间在南昌领洗的四个王爷"。紧接其后的，是周王朱恭枵，"约 1623 年入教"。衡王府宁阳王朱翊滪亦在明末奉教。不仅如此，在晚明也有宗室"与穆斯林有深厚的渊源"。"青州城内的清真寺是朱翊滪的父亲朱载垺于嘉靖二十五年（1546）所建"①。晚明宗室诸王心智的开放性与晚明社会的开放性紧密相连，不是一个孤立的事件。

3. 人文性。深入明代宗室群体心智结构认真剖析，便不难发现，其心智的人文性非常明显。以明代宗室群体的知识状况为例。在明代宗室对知识的追求和探索中，多以人文社会学科为主要领域，取得的成就也以人文社会科学为最多。翻开相关载籍，宗室文学家、艺术家、哲学家、史学家不绝如缕，联翩而出。宗室中的自然科学家则寥若晨星，只有很少的几位：朱橚、朱载堉等。即使是仅对自然科学有所涉及，具有自然科学基本素养的宗室也不多见。造成这一现象的原因是多方面的。但，首先是中国历史文化传统的影响。历史文化传统之于人，犹如阳光和空气，身处其中，受之滋养而不自知。在中国传统文化中，有崇人文轻自然的特点，不以对自然的认识为目的。他们观察自然、了解自然现象，是为了从中受到启发，用以说明和建构政治理论和伦理道德学说，或阐释人生智慧②。如孔子曰："为政以德，譬如北辰，居其所而众星拱之。"又曰："仁者乐山，智者乐水。"老子曰："天下至柔莫如水，而攻坚强者莫之能胜。"又曰："水利万物而不争。"再曰："天长地久，天地所以能长且久者，以

---

① 夏伯嘉：《天主教与明末社会：崇祯朝龙华民山东传教的几个问题》，《历史研究》2009 年第 2 期。

② 赵纪彬：《论语新探》，人民出版社 1970 年版，第 2 页。

其不自生，故能长生。"专事自然研究在传统文化中被视之为末技。明代宗室群体心智不可能不受到这种历史文化传统的潜移默化的影响。第二，人的心智水平或发展阶段，受制于生产力的发展水平，是特定时期生产力发展状况的反映。明代初期处于传统小农经济的恢复期。中叶以后，虽社会开始转型，商品经济大兴，但生产力亦未有突破性的进展。现实的需求尚未给各个阶层——包括明宗室广泛地从事自然科学研究提供足够的动力。自然，大多数人只有优游文史，徜徉于书画之间，探讨贵族的学问了。

4. 多元性。明代宗室群体心智的多元性表现在多个方面。首先，在明代宗室群体心智的构成上就是多元的：心态、知识状况、信仰，三者共同构成明代宗室群体心智的完整图景。其次，构成明代宗室群体心智的各个要素也都具有多元的特性。如，建文至天启前的宗室群体心态五元并存：反叛心态、渔色逐利心态、尚文心态、仇官心态、侵犯心态；明代宗室群体知识状况的类型也有多种：人文社会科学与自然科学融通型、人文社会科学兼通型、单一学科专门型。信仰的多元性则更为突出，不仅在明代宗室群体中，有的信仰儒学，有的信仰佛道，有的信仰明代国家祭祀体系中的神灵，有的信仰民间诸神等，而且还有不少人，集多种信仰于一身，既信仰儒学，又崇奉佛道，还信奉其他神灵。这既反映了中国文化的包容性，又体现了中国文化所具有的实用理性的特点。

5. 畸形性。所谓畸形性，通俗地讲，就是不正常，包括不正常的心理和行为。它有悖常理，有违伦常。明代宗室群体心智也有不甚健全、不正常之处，集中地体现为心理变态和行为乖张。孟子曰："食色，性也。"正常生理欲望的满足是个体生命存在的基础，也为种的延续所必需。然明代的一些宗室成员对物质利益和美色的追求却被严重地扭曲了，呈现出异常的畸形性。如在物质利益的追求方面，明政府待之以"亲亲之义"，经济供给优厚，亲王、郡王尤其如此，即使在宗禄不给、中下层宗室普遍贫困化的明中后期，他们也没有受到多大的影响。但其对土地、商税等奏乞无厌，有的甚至抢劫、诈骗、窝盗分赃，疯狂聚集财富，沦为地痞流氓般的混混！在色欲的追求上，更是色令智昏！广搜民女入府，"离散天下之子女"。狎妓、奸占乐妇简直就是常事。更有的不顾伦常，烝母奸妹欺嫂，甚至为满足色欲不惜弑父，如楚府英耀弑父案即是。行为乖张者不少，但莫过于代简王朱桂，至年老时，尚不知修省，时时带着子孙辈，穿着奇怪的衣服，手持利斧，驰马闹市，避之不及者，多为所伤。还有更令人恐怖的，即是"掠食生人脑"，弄得人心惶惶，人们不敢路过其王府，避之如妖怪鬼魅！这些真可谓是宗室中的"奇葩"！

参考文献

一、专著

[加] 保罗·萨伽德著，朱菁、陈梦雅译：《心智：认知科学导论》，上海辞书出版社2012年版。

弗洛伊德著，杨韶刚等译：《弗洛伊德心理哲学》，九州出版社2003年版。

陈昌文主编：《宗教与社会心理》，四川人民出版社2003年版。

黄建钢：《群体心态论》，浙江大学出版社2004年版。

罗宗福：《明代后期士人心态研究》，南开大学出版社2006年版。

梅传强主编：《犯罪心理学》，法律出版社2001年版。

张正明、[英] 科大卫主编：《明清山西碑刻资料选》，山西人民出版社2005年版。

[美] 杜·舒尔茨著：《现代心理学》，人民教育出版社1985年版。

龙显昭主编：《巴蜀佛教碑文集成》，巴蜀书社2004年版。

米贞祥主编，王雪宝编著：《嵩山、少林寺石刻艺术大全》，光明日报出版社2004年版。

《峨眉山志》，江苏广陵古籍刻印社1997年版。

江西省博物馆，等编：《明代江西藩王墓》，文物出版社2010年版。

龙显昭，黄海德主编：《巴蜀道教碑文集成》，四川大学出版社1997年版。

荣真：《中国古代民间信仰研究：以三皇和城隍为中心》，中国商务出版社2006年版。

梁丽萍：《中国人的宗教心理：宗教认同的理论分析与实证研究》，社会科学文献出版社2004年版。

金泽：《宗教人类学导论》，宗教文化出版社2001年版。

李崇智：《中国历代年号考》，中华书局2001年版。

田晓文：《唯物史观与历史研究：西方心智史学》，天津社会科学院出版社1992年版。

暴鸿昌：《"高煦之叛"辨》，《暴鸿昌文集——明清史研究存稿》，黑龙江教育出版社1998年版。

赵轶峰：《明代国家宗教管理制度与政策研究》，中国社会科学出版社 2008 年版。

姚品文：《朱权研究》，江西高校出版社 1993 年版。

邢兆良：《朱载堉评传》，南京大学出版社 1998 年版。

白述礼：《大明庆靖王朱㮵》，宁夏人民出版社 2008 年版。

朱方枘：《明靖江王二百八十年》，广西师范大学出版社 2010 年版。

二、古籍

《明实录》，（台北）"中央研究院"历史语言研究所校印本 1962 年版。

万历朝重修本，申时行等修《明会典》，中华书局 1989 年版。

张廷玉：《明史》，中华书局 1974 年版。

万斯同：《明史》，续修四库全书本，第 328—329 册。

李乐：《见闻杂记》，续修《四库全书》本，第 1171 册。

朱国祯：《涌幢小品》，文渊阁《四库全书》本，第 106 册。

谈迁：《国榷》，中华书局 1958 年版。

郑晓：《吾学编余》，续修四库全书史部第 425 册。

陈田辑撰：《明诗纪事》，上海古籍出版社 1993 年版。

（清）黄宗羲编：《明文海》，中华书局 1987 年版。

（清）朱彝尊编：《明诗综》，文渊阁《四库全书》本，（台北）台湾商务印书馆 1983 年版。

（清）顾炎武：《求古录》，丛书集成续编：第 97 册，（台北）新文丰出版公司 1988 年版。

焦竑：《国朝献征录》，广陵书社 2013 年版。

王世贞：《弇山堂别集》，中华书局 1985 年版。

（清）谷应泰：《明史纪事本末》，中华书局 1977 年版。

（明）于谦：《于忠肃集》，文渊阁《四库全书》本。

（明）俞汝楫：《礼部志稿》，文渊阁《四库全书》本，上海古籍出版社 1987 年版。

（清）汪森编：《粤西文载》，广西人民出版社 1999 年版。

（清）毛奇龄：《西河集》，文渊阁《四库全书》本集部册 1320，（台北）台湾商务印书馆 1983 年版。

（清）于敏中、朱筠等：《钦定日下旧闻考》，北京古籍出版社 1985 年版。

（明）朱诚泳：《小鸣稿》，文渊阁《四库全书》本集部册 1260，（台北）台湾商务印书馆 1983 年版。

（清）张豫章：《御选明诗》，文渊阁《四库全书》本集部册 1442，（台北）台湾商务印书馆 1983 年版。

钱谦益：《列朝诗集小传》，上海古籍出版社 1983 年版。

朱彝尊：《静志居诗话》，人民文学出版社 2006 年版。

（清）罗杞：《圭峰集》，文渊阁《四库全书》本集部册 1259，（台北）台湾商务印书馆

1983 年版。

（明）李贤等：《明一统志》，（台北）台湾商务印书馆 1985 年版。

（清）和珅等撰：《钦定大清一统志》，册 481，（台北）台湾商务印书馆 1985 年版。

（明）方孝孺：《逊志斋集》，四库全书集部册 1235。

（清）陈邦彦等编《御定历代题画石诗类》，册 1435，吉林出版集团 2005 年版。

（明）曹学佺：《石仓历代诗选》，文渊阁《四库全书》本集部册 1391。

（明）释宗泐：《全室外集》，上海古籍出版社 1990 年版。

（明）杨士奇撰：《东里文集》，中华书局 1998 年版。

素慧主编：《禅心映天成显密照石经》，宗教文化出版社 2007 年版。

（清）黄虞稷：《千顷堂书目》，上海古籍出版社 2001 年版。

（明）朱敬鑴《梅抱轩诗稿》，四库存目·集部册 158。

（明）吴之鲸：《武林梵志》，文渊阁《四库全书》本史部册 588，（台北）台湾商务印书馆 1983 年版。

（明）杨慎：《升庵集》，文渊阁《四库全书》本集部册 1270，（台北）台湾商务印书馆 1983 年版。

《武林梵志》，文渊阁《四库全书》本史部册 588，（台北）台湾商务印书馆 1983 年版。

（明）朱㫤：《宁夏志笺证》，宁夏人民出版社 1996 年版。

（明）何瑭：《柏斋集》，文渊阁《四库全书》本集部册 1266，（台北）台湾商务印书馆 1983 年版。

（明）张宇初：《岘泉集》，文渊阁《四库全书》本集部册 1236，（台北）台湾商务印书馆 1983 年版。

（明）卢柟撰《蠛蠓集》，文渊阁《四库全书》本，（台北）台湾商务印书馆 1983 年版。

（明）朱谋垔：《续书史会要》，文渊阁四库全书·子部，上海古籍出版社 1987 年版。

（清）孙岳颁：《御定佩文斋画谱·历代帝王书下后妃诸王附》，文渊阁四库全书·子部 819 册，上海古籍出版社 1987 年版。

（明）朱权：《天皇至道太清玉册》，（台北）台湾艺文印书馆 1967 年版。

（明）朱权：《神隐》，巴蜀书社 1992 年版。

朱元璋：《皇明祖训·严祭祀》，四库存目本，史部 264 册。

（明）张岱：《石匮堂后集》，续修四库全书第 320 册。

（明）朱谋垔：《画史会要》，文渊阁《四库全书》本，（台北）台湾商务印书馆 1983 年版。

（明）俞汝楫：《礼部志稿》卷七十四《宗藩备考·藩爵》，文渊阁《四库全书》本，上海古籍出版社 1987 年版。

（明）朱元璋：《御制纪非录》微缩胶卷，全国图书馆文献缩微中心 1986 年版。

（明）张永明：《张庄僖文集》，文渊阁《四库全书》本，（台北）台湾商务印书馆 1983 年版。

（清）张英：《御定渊鉴类涵》，文渊阁《四库全书》本，（台北）台湾商务印书馆 1983 年版。

（清）汪森编：《粤西文载》，中华书局、广西人民出版社 1999 年版。

（清）曹养恒修：《南城县志》，线装书局 2001 年版。

（清）陈家稷：(康熙)《兰州志》卷四，中国西北方志续集，康熙五十二年，中华全国图书馆文献缩微复制中心 1997 年版。

清罗廷权等修，衷兴鉴等纂：《重修成都县志》，同治十年刊本。

同治《新建县志》，《中国地方志集成》，《江西府县志辑》第 5 册，江苏古籍出版社 1996 年版。

（明）赵时春纂：《嘉靖平凉府志》，《中国西北稀见方志续集（八）》，全国图书馆文献微缩复制中心 1996 年版。

（清）金鉷等修，（清）钱元昌纂：《广西通志》，文渊阁《四库全书》本史部册 566，（台北）台湾商务印书馆 1983 年版。

（清）黄廷桂修，（清）张晋生等纂：《四川通志》，文渊阁《四库全书》本史部册 560，（台北）台湾商务印书馆 1983 年版。

（清）罗廷权等修，衷兴鉴纂：(同治)《重修成都县志》，（台北）台湾学生书局，据清同治十二年刊本影印本，1971。

（清）觉罗石麟修，（清）储大文：《山西通志》，文渊阁《四库全书》本册史部 548，（台北）台湾商务印书馆 1983 年版。

（明）胡汝砺纂修：《嘉靖宁夏新志》，宁夏人民出版社 1986 年版。

（清）杨晙修，（清）李中白、周再勋纂：《(顺治)潞安府志》，（台北）台湾学生书局 1968 年版。

（清）朱璘纂修：(康熙)《(河南)南阳府志》，（台北）台湾学生书局 1968 年版。

（清）倪文蔚、蒋铭勋修，（清）顾嘉蘅、李廷鉽纂：《光绪荆州府志》，中国地方志集成。《湖北省府县志辑》，据清光绪六年（1880）刻本影印。

（清）王宗尧、卢绂纂：《康熙蕲州志》，清康熙三年刻本。

（清）封蔚礽修，陈廷扬纂：(光绪)《蕲州志》，《中国地方志集成》，江苏古籍出版社 2001 年版。

（清）赵文在等修，易文基等纂：《嘉庆长沙县志》，台北成文出版社有限公司 1976 年版。

（清）田文镜、王士俊修：《河南通志》，文渊阁《四库全书》本史部册 537，（台北）台湾商务印书馆 1983 年版。

（清）赓音布修，（清）刘国光、李春泽纂：《光绪德安府志》，据清光绪十四年（1888）刻本影印。

（清）程启朱修，苏文枢纂：《顺治卫辉府志》，顺治十六年（1659）刻本；国家图书馆地方志家谱文献中心，郝瑞平编：孤本旧方志选编第十册，线装书局 2004 年版。

（清）田文镜，王士俊修：《河南通志》，文渊阁《四库全书》本史部册 537，（台北）台湾商务印书馆 1983 年版。

（清）倪文蔚、蒋铭勋修，（清）顾嘉蘅、李廷钺纂：《光绪荆州府志》卷二十八《寺观》，《中国地方志集成》，江苏古籍出版社 2001 年版。

（清）彭玉麟、殷家儁等纂修：（同治）《衡阳县志》卷九，《中国方志丛书·华中地方志》第 113 号，据清同治十一年刊本影印，（台北）成文出版社有限公司 1975 年版。

（清）刘于义，沈青崖纂修：《陕西通志》，文渊阁《四库全书》本，（台北）台湾商务印书馆 1983 年版。

（清）谢旻修，（清）陶成纂：《江西通志》，文渊阁《四库全书》本史部册 516，（台北）台湾商务印书馆 1983 年版。

《云南通志》，文渊阁《四库全书》本史部册 569，（台北）台湾商务印书馆 1983 年版。

（清）黄文琛纂修：《邵阳县志》，清光绪二年刊本影印，（台北）成文出版社有限公司 1975 年版。

（清）嵇曾筠等：《浙江通志》，文渊阁《四库全书》本史部册 523，（台北）台湾商务印书馆 1983 年版。

（清）查郎阿，许容等纂修：《甘肃通志》，文渊阁《四库全书》本史部册 557，（台北）台湾商务印书馆 1983 年版。

（清）黄宅中等修，邓显鹤等纂：（道光）《宝庆府志》，（台北）成文出版社有限公司 1975 年版。

（清）朱璘纂修：（康熙）《南阳府志》，台湾学生书局 1968 年版。

（清）迈柱修，（清）夏力恕纂：《湖广通志》，文渊阁《四库全书》本，（台北）台湾商务印书馆 1983 年版。

（清）恩联修，王万芳纂：（光绪）《襄阳府志》，（台北）台湾学生书局 1976 年版。

（清）严如熤修，郑炳然等纂：《（嘉庆）汉中续修府志》，（台北）台湾学生书局 1968 年版。

（清）蒋炯等纂修，李廷锡增修：（道光）《安陆县志》，江苏古籍出版社 1990 年版。

（明）王珣、胡如砺纂：《（弘治）宁夏新志》，宁夏人民出版社 1986 年版。

（清）杨昌浚修、张国常纂：（民国）《重修皋兰县志》，（台北）台湾学生书局 1967 年版。

（清）黄恩彤原本，李兆霖续纂：（光绪）《（山东）滋阳县志》，（台北）台湾学生书局 1968 年版。

（清）岳溶、法敏修，杜诏等纂：《山东通志》，（台北）台湾商务印书馆 1985 年版。

三、论文

郭豫才：《明代河南诸王府之建置及其袭封世系表》，《禹贡》1935 年 7 月，第 3 卷第 9 期。

吴云端：《明代之庄田》，《中央日报》1947 年 7 月 23 日。

陶希贤：《明代王府庄田之一例》，《食货》1935 年 9 月，第 2 卷第 7 期。

黄华：《明末诸王兴替纪略》（上下），《越风》半月刊 1936 年 7 月，第 17、18 期。

朱希祖：《南明广州殉国诸王考》，《文史杂志》1942 年 8 月，第 2 卷 7、8 期。

王璞：《福王朱常洵》，《人物杂志》1947 年 9 月，第 2 卷 9 期。

那廉君：《周宪王之杂剧》，《剧学月刊》1934 年 11 月，第 3 卷第 11 期。

赵景深：《读〈诚斋乐府〉随笔》，《青年界》1934 年，第 6 卷第 4 期。

刘复：《十二等律的发明者朱载堉》，《蔡元培先生六十五岁论文集》，1933 年 1 月。

郑秉珊：《八大山人与石涛》（上下），《古今》半月刊 1943 年 10 月，第 32、33 期。

李叶霜：《明代诸王的谱系问题》，《东方杂志（复刊）》1970 年 8 月，第 4 卷第 2 期。

王毓铨：《明代的王府庄田》，《历史论丛》1964 年第 1 辑。

陈汉光、廖汉臣：《鲁王史迹考察记》，《台湾文献》1960 年 3 月，第 11 卷第 1 期。

庄全德：《明监国鲁王以海纪事年表》，《台湾文献》1960 年 3 月，第 11 卷第 1 期。

李振华：《鲁王其人和他潦倒的晚年》，《畅流》1960 年，第 21 卷第 4 期。

陈汉光：《鲁王死因之疑点》，《台湾风物》1960 年 7 月，第 10 卷第 6 期。

何南史：《明末诸王抗清始讫》，《畅流》1962 年 8 月，第 26 卷第 1 期。

钟华：《宁献王及其杂剧》，《建设》1963 年 9 月，第 12 卷第 4 期。

李霖灿：《朱容重〈竹海棠图〉——故宫读画札记之二十四》，《故宫季刊》1971 年，秋季，第 6 卷第 1 期。

白焦：《朱耷的政治讽刺画》，《文汇报》1956 年 11 月 25 日。

朱省斋：《八大山人的画》，《文艺世纪》1959 年第 3 期。

王昆仑：《"墨点无多泪点多"——八大山人的写意画》，《光明日报》1961 年 4 月 4 日。

唐云：《八大山人的〈瓶菊画〉》，《文汇报》1962 年 11 月 11 日。

鲁莨：《明末天才画家八大山人——朱耷》，《古今谈》1967 年 10 月，第 32 期。

何勇仁：《八大山人的诗书画》，《国家论坛》1975 年 5 月，第 8 卷第 5 期。

王方宇：《八大山人对齐白石的影响》，《艺坛》1975 年 9 月，第 90 期。

王方宇：《八大山人对吴昌硕的影响》，《艺术家》1976 年 12 月，第 19 期。

田慕梵：《八大山人的艺术成就》，《今日中国》1975 年 10 月，第 54 期。

李叶霜：《"八大山人的妙笔"——由复印件鉴定书画的一例》，《艺术家》1976 年 1 月，第 8 期。

庄伯和：《八大山人〈蜘蛛图〉》，《艺术家》1976 年 4 月，第 11 期。

陆敏：《朱载堉和他的十二平均律——介绍一位明代音乐理论家》，《安徽日报》1957 年 12 月 19 日。

《明代音乐家朱载堉》，《安徽史学》1960 年第 2 期。

秦佩珩：《朱载堉与〈乐律全书〉》，《人民音乐》1963 年第 4 期。

屏山：《江西省发现八大山人的世系》，《光明日报》1959 年 12 月 13 日。

郭味蕖：《明遗民画家八大山人》，《文物》1961 年第 6 期。

《江西历史人物志（清画家朱耷)》，《江西日报》1961 年 4 月 2 日。

叶叶：《论朱容重、牛石慧与八大山人的关系》，《大陆杂志》1976 年 7 月，第 53 卷第 1 期。

《从"八山小像"论八大山人的身世问题》，《大陆杂志》1977 年 6 月，第 54 卷第 6 期。

康禄新：《画家八大山人》，《中国国学》1977 年第 5 期。

江西文管会：《江西南城明代朱厚烨墓发掘简报》，《文物》1959 年第 1 期。

陈文华：《江西新建明朱权墓发掘》，《考古》1962 年第 4 期。

江西省博物馆：《江西南城明益王朱祐槟墓发掘报告》，《文物》1973 年第 3 期。

陕西文管会：《长安四府井村明安僖王墓清理》，《考古通讯》1956 年第 5 期。

郭勇等：《明晋王裕王墓的清理工作》，《文物参考资料》1956 年第 6 期。

山东省博物馆：《发掘明朱檀墓纪实》，《文物》1973 年第 5 期。

刘九庵：《朱檀墓出土画卷的几个问题》，《文物》1972 年第 8 期。

吴缉华：《论明代封藩与军事职权之转移（上下)》，《大陆杂志》1967 年 4 月，第 34 卷第 7 期、8 期。

昌彼得：《明藩刻书考（一、二)》，《学术季刊》1955 年 3 月，3 卷 3 期、1955 年 6 月，第 3 卷第 4 期。

王止峻：《建文逊国与燕王夺位》，《醒狮》1975 年 7 月，第 13 卷第 7 期。

傅衣凌：《〈王阳明集〉中的"九姓渔户"——附论江西九姓渔户与宸濠之乱的关系》，《厦门大学学报》1963 年第 1 期。

顾诚：《明代的宗室》，《明清史国际学术讨论会论文集》，天津人民出版社 1982 年版。

李国华：《明代的宗藩》，《江西师范大学学报》1985 年第 1 期。

张显清：《明代亲藩由盛到衰的历史演变》，《社会科学战线》1987 年第 2 期。

张德信：《明代诸王分封制度述论》，《历史研究》1985 年第 5 期。

蒋兆成：《明代宗藩制度述评》，《中国社会经济史研究》1988 年第 3 期。

孙大江：《明的宗藩制度》，《玉溪师范学院学报》1988 年第 5 期。

勾利军、汪润元：《明初分封藩王的原因与历史作用》，《河南师范大学学报》1989 年第 3 期。

赵毅：《明代宗室政策初探》，《东北师范大学学报》1988 年第 1 期。

马瑞：《明代的藩封制度》，《史学月刊》2003 年第 11 期。

梁尔铭：《明代宗室分封制论述》，《韶关学院学报》2004 年第 2 期。

暴鸿昌：《明代宗藩特权的演变》，《北方论丛》1984 年第 5 期。

王春瑜：《"弃物论"：谈明代藩王》，《学术月刊》1988 年第 4 期。

白新良、赵秉忠：《清兵入关与明代宗室》，《辽宁大学学报》1990 年第 1 期。

郑克晟：《试论多尔衮对明皇室态度之演变》，《社会科学战线》1991 年第 2 期。

王兴亚：《李自成起义军对明宗室的政策》，《洛阳工学院学报》1999 年第 3 期。

黄冕堂：《论明代贵族庄田的主佃关系和封建剥削》《论明代贵族庄田的土地问题》，《明史管见》，齐鲁书社 1985 年版。

李槐：《明代王府庄田的来源》，《复印报刊资料（明清史）》1987 年第 11 期。

李三谋：《明初庄田经济的性质》，《晋阳学刊》1988 年第 4 期。

余同元：《明代衡王府庄田》，《烟台大学学报》1997 年第 4 期。

王京宝、闫海青：《明代山东王府庄田初探》，《山东教育学院学报》2007 年第 2 期。

张德信：《明代宗室人口俸禄及其对社会经济的影响》，《东岳论丛》1988 年第 1 期。

王守稼：《试论明代宗室人口问题》，《中国史研究》1990 年第 1 期。

安介生：《明代山西藩府的人口增长与数量统计》，《史学月刊》2004 年第 5 期。

邓沛：《明代宗藩人数小考》，《文史杂志》2012 年第 6 期。

赵毅：《明代宗室的商业活动及其社会影响》，《中国史研究》1989 年第 1 期。

覃延欢：《明代藩王经商刍议》，《中国社会经济史研究》1993 年第 2 期。

杨成：《明代皇室与勋臣通婚状况抉微》，《中国史研究》1984 年第 1 期。

范植清：《明朝皇室的嫁俗与楚王朱华奎嫁女》，《史学月刊》1989 年第 2 期。

魏连科：《明代宗室婚姻制度述略》，《文史》1990 年第 32 辑。

雷炳炎：《关于明代宗室的违制婚娶问题》，《湘潭大学学报》2009 年第 5 期。

赵中男：《明宣宗的削藩活动及其社会意义》，《社会科学辑刊》1998 年第 2 期。

马长泉、张春梅：《明成祖削藩策略简论》，《新乡师专》1999 年第 1 期。

单锦衍：《论"靖难之役"》，《浙江师范大学学报》1985 年第 4 期。

郭厚安：《论"靖难之役"的性质》，《西北师范大学学报》1997 年第 2 期。

暴鸿昌：《"高煦之叛"辨》，《历史研究》1988 年第 2 期。

江凤兰：《浅析宁王宸濠叛乱之原因及准备》，《江西教育学院学报》1997 年第 2 期。

怀效峰：《明代宗藩的犯罪与处罚》，《中国政法大学学报》1988 年第 3 期。

周致元：《初探"高墙"》，《故宫博物院院刊》1997 年第 2 期。

雷炳炎：《明代中期罪宗庶人管理问题初探》，《船山学刊》2003 年第 1 期。

雷炳炎：《谈谈明代中期罪宗庶人的安置问题》，《湖湘论坛》2003 年第 1 期。

雷炳炎：《明代中期罪宗庶人归类分析》，《湖南社会科学》2003 年第 2 期。

雷炳炎：《关于明代中期宗室犯罪问题的思考》，《求索》2004 年第 10 期。

雷炳炎：《明代宗藩私离封地与越奏问题述论》，《湖南工业大学学报》2009 年第 2 期。

雷炳炎：《明代宗禄问题与宗室犯罪》，《云南社会科学》2009 年第 3 期。

雷炳炎：《明代宗藩经济犯罪述论》，《暨南史学》2009 年第 6 期。

雷炳炎：《试论明代官吏对宗室犯罪的影响》，《南华大学学报》2010 年第 3 期。

雷炳炎：《明代贬废罪宗及其家眷的给养问题》，《云南社会科学》2010 年第 4 期。

雷炳炎：《王府官与明代宗室犯罪关系探论》，《湘潭大学学报》2010 年第 5 期。

雷炳炎：《明代罪宗的请复及其子女的袭封爵问题》，《西南大学学报》2010 年第 5 期。

雷炳炎：《试论明代中后期亲郡王对中下层宗室犯罪的影响》，《云梦学刊》2010 年第 6 期。

雷炳炎：《王府家人、宗室姻亲与明代宗藩犯罪》，《湖南社会科学》2011 年第 1 期。

陈万鼐：《朱载堉研究》，（台北）"故宫博物院" 1992 年第 1 期。

黄明兰：《明朝伊藩王世系补正》，《河南师大学报》1980 年第 3 期。

王晟：《明代开封周王府》，《河南大学学报》1986 年第 1 期。

薛向阳：《明初靖江王奉藩的特殊性》，《广西师范大学学报》1988 年第 4 期。

秦慰俭：《在广西衣食租税近三百年的明代靖江王家族》，《广西民族学院学报》1994 年第 2 期。

佐藤文俊：《明代の楚王府》，《历史人类》1997 年第 25 期。

《明代の楚王府——の财源の侧面》，《历史人类》1998 年第 26 期。

漆招进：《明靖江王的爵级》，《社会科学家》2000 年第 2 期。

薛登、方全明：《明蜀王和明蜀王陵》，《四川文物》2000 年第 5 期。

陈勇：《明代兖州鲁王和王府》，《中州古今》2003 年第 1 期。

李炎：《明代南阳城与唐王府初探》，《中华建筑》2010 年第 5 期。

梁志胜、王浩远：《明末秦藩世系考》，《陕西师范大学学报》2010 年第 5 期。

陈世松：《明代蜀藩宗室考》，《西华大学学报》2011 年第 2 期。

王兴亚：《朱载堉生平事略若干问题的探讨——兼论〈郑靖清世子赐葬神道碑〉的史料价值》，《郑州大学学报》1987 年第 6 期。

范沛潍：《试论郑端清世子朱载堉的 "让国"》，《史学月刊》1993 年第 5 期。

邓宏礼等：《朱载堉在沁阳的史迹》，《焦作大学学报》2004 年第 2 期。

[日] 川越泰博：《蓝玉党案と蜀王朱椿》，《中国史学》2004 年第 14 期。

吴忠礼：《明代宁夏藩国——世庆王朱栴》，《共产党人》2006 年第 5 期。

刘林、余家栋、许智范：《江西南城明益宣王朱翊鈏夫妇合葬墓》，《文物》1982 年第 8 期。

智范等：《江西南城明益定王朱由木墓发掘简报》，《文物》1983 年第 2 期。

霍巍：《论江西明代后期藩王墓葬的形制演变》，《东南文化》1991 年第 1 期。

许智范：《江西明代藩王墓考古收获》，《中国历史文物》2003 年第 4 期。

韩俭：《明代江西宗藩墓葬玄宫制度浅论》，《南方文物》2010 年第 4 期。

张鸣铎：《新出土的几方明秦藩王宗族墓志》，《文博》1989 年第 4 期。

肖健一：《明秦藩家族谱系及墓葬分布初探》，《考古与文物》2007 年第 2 期。

《明代秦藩辅国将军朱秉橘家族墓》，《文物》2007 年第 2 期。

郭永利：《明肃藩王妃金累丝嵌宝石白玉观音簪》，《敦煌研究》2008 年第 2 期。

段毅等：《西安南郊明上洛县主墓发掘简报》，《考古与文物》2009 年第 4 期。

李锦新：《明藩楚昭王——朱桢墓发掘记》，《武汉文史资料》1994 年第 58 辑。

文清、周代玮、龙永芳：《湖北省钟祥市明代郢靖王墓发掘收获重大》，《江汉考古》2007 年第 3 期。

刘治云、祁金刚、江卫华：《武汉江夏二妃山明景陵王朱孟照夫妇墓发掘简报》，《江汉考古》2010 年第 2 期。

李森：《明汉阳王朱厚揽、元妃傅氏夫妇圹志考释》，《潍坊教育学院学报》2010 年第 5 期。

任义玲：《明代南阳藩王唐王朱桱圹志及相关问题》，《文博》2007 年第 5 期。

王峰：《浅谈潞王次妃赵氏墓建筑结构与形式》，《中原文物》2010 年第 3 期。

孙凯：《明代周藩王陵调查与相关研究》，《中原文物》2011 年第 3 期。

任新建：《明蜀僖王陵藏式石刻考释》，《四川文物》1995 年第 3 期。

成都市文物考古研究所：《成都明代蜀僖王陵发掘简报》，《文物》2002 年第 4 期。

苏德荣：《明代宗室出土文物的历史价值》，《南方文物》1993 年第 1 期。

赵全鹏：《明代宗藩在河南》，《中州今古》1994 年第 2 期。

苏宁：《明代开封的王府》，《史学月刊》1995 年第 1 期。

张民服、徐晶：《明代河南宗藩浅述》，《商丘师范学院学报》2002 年第 1 期。

张建民：《明代两湖地区的宗藩与地方社会》，《江汉论坛》2001 年第 10 期。

张大海：《明代湖广宗藩浅述》，《学术论坛》2008 年第 3 期。

覃树冠：《略谈靖江藩王与桂林文化》，《广西师范大学学报》1988 年第 4 期。

宋法仁：《明肃王对甘肃的贡献》，《甘肃社会科学》1993 年第 4 期。

苏德荣：《明代宗室文化及其社会影响》，《河南师范大学学报》1996 年第 4 期。

都樾：《明代宗室的文化成就及其影响》，《学术论坛》1997 年第 3 期。

章旋、邱昌文：《浅论湖广宗藩的文化成就》，《许昌学院学报》2010 年第 6 期。

郭孟良：《试论明代宗藩的图书事业》，《郑州大学学报》2002 年第 4 期。

曹之：《明代藩王室名考》，《图书情报论坛》2002 年第 1 期。

《明代皇帝赐书藩王考》，《山东图书馆学刊》2010 年第 4 期。

张弘：《略论明代山东藩王的藏书文化》，《中共济南市委党校学报》2011 年第 2 期。

张凤霞、张鑫：《明代宗室藏书文化述论》，《东岳论丛》2010 年第 7 期。

余述淳：《明代藩王的著书与刻书》，《池州师专学报》2003 年第 1 期。

郭孟良：《明代中原藩府刻书考论》，《学习论坛》2008 年第 6 期。

于蕾：《明代湖南藩府刻书》，《图书馆》2010 年第 6 期。

陈清慧：《〈明史·艺文志〉宗室集部著述考补》，《中国典籍与文化》2008 年第 4 期。

《明代藩府著述辑考》，《古籍整理研究学刊》2009 年第 2 期。

张鸣珂：《朱载堉及〈郑王醒世词〉发现之意义》，《平原大学学报》1994 年第 4 期。

傅山泉：《两世潞王的生活环境及思想差异》，《河南师范大学学报》1997 年第 2 期。

曾召南：《试论明宁献王朱权的道教思想》，《宗教学研究》1998 年第 4 期。

魏佐国：《朱权崇道刍议》，《南方文物》2005 年第 4 期。

万伟成：《朱权的戏剧学体系及其评价》，《戏剧》2008 年第 4 期。

叶明花、蒋力生：《朱权〈救命索〉内丹思想初探》，《中国道教》2010 年第 4 期。

叶明花、蒋力生：《朱权〈庚辛玉册〉考辨》，《中国道教》2011 年第 2 期。

陈捷：《朱有炖生平及其作品考述》，《艺术百家》2001 年第 4 期。

叶舟：《朱诚泳的藩王身份与其杂文风格的关系》，《文学界（理论版）》2010 年第 7 期。

张明富：《试论明代宗学设置的原因》，《史学月刊》2008 年第 5 期。

张明富：《明代宗学设置时间考辨》，《西南大学学报》2008 年第 6 期。

张明富：《论明代宗学的教育教学制度》，《社会科学战线》2010 年第 1 期。

张明富：《论明代宗室开科》，《社会科学战线》2013 年第 1 期。

毛佩琦：《建文新政和永乐"继统"》，《中国史研究》1982 年第 2 期。

刘海文：《藩王继位——明朝帝王传承中的突出特点》，《新乡师范高等专科学校学报》2006 年第 3 期。

袁斌：《明代藩王继承中的特恩现象》，《温州大学学报》2010 年第 3 期。

吴宏岐、安荣：《关于明代西安秦王府城的若干问题》，《中国历史地理论丛》1999 年第 3 期。

史红帅、吴宏岐：《明代西安城内皇室宗族府宅相关问题》，《中国历史地理论丛》2001 年第 1 期。

程皓：《试论明代宗室请名制度》，《理论界》2012 年第 9 期。

张明富：《试论明代宗室群体性事件》，《学习与探索》2013 年第 5 期。

陈世松：《明代蜀藩宗室考》，《西华大学学报》2011 年第 4 期。

成都市文物考古研究所：《成都明代蜀僖王陵发掘简报》，《文物》2002 年第 4 期。

王一菁：《漫谈山西省千手观音的造像》，《文物世界》2008 年第 2 期。

成都市文物考古研究所：《成都明代蜀僖王陵发掘简报》，《文物》2002 年第 4 期。

薛登、方明：《明蜀王和明蜀王陵》，《四川文物》2000 年第 5 期。

苏德荣：《明代宗室出土文物的历史价值》，《南方文物》1993 年第 1 期。

陕西省考古研究所，西北大学文博学院：《秦藩辅国将军朱秉橘家族墓》，《文物》2007 年第 2 期。

赵超、李媛：《咸阳杨家湾明〈重修正阳洞记〉碑考略》，《中国道教》2012 年第 6 期。

李艳：《明代神仙道化剧简论》，《云南社会科学》2004 年第 3 期。

薛登、方明：《明蜀王和明蜀王陵》，《四川文物》2000 年第 5 期。

夏伯嘉：《天主教与明末社会：崇祯朝龙华民山东传教的几个问题》，《历史研究》2009 年第 2 期。

杨富学、程晓钟：《明代庄浪石窟及其艺术价值》，《佛学研究》2000 年第 6 期。

许智范：《江西明代藩王墓考古收获》，《中国历史文物》2003 年第 4 期。

曾召南：《试论明宁献王朱权的道教思想》，《宗教学研究》1998 年第 4 期。

李宝垒、陈磊、徐清华：《青州记忆：湮没在历史迷雾中的明衡王府》，《东方收藏》2011 年第 1 期。

责任编辑：赵圣涛

责任校对：吕　飞

封面设计：王欢欢

图书在版编目（CIP）数据

天潢贵胄的心智结构：明代宗室群体心态、知识状况及信仰研究 / 张明富，
　张颖超　著 . —北京：人民出版社，2019.6

ISBN 978 - 7 - 01 - 020517 - 5

I. ①天… 　II. ①张… ②张… 　III. ①贵族 - 研究 - 中国 - 明代 　IV. ① D691

中国版本图书馆 CIP 数据核字（2019）第 048377 号

天潢贵胄的心智结构
TIANHUANG GUIZHOU DE XINZHI JIEGOU
——明代宗室群体心态、知识状况及信仰研究

张明富　张颖超　著

人民出版社 出版发行

（100706　北京市东城区隆福寺街 99 号）

中煤（北京）印务有限公司印刷　新华书店经销

2019 年 6 月第 1 版　2019 年 6 月北京第 1 次印刷

开本：710 毫米 ×1000 毫米 1/16　印张：25.25

字数：450 千字

ISBN 978 - 7 - 01 - 020517 - 5　定价：79.00 元

邮购地址 100706　北京市东城区隆福寺街 99 号

人民东方图书销售中心　电话（010）65250042　65289539